Moderner Buddhismus

Empfohlene Reihenfolge, in der die Bücher des Ehrwürdigen Geshe Kelsang Gyatso Rinpoche studiert oder gelesen werden sollten

Wie wir unser Leben verwandeln
Wie wir den Geist verstehen
Freudvoller Weg
Das neue Herz der Weisheit
Moderner Buddhismus
Tantrische Ebenen und Pfade
Führer ins Dakiniland
Essenz des Vajrayana
Die mündlichen Anleitungen des Mahamudra
Große Schatzkammer der Verdienste
Acht Schritte zum Glück - Neuausgabe
Einführung in den Buddhismus
Wie wir unsere menschlichen Probleme lösen
Sinnvoll zu betrachten
Das Bodhisattva Gelübde
Allumfassendes Mitgefühl
Das neue Meditationshandbuch
Sinnvoll leben, freudvoll sterben
Ozean von Nektar
Herzjuwel
Das klare Licht der Glückseligkeit
Mahamudra Tantra

Dieses Buch wurde unter der Schirmherrschaft des **Internationalen Tempelprojekts der NKT-IKBU** veröffentlicht und der Erlös aus seinem Verkauf ist durch diesen Fonds für das Wohl der Allgemeinheit bestimmt. Eingetragen unter VR 33517 B. Mehr dazu unter www.tharpa.com/de/allen-helfen-weltfrieden

Ehrwürdiger
Geshe Kelsang Gyatso Rinpoche

Moderner Buddhismus

DER WEG DES MITGEFÜHLS UND DER WEISHEIT

THARPA VERLAG
DEUTSCHLAND • SCHWEIZ

Originaltitel: Modern Buddhism

1. Auflage 2011
2. vollständig überarbeitete Auflage 2017

Herausgeber:
Tharpa Verlag Deutschland, ein Teil des
Dipankara Kadampa Meditationszentrum e.V. (VR 33517 B)
Chausseestraße 108
10115 Berlin

Der Tharpa Verlag hat überall auf der Welt Niederlassungen und Tharpa Bücher werden in den gängigsten Sprachen veröffentlicht.
Kontaktadressen siehe S. 450

Satz: Tharpa Verlag Deutschland

ISBN 978-3-947058-03-7
ISBN ePub - 978-3-908543-40-4
ISBN Kindle - 978-3-908543-95-4
ISBN PDF - 978-3-908543-43-5

Druck: Bell & Bain, Glasgow, GB

Inhalt

Der Pfad einer Person großer Ausrichtung

TEIL ZWEI: TANTRA

Abbildungen

Vorwort

Die Anleitungen in diesem Buch sind wissenschaftliche Methoden, mit denen wir unsere menschliche Natur und unsere Eigenschaften verbessern können, indem wir die Fähigkeit unseres Geistes entwickeln. In den letzten Jahren haben unsere Kenntnisse der modernen Technik erheblich zugenommen und infolgedessen sind wir Zeugen eines bemerkenswerten materiellen Fortschritts geworden. Doch eine entsprechende Zunahme an menschlichem Glück hat es nicht gegeben. Es gibt in der heutigen Welt nicht weniger Leiden und nicht weniger Probleme. Tatsächlich könnte man sagen, dass es nun mehr Probleme und größere Gefahren gibt als je zuvor. Dies zeigt, dass die Ursache von Glück und die Lösung unserer Probleme nicht im Wissen um materielle Dinge liegen. Glück und Leiden sind Geisteszustände und deshalb können ihre Hauptursachen nicht außerhalb des Geistes gefunden werden. Wollen wir wahrhaft glücklich und frei von Leiden sein, dann müssen wir lernen unseren Geist unter Kontrolle zu bringen.

Wenn Dinge in unserem Leben schiefgehen und wir schwierigen Situationen begegnen, dann neigen wir dazu, die Situation selbst als unser Problem anzusehen. Doch in Wirklichkeit kommen alle Probleme, die wir erleben, aus unserem Geist. Würden wir mit einem positiven oder friedvollen Geist auf schwierige Situationen reagieren, wären sie keine Probleme für uns. Tatsächlich können wir sie vielleicht sogar als Herausforderungen oder Gelegenheiten für Wachstum und Entwicklung betrachten. Probleme entstehen nur, wenn wir mit einem negativen Geisteszustand auf Schwierigkeiten reagieren. Deshalb müssen wir unseren Geist umwandeln, wenn wir frei von Problemen sein wollen.

Buddha lehrte, dass der Geist die Kraft hat, alle angenehmen und unangenehmen Objekte hervorzubringen. Die Welt ist das Ergebnis des Karmas, oder der Handlungen, der Wesen, die sie bewohnen. Eine reine Welt ist das Ergebnis reiner Handlungen und eine unreine Welt ist das Ergebnis unreiner Handlungen. Da der Geist alle Handlungen hervorbringt, ist letztendlich alles, auch die Welt selbst, vom Geist erschaffen. Es gibt keinen anderen Schöpfer als den Geist.

Normalerweise sagen wir: «Ich habe dieses und jenes gemacht» oder «Er oder sie hat dieses und jenes gemacht», doch der eigentliche Schöpfer von allem ist der Geist, denn alles ist eine bloße Zuschreibung des Geistes. Dies wird klar und ausführlich im Kapitel *Schulung in endgültigem Bodhichitta* erklärt. Wir sind wie Diener unseres Geistes. Wann immer er etwas tun will, müssen wir es tun, ohne dass wir eine Wahl haben. Seit anfangsloser Zeit bis jetzt standen wir ohne jede Freiheit unter der Kontrolle unseres Geistes. Setzen wir jedoch die Anleitungen, die in diesem Buch gegeben werden, aufrichtig um, so können wir diese Situation umkehren und die Kontrolle über unseren Geist gewinnen. Nur dann werden wir wirklich frei sein.

Durch das Studium vieler buddhistischer Texte werden wir vielleicht ein angesehener Gelehrter. Doch wenn wir Buddhas Lehre nicht praktisch umsetzen, wird unser Verständnis des Buddhismus hohl bleiben und nicht die Kraft haben, unsere eigenen Probleme und die anderer zu lösen. Zu erwarten, dass allein ein intellektuelles Verständnis buddhistischer Texte unsere Probleme löst, gleicht der Hoffnung eines Kranken, seine Krankheit durch das bloße Lesen medizinischer Anleitungen zu heilen, ohne die Arznei tatsächlich einzunehmen. Wie der buddhistische Meister Shantideva sagt:

> Wir müssen die Lehren Buddhas, Dharma, praktisch umsetzen,
> Denn nichts kann durch das Lesen von Worten allein erreicht werden.
> Ein kranker Mann wird niemals von seiner Krankheit geheilt,
> Wenn er bloß medizinische Anweisungen liest!

Jedes einzelne Lebewesen hat den aufrichtigen Wunsch, Leiden und Probleme dauerhaft zu vermeiden. In der Regel versuchen wir das, indem wir äußere Methoden anwenden. Doch ganz gleich, wie erfolgreich wir in weltlicher Hinsicht sind, wie materiell wohlhabend, wie mächtig oder hoch angesehen wir werden, niemals werden wir dauerhafte Befreiung von Leiden und Problemen finden. In Wirklichkeit stammen all die Probleme, die wir Tag für Tag erleben, aus unserer Selbstwertschätzung und dem Festhalten am Selbst, Fehlvorstellungen, die unsere eigene Wichtigkeit übertreiben. Weil wir das jedoch nicht verstehen, geben wir gewöhnlich anderen die Schuld an unseren Problemen, wodurch alles nur noch schlimmer wird. Aus diesen zwei grundlegenden Fehlvorstellungen entstehen alle unsere anderen Verblendungen wie Wut und Anhaftung, die uns endlos Probleme erleben lassen.

Ich bete, dass jeder, der dieses Buch liest, tiefen inneren Frieden, oder geistigen Frieden, erleben und den wahren Sinn menschlichen Lebens verwirklichen möge. Insbesondere möchte ich jeden ermutigen, vor allem das Kapitel Schulung in endgültigem Bodhichitta zu lesen. Indem Sie dieses Kapitel sorgfältig und mit einem positiven Geist immer wieder lesen und darüber nachdenken, werden Sie ein sehr tiefgründiges Wissen, oder Weisheit, erlangen, was eine große Bedeutung für Ihr Leben haben wird.

Geshe Kelsang Gyatso

TEIL EINS

Sutra

Buddha Shakyamuni

Vorbereitende Erklärung

WAS IST BUDDHISMUS?

Buddhismus ist die Praxis der Lehren Buddhas, auch «Dharma» genannt, was «Schutz» bedeutet. Indem Lebewesen Buddhas Lehren üben, werden sie dauerhaft vor Leiden geschützt. Der Gründer des Buddhismus ist Buddha Shakyamuni, der 589 v. Chr. in Bodh Gaya (Indien) die Art und Weise zeigte, wie das endgültige Ziel der Lebewesen, die Erlangung der Erleuchtung, erreicht wird. Auf Bitten der Götter Indra und Brahma begann Buddha anschließend seine tiefgründigen Lehren darzulegen oder «das Rad des Dharma zu drehen». Buddha gab vierundachtzigtausend Unterweisungen und aus diesen kostbaren Unterweisungen entwickelte sich der Buddhismus in dieser Welt.

Heute kennen wir viele unterschiedliche Formen des Buddhismus wie Zen und Theravada Buddhismus. Alle diese verschiedenen Aspekte sind Übungen der Lehren Buddhas und sie alle sind gleichermaßen kostbar. Es sind lediglich unterschiedliche Präsentationen. In diesem Buch erläuterte ich den Buddhismus entsprechend der Kadampa Tradition, die ich studiert und praktiziert habe. Diese Erklärung zielt nicht auf ein intellektuelles Verständnis ab, sondern darauf, tiefgründige Verwirklichungen zu erlangen, durch die wir unsere täglichen Probleme der Verblendungen lösen und den wahren Sinn unseres menschlichen Lebens erfüllen können.

Es gibt zwei Stufen in der Umsetzung von Buddhas Lehren – die Übungen von Sutra und Tantra –, die beide in diesem Buch erklärt werden. Obwohl die hier dargelegten Anleitungen von Buddha Shakyamuni und buddhistischen Meistern wie Atisha, Je Tsongkhapa und unseren gegenwärtigen Lehrern stammen, heißt dieses Buch *Moderner Buddhismus*, weil seine Präsentation des Dharma besonders auf die Menschen der modernen Welt zugeschnitten ist. Meine Absicht beim Schreiben dieses Buches ist, den Leser stark zu ermutigen, Mitgefühl und Weisheit zu entwickeln und zu bewahren. Wenn jeder den Weg des Mitgefühls und der Weisheit aufrichtig übt, werden alle Probleme gelöst sein und nie wieder entstehen. Das verspreche ich.

Wir müssen Buddhas Lehren praktizieren, weil es keine andere wirkliche Methode gibt, um menschliche Probleme zu lösen. Moderne Technik zum Beispiel führt oft zu mehr Leiden und Gefahren. Deshalb kann sie keine echte Methode sein, menschliche Probleme zu lösen. Obwohl wir immer glücklich sein wollen, wissen wir nicht, wie das geht und wir zerstören immer unser eigenes Glück, indem wir Wut, negative Sichtweisen und negative Absichten entwickeln. Wir versuchen immer vor Problemen davonzulaufen, selbst in unseren Träumen, aber wir wissen nicht, wie wir uns von Leiden und Problemen befreien können. Da wir die wahre Natur der Dinge nicht verstehen, erschaffen wir ständig unsere eigenen Leiden und Probleme, indem wir unangebrachte oder nichttugendhafte Handlungen begehen.

Die Quelle all unserer täglichen Probleme und unseres Leidens ist unser unkontrolliertes Verlangen, auch als «Anhaftung» bekannt. Weil wir unkontrolliertes Verlangen nach der Erfüllung unserer Wünsche hatten, begingen wir seit anfangsloser Zeit unterschiedlichste nichttugendhafte Handlungen: Handlungen, die anderen schaden. Als Folge davon erfahren wir Leben für Leben, ohne Ende, beständig unterschiedliche Arten von Leiden und elenden Umständen. Erfüllen sich unsere Wünsche nicht, haben wir normalerweise unangenehme Gefühle, sind etwa unglücklich oder deprimiert. Dies ist unser eigenes Problem, weil wir so daran haften, dass sich unsere Wünsche erfüllen. Verlieren wir einen engen Freund, sind wir unglücklich und schmerzvoll berührt. Dieser Schmerz entsteht nur, weil wir nicht die Fähigkeit haben, unser Verlangen zu kontrollieren. Verlieren wir unseren Besitz und die Dinge, die wir mögen, sind wir unglücklich, regen uns auf und werden wütend. Das ist so, weil wir ein unkontrolliertes Verlangen nach diesen Dingen haben. Könnten wir unser Verlangen im Zaum halten, gäbe es keine Grundlage, um diese Probleme zu erleben. Viele Menschen sind in Kämpfe, Verbrechen oder sogar Kriege verstrickt. All diese Handlungen entstehen aus ihrem unkontrollierten Verlangen, die eigenen Wünsche zu erfüllen. So können wir verstehen, dass es kein einziges, von Lebewesen erfahrenes Problem gibt, das nicht aus ihrem unkontrollierten Verlangen entsteht. Dies beweist, dass unsere Probleme nie enden werden, es sei denn, wir können Kontrolle über unser Verlangen gewinnen. Deshalb sollte jeder, der keine Probleme und kein Leiden mehr erleben möchte, sei er Buddhist oder Nichtbuddhist, lernen, sein Verlangen zu bändigen, indem er sich in den jeweiligen Meditationen schult, die in Buddhas Lehren vorgestellt werden.

Wir sollten verstehen, dass unsere Probleme nicht außerhalb von uns existieren, sondern Teil unseres Geistes sind, der unangenehme Gefühle erlebt. Wenn zum Beispiel unser Computer ein Problem hat, dann sagen wir normalerweise: «Ich habe ein Problem.» Doch in Wirklichkeit ist es das Problem des Computers und nicht unser Problem. Das Problem des Computers ist ein äußeres Problem und unser Problem, das unangenehme Gefühl, das wir erleben, ist ein inneres Problem. Diese beiden Probleme sind völlig verschieden. Wir müssen das Problem des Computers lösen, indem wir ihn reparieren lassen, und wir müssen unser eigenes Problem lösen, indem wir unser Verlangen danach kontrollieren, dass das Problem des Computers gelöst wird. Selbst wenn wir das Problem des Computers immer wieder lösen, unsere Anhaftung an den Computer aber nicht kontrollieren können, werden wir ständig neue Probleme im Hinblick auf den Computer erleben. Das Gleiche gilt für unser Haus, unser Geld, unsere Beziehungen und so weiter. Weil die meisten Menschen irrtümlicherweise glauben, dass äußere Probleme ihre eigenen Probleme sind, suchen sie in den falschen Objekten nach einer endgültigen Zuflucht. Infolgedessen hören ihre Leiden und Probleme nie auf.

Solange wir unsere Verblendungen wie unser unkontrolliertes Verlangen nicht beherrschen können, werden wir ständig Leiden und Probleme erfahren, in diesem Leben und Leben für Leben, endlos. Weil uns das Seil unkontrollierten Verlangens so sehr an die Vergnügen Samsaras, den Kreislauf unreinen Lebens, bindet, ist es für uns unmöglich, von Leiden und Problemen frei zu sein, es sei denn, wir setzen Buddhas Lehren, Dharma, in die Praxis um. Indem wir dies verstehen, sollten wir den starken Wunsch entwickeln und bewahren, den Ursprung des Leidens, unkontrolliertes Verlangen, aufzugeben. Dieser

Wunsch wird «Entsagung» genannt und entsteht aus unserer Weisheit.

Buddhas Lehren sind wissenschaftliche Methoden, um die Probleme aller Lebewesen dauerhaft zu lösen. Indem wir seine Lehren praktisch umsetzen, werden wir unsere Wünsche kontrollieren können und werden deshalb für immer von allem Leiden und allen Problemen befreit sein. Allein das zeigt uns, wie kostbar und wichtig seine Lehren, der Dharma, für jedermann sind. Da wie bereits erwähnt alle unsere Probleme aus unkontrolliertem Verlangen entstehen und da es keine andere Methode als Dharma gibt, dieses Verlangen zu zähmen, ist klar, dass nur Dharma die tatsächliche Methode ist, um unsere täglichen Probleme zu lösen.

Indem wir Buddhas Lehren über die tiefgründige Sicht der Leerheit üben, die im Kapitel *Schulung in endgültigem Bodhichitta* dargelegt sind, können wir unsere täglichen Probleme, die aus Anhaftung, Wut und der Unwissenheit des Festhaltens am Selbst entstehen, dauerhaft lösen.

Die Wurzel des unkontrollierten Verlangens und all unseres Leidens ist die Unwissenheit des Festhaltens am Selbst, die Unwissenheit über die Art und Weise, wie die Dinge tatsächlich existieren. Ohne uns auf Buddhas Lehren zu verlassen, können wir diese Unwissenheit nicht erkennen und ohne Buddhas Lehren über Leerheit zu praktizieren, können wir sie nicht aufgeben. Deshalb werden wir keine Möglichkeit haben, uns von Leiden und Problemen zu befreien. Durch diese Erklärung können wir verstehen, dass alle Lebewesen Dharma üben müssen, denn alle, ganz gleich ob Menschen oder Nichtmenschen, Buddhisten oder Nichtbuddhisten, wollen frei von Leiden und Problemen sein. Eine andere Methode, dieses Ziel zu erreichen, gibt es nicht.

BUDDHISTISCHES VERTRAUEN

Für Buddhisten ist Vertrauen in Buddha Shakyamuni ihr spirituelles Leben, es ist die Wurzel aller Dharma Verwirklichungen. Haben wir tiefes Vertrauen in Buddha, werden wir ganz natürlich den starken Wunsch entwickeln, seine Lehren umzusetzen. Mit diesem Wunsch werden wir uns mit Sicherheit in unserer Dharma Praxis bemühen und mit starkem Bemühen werden wir dauerhafte Befreiung von den Leiden dieses und zahlloser zukünftiger Leben erreichen.

Die dauerhafte Befreiung von Leiden zu erlangen hängt von Bemühen in unserer Dharma Praxis ab. Dieses Bemühen ist abhängig von dem starken Wunsch, Dharma zu praktizieren, der seinerseits von tiefem Vertrauen in Buddha abhängt. Deshalb können wir verstehen, dass wir, wenn wir großen Nutzen aus unserer Praxis des Buddhismus ziehen möchten, tiefes Vertrauen in Buddha entwickeln und bewahren müssen.

Wie entwickeln und bewahren wir dieses Vertrauen? Zuerst sollten wir wissen, warum wir dauerhafte Befreiung von Leiden erlangen müssen. Eine vorübergehende Befreiung von einem besonderen Leiden reicht nicht aus. Alle Lebewesen, auch Tiere, erleben vorübergehende Befreiung von besonderen Leiden. Tiere sind vorübergehend von menschlichem Leiden befreit und Menschen vorübergehend von tierischem Leiden. Vielleicht sind wir im Moment frei von körperlichen Leiden und geistigem Schmerz, doch das ist nur vorübergehend. Später in diesem Leben und in unseren zahllosen zukünftigen Leben werden wir immer wieder, ohne Ende unerträgliche körperliche Leiden und geistigen Schmerz erleben müssen. Im Kreislauf unreinen Lebens, Samsara, ist niemand dauerhaft befreit; jeder muss fortwährend Leben für Leben endlos die Leiden von Krankheit, Altern, Tod und unkontrollierter Wiedergeburt erfahren.

Innerhalb dieses Kreislaufs unreinen Lebens gibt es verschiedene Bereiche oder unreine Welten, in die wir wiedergeboren werden können: die drei niederen Bereiche der Tiere, hungrigen Geister und Höllenwesen sowie die drei höheren Bereiche der Götter, Halbgötter und Menschen. Von allen unreinen Welten ist die Hölle die schlimmste. Es ist die Welt, die der schlimmsten Art von Geist erscheint. Die Welt eines Tieres ist weniger unrein und die Welt, die den Menschen erscheint, ist weniger unrein als die Welt, die Tieren erscheint. Leiden gibt es jedoch in allen Bereichen. Wenn wir als Mensch wiedergeboren werden, müssen wir das Leiden der Menschen erleben. Wenn wir als Tier wiedergeboren werden, müssen wir das Leiden der Tiere erleben und wenn wir als Höllenwesen wiedergeboren werden, müssen wir die Leiden eines Höllenwesens erleben. Denken wir darüber nach, so werden wir erkennen, dass eine nur vorübergehende Befreiung von bestimmten Leiden nicht gut genug ist. Wir müssen auf jeden Fall dauerhafte Befreiung von den Leiden dieses Lebens und all unserer zukünftigen Leben erlangen.

Wie können wir das erreichen? Nur indem wir Buddhas Lehren praktisch umsetzen. Das ist so, weil nur Buddhas Unterweisungen die eigentlichen Methoden sind, unsere Unwissenheit des Festhaltens am Selbst, die Quelle all unserer Leiden, aufzugeben. Im *Sutra des Königs der Konzentration* sagt Buddha:

> Ein Magier erschafft verschiedene Dinge
> Wie Pferde, Elefanten und so weiter.
> Seine Schöpfungen existieren nicht wirklich.
> Ihr solltet alle Dinge in gleicher Weise kennen.

Allein diese Unterweisung hat die Kraft, alle Lebewesen dauerhaft von ihrem Leiden zu befreien. Indem wir diese

Unterweisung, die im Kapitel *Schulung in endgültigem Bodhichitta* ausführlicher erklärt wird, praktizieren und verwirklichen, können wir die Wurzel all unseres Leidens, unsere Unwissenheit des Festhaltens am Selbst, dauerhaft ausmerzen. Geschieht dies, dann erlangen wir den höchsten, beständigen geistigen Frieden, «Nirvana» genannt, die dauerhafte Befreiung von Leiden, die unser tiefster Wunsch ist und der wirkliche Sinn menschlichen Lebens. Dies ist das Hauptziel der Lehren Buddhas.

Wenn wir dies verstehen, werden wir die große Güte Buddhas zu allen Lebewesen zu würdigen wissen, weil er ihnen tiefgründige Methoden gab, um eine dauerhafte Befreiung vom Kreislauf des Leidens von Krankheit, Altern, Tod und Wiedergeburt zu erlangen. Noch nicht einmal unsere Mutter hat ein Mitgefühl, das wünscht uns von diesen Leiden zu befreien. Nur Buddha hat dieses Mitgefühl für alle Lebewesen ohne Ausnahme. Buddha befreit uns tatsächlich, indem er den Weisheitspfad enthüllt, der uns zum endgültigen Ziel menschlichen Lebens führt. Wir sollten immer wieder über diesen Punkt nachdenken, bis wir tiefes Vertrauen in Buddha entwickeln. Dieses Vertrauen ist das Objekt unserer Meditation. Wir sollten unseren Geist in Vertrauen in Buddha umwandeln und ihn einsgerichtet so lange wie möglich bewahren. Indem wir diese Kontemplation und Meditation beständig üben, werden wir Tag und Nacht, unser ganzes Leben lang, tiefes Vertrauen in Buddha bewahren.

Eine der Hauptaufgaben Buddhas ist es, jedem einzelnen Lebewesen geistigen Frieden zu schenken, indem er sie segnet. Lebewesen sind von sich aus nicht in der Lage, einen friedlichen Geist hervorzubringen. Nur indem ihr Geisteskontinuum Buddhas Segnungen empfängt, können Lebewesen, sogar Tiere, geistigen Frieden erfahren. Ist ihr Geist friedvoll und ruhig, dann sind sie wirklich glücklich. Doch ist ihr Geist nicht friedvoll, dann sind sie nicht glücklich, selbst wenn ihre äußeren Umstände perfekt sind. Das beweist, dass Glück von geistigem Frieden abhängt, und weil dieser von den Segnungen Buddhas abhängt, ist Buddha folglich die Quelle allen Glücks. Indem wir dies verstehen und darüber nachdenken, sollten wir tiefes Vertrauen in Buddha entwickeln und bewahren und den starken Wunsch erzeugen, seine Lehren im Allgemeinen zu praktizieren und insbesondere Kadam Lamrim zu praktizieren.

WAS IST DER GEIST?

Würde uns jemand fragen: «Was ist der Geist?», dann hätten wir keine klare Antwort, obwohl wir oft von unserem Geist sprechen. Manche Menschen sagen, dass unser Gehirn der Geist ist, aber das ist nicht richtig. Das Gehirn kann nicht der Geist sein, denn es ist lediglich ein Teil des Körpers. Wir können es direkt mit unseren Augen sehen und es kann sogar fotografiert werden. Der Geist ist jedoch kein Teil des Körpers. Wir können ihn nicht mit unseren Augen sehen und fotografieren können wir ihn auch nicht. Deshalb ist das Gehirn eindeutig nicht der Geist. Nur in Buddhas Lehren finden wir eine klare Antwort auf die Frage: «Was ist der Geist?»

Buddha gab folgende klare und genaue Erklärungen über den Geist: Der Geist ist etwas, dessen Natur leer wie Raum ist, der noch nie Form, Gestalt oder Farbe besessen hat und dessen Funktion es ist, Objekte wahrzunehmen und zu verstehen. Es gibt drei unterschiedliche Ebenen des Geistes: grob, subtil und sehr subtil. Während unserer Träume haben wir ein Traumgewahrsein, durch das uns unterschiedliche Traumdinge erscheinen. Dieses Gewahrsein ist ein subtiler Geist, denn es ist schwer zu erkennen. Während des Tiefschlafs haben wir nur ein einziges geistiges Gewahrsein, das einzig Leerheit wahrnimmt. Dieses Gewahrsein wird das «klare Licht des Schlafes» genannt und ist der sehr subtile Geist, weil er äußerst schwer zu erkennen ist.

Während des Wachzustands am Tag haben wir ein Wachgewahrsein, durch das uns unterschiedliche Dinge des Wachzustands erscheinen. Dieses Gewahrsein ist ein grober Geist, denn es ist nicht schwer zu erkennen. Wenn wir einschlafen, löst sich unser grober Geist, oder Wachgewahrsein, in unseren subtilen Geist des Schlafes auf. Zur gleichen Zeit werden alle Erscheinungen der Wachwelt nichtexistent und wenn wir Tiefschlaf erleben, löst sich unser subtiler Geist des Schlafes in den sehr subtilen Geist des Schlafes, das klare Licht des Schlafes, auf. Zu diesem Zeitpunkt ähneln wir jemandem, der gestorben ist. Weil wir jedoch eine karmische Verbindung mit diesem Leben aufrechterhalten, entsteht dann aus dem klaren Licht des Schlafes erneut unser grober Geist, das Wachgewahrsein und uns erscheinen abermals die unterschiedlichen Dinge der Wachwelt.

Der Vorgang des Schlafens ist dem Vorgang des Sterbens sehr ähnlich. Der Unterschied zwischen diesen beiden ist, dass sich, während wir sterben, unsere groben und subtilen Geistesarten in unseren sehr subtilen Geist des Todes, das «klare Licht des Todes», auflösen. Weil unsere karmische Verbindung mit diesem Leben endet, verlässt dann unser sehr subtiler Geist diesen Körper, geht ins nächste Leben und tritt in einen neuen Körper ein. Und dann werden uns all die unterschiedlichen Dinge des nächsten Lebens erscheinen. Alles wird völlig neu sein.

Durch diese Erklärung des Geistes können wir klar die Existenz künftiger Leben verstehen, sodass wir jetzt das Glück und die Freiheit unserer zahllosen zukünftigen Leben vorbereiten können, indem wir Buddhas Lehren, den Dharma, üben. Es gibt nichts Sinnvolleres. Unser gegenwärtiges Leben ist nur ein einziges Leben, doch unsere zukünftigen Leben sind zahllos. Deshalb gibt es keinen Zweifel, dass zukünftige Leben wichtiger sind als dieses Leben.

WER SIND DIE KADAMPAS?

«Ka» bezieht sich auf Buddhas Lehren und «dam» bezieht sich auf Atishas Anleitungen über Lamrim (die *Stufen des Pfades zur Erleuchtung*, auch *Kadam Lamrim* genannt). «Kadam» bezieht sich deshalb auf die Vereinigung von Buddhas Lehren und Atishas Anleitungen. Aufrichtige Praktizierende des Kadam Lamrim werden «Kadampas» genannt. Es gibt zwei Kadampa Traditionen, die alte und die neue. Praktizierende der alten Kadampa Tradition schienen die Sutra Praxis des Kadam Lamrim mehr zu betonen als die Praxis des Tantra. Später betonten Je Tsongkhapa und seine Schüler die Sutra und Tantra Übungen des Kadam Lamrim gleichermaßen. Diese neue, von Je Tsongkhapa begründete Tradition heißt die neue Kadampa Tradition.

Kadampas verlassen sich aufrichtig auf Buddha Shakyamuni, weil Buddha die Quelle des Kadam Lamrim ist. Sie verlassen sich aufrichtig auf Avalokiteshvara, den Buddha des Mitgefühls, und auf den Weisheits-Dharmabeschützer, was zeigt, dass ihre Hauptpraxis Mitgefühl und Weisheit ist. Und sie verlassen sich aufrichtig auf Arya Tara, da sie Atisha versprochen hat, sich in besonderer Weise um zukünftige Kadampa Praktizierende zu kümmern. Aus diesem Grund werden diese vier erleuchteten heiligen Wesen die «vier Kadampa Guru Gottheiten» genannt.

Der Gründer der Kadampa Tradition ist der große buddhistische Meister und Gelehrte Atisha. Atisha wurde 982 n. Chr. als

Prinz in Ostbengalen, Indien, geboren. Der Name seines Vaters war Kalyanashri (Glorreiche Tugend) und der seiner Mutter war Prabhavarti Shrimati (Glorreiches Strahlen). Er war der zweite von drei Söhnen und bei seiner Geburt erhielt er den Namen Chandragarbha (Mondessenz). Der Name Atisha, der «Frieden» bedeutet, wurde ihm später von dem tibetischen König Jangchub Ö verliehen, weil er stets ruhig und friedvoll war.

Als Chandragarbha noch ein Kind war, nahmen seine Eltern ihn mit, um einen Tempel zu besuchen. Der ganze Weg war gesäumt mit Tausenden von Menschen, die einen kurzen Blick auf den Prinzen werfen wollten. Als er die Menge sah, fragte Chandragarbha: «Wer sind diese Menschen?» Seine Eltern antworteten: «Sie alle sind unsere Untertanen.» Spontanes Mitgefühl erwachte im Herzen des Prinzen und er betete: «Mögen sich alle diese Menschen eines genauso großen Glücks erfreuen wie ich selbst.» Sobald er jemandem begegnete, entstand in seinem Geist ganz natürlich der Wunsch: «Möge dieser Mensch Glück finden und frei von Leiden sein.»

Bereits als Kind hatte Chandragarbha Visionen von Arya Tara, einem weiblichen erleuchteten Wesen. Zuweilen, während er auf dem Schoß seiner Mutter saß, fielen blaue Upali Blumen vom Himmel und er begann zu sprechen. Es sah so aus, als würde er sich mit den Blumen unterhalten. Yogis erklärten später seiner Mutter, dass die blauen Blumen, die sie gesehen hatte, ein Zeichen waren, dass Tara ihrem Sohn erschien und mit ihm sprach.

Als der Prinz älter wurde, wollten seine Eltern eine Heirat für ihn arrangieren, doch Tara gab ihm den Rat: «Wenn du Anhaftung an dein Königreich entwickelst, gleichst du einem Elefanten, der im Schlamm versinkt und sich nicht selbst wieder daraus erheben kann, weil er so riesig und schwer ist. Entwickle keine Anhaftung an dieses Leben. Studiere und übe den Dharma. Du warst in vielen früheren Leben ein spiritueller Meister und auch in diesem Leben wirst du ein spiritueller Meister werden.» Durch diese Worte inspiriert entwickelte Chandragarbha sehr großes Interesse daran, Dharma zu studieren und zu üben, und er war entschlossen, alle Verwirklichungen der Lehren Buddhas zu erlangen. Er wusste, dass er einen vollqualifizierten spirituellen Meister finden musste, um sein Ziel zu vollenden. Zuerst ging er zu einem berühmten buddhistischen Lehrer namens Jetari, der in der Nähe lebte, und bat um Dharma Unterweisungen, wie man sich aus Samsara befreit. Jetari gab ihm Unterweisungen über Zuflucht und Bodhichitta und sagte ihm, dass er, wenn er rein praktizieren wolle, nach Nalanda gehen und vom spirituellen Meister Bodhibhadra lernen solle.

Als der Prinz Bodhibhadra traf, sagte er: «Ich erkenne, dass Samsara sinnlos ist und dass nur Befreiung und volle Erleuchtung wirklich erstrebenswert sind. Bitte gib Dharma Anleitungen, die mich schnell zum Zustand jenseits von Leiden, Nirvana, führen.» Bodhibhadra gab ihm kurze Unterweisungen darüber, wie Bodhichitta erzeugt wird und riet ihm dann: «Wenn du Dharma rein üben möchtest, solltest du den spirituellen Meister Vidyakokila aufsuchen.» Bodhibhadra wusste, dass Vidyakokila ein großer Meditierender war, der eine vollkommene Verwirklichung der Leerheit erlangt hatte und der sehr geschickt darin war, die Stufen des tiefgründigen Pfades zu lehren.

Vidyakokila gab Chandragarbha vollständige Anleitungen sowohl über den tiefgründigen als auch über den weiten Pfad und schickte ihn dann für sein weiteres Studium zu dem spirituellen Meister Avadhutipa. Avadhutipa gab ihm nicht sofort Anleitungen, sondern schickte den Prinzen zu Rahulagupta, um Unterweisungen über die Hevajra und Heruka Tantras zu erhalten. Dann sollte er zu ihm zurückkehren, um genauere Anleitungen über Tantra, oder Geheimes Mantra, zu bekommen. Rahulagupta gab Chandragarbha den geheimen Namen Janavajra (Unzerstörbare Weisheit) und die erste Ermächtigung, die Ermächtigung in die Praxis von Hevajra. Danach schickte er ihn nach Hause zurück, um die Zustimmung seiner Eltern einzuholen.

Obwohl der Prinz nicht am weltlichen Leben hing, war es doch wichtig für ihn, die Erlaubnis seiner Eltern zu bekommen, um so üben zu können, wie er es wollte. Er kehrte also zu seinen Eltern zurück und sagte: «Wenn ich Dharma in reiner Weise praktiziere, werde ich eure Güte und die Güte aller fühlenden Wesen erwidern können, so wie Arya Tara es vorhergesagt hat. Wenn ich dies tun kann, wird mein menschliches Leben nicht verschwendet sein. Ansonsten aber wird mein Leben sinnlos sein, selbst wenn ich mein ganzes Leben in einem prächtigen Palast verbringe. Bitte gebt mir eure Erlaubnis, das Königreich zu verlassen und mein ganzes Leben der Dharma Praxis zu widmen.» Chandragarbhas Vater war unglücklich über diese Worte und wollte seinen Sohn daran hindern, seine Anwartschaft auf den königlichen Thron aufzugeben. Seine Mutter jedoch freute sich zu hören, dass ihr Sohn sein Leben dem Dharma widmen wollte. Sie erinnerte sich daran, dass bei seiner Geburt wunderbare Zeichen wie Regenbögen erschienen waren und sie erinnerte sich an Wunder wie die blauen Upali Blumen, die vom Himmel fielen. Sie wusste, ihr Sohn war kein gewöhnlicher Prinz und gab ohne zu zögern ihre Einwilligung. Nach einiger Zeit stimmte auch der König dem Wunsch seines Sohnes zu.

Chandragarbha kehrte zu Avadhutipa zurück und erhielt sieben Jahre lang Anleitungen zum Geheimen Mantra. Er vervollkommnete sich derart, dass er eines Tages Stolz entwickelte und dachte: «Wahrscheinlich weiß ich mehr über das Geheime Mantra als irgendjemand sonst auf der ganzen Welt.» In jener Nacht kamen im Traum Dakinis zu ihm und zeigten ihm seltene Schriften, die er noch nie zuvor gesehen hatte. Sie fragten ihn: «Was bedeuten diese Texte?», er aber hatte keine Ahnung. Als er erwachte, war sein Stolz verschwunden.

Später dachte Chandragarbha, dass er Avadhutipas Art zu praktizieren folgen und sich als Laie bemühen sollte, durch die Mahamudra Praxis mit einer Handlungsmudra schnell Erleuchtung zu erlangen. Ihm erschien jedoch eine Vision von Heruka, der ihm sagte, dass er zahllosen Wesen helfen und Dharma überall verbreiten könne, wenn er ordinieren würde. In jener Nacht träumte er, dass er einem feierlichen Umzug von Mönchen in Anwesenheit Buddha Shakyamunis folgte, und dieser sich wunderte, warum Chandragarbha noch nicht ordiniert war. Als er aus diesem Traum erwachte, entschloss er sich ein Mönch zu werden. Er empfing die Ordination von Shilarakshita und erhielt den Namen Dhipamkara Shrijana.

Vom spirituellen Meister Dharmarakshita erhielt Dhipamkara Shrijana ausführliche Anleitungen über die *Sieben Gruppen des Abhidharma* und *Ozean der großen Erklärung,* Texte, die aus Sicht des Vaibhashika Systems geschrieben sind. In dieser Weise meisterte er die Hinayana Lehre.

Noch immer nicht zufrieden, ging Dhipamkara Shrijana nach Bodh Gaya, um genauere Anleitungen zu erhalten. Eines Tages hörte er zufällig eine Unterhaltung zwischen zwei Frauen, die in Wirklichkeit Emanationen Arya Taras waren. Die Jüngere fragte die Ältere: «Was ist die Hauptmethode, um schnell Erleuchtung zu erlangen?», und die Ältere antwortete: «Es ist Bodhichitta.» Als er dies hörte, fasste Dhipamkara Shrijana den Entschluss, den kostbaren Bodhichitta zu erlangen. Später, während er den großen Stupa in Bodh

Gaya umrundete, sprach eine Statue Buddha Shakyamunis zu ihm: «Wenn du schnell Erleuchtung erreichen willst, musst du Mitgefühl, Liebe und den kostbaren Bodhichitta erlangen.» Da wurde sein Verlangen, Bodhichitta zu verwirklichen, sehr stark. Er erfuhr, dass der spirituelle Meister Serlingpa, der an einem weit entfernten Ort namens Serling in Sumatra lebte, eine ganz besondere Erfahrung des Bodhichitta erlangt hatte und in der Lage war, Anleitungen über die *Sutras der Vollkommenheit der Weisheit* zu geben.

Dhipamkara Shrijana benötigte dreizehn Monate, um mit dem Schiff nach Sumatra zu gelangen. Bei seiner Ankunft brachte er Serlingpa ein Mandala dar und trug ihm seine Bitten vor. Serlingpa sagte ihm, dass es zwölf Jahre dauern würde, die Anleitungen zu übertragen. Dhipamkara Shrijana blieb zwölf Jahre in Sumatra und erlangte schließlich die kostbare Verwirklichung des Bodhichitta. Dann kehrte er nach Indien zurück.

Indem er sich auf seine spirituellen Meister verließ, erlangte Atisha das besondere Wissen der drei Gruppen der Lehren Buddhas: der Gruppe der moralischen Disziplin, der Gruppe der Reden und der Gruppe der Weisheit, sowie der vier Klassen des Tantra. Außerdem meisterte er Künste und Wissenschaften wie die Dichtkunst, die Rhetorik und die Astrologie. Er war ein hervorragender Heiler und sehr geschickt in handwerklichen und technischen Dingen.

Atisha erlangte auch alle Verwirklichungen der drei höheren Schulungen: der Schulung in höherer moralischer Disziplin, der Schulung in höherer Konzentration und der Schulung in höherer Weisheit. Da alle Stufen des Sutra, wie die sechs Vollkommenheiten, die fünf Pfade und die zehn Ebenen, sowie alle Stufen des Tantra, wie die Erzeugungs- und Vollendungsstufe, in den drei höheren Schulungen enthalten sind, erlangte Atisha alle Verwirklichungen der Stufen des Pfades.

Es gibt drei Arten höherer moralischer Disziplin: die höhere moralische Disziplin der Pratimoksha Gelübde, oder Gelübde der persönlichen Befreiung, die höhere moralische Disziplin der Bodhisattva Gelübde und die höhere moralische Disziplin der tantrischen Gelübde. Die Gelübde, die ein vollordinierter Mönch auf sich nimmt, die zweihundertdreiundfünfzig Übertretungen aufzugeben, gehören zu den Pratimoksha Gelübden. Atisha brach niemals auch nur ein einziges. Das zeigt, dass er über ein sehr hohes Maß an Achtsamkeit und Gewissenhaftigkeit verfügte. Er hielt auch das Bodhisattva Gelübde rein ein, die achtzehn Hauptübertretungen und sechsundvierzig Nebenübertretungen zu vermeiden sowie alle seine tantrischen Gelübde.

Die Erlangungen höherer Konzentration und höherer Weisheit sind in allgemeine und außergewöhnliche unterteilt. Eine allgemeine Erlangung wird sowohl von Sutra als auch von Tantra Praktizierenden erreicht, eine außergewöhnliche Erlangung jedoch nur von Tantra Praktizierenden. Durch Schulung in höherer Konzentration erwarb Atisha die allgemeine Konzentration des ruhigen Verweilens und folglich Hellsicht, Wunderkräfte und die allgemeinen Tugenden. Er erlangte zudem außergewöhnliche Konzentrationen, wie die Konzentrationen der Erzeugungs- und Vollendungsstufe des Geheimen Mantra. Durch Schulung in höherer Weisheit erlangte Atisha die allgemeinen Verwirklichungen der Leerheit und die außergewöhnlichen Verwirklichungen des beispiel- und sinnklaren Lichts des Geheimen Mantra.

Atisha meisterte sowohl die Hinayana als auch die Mahayana Lehren und wurde von Lehrern beider Traditionen geachtet. Atisha war wie ein König, das Kronjuwel der indischen Buddhisten, und wurde als zweiter Buddha betrachtet.

Vor der Zeit Atishas hatte der 37. König Tibets, Trisong Detsen (ca. 754-797 n. Chr.), Padmasambhava, Shantarakshita und andere buddhistische Lehrer aus Indien nach Tibet eingeladen und unter ihrem Einfluss erblühte der reine Dharma. Doch einige Jahre später zerstörte ein tibetischer König namens Lang Darma (ca. 836 n. Chr.) den reinen Dharma in Tibet und schaffte die Sangha ab. Bis zu jener Zeit waren die meisten Könige religiös gewesen, doch die schreckliche Herrschaft Lang Darmas war eine dunkle Zeit für Tibet. Etwa siebzig Jahre nach seinem Tod begann der Dharma durch die Bemühungen großer Lehrer wie dem Übersetzer Rinchen Sangpo im oberen Teil Tibets wieder zu erblühen und auch im unteren Teil Tibets blühte er durch die Mühen eines großen Lehrers namens Gongpa Rabsäl erneut auf. Allmählich verbreitete sich der Dharma bis nach Zentraltibet.

Zu jener Zeit gab es keine reine Praxis der Vereinigung von Sutra und Tantra. Man hielt die zwei für so widersprüchlich wie Feuer und Wasser. Übte jemand Sutra, dann gab er Tantra auf, und übte jemand Tantra, dann gab er Sutra und sogar die Regeln der Vinaya auf. Aus Indien kamen falsche Lehrer, um sich etwas vom in Tibet reichlich vorhandenen Gold zu verschaffen. Unter dem Vorwand, spirituelle Meister und Yogis zu sein, führten sie verkehrte Lehren ein wie schwarze Magie, das Beschwören von Geistererscheinungen, sexuelle Praktiken und Ritualmorde. Diese Missbräuche waren ziemlich weit verbreitet.

Ein König namens Yeshe Ö und sein Neffe Jangchub Ö, die in Ngari in Westtibet lebten, waren sehr besorgt über das, was mit dem Dharma in ihrem Land geschah. Wenn der König an die Reinheit des Dharma in früheren Zeiten dachte und ihn mit dem unreinen Dharma, der nun geübt wurde, verglich, so vergoss er Tränen. Es betrübte ihn ungemein zu sehen, wie verhärtet und unkontrolliert der Geist der Menschen geworden war. Er dachte: «Wie wunderbar wäre es, wenn der reine Dharma in Tibet wieder erblühen und den Geist der Menschen unseres Volkes zähmen würde.» Um diesen Wunsch zu erfüllen, sandte er Tibeter nach Indien, damit sie Sanskrit lernten und sich im Dharma schulten, doch viele von ihnen ertrugen das heiße Klima nicht. Die wenigen, die überlebten, lernten Sanskrit und schulten sich sehr gut im Dharma. Unter ihnen war der Übersetzer Rinchen Sangpo, der viele Unterweisungen erhielt und dann nach Tibet zurückkehrte.

Da dieser Plan nicht sehr erfolgreich war, entschied Yeshe Ö, einen authentischen Lehrer aus Indien einzuladen. Er sandte eine Gruppe von Tibetern mit einer großen Menge Gold nach Indien und beauftragte sie, den kompetentesten spirituellen Meister Indiens zu suchen. Er riet ihnen, Dharma zu studieren und vollkommene Kenntnisse in Sanskrit zu erwerben. Diese Tibeter ertrugen alle Beschwernisse des Klimas und der Reise, um seinen Wünschen nachzukommen. Einige von ihnen wurden berühmte Übersetzer. Sie übersetzten viele Schriften und sandten sie dem König zu dessen großer Freude.

Als jene Tibeter in ihr Land zurückkehrten, berichteten sie Yeshe Ö: «In Indien gibt es viele sehr gelehrte buddhistische Lehrer. Der angesehenste und erhabenste unter ihnen ist jedoch Dhipamkara Shrijana. Wir würden ihn gerne nach Tibet einladen, aber er hat Tausende von Schülern in Indien.» Als Yeshe Ö den Namen Dhipamkara Shrijana hörte, freute er sich und war entschlossen, diesen Meister nach Tibet einzuladen. Da er bereits den größten Teil seines Goldes aufgebraucht hatte und nun noch mehr benötigt wurde, um Dhipamkara Shrijana nach Tibet einladen zu können, ging der König auf eine Expedition, um mehr Gold zu suchen. Als er an eine der Grenzen kam, wurde er von einem feindlichen, nichtbuddhistischen König gefangen genommen und ins Gefängnis geworfen. Als diese Nachricht Jangchub Ö erreichte, überlegte er: «Ich bin mächtig genug, um gegen diesen König Krieg zu führen, doch dann werden viele Menschen leiden und ich muss viele unheilvolle, zerstörerische Handlungen begehen.» Er entschied sich, um die Freilassung seines Onkels zu bitten, doch der König antwortete ihm: «Ich werde deinen Onkel nur freilassen, wenn du entweder mein Untertan wirst oder den Körper deines Onkels mit Gold aufwiegst.» Unter großen Schwierigkeiten gelang es Jangchub Ö, die Menge an Gold zu sammeln, die dem Körpergewicht seines Onkels entsprach, ohne das Gewicht des Kopfes. Da der König aber auf dem Rest bestand, bereitete sich Jangchub Ö darauf vor, weiteres Gold zu suchen. Bevor er sich aufmachte, besuchte er seinen Onkel. Er traf Yeshe Ö zwar körperlich schwach, doch in guter geistiger Verfassung an. Jangchub Ö sagte ihm durch die Gitterstäbe des Gefängnisses: «Schon bald werde ich dich befreien können, denn ich habe fast das gesamte Gold gesammelt.» Yeshe Ö antwortete: «Bitte behandle mich nicht so, als ob ich wichtig wäre. Du darfst diesem feindlichen König das Gold nicht geben. Schicke alles nach Indien und bringe es Dhipamkara Shrijana dar. Das ist mein größter Wunsch. Ich werde freudig mein Leben geben, um den reinen Dharma in Tibet zu erneuern. Bitte bring Dhipamkara Shrijana diese Nachricht. Lass ihn wissen, dass ich mein Leben gegeben habe, um ihn nach Tibet einzuladen. Wenn er diese Nachricht erhält, wird er unsere Einladung annehmen, denn er hat Mitgefühl für das tibetische Volk.»

Jangchub Ö sandte den Übersetzer Nagtso mit einigen Begleitern und dem Gold nach Indien. Als sie Dhipamkara Shrijana trafen, berichteten sie ihm, was in Tibet geschehen war und dass das Volk einen spirituellen Meister aus Indien einladen wollte. Sie erzählten ihm, wie viel Gold der König als Darbringung gesandt hatte und wie viele Tibeter gestorben waren, um den reinen Dharma wiederherzustellen. Sie erzählten ihm, dass Yeshe Ö sein Leben geopfert hatte, um ihn nach Tibet zu holen. Nachdem sie ihre Bitte vorgetragen hatten, dachte Dhipamkara Shrijana über ihre Worte nach und nahm ihre Einladung an. Obwohl er in Indien sehr viele Schüler hatte und dort sehr hart für den Dharma arbeitete, wusste er, dass es in Tibet keinen reinen Dharma gab. Außerdem hatte er eine Vorhersage von Arya Tara erhalten, dass er zahllosen fühlenden Wesen helfen würde, wenn er nach Tibet ginge. In seinem Herzen erwachte Mitgefühl, als er daran dachte, wie viele Tibeter in Indien gestorben waren und insbesondere das Opfer von Yeshe Ö berührte ihn.

Dhipamkara Shrijana musste seine Reise nach Tibet geheim halten, denn hätten seine indischen Schüler gewusst, dass er Indien verlässt, hätten sie ihn daran gehindert. Er sagte, dass er eine Pilgerreise nach Nepal unternehmen würde, doch von Nepal reiste er weiter nach Tibet. Als seine indischen Schüler schließlich erkannten, dass er nicht zurückkehren würde, beschwerten sie sich und warfen den Tibetern vor, sie seien Diebe und hätten ihren spirituellen Meister entführt!

Damals war es genau wie heute üblich, einen Ehrengast gebührend zu begrüßen. Deshalb sandte Jangchub Ö ein Gefolge von dreihundert Reitern, unter ihnen viele bedeutende Tibeter, an die Grenze, um Atisha willkommen zu heißen und ihm ein Pferd anzubieten und damit seine schwierige Reise nach Ngari zu erleichtern. Atisha ritt in der Mitte der dreihundert Reiter und schwebte mithilfe seiner Wunderkräfte eine Elle über dem Rücken des Pferdes. Diejenigen, die ihn vorher nicht geachtet hatten, entwickelten bei seinem Anblick sehr starkes Vertrauen und jedermann sagte, der zweite Buddha sei in Tibet angekommen.

Als Atisha Ngari erreichte, bat ihn Jangchub Ö: «O mitfühlender Atisha, bitte gib Anleitungen, um dem tibetischen Volk zu helfen. Bitte gib Ratschläge, die jeder befolgen kann. Bitte gib uns besondere Anleitungen, damit wir alle Pfade von

Sutra und Tantra zusammen praktizieren können.» Um diesen Wunsch zu erfüllen, verfasste und lehrte Atisha den ersten Text, der über die Stufen des Pfades, Lamrim, geschrieben wurde, *Lampe für den Pfad zur Erleuchtung*. Zuerst gab er diese Anleitungen in Ngari und dann in Zentraltibet. Viele Schüler, die diese Unterweisungen hörten, entwickelten große Weisheit.

DIE KOSTBARKEIT DES KADAM LAMRIM

Atisha schrieb den ursprünglichen Kadam Lamrim auf der Grundlage von Buddha Maitreyas *Schmuckstück der klaren Verwirklichung*, das ein Kommentar zu den *Sutras der Vollkommenheit der Weisheit* ist, die Buddha Shakyamuni auf dem Berg der versammelten Geier in Rajagriha in Indien lehrte. Später schrieb Je Tsongkhapa seine ausführlichen, mittleren und zusammengefassten Kadam Lamrim Texte als Kommentare zu Atishas Kadam Lamrim Anleitungen. Dadurch erblühte dieser kostbare Buddhadharma des Kadam Lamrim in vielen Ländern des Ostens und nun auch des Westens. Die Anleitungen des Kadam Lamrim, die Vereinigung von Buddhas Lehren und Atishas besonderen Anleitungen, werden in drei Stufen präsentiert: Anleitungen über die Stufen des Pfades einer Person anfänglicher Ausrichtung, Anleitungen über die Stufen des Pfades einer Person mittlerer Ausrichtung und Anleitungen über die Stufen des Pfades einer Person großer Ausrichtung.

Alle Sutra und Tantra Lehren Buddhas sind in diesen drei Gruppen von Anleitungen enthalten. Buddhas Lehren sind die erhabene Arznei, die sowohl körperliche Krankheit als auch die Krankheit der Verblendungen dauerhaft heilt. Genauso wie Ärzte unterschiedliche Arzneien für unterschiedliche Krankheiten verordnen, gab Buddha den Menschen verschiedene Dharma Arzneien entsprechend ihrer unterschiedlichen

Fähigkeiten. Denjenigen anfänglicher Ausrichtung gab er einfache, denjenigen mittlerer Ausrichtung tiefgründige und denjenigen großer Ausrichtung sehr tiefgründige Unterweisungen. In der Praxis sind alle diese Unterweisungen Teil des Kadam Lamrim, was der Hauptkörper der Lehren Buddhas ist. Es gibt keine einzige Lehre Buddhas, die nicht im Kadam Lamrim enthalten ist. Deshalb sagte Je Tsongkhapa, dass wir, wenn wir den gesamten Lamrim hören, alle Lehren Buddhas hören, und alle Lehren Buddhas umsetzen, wenn wir den gesamten Lamrim umsetzen. Kadam Lamrim ist die Zusammenfassung aller Lehren Buddhas. Er ist sehr praktisch und für jeden geeignet, und seine Präsentation ist anderen Anleitungen überlegen.

Gewinnen wir Erfahrungen im Lamrim werden wir verstehen, dass Buddhas Unterweisungen sich nicht widersprechen, wir werden alle Lehren Buddhas praktisch umsetzen, es wird uns leichtfallen, Buddhas endgültige Sicht und Absicht zu verwirklichen und wir werden frei von allen fehlerhaften Sichtweisen und Absichten sein. Alle, Buddhisten und Nichtbuddhisten, brauchen dauerhafte Befreiung von Leiden sowie reines und immerwährendes Glück. Die Praxis des Lamrim erfüllt diesen Wunsch, deshalb ist sie das wirkliche wunscherfüllende Juwel.

Generell sind alle Lehren Buddhas, der Dharma, sehr kostbar, doch Kadam Dharma oder Lamrim ist ein ganz besonderer Buddhadharma, der für jeden ohne Ausnahme geeignet ist. Der große Meister Dromtönpa sagte: «Kadam Dharma ist wie eine Mala aus Gold.» Jeder, selbst jemand, der keine Mala (oder Gebetskette) benutzt, wäre glücklich eine goldene Mala geschenkt zu bekommen, einfach weil sie aus Gold ist. In ähnlicher Weise kann Kadam Dharma für jeden von Nutzen sein, selbst für Nichtbuddhisten, weil es zwischen ihm und den alltäglichen Erfahrungen der Menschen keinen Unterschied gibt. Sogar ohne Dharma zu studieren oder zu hören, kommen manche Menschen oft zu Schlüssen, die denen ähneln, die in den Unterweisungen des Kadam Dharma erklärt werden, indem sie Zeitung lesen oder fernsehen und die Lage der Welt verstehen. Das ist so, weil Kadam Dharma mit den Alltagserfahrungen der Menschen übereinstimmt, er ist nicht vom täglichen Leben zu trennen. Alle brauchen ihn, um ihr Leben glücklich und sinnvoll zu gestalten, vorübergehend ihre menschlichen Probleme zu lösen und letztendlich in der Lage zu sein, reines und immerwährendes Glück zu finden, indem sie ihre Wut, Anhaftung, Neid und insbesondere ihre Unwissenheit zähmen.

In diesen spirituell degenerierten Zeiten gibt es fünf Unreinheiten, die auf der ganzen Welt zunehmen: (1) Unsere Umwelt wird aufgrund von Umweltverschmutzung zunehmend unrein. (2) Unser Wasser, unsere Luft und unsere Nahrung werden, ebenfalls aufgrund von Umweltverschmutzung, zunehmend unrein. (3) Unser Körper wird zunehmend unrein, weil Krankheiten heutzutage häufiger sind. (4) Unser Geist wird zunehmend unrein, weil unsere Verblendungen immer stärker werden und (5) unsere Handlungen werden zunehmend unrein, weil wir keine Kontrolle über unsere Verblendungen haben.

Aufgrund dieser fünf Unreinheiten nehmen Leiden, Probleme und Gefahren überall zu. Durch die Praxis des Lamrim können wir jedoch unsere Erfahrung all dieser Unreinheiten in den spirituellen Pfad umwandeln, der uns zum reinen und immerwährenden Glück der Befreiung und Erleuchtung führt. Wir können alle Schwierigkeiten, die wir in der Welt sehen, als spirituelle Unterweisungen betrachten, die uns ermutigen Entsagung, Mitgefühl und Weisheit zu entwickeln: den Wunsch, uns selbst vom Kreislauf unreinen Lebens zu befreien, den

Wunsch, dass andere dauerhaft vom Kreislauf unreinen Lebens befreit sein mögen, und die Weisheit, die erkennt, dass alle diese Unreinheiten die Folgen nichttugendhafter Handlungen sind. In dieser Weise können wir durch die Praxis des Lamrim alle widrigen Umstände in Gelegenheiten umwandeln, um Verwirklichungen des spirituellen Pfades zu erlangen, die uns reines und immerwährendes Glück bringen.

Wann immer Lamrim Praktizierende Schwierigkeiten und Leiden erleben, denken sie: «Zahllose andere Lebewesen erfahren größeres Leiden und größere Schwierigkeiten als ich». In dieser Weise entwickeln oder verstärken sie ihr Mitgefühl für alle Lebewesen, das sie schnell zum höchsten Glück der Erleuchtung führt. Kadam Lamrim ist die erhabene Arznei, die alle Leiden von Krankheit, Altern, Tod und Wiedergeburt für immer heilt. Er ist die wissenschaftliche Methode, um unsere menschliche Natur und Eigenschaften zu verbessern und unsere täglichen Probleme zu lösen. Kadam Lamrim ist der große Spiegel des Dharma, in dem wir sehen, wie die Dinge wirklich sind und durch den wir sehen, was wir wissen sollten, was wir aufgeben sollten, was wir praktizieren sollten und was wir erlangen sollten. Und nur indem wir diesen Spiegel benutzen, können wir die große Güte aller Lebewesen sehen.

Kadampa Praktizierende betonen die Schulung in Meditation. Was ist Meditation? Meditation ist eine Handlung des Geistes, deren Natur einsgerichtete Konzentration ist und deren Funktion es ist, unseren Geist friedvoll und ruhig zu machen. Wir wollen immer glücklich sein, selbst in unseren Träumen. Wie aber gelingt uns das? Es gelingt uns durch Schulung in Meditation, denn Meditation macht unseren Geist friedvoll. Und wenn unser Geist friedvoll ist, dann sind wir zu jeder Zeit glücklich, sogar wenn unsere äußeren Umstände schlecht sind. Wenn unser Geist jedoch nicht friedvoll ist, dann sind wir nicht glücklich, sogar wenn unsere äußeren Umstände hervorragend sind. Das können wir aus eigener Erfahrung verstehen. Weil die Schulung in Meditation die eigentliche Methode ist, unseren Geist friedvoll zu machen, sollten wir uns bemühen uns in Meditation zu schulen. Jedes Mal, wenn wir meditieren, ist dies eine Handlung, oder Karma, die uns in Zukunft geistigen Frieden erleben lässt. Daraus können wir ersehen, wie wichtig die Praxis der Meditation ist.

Die Objekte unserer Meditation sollten solche sein, die sinnvolle Objekte sind (diese werden unten ausführlich erklärt), damit wir uns durch Schulung in Meditation dauerhaft von allen Leiden dieses Lebens und zahlloser zukünftiger Leben befreien und das höchste Glück der Erleuchtung erlangen können, so wie Buddha es gezeigt hat. Dies ist für uns das beste Vorbild. Am Anfang jedoch können wir unseren Atem als Meditationsobjekt nehmen und Atemmeditation üben, was recht einfach ist.

Wie üben wir Atemmeditation? Zuerst sollten wir uns sowohl körperlich als auch geistig entspannen und aufhören, an irgendetwas zu denken. Dann atmen wir sanft und natürlich durch die Nase, nicht durch den Mund, ein und aus. Wir konzentrieren uns einsgerichtet auf die Empfindung des Atems, der durch unsere Nasenlöcher ein- und ausströmt. Wir sollten so lange wie möglich in dieser Empfindung verweilen. Wenn unser Geist nach dieser Übung noch immer nicht friedvoll ist, sollten wir diese Atemmeditation so lange wiederholen, bis unser Geist völlig friedvoll wird. Dann sollten wir uns bemühen, Tag und Nacht beständig in diesem Frieden zu verweilen. In dieser Weise werden wir uns selbst, aber auch unsere Freunde und unsere Familie allezeit glücklich machen.

Der Pfad einer Person anfänglicher Ausrichtung

In diesem Zusammenhang bezieht sich «Person anfänglicher Ausrichtung» auf jemanden, der über eine anfängliche Befähigung verfügt, spirituelles Verständnis und Verwirklichungen zu entwickeln.

DIE KOSTBARKEIT UNSERES MENSCHLICHEN LEBENS

Das Ziel dieser Meditation ist uns selbst zu ermutigen, den wirklichen Sinn aus unserem menschlichen Leben zu ziehen und es nicht mit sinnlosen Tätigkeiten zu verschwenden. Unser menschliches Leben ist sehr kostbar, aber nur wenn wir es nutzen, um beständige Befreiung und das höchste Glück der Erleuchtung durch reine und aufrichtige Dharma Praxis zu erlangen. Wir sollten uns ermutigen, den wirklichen Sinn unseres menschlichen Lebens zu erfüllen, indem wir die folgende Erklärung verstehen und darüber nachdenken.

Viele Menschen glauben, dass der wirkliche Sinn eines menschlichen Lebens in einer materiellen Entwicklung liegt.

Atisha

Doch wir erkennen, dass keine wie immer geartete materielle Entwicklung in unserer Welt menschliches Leiden und Probleme verringert. Stattdessen führt sie eher dazu, dass Leiden und Probleme zunehmen. Deshalb ist sie nicht der wirkliche Sinn menschlichen Lebens. Wir sollten wissen, dass wir, aus unseren früheren Leben kommend, gegenwärtig nur für einen kurzen Augenblick in die Welt der Menschen gelangt sind. Und dass wir jetzt die Gelegenheit haben, durch die Praxis des Dharma das höchste Glück der Erleuchtung zu erlangen. Dies ist unser außerordentliches Glück. Wenn wir Erleuchtung erlangen, haben wir unsere eigenen Wünsche erfüllt und werden auch die Wünsche aller anderen Lebewesen erfüllen können. Wir haben uns selbst für immer von den Leiden dieses und zahlloser zukünftiger Leben befreit und können nun unmittelbar jedem einzelnen Lebewesen jeden Tag helfen. Deshalb ist der wirkliche Sinn eines menschlichen Lebens die Erlangung der Erleuchtung.

Erleuchtung ist das innere Licht der Weisheit, das dauerhaft frei von allen fehlerhaften Erscheinungen ist und dessen Funktion es ist, jedem einzelnen Lebewesen jeden Tag geistigen Frieden zu schenken. Im Augenblick haben wir eine menschliche Wiedergeburt und die Gelegenheit, durch Dharma Praxis Erleuchtung zu erlangen. Wenn wir diese kostbare Gelegenheit durch sinnloses Handeln vergeuden, gibt es keinen größeren Verlust und keine größere Torheit. Das ist so, weil es in Zukunft äußerst schwierig sein wird, eine derart kostbare Gelegenheit noch einmal zu finden. In einem Sutra veranschaulicht Buddha dies durch folgende Analogie. Er fragt seine Schüler: «Angenommen es gibt einen weiten und tiefen Ozean, so groß wie diese Welt, und auf seiner Oberfläche treibt ein goldenes Joch. Auf dem Grund des Ozeans lebt eine blinde Schildkröte, die nur einmal alle hunderttausend Jahre zur Oberfläche emporsteigt. Wie oft würde diese Schildkröte ihren Kopf durch die Mitte des Jochs strecken?» Sein Schüler Ananda antwortet, dass dies in der Tat wohl äußerst selten sei.

In diesem Zusammenhang ist der weite und tiefe Ozean Samsara, der Kreislauf unreinen Lebens, in dem wir seit anfangsloser Zeit Leben für Leben endlos leiden. Das goldene Joch ist Buddhadharma und die blinde Schildkröte sind wir selbst. Obwohl unser Körper nicht der einer Schildkröte ist, unterscheiden wir uns geistig nicht so sehr. Und obwohl unsere physischen Augen nicht blind sein mögen, sind es unsere Weisheitsaugen. In den meisten unserer zahllosen früheren Leben weilten wir auf dem Grund des Ozeans von Samsara in den drei niederen Bereichen – den Bereichen der Tiere, der hungrigen Geister und den Höllen – und tauchten nur etwa alle hunderttausend Jahre als Menschen an der Oberfläche auf. Selbst wenn wir für kurze Zeit als Mensch in den höheren Bereich des Ozeans von Samsara gelangen, ist es äußerst selten dem goldenen Joch des Buddhadharma zu begegnen: Der Ozean Samsaras ist unermesslich weit, das goldene Joch des Buddhadharma bleibt nicht an einem Ort, sondern treibt von hier nach dort, und unsere Weisheitsaugen sind immer blind. Deshalb sagt Buddha, dass es in Zukunft äußerst selten sein wird, selbst wenn wir eine menschliche Wiedergeburt erlangen, dass wir dem Buddhadharma wieder begegnen. Noch seltener wird es sein, den Kadam Dharma zu treffen. Wir sehen selbst, dass die allermeisten Menschen in dieser Welt dem Buddhadharma nicht begegnet sind, obwohl sie doch für kurze Zeit im höheren Bereich Samsaras leben. Dies ist so, weil sich ihre Weisheitsaugen nicht geöffnet haben.

Was heißt es, «dem Buddhadharma zu begegnen»? Es bedeutet in den Buddhismus einzutreten, indem wir aufrichtig Zuflucht zu Buddha, Dharma und Sangha nehmen und dadurch die Gelegenheit haben, den Pfad zur Erleuchtung zu betreten und auf ihm voranzuschreiten. Wenn wir dem Buddhadharma nicht begegnen, haben wir dazu keine Gelegenheit und wir haben keine Möglichkeit das reine und immerwährende Glück der Erleuchtung, den wirklichen Sinn unseres menschlichen Lebens, zu verwirklichen. Abschließend sollten wir denken:

Gegenwärtig habe ich für kurze Zeit die menschliche Welt erreicht. Ich habe die Gelegenheit, dauerhafte Befreiung von Leiden und das höchste Glück der Erleuchtung zu erlangen, indem ich Dharma in die Praxis umsetze. Wenn ich diese kostbare Gelegenheit mit sinnlosen Tätigkeiten verschwende, gibt es keinen größeren Verlust und keine größere Torheit.

Mit diesem Gedanken fassen wir den festen Entschluss Dharma, Buddhas Lehren über Entsagung, allumfassendes Mitgefühl und die tiefgründige Sicht der Leerheit, jetzt, solange wir die Gelegenheit haben, zu praktizieren. Wir meditieren immer wieder über diesen Entschluss. Wir sollten diese Kontemplation und Meditation jeden Tag in vielen Sitzungen üben und uns in dieser Weise ermutigen, den wirklichen Sinn aus unserem menschlichen Leben zu ziehen.

Wir sollten uns fragen, was für uns das Wichtigste ist, was wünschen wir uns, wonach streben wir, wovon träumen wir? Für manche Menschen ist es materieller Besitz, wie ein großes luxuriöses Haus, ein schnelles Auto oder eine gut bezahlte Arbeit. Für andere sind es Ansehen, gutes Aussehen, Macht, Zerstreuung oder Abenteuer. Viele suchen den Sinn ihres Lebens in der Beziehung zu ihrer Familie und ihrem Freundeskreis. Alle diese Dinge können uns zwar für kurze Zeit auf eine oberflächliche Weise glücklich machen, doch sie bereiten uns auch viele Sorgen und viel Leid. Sie geben uns niemals das vollkommene und dauerhafte Glück, nach dem wir uns alle in unserem Herzen sehnen. Sehen wir in diesen Dingen den wesentlichen Sinn unseres Lebens, so werden sie uns eines Tages im Stich lassen, denn wir können sie nicht mitnehmen, wenn wir sterben. Als Selbstzweck sind weltliche Errungenschaften hohl, sie sind nicht der wirkliche Sinn menschlichen Lebens.

Mit unserem menschlichen Leben können wir den höchsten, dauerhaften geistigen Frieden, «Nirvana», und Erleuchtung erlangen, indem wir Dharma praktisch umsetzen. Diese Erlangungen sind nichttäuschende, endgültige Zustände des Glücks, und deshalb der wirkliche Sinn menschlichen Lebens. Da aber unser Wunsch nach weltlichem Vergnügen so stark ist, haben wir wenig oder gar kein Interesse an Dharma Praxis. Aus spiritueller Sicht ist dieses fehlende Interesse an Dharma Praxis eine Art von Faulheit. Sie wird die «Faulheit der Anhaftung» genannt. Solange wir diese Faulheit haben, ist das Tor zur Befreiung verschlossen und wir werden infolgedessen in diesem und in zahllosen zukünftigen Leben Elend und Leiden erleben. Über den Tod zu meditieren ist der Weg, um diese Faulheit zu überwinden, die das Haupthindernis für unsere Dharma Praxis ist.

Wir müssen immer wieder über unseren Tod nachdenken und meditieren, bis wir eine tiefe Verwirklichung des Todes erlangen. Auf einer intellektuellen Ebene wissen wir alle, dass wir schließlich sterben werden. Doch bleibt unser Gewahrsein des Todes oberflächlich. Unser intellektuelles Wissen um den Tod berührt unser Herz nicht und so denken wir weiterhin jeden Tag: «Ich werde heute nicht sterben. Ich werde heute nicht sterben.» Selbst an unserem Todestag denken wir noch an das, was wir morgen oder nächste Woche vorhaben. Dieser Geist, der jeden Tag denkt: «Ich werde heute nicht sterben», ist täuschend, er führt uns in die falsche Richtung und macht unser menschliches Leben leer. Durch die Meditation über den Tod werden wir jedoch den täuschenden Gedanken: «Ich werde heute nicht sterben» schrittweise durch den nichttäuschenden Gedanken: «Ich könnte heute sterben» ersetzen. Der Geist, der spontan jeden Tag denkt: «Ich könnte heute sterben», ist die Verwirklichung des Todes. Es ist diese Verwirklichung, die unsere Faulheit der Anhaftung direkt beseitigt und das Tor zum spirituellen Pfad öffnet.

Im Allgemeinen können wir heute sterben oder wir können heute nicht sterben, wir wissen es nicht. Wenn wir aber jeden Tag denken: «Ich werde heute nicht sterben», dann täuscht uns dieser Gedanke, denn er entsteht aus unserer Unwissenheit. Wenn wir stattdessen jeden Tag denken: «Ich könnte heute sterben», dann täuscht uns dieser Gedanke nicht, denn er entsteht aus unserer Weisheit. Dieser nützliche Gedanke wird unsere Faulheit der Anhaftung verhindern und uns ermutigen, uns auf das Wohl unserer zahllosen zukünftigen Leben vorzubereiten oder uns sehr zu bemühen, in den Pfad zur Befreiung und Erleuchtung einzutreten. In dieser Weise werden wir unserem gegenwärtigen menschlichen Leben Sinn verleihen. Bis jetzt haben wir unsere zahllosen früheren Leben ohne irgendeinen Sinn verschwendet; wir haben aus unseren früheren Leben nichts außer Verblendungen und Leiden mitgebracht.

WAS BEDEUTET UNSER TOD?

Unser Tod ist die dauerhafte Trennung unseres Körpers und Geistes. Wir erleben vielleicht viele vorübergehende Trennungen unseres Körpers und Geistes, doch diese sind nicht unser Tod. Wenn zum Beispiel diejenigen in Meditation verweilen, die ihre Schulung in der Praxis vollendet haben, die als

«Bewusstseinsübertragung» bekannt ist, dann trennt sich ihr Geist von ihrem Körper. Ihr Körper bleibt dort, wo sie meditieren. Ihr Geist aber geht in ein Reines Land und kehrt später in ihren Körper zurück. Nachts, in unseren Träumen, bleibt unser Körper im Bett, doch unser Geist reist zu unterschiedlichen Orten der Traumwelt und kehrt dann in unseren Körper zurück. Diese Trennungen von unserem Körper und Geist sind nicht unser Tod, weil sie nur vorübergehend sind.

Im Tod trennt sich unser Geist dauerhaft von unserem Körper. Unser Körper bleibt am Ort dieses Lebens zurück, doch unser Geist geht zu den verschiedenen Orten unserer zukünftigen Leben. Er ist wie ein Vogel, der ein Nest verlässt und zu einem anderen fliegt. Dies zeigt klar die Existenz zahlloser zukünftiger Leben und dass Natur und Funktion unseres Körpers und Geistes sehr verschieden sind. Unser Körper ist eine visuelle Form, die Farbe und Gestalt hat, unser Geist hingegen ist ein formloses Kontinuum, dem immer Farbe und Gestalt fehlen. Die Natur unseres Geistes ist leer wie Raum und seine Funktion ist, Objekte wahrzunehmen oder zu verstehen. Dadurch können wir verstehen, dass unser Gehirn nicht unser Geist ist. Das Gehirn ist einfach ein Teil unseres Körpers und kann zum Beispiel, anders als unser Geist, fotografiert werden.

Es gefällt uns vielleicht nicht, an unseren Tod erinnert zu werden. Doch das Nachdenken und Meditieren über den Tod ist sehr wichtig für die Wirksamkeit unserer Dharma Praxis. Das ist so, weil die Meditation über den Tod das größte Hindernis für unsere Dharma Praxis beseitigt, die Faulheit der Anhaftung an die Dinge dieses Lebens – sie ermutigt uns, genau jetzt reinen Dharma zu praktizieren. Tun wir das, werden wir den wirklichen Sinn unseres menschlichen Lebens verwirklichen, bevor wir sterben.

WIE MAN ÜBER DEN TOD MEDITIERT

Zuerst denken wir in dieser Weise nach:

Ich werde mit Sicherheit sterben. Es gibt keine Möglichkeit, meinen Körper vor dem endgültigen Zerfall zu bewahren. Tag für Tag, Moment für Moment zerrinnt mein Leben. Ich habe keine Ahnung, wann ich sterben werde. Der Zeitpunkt des Todes ist völlig ungewiss. Viele junge Menschen sterben vor ihren Eltern, manche sterben bei ihrer Geburt; es gibt keine Sicherheit in dieser Welt. Zudem gibt es so viele Ursachen vorzeitigen Todes. Das Leben von vielen starken und gesunden Menschen wird durch Unfälle zerstört. Es gibt keine Sicherheit, dass ich heute nicht sterben werde.

Haben wir mehrmals über diese Punkte nachgedacht, wiederholen wir im Geist immer wieder den Gedanken: «Ich könnte heute sterben. Ich könnte heute sterben», und konzentrieren uns auf das Gefühl, das dadurch in uns hervorgerufen wird. Wir verwandeln unseren Geist in dieses Gefühl: «Ich könnte heute sterben», und verweilen so lange wie möglich einsgerichtet darauf. Wir sollten diese Meditation so oft wiederholen, bis wir jeden Tag spontan glauben: «Ich könnte heute sterben.» Allmählich werden wir zu dem Schluss kommen: «Weil ich diese Welt schon bald verlassen muss, ist es sinnlos, an den Dingen dieses Lebens zu hängen. Stattdessen werde ich von jetzt an mein ganzes Leben reiner und aufrichtiger Dharma Praxis widmen.» Diesen Entschluss bewahren wir dann Tag und Nacht.

In der Meditationspause sollten wir uns ohne Faulheit in unserer Dharma Praxis bemühen. Wir erkennen, dass weltliche Vergnügen täuschend sind und uns nur davon abhalten, unser Leben auf sinnvolle Weise zu nutzen. Deshalb geben wir die Anhaftung an sie auf. In dieser Weise beseitigen wir das Haupthindernis für eine reine Dharma Praxis.

DIE GEFAHREN NIEDERER WIEDERGEBURT

Das Ziel dieser Erklärung ist, uns darin zu bestärken, einen Schutz vor den Gefahren niederer Wiedergeburt vorzubereiten. Wir müssen das jetzt tun, solange wir ein kostbares menschliches Leben mit all seinen Freiheiten und Ausstattungen haben sowie die Gelegenheit, es zu tun. Haben wir erst einmal eine der drei niederen Wiedergeburten angenommen, wird es zu spät sein. Und es wird äußerst schwierig sein, erneut ein solch kostbares Leben zu erhalten. Es heißt, dass Menschen leichter Erleuchtung erlangen, als Wesen wie Tiere eine kostbare menschliche Wiedergeburt. Dieses Verständnis ermutigt uns, Nichttugend, oder negative Handlungen, aufzugeben, Tugend, oder positive Handlungen, zu praktizieren und Zuflucht zu Buddha, Dharma und Sangha (den erhabenen spirituellen Freunden) zu nehmen. Das ist unser wirklicher Schutz.

Nichttugendhafte Handlungen zu begehen ist die Hauptursache dafür, eine niedere Wiedergeburt anzunehmen. Tugend zu praktizieren und Zuflucht zu Buddha, Dharma und Sangha zu nehmen sind hingegen die Hauptursachen dafür, eine kostbare menschliche Wiedergeburt anzunehmen: eine Wiedergeburt, die uns die Gelegenheit gibt, dauerhafte Befreiung von allem Leiden zu erlangen. Schwere nichttugendhafte Handlungen sind die Hauptursache für eine Wiedergeburt als Höllenwesen, mittelschwere nichttugendhafte Handlungen sind die Hauptursache für eine Wiedergeburt als hungriger Geist und leichtere nichttugendhafte Handlungen sind die Hauptursache für eine Wiedergeburt als Tier. In den buddhistischen Schriften gibt es viele Beispiele dafür, wie nichttugendhafte Handlungen zu einer Wiedergeburt in den drei niederen Bereichen führen.

Einst lebte ein Jäger, dessen Frau aus einer Familie von Viehzüchtern stammte. Nachdem er gestorben war, wurde er als Kuh wiedergeboren, die der Familie seiner Frau gehörte. Ein Metzger kaufte später diese Kuh, schlachtete sie und verkaufte das Fleisch. Der Jäger wurde sieben Mal als Kuh wiedergeboren, die im Besitz dieser Familie war, und wurde in dieser Weise zur Nahrung für andere.

In Tibet gibt es einen See namens Yamdroktso. Viele Menschen aus der nahe gelegenen Stadt verbrachten ihr ganzes Leben mit Fischfang. Eines Tages besuchte ein großer Yogi die Stadt. Er war hellsichtig und sagte: «Ich sehe, dass die Menschen dieser Stadt und die Fische im See ständig ihren Platz wechseln.» Er meinte damit, dass die Menschen der Stadt, die sich am Fischen erfreuten, als Fische, also als Nahrung für andere, wiedergeboren wurden, und die Fische im See wurden als Menschen wiedergeboren, die Freude am Fischen hatten. Indem sie in dieser Weise ihre körperliche Gestalt tauschten, töteten und aßen sie sich ständig gegenseitig. Dieser Kreislauf des Elends setzte sich von Generation zu Generation fort.

WIE MAN ÜBER DIE GEFAHREN NIEDERER WIEDERGEBURT MEDITIERT

Zuerst denken wir in dieser Weise nach:

Wenn das Öl in einer Öllampe verbraucht ist, erlischt die Flamme, weil die Flamme durch das Öl erzeugt wird. Stirbt jedoch unser Körper, erlischt unser Bewusstsein nicht, weil das Bewusstsein nicht vom Körper erzeugt wird. Wenn wir sterben, muss unser Geist diesen gegenwärtigen Körper, der nur eine zeitweilige Behausung ist, verlassen und einen anderen Körper finden, genauso wie ein Vogel sein Nest verlässt, um zu einem anderen zu fliegen. Unser Geist hat weder die Freiheit zu bleiben, noch kann er sich aussuchen, wohin er geht. Wir werden durch die Winde unserer Handlungen oder unseres Karmas (unser Glück oder Unglück) zum Ort unserer nächsten Wiedergeburt geweht. Ist das Karma, das zum Zeitpunkt unseres Todes reift, negativ, dann erfahren wir mit Sicherheit eine niedere Wiedergeburt. Schwerwiegendes negatives Karma führt zu einer Wiedergeburt in der Hölle, mittelschweres negatives Karma zu einer Wiedergeburt als hungriger Geist und geringfügigeres negatives Karma zu einer Wiedergeburt als Tier.

Es ist sehr leicht, schweres negatives Karma zu begehen. So erschaffen wir zum Beispiel bereits dadurch die Ursache für eine Wiedergeburt in der Hölle, dass wir aus Wut eine Mücke zerquetschen. Während diesem und unseren zahllosen früheren Leben begingen wir zahlreiche schwerwiegende negative Handlungen. Falls wir diese Handlungen nicht bereits durch aufrichtiges Bekennen gereinigt haben, verbleiben ihre Potenziale in unserem Geisteskontinuum. Jedes dieser negativen Potenziale kann zum Zeitpunkt unseres Todes reifen. Mit all dem im Hinterkopf sollten wir uns fragen: «Wo werde ich morgen sein, wenn ich heute sterbe? Es ist gut möglich, dass ich mich im Tierbereich, unter den hungrigen Geistern oder in der Hölle wiederfinde. Würde mich heute jemand eine dumme Kuh nennen, könnte ich das schwer ertragen. Aber was mache ich, wenn ich tatsächlich eine Kuh, ein Schwein oder ein Fisch werde – die Nahrung für Menschen?»

Haben wir wiederholt über diese Punkte nachgedacht und verstanden, wie sehr Lebewesen wie Tiere in den niederen Bereichen leiden, erzeugen wir eine große Furcht vor einer solchen Wiedergeburt. Dieses Gefühl der Furcht ist das Objekt unserer Meditation. Wir halten es, ohne es zu vergessen. Unser Geist sollte einsgerichtet und so lange wie möglich in diesem Gefühl der Furcht verweilen. Verlieren wir das Objekt unserer Meditation, erneuern wir es, indem wir uns sofort an das Gefühl der Furcht erinnern oder die Kontemplation wiederholen.

In der Meditationspause versuchen wir das Gefühl der Furcht vor einer Wiedergeburt in den niederen Bereichen nie zu vergessen. An sich ist Furcht sinnlos, doch diese Furcht, die aus der obigen Kontemplation und Meditation entsteht, hat immense Bedeutung, da sie aus Weisheit, nicht Unwissenheit entsteht. Diese Furcht ist die Hauptursache für die Zufluchtnahme zu Buddha, Dharma und Sangha, die der eigentliche Schutz vor diesen Gefahren ist, und sie hilft uns, achtsam und gewissenhaft darin zu sein, nichttugendhafte Handlungen zu vermeiden.

ZUFLUCHT NEHMEN

In diesem Zusammenhang bedeutet «Zuflucht nehmen» Zuflucht zu Buddha, Dharma und Sangha zu nehmen. Das Ziel dieser Praxis ist, uns dauerhaft vor niederer Wiedergeburt zu schützen. Weil wir Menschen sind, sind wir gegenwärtig frei von einer Wiedergeburt als Tier, hungriger Geist oder Höllenwesen, doch dies ist nur vorübergehend. Wir ähneln einem Gefangenen, der eine Woche Urlaub bekommt und nach Hause gehen darf, danach aber ins Gefängnis zurückkehren muss. Wir brauchen dauerhafte Befreiung von den Leiden dieses und zahlloser zukünftiger Leben. Diese ist abhängig davon, dass wir in den buddhistischen Pfad zur Befreiung eintreten, auf ihm voranschreiten und ihn vollenden, was wiederum davon abhängt, in den Buddhismus einzutreten.

Durch die Praxis der Zufluchtnahme treten wir in den Buddhismus ein. Damit unsere Praxis der Zuflucht qualifiziert ist, sollten wir, wenn wir Buddha vor uns visualisieren, mit Worten oder im Geist das Versprechen ablegen, unser Leben lang Zuflucht zu Buddha, Dharma und Sangha zu nehmen. Dieses Versprechen ist unser Zufluchtsgelübde. Es ist das Tor, durch das wir in den Buddhismus eintreten. Solange wir dieses Versprechen halten, sind wir innerhalb des Buddhismus, brechen wir es aber, sind wir außerhalb. Innerhalb des Buddhismus zu sein und zu bleiben gibt uns die Gelegenheit, den buddhistischen Pfad zu betreten, auf ihm voranzuschreiten und ihn zu vollenden.

Wir sollten niemals unser Versprechen aufgeben, unser Leben lang Zuflucht zu Buddha, Dharma und Sangha zu nehmen. Zufluchtnahme zu Buddha, Dharma und Sangha bedeutet, dass wir uns bemühen Buddhas Segnungen zu erhalten, Dharma praktisch umzusetzen und Hilfe der Sangha zu empfangen. Dies sind die drei Hauptverpflichtungen des Zufluchtsgelübdes. Halten wir diese drei Hauptverpflichtungen der Zuflucht ein und üben sie aufrichtig, dann können wir unser endgültiges Ziel erreichen.

Der Hauptgrund, warum wir den Entschluss fassen und versprechen müssen, unser Leben lang Zuflucht zu Buddha, Dharma und Sangha zu nehmen, ist der, dass wir dauerhafte Befreiung von Leiden erlangen müssen. Vielleicht erleben wir gegenwärtig kein körperliches Leid und keinen geistigen Schmerz. Doch wie schon gesagt, besteht diese Freiheit nur vorübergehend. Später in diesem und in unseren zahllosen zukünftigen Leben werden wir fortwährend unerträgliches körperliches Leid und geistigen Schmerz erfahren müssen, Leben für Leben, endlos.

Ist unser Leben in Gefahr oder bedroht uns jemand, dann suchen wir normalerweise Zuflucht bei der Polizei. Natürlich kann uns die Polizei manchmal vor einer bestimmten Gefahr schützen, doch sie kann uns keine dauerhafte Befreiung von Tod geben. Sind wir ernsthaft krank, suchen wir Zuflucht bei Ärzten. Manchmal können Ärzte eine bestimmte Krankheit heilen, aber kein Arzt kann uns dauerhaft von Krankheit befreien. Was wir wirklich brauchen ist die dauerhafte Befreiung von allen Leiden und als Mensch können wir dies erreichen, indem wir Zuflucht zu Buddha, Dharma und Sangha nehmen.

Buddhas sind «erwacht». Das bedeutet, sie sind aus dem Schlaf der Unwissenheit erwacht und frei von den Träumen Samsaras, dem Kreislauf unreinen Lebens. Buddhas sind völlig reine Wesen, die dauerhaft frei von allen Verblendungen und fehlerhafter Erscheinung sind. Wie schon erwähnt ist es Buddhas Aufgabe, durch seine Segnungen jedem einzelnen Lebewesen jeden Tag geistigen Frieden zu schenken. Wir wissen, dass wir glücklich sind, wenn unser Geist friedvoll ist und dass wir unglücklich sind, wenn er es nicht ist. Es ist deshalb klar, dass unser Glück von einem friedvollen Geist abhängt und nicht von guten äußeren Umständen. Wenn unser Geist jederzeit friedvoll ist, werden wir jederzeit glücklich sein, selbst wenn die äußeren Umstände schlecht sind. Und wenn wir beständig Buddhas Segnungen empfangen, können wir immer einen friedvollen Geist bewahren. Deshalb ist Buddha die Quelle unseres Glücks. Dharma ist der eigentliche Schutz, der uns dauerhaft von den Leiden der Krankheit, des Alterns, des Todes und der Wiedergeburt erlöst. Sangha sind die erhabenen spirituellen Freunde, die uns zu richtigen spirituellen Pfaden führen. Durch diese drei kostbaren wunscherfüllenden Juwelen Buddha, Dharma und Sangha, die als die «Drei Juwelen» bekannt sind, können wir unsere eigenen Wünsche und die Wünsche aller anderen Lebewesen erfüllen.

Jeden Tag sollten wir aus der Tiefe unseres Herzens Bittgebete an die erleuchteten Buddhas richten, während wir tiefes Vertrauen in sie bewahren. Dies ist eine einfache Art und Weise, wie wir fortwährend Buddhas Segnungen empfangen. Wir sollten auch an Gruppengebeten, den «Pujas», teilnehmen, die in buddhistischen Tempeln oder Gebetsräumen veranstaltet werden. Diese sind kraftvolle Methoden, um Buddhas Segnungen und seinen Schutz zu erhalten.

WIE MAN ÜBER ZUFLUCHTNAHME MEDITIERT

Zuerst denken wir über Folgendes nach:

> *Ich möchte mich dauerhaft vor den Leiden dieses und zahlloser zukünftiger Leben schützen und mich von ihnen befreien. Dies kann mir nur gelingen, indem ich Buddhas Segnungen erhalte, Dharma praktisch umsetze und Hilfe der Sangha, der erhabenen spirituellen Freunde, empfange.*

Darüber denken wir gründlich nach und fassen dann den festen Entschluss und versprechen, unser Leben lang aufrichtig Zuflucht zu Buddha, Dharma und Sangha zu nehmen. Wir sollten jeden Tag über diesen Entschluss meditieren und unser Versprechen für den Rest unseres Lebens halten. Als Verpflichtungen unseres Zufluchtsgelübdes sollten wir uns stets bemühen, Buddhas Segnungen zu erhalten, Dharma praktisch umzusetzen und Hilfe der Sangha, unserer reinen spirituellen Freunde, einschließlich unseres spirituellen Lehrers, zu empfangen. In dieser Weise nehmen wir Zuflucht zu Buddha, Dharma und Sangha und erreichen unser Ziel: die dauerhafte Befreiung von allen Leiden dieses und zahlloser zukünftiger Leben, der wirkliche Sinn unseres menschlichen Lebens.

Um unser Versprechen zu bewahren, unser Leben lang Zuflucht zu Buddha, Dharma und Sangha zu nehmen, und damit wir und alle Lebewesen Buddhas Segnungen und Schutz erhalten mögen, rezitieren wir jeden Tag voller Vertrauen das folgende Zufluchtsgebet:

Bis wir Erleuchtung erlangen, nehmen ich und
alle fühlenden Wesen
Zuflucht zu Buddha, Dharma und Sangha.

WAS IST KARMA?

Der Sinn, Karma zu verstehen und an Karma zu glauben, besteht darin, zukünftiges Leiden zu verhindern und die Grundlage für den Pfad zur Befreiung und Erleuchtung zu legen. Im Allgemeinen bedeutet Karma «Handlung». Aus nichttugendhaften Handlungen entsteht Leiden und aus tugendhaften Handlungen entsteht Glück. Glauben wir das, dann glauben wir an Karma. Buddha gab ausführliche Unterweisungen, die die Wahrheit dieser Behauptung beweisen, und viele Beispiele, die die besondere Beziehung zwischen den Handlungen unserer früheren Leben und unseren Erfahrungen dieses Lebens aufzeigen. Einige davon werden in *Freudvoller Weg* erläutert.

In unseren früheren Leben begingen wir verschiedene Arten nichttugendhafter Handlungen, die anderen schadeten. Als Folge dieser nichttugendhaften Handlungen entstehen jetzt mancherlei schwierige Umstände und Situationen und wir erleben endloses menschliches Leiden und Probleme. Das Gleiche gilt für alle anderen Lebewesen.

Wir sollten beurteilen, ob wir glauben oder nicht glauben, dass die Hauptursache des Leidens unsere nichttugendhaften

Handlungen und die Hauptursache des Glücks unsere tugendhaften Handlungen sind. Glauben wir das nicht, werden wir uns nie bemühen tugendhafte Handlungen, oder Verdienste, anzusammeln, und wir werden nie unsere nichttugendhaften Handlungen reinigen. Und so werden wir fortwährend leiden und Schwierigkeiten erfahren, Leben für Leben, ohne Ende.

Jede Handlung, die wir begehen, hinterlässt eine Prägung in unserem sehr subtilen Geist und jede dieser Prägungen lässt irgendwann ihre eigene Auswirkung entstehen. Unser Geist ist wie ein Feld, und Handlungen zu begehen gleicht dem Säen von Samen in dieses Feld. Tugendhafte Handlungen säen Samen für zukünftiges Glück und nichttugendhafte Handlungen säen Samen für zukünftiges Leiden. Diese Samen ruhen in unserem Geist, bis die Bedingungen eintreten, die sie reifen lassen und dann erzeugen sie ihre Auswirkung. In manchen Fällen geschieht dies erst viele Leben, nachdem die ursprüngliche Handlung begangen wurde.

Sehr wichtig sind die Samen, die zum Zeitpunkt unseres Todes reifen, denn sie bestimmen, welche Art der Wiedergeburt wir in unserem nächsten Leben annehmen. Welcher spezielle Samen beim Tod reift, hängt vom Zustand unseres Geistes ab, in dem wir sterben. Sterben wir mit einem friedvollen Geist, wird dies das Reifen eines tugendhaften Samens anregen und wir werden eine glückliche Wiedergeburt erleben. Sterben wir jedoch mit einem unfriedlichen Geist, zum Beispiel in einem Zustand der Wut, wird dies einen nichttugendhaften Samen anregen und wir werden eine unglückliche Wiedergeburt erleben. Dies ähnelt der Art und Weise, wie durch einen aufgewühlten Geisteszustand kurz vor dem Einschlafen Albträume ausgelöst werden.

Alle unangebrachten Handlungen wie Töten, Stehlen, sexuelles Fehlverhalten, Lügen, entzweiende Rede, verletzende

Rede, leeres Geschwätz, Begehrlichkeit, Böswilligkeit und das Halten falscher Sichtweisen sind nichttugendhafte Handlungen. Geben wir nichttugendhafte Handlungen auf und bemühen uns, unsere bisherigen nichttugendhaften Handlungen zu reinigen, dann üben wir moralische Disziplin. Dies wird verhindern, dass wir zukünftiges Leiden erleben und eine niedere Wiedergeburt annehmen. Beispiele tugendhafter Handlungen sind die Schulung in allen Meditationen und den anderen spirituellen Übungen, die in diesem Buch vorgestellt werden. Meditation ist eine tugendhafte geistige Handlung, die die Hauptursache dafür ist, in Zukunft geistigen Frieden zu erleben. Wann immer wir uns in Meditation schulen, üben wir eine tugendhafte geistige Handlung aus, die eine Ursache für zukünftiges Glück und geistigen Frieden ist, unabhängig davon, ob unsere Meditation klar ist oder nicht. Normalerweise achten wir vor allem auf körperliche und sprachliche Handlungen, doch in Wirklichkeit sind geistige Handlungen wichtiger. Unsere körperlichen und sprachlichen Handlungen hängen von unserem geistigen Handeln ab, davon, dass wir geistig eine Entscheidung treffen.

Wir sollten bei allen tugendhaften Handlungen, wie Meditation oder anderen spirituellen Übungen, folgenden geistigen Entschluss fassen:

> Während ich das Pferd tugendhafter Handlungen reite,
> Werde ich es mit den Zügeln der Entsagung in den Pfad
> der Befreiung führen.
> Und indem ich das Pferd mit der Peitsche des Bemühens
> antreibe,
> Werde ich schnell das Reine Land der Befreiung und
> Erleuchtung erreichen.

Nachdem wir über die oben erwähnten Erklärungen nachgedacht haben, sollten wir überlegen:

Da ich selbst niemals leiden und immer glücklich sein möchte, muss ich meine nichttugendhaften Handlungen aufgeben und reinigen und aufrichtig tugendhafte Handlungen ausführen.

Wir sollten jeden Tag über diesen Entschluss meditieren und unseren Entschluss in die Praxis umsetzen.

Der Pfad einer Person mittlerer Ausrichtung

In diesem Zusammenhang bezieht sich «Person mittlerer Ausrichtung» auf jemanden, der über eine mittlere Befähigung verfügt, spirituelles Verständnis und Verwirklichungen zu entwickeln.

WAS WIR WISSEN SOLLTEN

Im *Sutra der Vier Edlen Wahrheiten* sagt Buddha: «Ihr solltet Leiden erkennen.» Mit diesen Worten gibt Buddha uns den Rat, die unerträglichen Leiden, die wir in unseren zahllosen zukünftigen Leben erfahren werden, zu erkennen und deshalb Entsagung zu entwickeln, den Entschluss, uns für immer von diesen Leiden zu befreien.

Im Allgemeinen versteht jeder, der geistige oder körperliche Schmerzen erlebt, sein eigenes Leiden, selbst Tiere. Doch wenn Buddha sagt: «Ihr solltet Leiden erkennen», dann meint er, dass wir die Leiden zukünftiger Leben erkennen sollten. Wenn wir diese erkennen, werden wir einen starken Wunsch entwickeln, uns von ihnen zu befreien. Dieser praktische Rat ist für jedermann wichtig, denn wenn wir den Wunsch haben, uns von den Leiden zukünftiger Leben zu befreien, werden wir ganz sicher unser gegenwärtiges menschliches Leben für die Freiheit und das Glück unserer zahllosen zukünftigen Leben nutzen. Etwas Sinnvolleres gibt es nicht.

Haben wir diesen Wunsch nicht, werden wir unser kostbares menschliches Leben nur für die Freiheit und das Glück dieses einen kurzen Lebens verschwenden. Das wäre wirklich töricht, denn unsere Absicht und unsere Handlungen wären nicht anders als die Absicht und die Handlungen von Tieren, die einzig und allein um dieses Leben besorgt sind. Der große Yogi Milarepa sagte einst zum Jäger Gonpo Dorje:

> Du hast den Körper eines Menschen, aber den Geist
> eines Tieres.
> Du, ein Mensch, der den Geist eines Tieres hat,
> bitte höre mein Lied.

Normalerweise glauben wir, dass es das Wichtigste ist, das Leiden und die Probleme unseres gegenwärtigen Lebens zu lösen, und widmen unser ganzes Leben diesem Ziel. In Wirklichkeit aber dauern die Leiden und Probleme dieses Lebens nur sehr kurz. Sterben wir morgen, sind sie morgen zu Ende. Da die Leiden und Probleme zukünftiger Leben jedoch endlos andauern, sind die Freiheit und das Glück unserer zukünftigen Leben weitaus wichtiger, als die Freiheit und das Glück dieses einen kurzen Lebens. Mit den Worten «Ihr solltet Leiden erkennen» macht Buddha uns Mut, dieses gegenwärtige menschliche Leben zu nutzen, um uns für die Freiheit und das Glück unserer unzähligen zukünftigen Leben zu rüsten. Diejenigen, die so handeln, sind wirklich weise.

Werden wir in zukünftigen Leben als Tier, etwa als Kuh oder Fisch geboren, werden wir Nahrung für andere Lebewesen sein und viele andere Arten von Leiden eines Tieres erleben. Tiere haben keine Freiheit und werden von Menschen für Nahrung, Arbeit und Vergnügen benutzt. Sie haben keine Möglichkeit, sich zu verbessern. Selbst wenn sie kostbare Dharma Worte hören, macht das für sie so wenig Sinn, als hörten sie den Wind wehen. Werden wir als hungriger Geist geboren, finden wir nicht einmal den kleinsten Tropfen Wasser zum Trinken, unser einziges Wasser werden unsere Tränen sein. Viele hunderte von Jahren werden wir unter unerträglichem Hunger und Durst leiden. Werden wir als Höllenwesen in den heißen Höllen geboren, wird unser Körper eins mit dem Feuer sein und man wird unseren Körper und das Feuer nur durch unsere leidvollen Schreie voneinander unterscheiden können. Wir werden die unerträglichen Qualen erleben, dass unser Körper für Millionen von Jahren verbrennt. Wie alle anderen Phänomene existieren die Höllenbereiche nicht inhärent, sondern wie Träume als bloße Erscheinungen des Geistes.

Werden wir als Gott des Begierdebereichs geboren, erleben wir viel Streit und Unzufriedenheit. Auch wenn wir einige oberflächliche Vergnügen erfahren, wird unser Verlangen immer stärker und unser geistiges Leiden ist sogar größer als das der Menschen. Werden wir als Halbgott geboren, sind wir immer eifersüchtig auf die Herrlichkeit der Götter und haben deshalb großes geistiges Leid. Unsere Eifersucht bohrt sich wie ein Dorn in unseren Geist und lässt uns über lange Zeiträume geistig und körperlich leiden. Werden wir als Mensch geboren, müssen wir die unterschiedlichen Arten menschlichen Leidens erleben, einschließlich der Leiden der Geburt, der Krankheit, des Alterns und des Todes.

GEBURT

Wenn unser Bewusstsein in die Vereinigung des Spermas unseres Vaters und der Eizelle unserer Mutter eintritt, dann ist unser Körper eine sehr heiße, wässrige Substanz, wie weißer, rötlich gefärbter Joghurt. Kurz nach der Empfängnis haben wir noch keine groben Gefühle. Sobald sich diese aber entwickeln, beginnen wir, Schmerz zu empfinden. Unser Körper wird allmählich immer fester. Wenn unsere Gliedmaßen wachsen, fühlt es sich an, als würde unser Körper auf einer Folterbank gestreckt. In der Gebärmutter ist es heiß und dunkel. Neun Monate lang ist dieser kleine, fest zusammengedrückte Raum voller unreiner Substanzen unser Zuhause. Es fühlt sich an, als ob wir in einen mit schmutziger Flüssigkeit gefüllten kleinen Wassertank eingezwängt wären, dessen Deckel so dicht schließt, dass weder Luft noch Licht eindringen.

Im Mutterleib erleben wir in völliger Verlassenheit große Schmerzen und Angst. Wir reagieren äußerst empfindlich auf alles, was unsere Mutter tut. Geht sie schnell, fühlt es sich an, als würden wir von einem hohen Berg fallen und wir haben große Angst. Beim Geschlechtsverkehr fühlt es sich an, als würden wir zwischen zwei riesigen Mühlsteinen zerquetscht und erstickt, und wir geraten in Panik. Wenn unsere Mutter auch nur einen kleinen Sprung macht, fühlt es sich an, als würden wir aus großer Höhe heftig auf den Boden aufschlagen. Wenn sie etwas Heißes trinkt, fühlt es sich an, als würde kochendes Wasser unsere Haut verbrühen. Wenn sie etwas Kaltes trinkt, fühlt es sich an wie ein eiskalter Regenguss im tiefsten Winter.

Wenn wir aus dem Mutterleib herauskommen, fühlt es sich an, als ob wir durch eine enge Spalte zwischen zwei Felsen gepresst würden. Kurz nach der Geburt ist unser Körper so empfindlich, dass jede Art von Berührung schmerzt. Selbst wenn uns jemand sehr zärtlich hält, empfinden wir die Hände wie Dornengestrüpp, das unsere Haut aufreißt. Sogar das feinste Gewebe fühlt sich für uns rau und grob an. Im Gegensatz zur Geschmeidigkeit und Sanftheit des Mutterleibes ist jede Berührung rau und schmerzhaft. Wenn uns jemand hochhebt, fühlt es sich an, als würden wir über einen tiefen Abgrund geschleudert. Wir sind verängstigt und fühlen uns unsicher. Wir haben alles vergessen, was wir in unserem vergangenen Leben wussten. Wir bringen nur Schmerz und Verwirrung aus dem Mutterleib mit. Was auch immer wir hören, ist für uns so sinnlos wie das Rauschen des Windes und wir verstehen nichts von dem, was wir wahrnehmen. In den ersten Wochen sind wir wie jemand, der blind, taub und stumm ist und unter schwerem Gedächtnisverlust leidet. Wenn wir hungrig sind, können wir nicht sagen: «Ich muss essen», und wenn wir Schmerzen haben, können wir nicht sagen: «Das tut mir weh.» Die einzigen Zeichen, dass uns etwas fehlt, sind heiße Tränen und wilde Gebärden. Unsere Mutter weiß oft gar nicht, unter welchen Schmerzen und Beschwerden wir leiden. Wir sind völlig hilflos. Alles muss uns beigebracht werden: wie man isst, wie man sitzt, wie man geht, wie man spricht.

Obwohl wir in den ersten Wochen unseres Lebens am verletzlichsten sind, hören unsere Schmerzen nicht auf, wenn wir älter werden. Im Verlauf unseres Lebens erfahren wir weiterhin die unterschiedlichsten Arten von Leiden. Die Wärme eines Kaminfeuers, das wir in einem großen Haus entzünden, durchdringt das ganze Haus und all die Wärme im Haus kommt von diesem Feuer. Genauso durchdringt Leiden unser ganzes Leben, wenn wir in Samsara geboren werden, und all das Elend, das wir erfahren, entsteht einzig und allein, weil wir eine verunreinigte Wiedergeburt angenommen haben.

Unsere Wiedergeburt als Mensch, verunreinigt durch die giftige Verblendung des Festhaltens am Selbst, ist die Grundlage unseres menschlichen Leidens. Ohne diese Grundlage gibt es keine menschlichen Probleme. Die Schmerzen der Geburt wandeln sich allmählich in die Schmerzen von Krankheit, Altern und Tod um – sie sind ein Kontinuum.

KRANKHEIT

Unsere Geburt führt auch zu den Leiden der Krankheit. So wie Wind und Schnee im Winter den grünen Wiesen, Wäldern und Blumen ihre Herrlichkeit rauben, so raubt Krankheit unserem Körper seine jugendliche Pracht. Sie zerstört seine Kraft sowie die Kraft unserer Sinne. Normalerweise sind wir gesund und munter. Doch wenn wir krank werden, sind wir plötzlich nicht mehr in der Lage, unseren üblichen körperlichen Tätigkeiten nachzugehen. Selbst ein Boxchampion, der normalerweise alle seine Gegner k.o. schlagen kann, wird völlig hilflos, wenn ihn eine Krankheit trifft. Krankheit lässt alle unsere Erfahrungen von Vergnügen an alltäglichen Dingen verschwinden und führt dazu, dass wir Tag und Nacht unangenehme Gefühle erleben.

Wenn wir krank werden, gleichen wir einem Vogel, der hoch am Himmel kreist und plötzlich abgeschossen wird. Er fällt zu Boden wie ein Klumpen Blei und all seine Pracht und Stärke sind sofort zerstört. Ganz ähnlich ergeht es uns: Krankheit macht uns augenblicklich handlungsunfähig. Sind wir ernsthaft krank, werden wir womöglich vollständig abhängig von anderen sein und sogar die Kontrolle über unsere Körperfunktionen verlieren. Dieser Wandel ist schwer zu ertragen. Ganz besonders für diejenigen, die stolz auf ihre Unabhängigkeit und körperliche Gesundheit sind.

Wenn wir krank sind, sind wir frustriert. Wir können unsere tägliche Arbeit nicht mehr verrichten und nicht das erledigen, was wir uns vorgenommen haben. Wir sind schnell ungeduldig mit unserer Krankheit und fühlen uns deprimiert, weil wir viele Dinge nicht mehr tun können. Wir können uns nicht mehr an den Dingen erfreuen, die uns gewöhnlich Vergnügen bereiten, wie Sport, Tanzen, Trinken, reichhaltiges Essen oder das Beisammensein mit Freunden. Durch all diese Einschränkungen fühlen wir uns noch elender. Und unser Unglück wird noch größer, weil wir all die Schmerzen erdulden müssen, die die Krankheit mit sich bringt.

Wenn wir krank sind, müssen wir nicht nur die unerwünschten Schmerzen der Krankheit selbst erdulden, sondern auch viele andere unerwünschte Dinge. Wir müssen zum Beispiel alle Heilmittel annehmen, die uns verschrieben werden, wie eine bittere Medizin, eine Reihe von Spritzen, eine größere Operation oder den Verzicht auf etwas, das wir sehr mögen. Müssen wir uns einer Operation unterziehen, so müssen wir in ein Krankenhaus gehen und alle Bedingungen dort akzeptieren. Vielleicht bekommen wir etwas zu essen, das wir nicht mögen und müssen den ganzen Tag im Bett liegen, ohne etwas tun zu können. Vielleicht haben wir Angst vor der bevorstehenden Operation. Möglicherweise erklärt uns der Arzt nicht genau, was wir haben und ob er erwartet, dass wir überleben.

Wenn wir erfahren, dass unsere Krankheit unheilbar ist, und wir keine spirituelle Erfahrung haben, dann werden wir unter Sorgen, Angst und Reue leiden. Vielleicht werden wir deprimiert und hoffnungslos, oder wir werden möglicherweise wütend auf unsere Krankheit, da wir das Gefühl haben, dass sie ein Feind ist, der uns böswillig alle Freuden nimmt.

ALTERN

Geburt führt auch zu den Schmerzen des Alterns. Altern stiehlt uns unsere Schönheit, unsere Gesundheit, unsere gute Figur, gute Haut, Vitalität und unser Wohlbefinden. Altern verwandelt uns in Objekte der Verachtung. Es beschert uns viele unerwünschte Schmerzen und bringt uns rasch dem Tod näher.

Während wir alt werden, verlieren wir die Schönheit unserer Jugend. Unser starker, gesunder Körper wird schwach und von Krankheit geplagt. Unsere einst feste und gut gebaute Figur krümmt und verformt sich. Unsere Muskeln und unser Fleisch schrumpfen, sodass unsere Glieder wie dünne Stöcke aussehen und unsere Knochen hervorstechen. Unser Haar verliert seine Farbe und seinen Glanz, und unsere Haut ihren Schimmer. Unser Gesicht wird faltig und unsere äußere Erscheinung zunehmend entstellt. Milarepa sagte:

> Wie stehen alte Leute auf? Sie stehen auf, als würden sie einen Pfahl aus dem Boden ziehen. Wie gehen alte Leute? Wenn sie einmal auf ihren Füßen stehen, gehen sie so behutsam wie Vogelfänger. Wie lassen sich alte Leute nieder? Sie brechen zusammen wie schweres Gepäck, dessen Riemen gerissen ist.

Wir können über das folgende Gedicht des Gelehrten Gungtang nachdenken, das die Leiden des Alterns beschreibt:

> Wenn wir alt sind, wird unser Haar weiß,
> Aber nicht, weil wir es gewaschen haben.
> Es ist ein Zeichen, dass wir bald dem Herrn des Todes
>   begegnen werden.
>
> Wir haben Falten auf unserer Stirn,
> Aber nicht, weil wir so wohlgenährt sind.

Es ist eine Warnung vom Herrn des Todes: «Du bist im
Begriff zu sterben.»

Unsere Zähne fallen aus,
Aber nicht, um Platz für neue zu machen.
Es ist ein Zeichen, dass wir bald keine menschliche
Nahrung mehr essen können.

Unsere Gesichter sind hässlich und unangenehm,
Aber nicht, weil wir Masken tragen.
Es ist ein Zeichen, dass uns die Maske der Jugend
abhandengekommen ist.

Unsere Köpfe wackeln hin und her,
Aber nicht, weil uns etwas missfällt.
Es ist der Herr des Todes, der unsere Köpfe mit dem Stock
schlägt, den er in seiner rechten Hand hält.

Wir gehen gebeugt und starren auf den Boden,
Aber nicht, weil wir nach verlorenen Nadeln suchen.
Es ist ein Zeichen, dass wir nach unserer verlorenen
Schönheit und Erinnerungen Ausschau halten.

Wir stützen uns auf allen Vieren vom Boden ab,
Aber nicht, weil wir Tiere nachahmen.
Es ist ein Zeichen, dass unsere Beine zu schwach sind, um
unseren Körper zu tragen.

Wir setzen uns hin, als würden wir plötzlich fallen,
Aber nicht, weil wir zornig sind.
Es ist ein Zeichen, dass die Kräfte unseres Körpers versagt
haben.

Beim Gehen schwankt unser Körper hin und her,
Aber nicht, weil wir uns so wichtig dünken.

Es ist ein Zeichen, dass unsere Beine den Körper nicht
tragen können.

Unsere Hände zittern,
Aber nicht, weil sie versucht sind zu stehlen.
Es ist ein Zeichen, dass der Herr des Todes darauf brennt,
unseren Besitz zu rauben.

Wir essen nur wenig,
Aber nicht, weil wir geizig sind.
Es ist ein Zeichen, dass wir unser Essen nicht verdauen
können.

Wir keuchen fortwährend,
Aber nicht, weil wir Kranken Mantras zuflüstern.
Es ist ein Zeichen, dass unser Atem bald verschwinden
wird.

Wenn wir jung sind, können wir die ganze Welt bereisen. Doch sind wir alt, dann schaffen wir es kaum bis zu unserem eigenen Gartentor. Für viele weltliche Tätigkeiten sind wir zu schwach und unsere spirituellen Aktivitäten sind oft eingeschränkt. So fehlt uns die körperliche Kraft für tugendhaftes Handeln und die geistige Kraft, etwas auswendig zu lernen, nachzudenken und zu meditieren. Wir können nicht an Unterweisungen teilnehmen, die an Orten stattfinden, die schwer zu erreichen sind oder unbequeme Unterkünfte anbieten. Wir können anderen nicht helfen, sofern dies körperliche Stärke und Gesundheit erfordert. Entbehrungen wie diese machen alte Menschen oft sehr traurig.

Wenn wir alt werden, ist es so, als seien wir blind und taub. Wir können nicht gut sehen und brauchen immer stärkere Brillen, bis wir schließlich gar nicht mehr lesen können. Wir können nicht gut hören und es wird immer schwieriger, Musik oder den Fernseher zu hören oder das, was andere sagen. Unser Gedächtnis schwindet. Alle Tätigkeiten, weltliche und spirituelle, werden mühsamer. Wenn wir meditieren, wird es schwieriger für uns, Verwirklichungen zu erlangen, denn unser Gedächtnis und unsere Konzentration sind zu schwach. Wir können uns dem Studium nicht mehr richtig widmen. Haben wir uns deshalb in jungen Jahren nicht in spiritueller Praxis geschult, können wir im Alter nichts anderes tun, als Bedauern zu entwickeln und auf den Herrn des Todes zu warten.

Wenn wir alt sind, können wir nicht mehr das gleiche Vergnügen aus den Dingen ziehen, die wir früher genossen haben, zum Beispiel Essen, Trinken und Sex. Wir sind zu schwach, um zu spielen und oft sogar zu erschöpft, um uns unterhalten zu lassen. Wenn unsere Lebensspanne schwindet, können wir an den Aktivitäten junger Leute nicht mehr teilhaben. Wenn sie auf Reisen gehen, bleiben wir zurück. Niemand will uns mitnehmen, wenn wir alt sind. Niemand will uns besuchen. Sogar unsere eigenen Enkel wollen nicht sehr lange bei uns bleiben. Alte Menschen denken oft: «Wie schön wäre es, wenn junge Menschen mir Gesellschaft leisteten. Wir würden spazieren gehen und ich könnte ihnen vieles zeigen.» Doch junge Menschen lassen sich nicht in ihre Pläne einspannen. Wenn das Leben zu Ende geht, erfahren alte Menschen den Kummer der Verlassenheit und der Einsamkeit. Sie haben viele besondere Leiden.

TOD

Unsere Geburt führt auch zu den Leiden des Todes. Wenn wir in unserem Leben viel gearbeitet haben, um Besitz anzuhäufen, und wenn wir starke Anhaftung an diesen Besitz entwickelt haben, werden wir zum Zeitpunkt des Todes sehr leiden und denken: «Jetzt muss ich meinen ganzen kostbaren Besitz zurücklassen.» Selbst jetzt fällt es uns sehr schwer, eines der Lieblingsstücke aus unserem Besitz zu verleihen, vom Verschenken ganz zu schweigen. Kein Wunder also, dass wir uns so elend fühlen, wenn wir erkennen, dass wir in der Umarmung des Todes alles verlieren.

Wenn wir sterben, müssen wir uns sogar von unseren engsten Freunden trennen. Wir müssen unseren Ehepartner verlassen, obwohl wir vielleicht viele Jahre zusammen lebten und keinen Tag voneinander getrennt waren. Falls wir starke Anhaftung an unsere Freunde haben, werden wir uns zum Zeitpunkt des Todes sehr elend fühlen. Doch das Einzige, was wir tun können, ist ihre Hand zu halten. Den Todesprozess können wir nicht aufhalten, selbst wenn sie uns anflehen nicht zu sterben. Gewöhnlich sind wir eifersüchtig, wenn uns jemand allein lässt, an dem wir sehr stark hängen, und Zeit mit anderen verbringt. Doch wenn wir sterben, müssen wir unsere Freunde für immer bei anderen zurücklassen. Wir werden jeden zurücklassen müssen, einschließlich unserer Familie und aller Menschen, die uns in diesem Leben geholfen haben.

Wenn wir sterben, müssen wir diesen Körper, den wir in so vielerlei Hinsicht wertgeschätzt und für den wir so sehr gesorgt haben, zurücklassen. Er wird so geistlos sein wie ein Stein und begraben oder verbrannt. Ohne den inneren Schutz spiritueller Erfahrung erleben wir zum Zeitpunkt des Todes sowohl Angst und Not als auch körperliche Schmerzen.

Unser Bewusstsein, das zum Zeitpunkt des Todes den Körper verlässt, trägt alle Potenziale, die wir in unserem Geist durch tugendhafte oder nichttugendhafte Handlungen angesammelt haben. Etwas anderes können wir aus dieser Welt nicht mitnehmen. Alles andere täuscht uns. Der Tod beendet alle unsere Tätigkeiten – unsere Gespräche, unser Essen, das

Treffen mit Freunden, unseren Schlaf. All dies geht an unserem Todestag zu Ende. Wir lassen alles zurück, sogar die Ringe an unseren Fingern. In Tibet tragen Bettler einen Stock, um sich gegen Hunde zu wehren. Um zu verstehen, wie vollkommen der Verlust ist, den wir durch den Tod erleiden, sollten wir uns daran erinnern, dass Bettler zum Zeitpunkt des Todes selbst diesen alten Stock zurücklassen müssen, das Geringste, was ein Mensch besitzen kann. Überall auf der Welt sehen wir, dass ein in Stein gemeißelter Name der einzige Besitz der Toten ist.

ANDERE ARTEN DES LEIDENS

Ferner müssen wir die Leiden der Trennung erleben sowie die Leiden, dem zu begegnen, was wir nicht mögen und die Leiden, unsere Wünsche nicht erfüllen zu können. Diese Leiden schließen alle Leiden der Armut und allen Schaden durch Menschen und Nichtmenschen sowie durch Wasser, Feuer, Wind und Erde mit ein. Vor der endgültigen Trennung zum Zeitpunkt des Todes müssen wir uns oftmals vorübergehend von Menschen und Dingen, die wir gern haben, trennen und dies führt zu geistigem Schmerz. Vielleicht müssen wir unsere Heimat verlassen und damit alle unsere Freunde und Verwandten. Vielleicht müssen wir uns von der Arbeit trennen, die uns gefällt. Möglicherweise verlieren wir unseren guten Ruf. In diesem Leben müssen wir viele Male das Elend der Trennung von den Menschen erleben, die wir mögen, oder den Verzicht und Verlust von Dingen, die wir angenehm und anziehend finden. Der Tod jedoch trennt uns für immer von all unseren Gefährten und allen Freuden dieses Lebens und all seinen äußeren und inneren Bedingungen für unsere Dharma Praxis.

Oft begegnen wir Menschen, die wir nicht mögen, und müssen mit ihnen leben, oder wir begegnen Umständen, die uns unangenehm sind. Vielleicht geraten wir in große Gefahren wie Brände, Überschwemmungen oder in Ausbrüche von Gewalt in Aufständen oder Kriegen. Unsere Leben sind voll von weniger extremen Situationen, die wir lästig finden. Manchmal können wir nicht das tun, was wir wollen. So machen wir uns an einem sonnigen Tag zum Strand auf und bleiben in einem Stau stecken. Ständig erleben wir die Störung durch unseren inneren Dämon der Verblendung, der unseren Geist und unsere spirituelle Praxis stört. Zahllose Umstände vereiteln unsere Pläne und hindern uns daran, das zu tun, was wir wollen. Es ist, als wären wir nackt und würden wir in einem Dornbusch leben. Sobald wir uns bewegen, fühlen wir uns durch die Umstände verletzt. Menschen und Dinge sind wie Dornen, die sich in unser Fleisch bohren. Es gibt keine Situation, in der wir uns ganz und gar wohlfühlen. Je mehr Wünsche und Pläne wir haben, umso häufiger sind wir frustriert. Je mehr wir bestimmte Umstände möchten, umso häufiger geraten wir in Umstände, die wir nicht möchten. Jeder Wunsch scheint sein eigenes Hindernis einzuladen. Unerwünschtes stößt uns zu, ohne dass wir danach suchen. Das Einzige, was tatsächlich mühelos entsteht, ist das, was wir nicht wollen. Niemand möchte sterben, doch der Tod kommt mühelos. Niemand möchte krank sein, doch Krankheit kommt mühelos. Weil wir ohne Wahl oder Kontrolle wiedergeboren wurden, haben wir einen unreinen Körper und bewohnen eine unreine Umgebung. Deshalb ergießt sich Unerfreuliches über uns. In Samsara sind derartige Erfahrungen ganz natürlich.

Unsere Wünsche sind zahllos. Doch wie sehr wir uns auch anstrengen, nie haben wir das Gefühl, dass wir sie erfüllt haben. Sogar wenn wir bekommen, was wir wollen, bekommen wir es nicht so, wie wir es wollen. Wir besitzen das Objekt, doch sein Besitz befriedigt uns nicht. Wir träumen beispielsweise davon, reich zu werden. Aber sind wir dann wirklich reich, ist unser Leben bei weitem nicht so, wie wir uns das vorgestellt hatten. Es fühlt sich nicht an, als sei unser Wunsch in Erfüllung gegangen. Das ist so, weil unsere Wünsche nicht abnehmen, wenn unser Reichtum zunimmt. Je größer unser Reichtum ist, desto größer werden unsere Wünsche. Der Reichtum, den wir suchen, ist unauffindbar, denn wir suchen nach einer Summe, die unsere Wünsche stillt, und das kann kein noch so großer Reichtum. Schlimmer noch: Dadurch, dass wir bekommen, was wir begehren, entstehen neue Gelegenheiten für Unzufriedenheit. Mit jedem Objekt, das wir begehren, kommen andere Objekte, die wir nicht haben wollen. Reichtum zum Beispiel bringt Steuern mit sich, Unsicherheit und schwierige finanzielle Angelegenheiten. Diese unerwünschten Extras hindern uns daran, jemals vollkommen zufrieden zu sein. In ähnlicher Weise träumen wir vielleicht von einem Urlaub in der Südsee und verbringen tatsächlich unseren Urlaub dort. Aber unsere Erlebnisse werden nie ganz mit unseren Erwartungen übereinstimmen und unser Urlaub wird Dinge mit sich bringen wie einen Sonnenbrand und hohe Ausgaben.

Prüfen wir unsere Wünsche, dann werden wir sehen, dass sie überzogen sind. Wir wollen immer das Beste, was Samsara zu bieten hat: die beste Arbeit, den besten Partner, den besten Ruf, das beste Haus, das beste Auto, den besten Urlaub. Alles, was nicht das Beste ist, hinterlässt ein Gefühl der Enttäuschung. Wir suchen weiter und finden doch nie das, was wir uns wünschen. Kein weltliches Vergnügen kann uns die vollständige und vollkommene Befriedigung geben, die wir begehren. Ständig wird etwas Besseres hergestellt. Überall verspricht die Werbung, dass gerade jetzt das absolut Beste auf den Markt gekommen ist, doch einige Tage später wird ein neues Bestes präsentiert, das besser ist als das Beste von vor einigen Tagen. So gibt es kein Ende an neuen Dingen, die unsere Wünsche in ihren Bann ziehen.

Schulkinder können niemals ihren eigenen Ehrgeiz oder den ihrer Eltern befriedigen. Selbst wenn sie Klassenbeste werden, spüren sie, dass sie nicht zufrieden sein können, wenn sie im nächsten Jahr nicht das Gleiche schaffen. Sind sie dann in ihrem Beruf erfolgreich, wird ihr Ehrgeiz genauso stark sein wie zuvor. Es gibt keinen Punkt, an dem sie sich mit dem Gefühl ausruhen können, vollkommen zufrieden zu sein mit dem, was sie erreicht haben.

Vielleicht glauben wir, dass zumindest die Menschen auf dem Land, die ein einfaches Leben führen, zufrieden sein müssen. Schauen wir aber genauer hin, dann sehen wir, dass auch Bauern ständig auf der Suche sind und nicht das bekommen, was sie sich wünschen. Ihr Leben ist voller Probleme und Sorgen und sie genießen keinen wirklichen Frieden und keine Zufriedenheit. Ihr Lebensunterhalt hängt von vielen unsicheren Faktoren ab, über die sie keine Kontrolle haben, wie dem Wetter. Bauern sind nicht weniger unzufrieden als Geschäftsleute, die in der Stadt leben und arbeiten. Die Geschäftsleute sehen schick und tüchtig aus, wenn sie morgens mit ihren Aktenkoffern zur Arbeit gehen. Doch obwohl sie äußerlich so glatt aussehen, tragen sie in ihren Herzen große Unzufriedenheit mit sich herum. Sie suchen immer noch das, was sie sich wünschen, und finden es nicht.

Wenn wir über diese Situation nachdenken, könnten wir vielleicht zu dem Schluss kommen, dass wir finden können, was wir suchen, wenn wir unseren gesamten Besitz aufgeben. Wir können jedoch sehen, dass selbst arme Menschen suchen, was sie sich wünschen und es nicht finden. Viele arme Menschen haben sogar Schwierigkeiten, das Lebensnotwendigste zu finden. In dieser Welt erleben Millionen von Menschen die Leiden extremer Armut.

Wir können das Leiden der Unzufriedenheit nicht durch häufiges Verändern unserer Situation vermeiden. Vielleicht denken wir, dass wir schließlich das finden, was wir uns wünschen, wenn wir ständig unseren Partner oder unseren Job wechseln oder immerzu herumreisen. Aber selbst wenn wir an jeden Ort dieses Planeten reisen würden und an jedem Ort einen neuen Geliebten hätten, wir würden immer weiter nach einem anderen Ort und einem anderen Partner suchen. In Samsara gibt es keine wirkliche Erfüllung unserer Wünsche.

Wann immer wir jemanden sehen, ob in hoher oder niedriger Stellung, Mann oder Frau, sie unterscheiden sich lediglich in ihrer Erscheinung, ihrer Kleidung, ihrem Benehmen und ihrem Status. In ihrer Essenz sind sie alle gleich – sie alle haben Probleme in ihrem Leben. Wenn wir ein Problem haben, ist es leicht zu glauben, dass es durch unsere besonderen Umstände verursacht wurde und verschwinden wird, wenn wir unsere Umstände ändern. Wir geben anderen die Schuld, unseren Freunden, unserer Nahrung, unserer Regierung, unseren Zeiten, dem Wetter, der Gesellschaft, der Geschichte und so weiter. Doch solche äußeren Umstände sind nicht die Hauptursachen unserer Probleme. Wir müssen erkennen, dass alle körperlichen Leiden und geistigen Schmerzen, die wir erleben, Folgen unserer Wiedergeburt sind, die von dem inneren Gift der Verblendungen verunreinigt ist. Menschen müssen unterschiedliche Arten von menschlichem Leiden ertragen, weil sie eine verunreinigte menschliche Wiedergeburt angenommen haben. Tiere müssen das Leiden der Tiere ertragen, weil sie eine verunreinigte Wiedergeburt als Tier angenommen haben. Hungrige Geister und Höllenwesen müssen ihre eigenen Leiden ertragen, weil sie eine verunreinigte Wiedergeburt als hungrige Geister oder Höllenwesen angenommen haben. Selbst Götter sind nicht ohne Leiden, denn auch sie haben eine verunreinigte Wiedergeburt angenommen. So wie jemand, der von einer Feuersbrunst eingeschlossen ist, starke Angst hat, so sollten auch wir eine starke Furcht vor den unerträglichen Leiden des endlosen Kreislaufs unreinen Lebens entwickeln. Diese Furcht ist echte Entsagung und entsteht aus unserer Weisheit.

Nachdem wir über diese Erklärung nachgedacht haben, sollten wir schließlich denken:

Es nützt nichts, die Leiden zukünftiger Leben zu leugnen. Wenn sie mir tatsächlich widerfahren, ist es zu spät, mich vor ihnen zu schützen. Deshalb muss ich auf jeden Fall jetzt damit beginnen, einen Schutz vorzubereiten, während ich dieses menschliche Leben habe, das mir die Gelegenheit gibt, mich dauerhaft von den Leiden meiner zahllosen zukünftigen Leben zu befreien. Wenn ich mich jetzt nicht bemühe, dies zu erreichen, sondern es zulasse, dass mein Leben sinnlos wird, so gibt es keine größere Täuschung und keine größere Torheit. Ich muss mich jetzt bemühen, mich dauerhaft von den Leiden meiner unzähligen zukünftigen Leben zu befreien.

Wir meditieren kontinuierlich über diesen Entschluss, bis wir den spontanen Wunsch entwickeln, uns selbst für immer von den Leiden zahlloser zukünftiger Leben zu befreien. Dies ist die eigentliche Verwirklichung der Entsagung. In dem Moment, in dem wir diese Verwirklichung entwickeln, betreten wir den Pfad zur Befreiung. In diesem Zusammenhang bezieht sich Befreiung auf den höchsten beständigen Frieden des Geistes, der als «Nirvana» bekannt ist und der uns reines und immerwährendes Glück schenkt.

WAS WIR AUFGEBEN SOLLTEN

Im *Sutra der Vier Edlen Wahrheiten* sagt Buddha: «Ihr solltet Ursprünge aufgeben.» Mit diesen Worten gibt Buddha uns den Rat, dass wir Ursprünge aufgeben sollten, wenn wir uns dauerhaft von den Leiden unserer zahllosen zukünftigen Leben befreien wollen. «Ursprünge» sind unsere Verblendungen, hauptsächlich unsere Verblendung des Festhaltens am Selbst. Festhalten am Selbst wird «Ursprung» genannt, weil es die Quelle all unserer Leiden und Probleme ist, und ist auch als «innerer Dämon» bekannt. Verblendungen sind falsche Gewahrseinsarten, deren Funktion es ist, unseren geistigen Frieden, die Quelle von Glück, zu zerstören. Sie haben keine andere Funktion, als uns zu schaden. Verblendungen, wie das Festhalten am Selbst, verweilen in unserem Herzen und schaden uns beständig Tag und Nacht, pausenlos, indem sie unseren geistigen Frieden zerstören. In Samsara, dem Kreislauf unreinen Lebens, hat niemand die Möglichkeit, wirkliches Glück zu erleben, weil ihr geistiger Frieden, die Quelle des Glücks, beständig durch den inneren Dämon des Festhaltens am Selbst zerstört wird.

Unsere Unwissenheit des Festhaltens am Selbst ist ein Geist, der irrtümlicherweise glaubt, dass unser Selbst, unser Körper und all die anderen Dinge, die wir normalerweise sehen, tatsächlich existieren. Aufgrund dieser Unwissenheit entwickeln wir Anhaftung an die Dinge, die wir mögen, und Wut auf die Dinge, die wir nicht mögen. Dann begehen wir vielfältige nichttugendhafte Handlungen und erleben infolge dieser Handlungen vielfältige Arten von Leiden und Problemen in diesem Leben und Leben für Leben.

Die Unwissenheit des Festhaltens am Selbst ist ein inneres Gift, das weit größeren Schaden anrichtet als jedes andere

Gift. Da unser Geist durch dieses innere Gift verschmutzt ist, sieht er alles auf eine fehlerhafte Art und Weise und wir erleben Leiden und Probleme, die wie Halluzinationen sind. In Wirklichkeit existieren unser Selbst, unser Körper und all die anderen Dinge, die wir normalerweise sehen, nicht. Das Festhalten am Selbst kann mit einem giftigen Baum verglichen werden, alle anderen Verblendungen mit seinen Ästen und alle unsere Leiden und Probleme mit seinen Früchten. Es ist die grundlegende Quelle all unserer anderen Verblendungen und all unserer Leiden und Probleme. So verstehen wir, dass alle unsere Leiden und Probleme dieses und zahlloser zukünftiger Leben erst dann dauerhaft aufhören, wenn wir unser Festhalten am Selbst dauerhaft aufgeben. Der große Yogi Saraha sagte: «Wenn dein Geist dauerhaft vom Festhalten am Selbst erlöst ist, dann bist auch du ohne jeden Zweifel dauerhaft von Leiden erlöst.» Wenn wir dies verstehen und über die obigen Erklärungen nachgedacht haben, sollten wir denken:

Ich muss mich stark bemühen, meine Unwissenheit des Festhaltens am Selbst zu erkennen, zu vermindern und schließlich vollständig aufzugeben.

Wir sollten fortwährend über diesen Entschluss meditieren und ihn praktisch umsetzen.

WAS WIR ÜBEN SOLLTEN

Im *Sutra der Vier Edlen Wahrheiten* sagt Buddha: «Ihr solltet den Pfad üben.» In diesem Zusammenhang meint «Pfad» keinen äußeren Pfad, der von einem Ort zu einem anderen führt, sondern einen inneren Pfad, eine spirituelle Verwirklichung, die uns zum reinen Glück der Befreiung und Erleuchtung führt.

Die Praxis der Stufen des Pfades zur Befreiung ist in den drei Schulungen der höheren moralischen Disziplin, der höheren Konzentration und der höheren Weisheit zusammengefasst. Diese Schulungen werden «höher» genannt, weil sie durch Entsagung motiviert sind. Sie sind deshalb der eigentliche Pfad zur Befreiung, den wir üben müssen.

Moralische Disziplin ist ihrem Wesen nach ein tugendhafter Entschluss, unangebrachte Handlungen aufzugeben. Üben wir moralische Disziplin, dann geben wir unangebrachte Handlungen auf, bewahren gutes Verhalten und vollbringen jede Handlung richtig mit einer tugendhaften Motivation. Moralische Disziplin ist für alle überaus wichtig, um zukünftige Probleme für uns selbst und für andere zu vermeiden. Sie macht uns rein, weil sie unsere Handlungen rein macht. Wir selbst müssen sauber und rein sein, doch reicht es nicht, einfach nur einen sauberen Körper zu haben, weil unser Körper nicht unser Selbst ist. Moralische Disziplin ist wie die große Erde, die die Ernte spiritueller Verwirklichungen trägt und nährt. Ohne moralische Disziplin zu üben ist es sehr schwierig, in unserer spirituellen Schulung Fortschritte zu machen. Sich in höherer moralischer Disziplin zu schulen bedeutet, durch Entsagung motiviert zu lernen, tief vertraut mit der Praxis moralischer Disziplin zu sein.

Die zweite höhere Schulung ist die Schulung in höherer Konzentration. Konzentration ist ihrem Wesen nach ein einsgerichteter tugendhafter Geist. Solange wir diesen Geist halten, erleben wir geistigen Frieden und werden deshalb glücklich sein. Üben wir uns in Konzentration, dann verhindern wir Ablenkungen und konzentrieren uns auf tugendhafte Objekte. Es ist sehr wichtig, sich in Konzentration zu schulen, denn mit Ablenkungen können wir gar nichts erreichen. Sich in höherer Konzentration zu schulen bedeutet, durch Entsagung motiviert zu lernen, tief vertraut mit der Fähigkeit zu sein, Ablenkungen zu vermeiden und sich auf tugendhafte Objekte zu konzentrieren. Für jede Dharma Praxis gilt, dass es leicht ist, Fortschritte zu machen, wenn unsere Konzentration klar und stark ist. Normalerweise ist Ablenkung das Haupthindernis für unsere Dharma Praxis. Das Üben moralischer Disziplin verhindert grobe Ablenkungen und Konzentration verhindert subtile Ablenkungen. Gemeinsam führen sie zu raschen Ergebnissen in unserer Dharma Praxis.

Die dritte höhere Schulung ist die Schulung in höherer Weisheit. Weisheit ist ihrem Wesen nach ein tugendhafter, intelligenter Geist, dessen Funktion es ist, sinnvolle Objekte wie die Existenz früherer und zukünftiger Leben, Karma und Leerheit zu verstehen. Es ist sowohl für dieses als auch für zahllose zukünftige Leben von großer Bedeutung, diese Objekte zu verstehen. Viele Menschen sind, was die Zerstörung ihrer Feinde, die Sorge für ihre Familie, die Erfüllung ihrer Wünsche und Ähnliches betrifft, sehr intelligent, doch das ist keine Weisheit. Eine derartige Intelligenz haben sogar Tiere. Weltliche Intelligenz ist täuschend, Weisheit hingegen täuscht uns nie. Sie ist unser innerer spiritueller Meister, der uns zu richtigen Pfaden führt, und das göttliche Auge, mit dem wir vergangene und zukünftige Leben und die besondere Verknüpfung zwischen unseren Handlungen und Erfahrungen, die «Karma» genannt wird, sehen können. Karma ist ein sehr weitreichendes und subtiles Thema, das wir nur mit Weisheit verstehen können. Sich in höherer Weisheit zu schulen bedeutet, durch Entsagung motiviert zu lernen, unsere Leerheit verwirklichende Weisheit zu entwickeln und zu vertiefen, indem wir über Leerheit nachdenken und meditieren. Diese Weisheit ist äußerst tiefgründig. Ihr Objekt Leerheit ist nicht Nichts, sondern die wirkliche Natur aller Phänomene. Eine ausführliche

Erklärung der Leerheit wird im Kapitel *Schulung in endgültigem Bodhichitta* gegeben.

Die drei höheren Schulungen sind die eigentliche Methode, dauerhafte Befreiung von den Leiden dieses und zahlloser zukünftiger Leben zu erlangen. Das verstehen wir durch folgende Analogie. Wenn wir einen Baum mit einer Säge fällen, dann kann die Säge den Baum nicht ohne unsere Hände fällen, die ihrerseits von unserem Körper abhängen. Die Schulung in höherer moralischer Disziplin ähnelt unserem Körper, die Schulung in höherer Konzentration unseren Händen und die Schulung in höherer Weisheit der Säge. Indem wir diese drei gemeinsam benutzen, können wir den giftigen Baum unserer Unwissenheit des Festhaltens am Selbst fällen und automatisch werden alle anderen Verblendungen, seine Äste, und alle unsere Leiden und Probleme, seine Früchte, vollständig enden. Dann werden wir die dauerhafte Beendigung der Leiden dieses und zukünftiger Leben erlangt haben, den höchsten dauerhaften geistigen Frieden, der als «Nirvana», oder Befreiung, bekannt ist. Wir werden alle unsere menschlichen Probleme gelöst und den wirklichen Sinn unseres Lebens erfüllt haben.

Indem wir über diese Erklärung nachdenken, überlegen wir:

Da die drei höheren Schulungen die eigentliche Methode sind, dauerhafte Befreiung von dem Leiden dieses und zahlloser zukünftiger Leben zu erlangen, muss ich mich mit aller Kraft bemühen, sie zu praktizieren.

Wir sollten fortwährend über diesen Entschluss meditieren und ihn praktisch umsetzen.

WAS WIR ERLANGEN SOLLTEN

Im *Sutra der Vier Edlen Wahrheiten* sagt Buddha: «Ihr solltet Beendigungen erlangen.» In diesem Zusammenhang bedeutet «Beendigung» die dauerhafte Beendigung von Leiden und seines Ursprungs, der Unwissenheit des Festhaltens am Selbst. Mit diesen Worten gibt Buddha uns den Rat, uns nicht mit einer vorübergehenden Befreiung von einem bestimmten Leiden zufrieden zu geben, sondern die Absicht zu haben, das endgültige Ziel menschlichen Lebens, den höchsten, dauerhaften geistigen Frieden (Nirvana), und das reine, immerwährende Glück der Erleuchtung zu verwirklichen.

Jedes Lebewesen muss ohne Ausnahme den Kreislauf des Leidens von Krankheit, Altern, Tod und Wiedergeburt Leben für Leben endlos ertragen. Indem wir Buddhas Vorbild folgen, sollten wir starke Entsagung für diesen endlosen Kreislauf entwickeln. Als er mit seiner Familie im Palast lebte, sah Buddha, dass sein Volk unaufhörlich diese Leiden erlebte und fasste den starken Entschluss, Erleuchtung, große Befreiung, zu erlangen und alle Lebewesen zu diesem Zustand zu führen.

Buddha ermutigte uns nicht, tägliche Aktivitäten aufzugeben, die uns mit dem zum Leben Notwendigen versorgen, oder die Armut, Umweltprobleme oder bestimmte Krankheiten und so weiter verhindern. Doch ganz gleich, wie viele Erfolge wir auch in diesem Feld verbuchen können, es wird uns nie gelingen, derartige Probleme dauerhaft zu beenden. In unseren zahllosen zukünftigen Leben werden wir sie weiterhin erfahren müssen und selbst in diesem Leben nehmen die Leiden der Armut, der Umweltverschmutzung und der Krankheit auf der ganzen Welt zu, obwohl wir sehr hart dafür arbeiten, diese Probleme zu verhindern. Zudem entstehen aufgrund der Kraft moderner Technik weltweit viele große Gefahren, die zuvor noch nie erfahren wurden. Deshalb sollten wir uns nicht mit einer bloß vorübergehenden Freiheit von besonderen Leiden begnügen, sondern uns ernsthaft bemühen, dauerhafte Freiheit zu erlangen, solange wir die Möglichkeit dazu haben.

Wir sollten uns an die Kostbarkeit unseres menschlichen Lebens erinnern. Diejenigen, die aufgrund ihrer früherer verblendeten Sichtweisen den Wert spiritueller Praxis ablehnten und zum Beispiel als Tiere wiedergeboren wurden, haben keine Gelegenheit, eine spirituelle Praxis auszuüben, die allein zu einem sinnvollen Leben führt. Da sie keine spirituellen Anleitungen anhören, verstehen, darüber nachdenken und meditieren können, ist ihre gegenwärtige Wiedergeburt als Tier an sich ein Hindernis. Wie zuvor erwähnt sind nur Menschen frei von solchen Hindernissen und haben alle notwendigen Bedingungen, um sich in spirituellen Pfaden zu schulen, die als einzige zu immerwährendem Frieden und Glück führen. Diese Verbindung von Freiheit und dem Besitz notwendiger Bedingungen ist das besondere Merkmal, das unser menschliches Leben so kostbar macht.

Zum Abschluss sollten wir denken:

Ich sollte mich nicht mit einer bloß vorübergehenden Beendigung bestimmter Leiden zufriedengeben, die selbst Tiere erleben können. Ich muss die dauerhafte Beendigung der Unwissenheit des Festhaltens am Selbst, der Wurzel allen Leidens, erlangen, indem ich aufrichtig die drei höheren Schulungen übe.

Wir sollten Tag für Tag über diesen Entschluss meditieren und unseren Entschluss praktisch umsetzen. In dieser Weise führen wir uns selbst zum befreienden Pfad.

Der Pfad einer Person großer Ausrichtung

In diesem Zusammenhang bezieht sich «Person großer Ausrichtung» auf jemanden, der über eine große Befähigung verfügt, spirituelles Verständnis und Verwirklichungen zu entwickeln.

Da dieses Thema umfangreich und tiefgründig ist und sowohl Sutra als auch Tantra umfasst, wird es in den folgenden Kapiteln ausführlich erklärt.

Je Tsongkhapa

Das höchste gute Herz – Bodhichitta

Wir sollten Tag und Nacht Entsagung bewahren, den aufrichtigen Wunsch, dauerhafte Befreiung zu erlangen. Er ist das Tor zur Befreiung, dem höchsten, dauerhaften geistigen Frieden, und die Grundlage für alle fortgeschrittenen Verwirklichungen. Wir sollten uns jedoch nicht damit begnügen, nur unsere eigene Befreiung anzustreben, wir müssen auch das Wohl anderer Lebewesen in Betracht ziehen. Unzählige Lebewesen ertrinken im Ozean Samsaras und erleben unerträgliches Leiden. Während jeder von uns ist nur eine einzelne Person ist, sind andere Lebewesen zahllos. Deshalb ist das Glück und die Freiheit anderer viel wichtiger als unser eigenes Glück und unsere eigene Freiheit. Aus diesem Grund müssen wir in den Bodhisattvapfad eintreten, der uns zur vollen Erleuchtung führt.

Das Tor, durch das wir den Bodhisattvapfad betreten, ist Bodhichitta. «Bodhi» bedeutet Erleuchtung und «chitta» bedeutet Geist. Bodhichitta ist eine Geistesart, die sich spontan wünscht Erleuchtung zu erlangen, um jedem einzelnen

Lebewesen direkt zu helfen. In dem Augenblick, in dem wir diesen kostbaren Geist des Bodhichitta entwickeln, werden wir ein Bodhisattva: jemand, der sich spontan wünscht, Erleuchtung zum Wohle aller Lebewesen zu erlangen, und wir werden ein Sohn oder eine Tochter der Eroberer Buddhas.

Dieses höchste gute Herz des Bodhichitta kann nicht ohne Schulung entwickelt werden. Je Tsongkhapa sagte:

> Indem wir den Boden der zuneigungsvollen Liebe mit
> wertschätzender Liebe bewässern,
> Und dann Samen der wünschenden Liebe und des
> Mitgefühl säen,
> Wird der Medizinbaum des Bodhichitta wachsen.

Dies bedeutet, dass es fünf Stufen der Schulung in Bodhichitta gibt: 1. Schulung in zuneigungsvoller Liebe, 2. Schulung in wertschätzender Liebe, 3. Schulung in wünschender Liebe, 4. Schulung in allumfassendem Mitgefühl und 5. Schulung in eigentlichem Bodhichitta.

SCHULUNG IN ZUNEIGUNGSVOLLER LIEBE

In dieser Schulung lernen wir Herzenswärme und ein Gefühl der Nähe zu allen Lebewesen ohne Ausnahme zu entwickeln und zu bewahren. Diese zuneigungsvolle Liebe macht unseren Geist rein und ausgewogen und bereitet die Grundlage dafür, wertschätzende Liebe für alle Lebewesen hervorzubringen. Normalerweise ist unser Geist unausgeglichen, wir fühlen uns entweder jemandem aus Anhaftung zu nah oder anderen aus Wut zu fern. Es ist unmöglich, mit einem derart unausgeglichenen Geist Bodhichitta, das höchste gute Herz, zu entwickeln. Dieser unausgeglichene Geist ist die Ursache all unserer täglichen Probleme. Wir denken vielleicht, einige Menschen seien unsere Feinde, weil sie uns schaden. Wie können wir dann Herzenswärme und ein Gefühl der Nähe für solche Menschen entwickeln und bewahren? So zu denken ist nicht richtig. Die Menschen, die wir als unsere Feinde betrachten, sind in Wirklichkeit unsere Mütter aus früheren Leben. Sie alle, die Mütter aus früheren Leben ebenso wie die Mutter dieses Lebens, sind unsere Mütter, und sie sind alle in gleicher Weise gütig zu uns.

Es ist nicht richtig zu folgern, dass die Mütter aus früheren Leben jetzt nicht mehr unsere Mütter sind, nur weil lange Zeit vergangen ist, seit sie tatsächlich für uns gesorgt haben. Würde unsere Mutter heute sterben, wäre sie dann nicht mehr unsere Mutter? Nein, wir würden sie immer noch als unsere Mutter betrachten und für ihr Glück beten. Das gleiche gilt für alle unsere früheren Mütter, sie sind gestorben, bleiben aber dennoch unsere Mütter. Es liegt nur an den Veränderungen unserer äußeren Erscheinung, dass wir uns nicht erkennen.

Im Alltag begegnen wir vielen unterschiedlichen Lebewesen, menschlichen und nichtmenschlichen. Einige betrachten wir als Freunde, andere als Feinde und die meisten als Fremde. Es sind unsere fehlerhaften Geisteshaltungen, die diese Unterscheidungen treffen; sie werden nicht durch gültige Geistesarten verifiziert. Statt solch fehlerhaften Geistesarten zu folgen, sollten wir erkennen und glauben, dass alle Lebewesen unsere Mütter sind. Wem auch immer wir begegnen, wir sollten denken: «Diese Person ist meine Mutter.» In dieser Weise werden wir gegenüber allen Lebewesen Herzenswärme entwickeln sowie das Gefühl, allen in gleicher Weise nahe zu sein. Unser Glaube, dass alle Lebewesen unsere Mütter sind, ist Weisheit, denn er versteht ein bedeutsames Objekt: dass alle Lebewesen unsere Mütter sind. Dieses Verständnis wird diesem Leben und unseren zahllosen zukünftigen Leben großen

Sinn geben. Wir sollten diesen heilsamen Glauben, diese heilsame Sicht nie aufgeben.

Wir sollten wie folgt nachdenken:

Da es unmöglich ist, einen Anfang meines Geisteskontinuums zu finden, folgt, dass ich in der Vergangenheit zahllose Wiedergeburten angenommen habe. Und wenn ich zahllose Wiedergeburten hatte, muss ich zahllose Mütter gehabt haben. Wo sind alle diese Mütter jetzt? Es sind all die Lebewesen, die heute leben.

Nachdem wir wiederholt über diesen Punkt nachgedacht haben, glauben wir fest, dass alle Lebewesen unsere Mütter sind und meditieren über diesen Glauben.

DIE GÜTE DER LEBEWESEN

Nachdem wir überzeugt sind, dass alle Lebewesen unsere Mütter sind, denken wir sowohl über die immense Güte nach, die wir von jedem einzelnen zu der Zeit erhalten haben, als sie unsere Mutter waren, als auch an die Güte, die sie uns zu allen anderen Zeiten erwiesen haben.

Hätte unsere Mutter uns nicht gewollt, so hätte sie nach unserer Empfängnis eine Abtreibung vornehmen lassen und wir hätten jetzt nicht dieses menschliche Leben. Sie aber war so gütig, uns in ihrem Körper aufzunehmen. Deshalb haben wir jetzt ein menschliches Leben mit all seinen Vorzügen. Hätten wir nicht ständig ihre Fürsorge und Aufmerksamkeit erhalten, als wir ein Kleinkind waren, dann hätten wir sicher einen Unfall gehabt und wären jetzt behindert oder blind. Glücklicherweise hat unsere Mutter uns nicht vernachlässigt. Tag und Nacht hat sie sich liebevoll um uns gekümmert und uns als wichtiger betrachtet als sich selbst. Sie hat uns jeden Tag viele Male das Leben gerettet. Nachts unterbrach sie unseretwegen ihren Schlaf und tagsüber stellte sie ihre lieb gewonnenen Vergnügen hintan. Sie gab ihren Beruf auf und blieb zu Hause, wenn ihre Freunde ausgingen und sich vergnügten. Sie verwandte ihr ganzes Geld auf uns und gab uns die beste Nahrung, die beste Kleidung, die sie sich leisten konnte. Sie brachte uns bei, wie man isst, geht und spricht. Sie sorgte sich um unsere Zukunft und tat ihr Bestes, uns eine gute Ausbildung zu ermöglichen. Dank ihrer Güte können wir jetzt lernen, was immer uns gefällt. Wir haben es hauptsächlich der Güte unserer Mutter zu verdanken, dass wir jetzt die Möglichkeit haben, Dharma zu üben und schließlich die Erleuchtung zu erlangen.

Da es niemanden gibt, der nicht zu irgendeiner Zeit in unseren früheren Leben unsere Mutter war, und da uns alle unsere früheren Mütter die gleiche Güte schenkten wie die Mutter dieses Lebens, sind alle Lebewesen sehr gütig.

Die Güte der Lebewesen beschränkt sich aber nicht auf die Zeit, als sie unsere Mütter waren. Die ganze Zeit werden alle unsere täglichen Bedürfnisse dank der Güte anderer Lebewesen gestillt. Wir brachten nichts mit aus unserem früheren Leben. Dennoch erhielten wir, kaum waren wir geboren, sofort ein Heim, Nahrung, Kleidung und alles, was wir sonst noch brauchten – alles bereitgestellt durch die Güte anderer. Alles, woran wir uns nun erfreuen, wurde durch Güte anderer Wesen in der Vergangenheit oder Gegenwart zur Verfügung gestellt.

Wir können sehr viele Dinge benutzen, ohne selbst viel dazu beizutragen. Denken wir an Dinge wie Straßen, Autos, Züge, Flugzeuge, Schiffe, Häuser, Restaurants, Hotels, Bibliotheken, Krankenhäuser, Geschäfte, Geld und vieles mehr, so ist offensichtlich, dass viele Menschen sehr hart gearbeitet haben, um all dies zur Verfügung zu stellen. Obwohl wir wenig oder gar nichts dazu beigetragen haben, können wir all das benutzen. Dies zeigt die große Güte anderer.

Sowohl unsere allgemeine Ausbildung als auch unsere spirituelle Schulung wird von anderen zur Verfügung gestellt. Alle unsere Dharma Verwirklichungen, von den allerersten Einsichten bis zur Erlangung der Befreiung und Erleuchtung, wird dank der Güte anderer erreicht. Ganz allgemein haben wir als Mensch die Möglichkeit, das höchste Glück der Erleuchtung zu erlangen. Das ist so, weil wir die Gelegenheit haben, in den Pfad zur Erleuchtung, einen spirituellen Pfad, der durch Mitgefühl für alle Lebewesen motiviert ist, einzutreten und ihm zu folgen. Das Tor, durch das wir in den Pfad zur Erleuchtung eintreten, ist daher Mitgefühl für alle Lebewesen, allumfassendes Mitgefühl. Und dieses Mitgefühl entwickeln wir nur, indem wir uns auf alle Lebewesen als Objekte unseres Mitgefühls verlassen. Das zeigt, dass alle Lebewesen sehr gütig sind, da sie uns als Objekte unseres Mitgefühls dienen. Nur so haben wir die Gelegenheit, in den Pfad zur Erleuchtung einzutreten und das höchste Glück der Erleuchtung zu erlangen. Deshalb ist es offensichtlich, dass für uns alle Lebewesen äußerst gütig und kostbar sind.

Aus der Tiefe unseres Herzens sollten wir denken:

Jedes einzelne Lebewesen ist äußerst gütig und kostbar für mich. Sie alle bieten mir die Gelegenheit, das reine und immerwährende Glück der Erleuchtung zu erlangen, das endgültige Ziel menschlichen Lebens.

Indem wir dies verstehen und in dieser Weise denken, erzeugen wir Herzenswärme und das Gefühl, allen Lebewesen ohne Ausnahme gleichermaßen nahe zu sein. Wir wandeln unseren Geist vollkommen in dieses Gefühl um und verweilen so lange wie möglich einsgerichtet darauf. Indem wir fortwährend in dieser Weise nachdenken und meditieren, werden wir jederzeit und in jeder Situation Herzenswärme bewahren und das Gefühl, allen Lebewesen nahe zu sein. Zuneigungsvolle Liebe zu bewahren hat acht Vorteile, die im Abschnitt über *Wünschende Liebe* aufgelistet werden. Haben wir diese verstanden, sollten wir uns beständig in dieser Übung bemühen.

SCHULUNG IN WERTSCHÄTZENDER LIEBE

Diese Schulung hat zwei Stufen: 1. Gleichstellen vom Selbst und anderen, und 2. Austauschen vom Selbst mit anderen.

GLEICHSTELLEN VOM SELBST UND ANDEREN

Diese Praxis heißt «Gleichstellen vom Selbst und anderen», weil wir lernen, zu glauben, dass das Glück und die Freiheit von uns selbst und allen anderen Lebewesen gleich wichtig sind. Zu lernen, andere wertzuschätzen, ist die beste Lösung für alle unsere täglichen Probleme und die Quelle all unseres zukünftigen Glücks und Wohlergehens.

Es gibt zwei Ebenen der Wertschätzung anderer: (1) andere wie einen engen Freund oder Verwandten wertschätzen und (2) andere so wertzuschätzen wie uns selbst. Die zweite Ebene ist tiefgründiger. Indem wir alle Lebewesen so wertschätzen wie uns selbst, entwickeln wir das tiefgründige allumfassende Mitgefühl, das als schneller Pfad zur Erleuchtung dient. Dies ist eines der Hauptpunkte des Kadam Lamrim.

Um uns im Gleichstellen vom Selbst und anderen zu schulen, kontemplieren wir wie folgt und denken:

Ich muss glauben, dass das Glück und die Freiheit von mir und allen anderen Lebewesen gleich wichtig sind, denn:

(1) *Sowohl in diesem als auch in früheren Leben haben mir alle Lebewesen große Güte erwiesen.*
(2) *Genau wie ich wünschen sich alle Lebewesen, frei von Leiden zu sein und nur Glück zu erleben. In dieser Hinsicht unterscheide ich mich nicht von allen anderen Wesen; wir sind alle gleich.*
(3) *Ich bin nur einer, andere hingegen sind unzählig viele. Wie also kann ich nur um mich selbst besorgt sein, während ich andere vernachlässige? Mein Glück und meine Leiden sind im Vergleich zum Glück und Leiden unzähliger anderer Lebewesen belanglos.*

Wir denken wiederholt über diese Punkte nach, bis wir fest daran glauben, dass das Glück und die Freiheit von uns selbst und allen anderen Lebewesen gleich wichtig sind. Wir verweilen dann so lange wie möglich einsgerichtet in diesem Glauben. Wir sollten diese Kontemplation und Meditation beständig üben, bis wir spontan glauben, dass das Glück und die Freiheit von uns und allen anderen Lebewesen gleich wichtig sind. Dies ist die Verwirklichung des Gleichstellens vom Selbst und anderen.

AUSTAUSCHEN VOM SELBST MIT ANDEREN

Diese Schulung hat drei Stufen: 1. Über die Nachteile der Selbstwertschätzung nachdenken. 2. Über die Vorteile nachdenken, andere wertzuschätzen. 3. Die eigentliche Schulung im Austauschen vom Selbst mit anderen.

ÜBER DIE NACHTEILE DER SELBSTWERTSCHÄTZUNG NACHDENKEN

Was genau ist Selbstwertschätzung? Selbstwertschätzung ist unser Geist, der denkt: «Ich bin wichtig», während er andere vernachlässigt. Wenn wir «ich» und «mein» denken, nehmen wir ein inhärent existentes Ich wahr. Wir wertschätzen es und denken, dass sein Glück und seine Freiheit am wichtigsten sind. Das ist Selbstwertschätzung. Für uns zu sorgen ist aber keine Selbstwertschätzung. Wir müssen für uns selbst sorgen und uns um das Lebensnotwendige kümmern. Nur dann können wir uns beständig bemühen, den eigentlichen Sinn unseres Lebens zu erfüllen.

Selbstwertschätzung und das Festhalten am Selbst sind unterschiedliche Aspekte desselben Geistes. Das Festhalten am Selbst hält an einem inhärent existenten «Ich» fest und die Selbstwertschätzung glaubt, dass solch ein «Ich» kostbar ist und sein Glück und seine Freiheit von höchster Wichtigkeit sind. Selbstwertschätzung ist unsere normale Sicht, die glaubt: «Ich bin wichtig» und «Mein Glück und meine Freiheit sind wichtig», und die das Glück und die Freiheit anderer vernachlässigt. Sie ist Teil unserer Unwissenheit, denn in Wirklichkeit gibt es kein inhärent existentes Ich. Trotzdem schätzt unser Geist der Selbstwertschätzung dieses Ich und glaubt, es sei das Wichtigste. Das ist ein törichter und täuschender Geist. Er stört ständig unseren inneren Frieden und hindert uns ernsthaft daran, den eigentlichen Sinn unseres Lebens als Mensch zu erfüllen. Dieser Geist der Selbstwertschätzung begleitet uns in all unseren Leben, seit anfangsloser Zeit, selbst im Schlaf und im Traum.

In *Leitfaden für die Lebensweise eines Bodhisattva* sagt Shantideva:

> … alles Leiden dieser Welt
> Entsteht aus dem Wunsch, dass wir selbst glücklich sind.

Leiden wird uns nicht als Strafe auferlegt. Leiden entsteht aus unserem Geist der Selbstwertschätzung, der wünscht selbst glücklich zu sein und der das Glück anderer vernachlässigt. Das können wir auf zwei Arten verstehen. Erstens ist der Geist der Selbstwertschätzung der Schöpfer allen Leidens und aller Probleme. Zweitens ist die Selbstwertschätzung die Grundlage, um Leiden und Probleme zu erleben.

Wir leiden, weil wir in früheren Leben, motiviert durch eine selbstsüchtige Absicht – unsere Selbstwertschätzung – anderen durch unser Handeln Leiden zufügten. Ein Ergebnis dieser Handlungen ist, dass wir gegenwärtig Leiden und Probleme ertragen müssen. Deshalb können wir sagen, dass unsere Selbstwertschätzung der wahre Schöpfer all unserer Leiden und Probleme ist.

Dass wir gegenwärtig bestimmte Leiden und Probleme erleben, hat eine besondere Verbindung zu bestimmten Handlungen in unseren früheren Leben. Dies ist sehr subtil. Diesen verborgenen Zusammenhang können wir nicht mit unseren Augen sehen. Aber es wurde bereits erklärt, dass wir dies durch Weisheit verstehen können und insbesondere, indem wir uns auf Buddhas Lehren über Karma verlassen. Im Grunde wissen wir alle, dass schlechtes Handeln zu schlechten Ergebnissen führt und gutes Handeln zu guten Ergebnissen.

Ebenso ist der Geist der Selbstwertschätzung die Grundlage für alle Leiden und Probleme, die wir erleben. Wenn sich zum Beispiel die Wünsche der Menschen nicht erfüllen, dann leiden viele unter Depressionen, Entmutigung, Traurigkeit und geistigem Schmerz. Manche wollen sich sogar umbringen. Und dies nur, weil ihre Selbstwertschätzung glaubt, die eigenen Wünsche seien so wichtig. Deshalb ist in erster Linie ihre Selbstwertschätzung für ihre Probleme verantwortlich. Ohne Selbstwertschätzung gäbe es keine Grundlage für derartiges Leiden.

Wenn wir ernsthaft krank sind, können wir unser Leid nur schwer ertragen. Doch die Krankheit schadet uns nur, weil wir uns so wertschätzen. Leidet ein anderer an einer ähnlichen Krankheit, dann haben wir kein Problem. Warum? Weil wir ihn oder sie nicht wertschätzen. Wenn wir andere so wertschätzen würden wie uns selbst, könnten wir ihr Leiden ebenfalls nur schwer ertragen. Das ist Mitgefühl. Wie Shantideva sagt:

Das Leiden, das ich erlebe,
Schadet anderen nicht,
Aber ich kann es schwer ertragen,
Weil ich mich schätze.

Genauso schadet das Leiden anderer
Mir selbst nicht,
Doch wenn ich andere schätze,
Werde ich ihr Leiden schwer ertragen können.

Leben für Leben, seit anfangsloser Zeit, waren wir darauf bedacht, die Wünsche unseres selbstwertschätzenden Geistes zu erfüllen, denn wir glaubten, seine Sicht sei wahr. Wir bemühten uns sehr, Glück in äußeren Quellen zu finden, und doch haben wir heute nichts vorzuweisen. Wir haben unzählige frühere Leben vertan, weil uns die Selbstwertschätzung täuschte. Sie war es, die uns dazu verleitete, nur für uns selbst zu sorgen, und doch konnten wir nichts gewinnen. Dank dieses törichten Geistes blieben alle unsere früheren Leben leer.

Als wir diese menschliche Wiedergeburt annahmen, brachten wir nichts mit außer Verblendungen. Und immer noch, jeden Moment, Tag für Tag, täuscht uns dieser Geist der Selbstwertschätzung.

Haben wir über diese Punkte nachgedacht, sollten wir denken:

> *Nichts fügt mir größeren Schaden zu als dieser Dämon meiner Selbstwertschätzung. Er ist die Quelle all meiner Negativität, meines Unglücks, meiner Probleme und Leiden. Deshalb muss ich meine Selbstwertschätzung aufgeben.*

Wir sollten jeden Tag über diesen Entschluss meditieren und ihn in die Praxis umsetzen.

ÜBER DIE VORTEILE NACHDENKEN, ANDERE WERTZUSCHÄTZEN

Wenn wir zutiefst glauben, dass andere wichtig sind und ihr Glück und ihre Freiheit wichtig sind, dann wertschätzen wir sie. Tun wir dies, dann werden wir gute Beziehungen zu anderen haben und in Harmonie mit ihnen leben. Unser tägliches Leben wird friedvoll und glücklich sein. Wir beginnen diese Praxis mit unserer Familie, unseren Freunden und denjenigen, die um uns sind. Allmählich entwickeln und bewahren wir dann wertschätzende Liebe für alle Lebewesen ohne Ausnahme.

In *Leitfaden für die Lebensweise eines Bodhisattva* sagt Shantideva:

> Alles Glück dieser Welt
> Entsteht aus dem Wunsch, dass andere glücklich sein mögen.

Denken wir gründlich darüber nach, so werden wir einsehen, dass unser gesamtes gegenwärtiges und zukünftiges Glück von unserer Wertschätzung für andere abhängt – dem Wunsch, dass andere glücklich sein mögen. Weil wir andere wertschätzten, handelten wir in unseren vergangenen Leben tugendhaft. Wir hielten uns davon zurück, andere zu töten oder ihnen zu schaden. Wir hörten auf, sie zu bestehlen und zu betrügen. Wir gaben ihnen materielle Hilfe und Schutz. Wir übten uns in Geduld. Als Folge dieser tugendhaften Handlungen haben wir nun dieses kostbare menschliche Leben erlangt, mit der Gelegenheit, menschliche Freuden zu erleben.

Eine unmittelbare Auswirkung der Wertschätzung anderer wird sein, dass viele unserer täglichen Probleme, die aus Wut, Neid und selbstsüchtigem Verhalten entstehen, verschwinden. Unser Geist wird ruhig und friedvoll. Unsere Art zu handeln wird rücksichtsvoller. Daher werden wir anderen Freude bereiten und uns nicht in Streit und Konflikte verstricken. Wertschätzen wir andere, werden wir darum bemüht sein, ihnen eher zu helfen als zu schaden. Dies wird dazu führen, dass wir ganz natürlich nichttugendhafte Handlungen vermeiden. Stattdessen werden wir positive Handlungen vollbringen wie Mitgefühl, Liebe und Geduld. Wir werden anderen materielle Hilfe und Schutz geben und durch all dies die Ursachen schaffen, in Zukunft reines und immerwährendes Glück zu erleben.

Wertschätzen wir alle anderen Lebewesen so wie uns selbst, können wir insbesondere ihre Leiden nur schwer ertragen. Dieses Gefühl, dass die Leiden aller anderen Lebewesen unerträglich sind, ist allumfassendes Mitgefühl. Es wird uns rasch zum reinen und immerwährenden Glück der Erleuchtung führen. Genauso wie alle früheren Buddhas werden auch wir von der Mutter, dem allumfassenden Mitgefühl, als erleuchteter

Buddha geboren. Das ist der Grund, warum wir sehr schnell Erleuchtung erlangen werden, wenn wir alle Lebewesen wertschätzen.

Wir betrachten alle diese Vorteile und denken:

Der kostbare Geist, der alle Lebewesen schätzt, beschützt sowohl mich als auch andere vor Leiden. Er schenkt mir reines und immerwährendes Glück. Er erfüllt meine Wünsche und die aller anderen. Deshalb muss ich stets alle Lebewesen ohne Ausnahme wertschätzen.

Wir sollten jeden Tag über diesen Entschluss meditieren und ihn außerhalb der Meditation in die Praxis umsetzen. Das bedeutet, dass wir tatsächlich jedes einzelne Lebewesen wertschätzen, auch die Tiere.

DIE EIGENTLICHE SCHULUNG IM AUSTAUSCHEN VOM SELBST MIT ANDEREN

Das Austauschen vom Selbst mit anderen bedeutet, dass wir das Objekt unserer Wertschätzung austauschen, von uns selbst hin zu allen anderen Lebewesen. Ohne Schulung ist dies unmöglich. Wie schulen wir uns nun im Austauschen vom Selbst mit anderen? Wir verstehen wie oben erklärt die großen Nachteile, uns selbst und die großen Vorteile, alle anderen wertzuschätzen, und erinnern uns, dass wir uns entschlossen haben, unsere Selbstwertschätzung aufzugeben und immer alle Lebewesen ohne Ausnahme wertzuschätzen. Und wir denken aus der Tiefe unseres Herzens:

Ich muss aufhören mich selbst wertzuschätzen. Stattdessen will ich alle anderen Lebewesen ohne Ausnahme wertschätzen.

Wir meditieren über diesen Entschluss. Wir sollten diese Meditation beständig üben, bis wir spontan glauben, dass das Glück und die Freiheit jedes einzelnen Lebewesens weitaus wichtiger sind als unser eigenes Glück und unsere eigene Freiheit. Dieser Glaube ist die Verwirklichung des Austauschens vom Selbst mit anderen.

SCHULUNG IN WÜNSCHENDER LIEBE

Mit dem Verständnis und Glauben, dass das Glück und die Freiheit jedes einzelnen Lebewesens weitaus wichtiger sind als unser eigenes Glück und unsere eigene Freiheit, bringen wir wünschende Liebe für alle Lebewesen hervor. Wir denken:

> *Wie wunderbar wäre es, wenn alle Lebewesen das reine und immerwährende Glück der Erleuchtung erlangen würden! Mögen sie dieses Glück erlangen. Ich selbst werde für dieses Ziel arbeiten.*

Wünschende Liebe wird auch «unermessliche Liebe» genannt, denn die bloße Meditation über wünschende Liebe bringt uns unermessliche Vorteile in diesem und in unzähligen zukünftigen Leben. Auf der Grundlage von Buddhas Lehren führte der große Gelehrte Nagarjuna acht Vorteile der zuneigungsvollen und wünschenden Liebe an: (1) Wenn wir auch nur für einen Moment über zuneigungsvolle Liebe und wünschende Liebe meditieren, sammeln wir größere Verdienste an, als wenn wir allen Hungernden dieser Welt dreimal täglich Nahrung geben würden.

Wenn wir den Hungernden Nahrung geben, geben wir ihnen kein echtes Glück. Das ist so, weil das Glück, das aus dem Essen von Nahrung entsteht, kein echtes Glück ist. Es ist lediglich eine vorübergehende Verminderung des Leidens des

Hungers. Meditation über zuneigungsvolle Liebe und wünschende Liebe aber führt uns und alle Lebewesen zum reinen und immerwährenden Glück der Erleuchtung.

Die verbleibenden sieben Vorteile der Meditation über zuneigungsvolle Liebe und wünschende Liebe sind, dass wir in Zukunft (2) viel liebevolle Güte von Menschen und Nichtmenschen erhalten, (3) auf vielerlei Weise von Menschen und Nichtmenschen beschützt werden, (4) jederzeit einen glücklichen Geist haben, (5) jederzeit einen gesunden Körper haben, (6) keinerlei Schaden durch Waffen, Gift oder andere verletzende Umstände erleiden, (7) mühelos alle notwendigen Bedingungen erhalten und (8) im höheren Himmel eines Buddhalandes geboren werden.

Haben wir über diese Vorteile nachgedacht, sollten wir uns bemühen jeden Tag viele Male über wünschende Liebe zu meditieren.

SCHULUNG IN ALLUMFASSENDEM MITGEFÜHL

Allumfassendes Mitgefühl ist ein Geist, der sich aufrichtig wünscht, alle Lebewesen dauerhaft von Leiden zu befreien. Denken wir auf der Grundlage, alle Lebewesen wertzuschätzen, über die Tatsache nach, wie alle Lebewesen endlos den Kreislauf körperlicher und geistiger Schmerzen erfahren, Leben für Leben, über ihr Unvermögen, sich selbst von Leiden zu befreien, über ihren Mangel an Freiheit und wie sie durch negatives Handeln immer wieder die Ursachen für zukünftiges Leiden erschaffen, dann entsteht in uns tiefes Mitgefühl. Wir müssen uns in sie einfühlen und ihren Schmerz so deutlich spüren wie unseren eigenen.

Niemand möchte leiden, doch aus Unwissenheit erschaffen die Lebewesen Leiden, indem sie nichttugendhaft handeln.

Deshalb sollten wir gleichermaßen Mitgefühl für alle Lebewesen ohne Ausnahme empfinden. Es gibt kein einziges Lebewesen, das kein geeignetes Objekt unseres Mitgefühls ist.

Alle Lebewesen leiden, weil sie eine verunreinigte Wiedergeburt angenommen haben. Die Menschen haben keine Wahl als die, ungemein viel menschliches Leiden zu erleben, weil sie eine menschliche Wiedergeburt angenommen haben, die durch das innere Gift der Verblendungen verunreinigt ist. In gleicher Weise müssen die Tiere das Leiden der Tiere erfahren und hungrige Geister und Höllenwesen müssen all die Leiden ihrer jeweiligen Bereiche erleben. Das wäre nicht so schlimm, wenn sie all dies Leiden nur ein einziges Leben lang erdulden müssten. Doch der Kreislauf des Leidens hört nicht auf. Er setzt sich Leben für Leben endlos fort.

Um Entsagung zu entwickeln, dachten wir zuvor darüber nach, wie wir in unseren zahllosen zukünftigen Leben die unerträglichen Leiden von Tieren, hungrigen Geistern, Höllenwesen, Menschen, Halbgöttern und Göttern werden erfahren müssen. Um für alle Lebewesen, unsere Mütter, Mitgefühl zu entwickeln, denken wir nun darüber nach, wie sie in ihren zahllosen zukünftigen Leben die unerträglichen Leiden von Tieren, hungrigen Geistern, Höllenwesen, Menschen, Halbgöttern und Göttern erfahren müssen.

Haben wir darüber nachgedacht, sollten wir denken:

Ich kann das Leiden dieser unzähligen Mutterwesen nicht ertragen. Im weiten und tiefen Ozean Samsaras, dem Kreislauf verunreinigter Wiedergeburt ertrinkend, müssen sie in diesem und in unzähligen zukünftigen Leben unerträgliches körperliches Leiden und geistigen Schmerz erfahren. Ich muss all diese Lebewesen dauerhaft von ihren Leiden befreien.

Wir sollten fortwährend über diesen Entschluss meditieren, der allumfassendes Mitgefühl ist, und uns sehr bemühen sein Ziel zu erreichen.

SCHULUNG IN EIGENTLICHEM BODHICHITTA

In dem Augenblick, in dem wir Bodhichitta entwickeln, werden wir ein Bodhisattva – jemand, der sich spontan wünscht, Erleuchtung zum Wohle aller Lebewesen zu erlangen. Zuerst werden wir ein Bodhisattva auf dem Pfad der Ansammlung. Folgen wir mit dem Fahrzeug des Bodhichitta dem Pfad zur Erleuchtung, dann schreiten wir von einem Bodhisattva auf dem Pfad der Ansammlung zu einem Bodhisattva auf dem Pfad der Vorbereitung, einem Bodhisattva auf dem Pfad des Sehens und schließlich zu einem Bodhisattva auf dem Pfad der Meditation fort. Von dort aus werden wir den Pfad des Nicht-mehr-Lernens erreichen, den eigentlichen Zustand der Erleuchtung. Wie zuvor erwähnt ist Erleuchtung das innere Licht der Weisheit, das dauerhaft von jeder fehlerhaften Erscheinung frei ist. Seine Funktion ist, jedem einzelnen Lebewesen geistigen Frieden zu geben. Erlangen wir die Erleuchtung eines Buddha, dann werden wir jedem einzelnen Lebewesen, durch unsere Segnungen und zahllose Emanationen, direkt helfen können.

In den Sutra Unterweisungen sagt Buddha:

> In diesem unreinen Leben Samsaras
> Erfährt niemand echtes Glück.
> Die Handlungen, die sie ausführen,
> Werden immer die Ursachen für Leiden sein.

Das Glück, das wir normalerweise erleben, weil wir gute Bedingungen haben, wie hohes Ansehen, eine gute Position, eine gute Arbeit, gute Beziehungen oder weil wir anziehende Formen sehen, gute Neuigkeiten hören, schöner Musik lauschen oder Essen, Trinken und Sex genießen, ist kein echtes Glück. Es ist lediglich ein sich veränderndes Leiden – die Verminderung eines vorangegangenen Leidens. Aus Unwissenheit glauben wir jedoch, dass nur diese Dinge uns glücklich machen. Aufgrund dessen wünschen wir uns niemals echtes Glück, das reine und immerwährende Glück der Befreiung und Erleuchtung, nicht einmal für unser eigenes Wohl. Wir suchen immer in diesem unreinen Leben Samsaras nach Glück. Wir sind so wie der Dieb, der Gold in Milarepas leerer Höhle suchte und nichts fand. Der große Yogi Milarepa hörte eines Nachts einen Dieb, der seine Höhle durchstöberte. Er rief ihm zu: «Wie erwartest du hier in der Nacht etwas Wertvolles zu finden, wenn ich bei Tage nichts Wertvolles finden kann?»

Wenn wir durch Schulung den kostbaren Geist der Erleuchtung, Bodhichitta, entwickeln, denken wir spontan:

Wie wunderbar wäre es, wenn ich und alle Lebewesen echtes Glück, das reine und immerwährende Glück der Erleuchtung, erlangten! Mögen wir dieses Glück erlangen. Ich selbst werde für dieses Ziel arbeiten.

Wir müssen diesen kostbaren Geist des Bodhichitta in unserem Herzen haben. Er ist unser innerer spiritueller Meister, der uns direkt zum Zustand des höchsten Glücks der Erleuchtung führt. Er ist das wirkliche wunscherfüllende Juwel, das unsere Wünsche und die der anderen erfüllen kann. Es gibt keine größere nützliche Absicht als diesen kostbaren Geist.

Haben wir über die obige Erklärung nachgedacht, denken wir aus der Tiefe unseres Herzens:

Ich bin eine einzige Person. Andere Lebewesen sind zahllos. Und sie alle sind meine gütigen Mütter. Diese zahllosen Mutterwesen müssen in diesem und in unzähligen zukünftigen Leben unerträgliche körperliche Leiden und geistigen Schmerz erfahren. Verglichen mit dem Leiden dieser zahllosen Lebewesen ist mein eigenes Leiden ohne Bedeutung. Ich muss alle Lebewesen dauerhaft von ihren Leiden befreien. Und um dies zu erreichen, muss ich die Erleuchtung eines Buddha erlangen.

Wir meditieren einsgerichtet über diesen Entschluss, der Bodhichitta ist. Wir sollten diese Kontemplation und Meditation so lange üben, bis wir den spontanen Wunsch entwickeln, Erleuchtung zu erlangen, um jedem einzelnen Lebewesen direkt helfen zu können. Dann bemühen wir uns mit aller Kraft, unseren Bodhichitta Wunsch zu erfüllen.

Schulung im Pfad des Bodhichitta

Es gibt drei Stufen der Schulung im Pfad des Bodhichitta: 1. Schulung in den sechs Vollkommenheiten, 2. Schulung im Nehmen in Verbindung mit der Praxis der sechs Vollkommenheiten und 3. Schulung im Geben in Verbindung mit der Praxis der sechs Vollkommenheiten.

SCHULUNG IN DEN SECHS VOLLKOMMENHEITEN

Die sechs Vollkommenheiten sind der eigentliche Pfad zur Erleuchtung. Sie sind auch der Pfad des Bodhichitta und der Pfad des Bodhisattva. Indem wir diesem Pfad mit dem Fahrzeug des Bodhichitta folgen, werden wir mit Sicherheit den Zustand der Erleuchtung erreichen. Unser Bodhichitta Wunsch ist, Erleuchtung zu erlangen, um jedem einzelnen Lebewesen direkt zu helfen. Um diesen Wunsch zu erfüllen, sollten wir vor unserem spirituellen Meister oder vor einem Abbild Buddhas, das wir als lebendigen Buddha betrachten, versprechen, uns im Pfad des Bodhisattva zu schulen. Währenddessen rezitieren wir das folgende rituelle Gebet dreimal. Dieses Versprechen ist das Bodhisattva Gelübde.

So wie alle früheren Sugatas, die Buddhas,
Den Erleuchtungsgeist, Bodhichitta, erzeugten
Und alle Stufen der Bodhisattva Schulung
Vollendet haben,

So will auch ich zum Wohle aller Wesen
Den Erleuchtungsgeist erzeugen
Und alle Stufen
Der Bodhisattva Schulung vollenden.

Wenn wir das Bodhisattva Gelübde ablegen, verpflichten wir uns, den Pfad zur Erleuchtung, die Bodhisattva Schulung, zu praktizieren, was die Praxis in den sechs Vollkommenheiten ist. Wenn wir eine Arbeitsstelle antreten, dann verpflichten wir uns normalerweise, die Wünsche unseres Arbeitgebers zu erfüllen. Tun wir das nicht, verlieren wir schnell unsere Arbeit. Nachdem wir Bodhichitta erzeugt haben – den Entschluss, Erleuchtung zu erlangen, um jedem einzelnen Lebewesen direkt zu helfen –, müssen wir uns nun ebenfalls verpflichten, die Praxis der sechs Vollkommenheiten auszuführen. Wenn wir diese Verpflichtung nicht eingehen und das Bodhisattva Gelübde nicht ablegen, werden wir die Gelegenheit, Erleuchtung zu erlangen, verlieren. Darüber denken wir nach und ermutigen uns selbst, das Bodhisattva Gelübde abzulegen und die sechs Vollkommenheiten aufrichtig zu praktizieren.

Die sechs Vollkommenheiten sind die Übungen des Gebens, der moralischen Disziplin, der Geduld, des Bemühens, der Konzentration und der Weisheit, die alle durch Bodhichitta motiviert sind. Wir sollten erkennen, dass die sechs Vollkommenheiten unsere tägliche Praxis sind.

In der Praxis des Gebens schulen wir uns wie folgt: (1) Wir geben denjenigen materielle Hilfe, die in Armut leben. Dies schließt auch das Füttern von Tieren mit ein. (2) Wir helfen den Kranken und körperlich Schwachen in praktischer Weise. (3) Wir geben Schutz, indem wir stets versuchen, das Leben anderer zu retten, auch das von Insekten. (4) Wir geben Liebe – wir lernen alle Lebewesen wertzuschätzen und stets zu glauben, dass ihr Glück und ihre Freiheit wichtig sind. (5) Wir geben Dharma, indem wir anderen Dharma Unterweisungen oder sinnvolle Ratschläge geben, die ihnen helfen ihre Probleme der Wut, Anhaftung und Unwissenheit zu lösen.

In der Praxis der moralischen Disziplin sollten wir alle unangebrachten Handlungen aufgeben, einschließlich solcher, die bei anderen zu Leiden führen. Ganz besonders achten wir darauf, unsere Verpflichtungen des Bodhisattva Gelübdes, das die Grundlage für alle unsere Fortschritte auf dem Bodhisattvapfad ist, nicht zu brechen. Dadurch werden unsere Handlungen von Körper, Rede und Geist rein und wir werden somit zu reinen Wesen.

In der Praxis der Geduld gestatten wir es uns nie, wütend zu werden oder entmutigt zu sein, indem wir vorübergehend jede Schwierigkeit oder jeden Schaden durch andere annehmen. Wenn wir Geduld praktizieren, tragen wir die beste innere Rüstung, die uns direkt vor körperlichem Leiden, geistigem Schmerz und anderen Problemen schützt. Wut zerstört unsere Verdienste, oder Glück, sodass wir ständig vielen Hindernissen begegnen werden und aufgrund mangelnder Verdienste werden wir es schwer haben, unsere Wünsche, besonders unsere spirituellen Ziele, zu erfüllen. Es gibt kein größeres Übel als Wut. Mit der Praxis der Geduld verwirklichen wir alle unsere spirituellen Ziele; es gibt keine größere Tugend als Geduld.

In der Praxis des Bemühens sollten wir uns auf unumstößliches Bemühen verlassen, um große Verdienste und Weisheit anzusammeln. Beides sind die Hauptursachen für Buddhas Formkörper (Rupakaya) und Wahrheitskörper

(Dharmakaya). Vor allem sollten wir die Kontemplation und Meditation über Leerheit betonen, die Art und Weise, wie die Dinge wirklich sind. So können wir leicht Fortschritte auf dem Pfad zur Erleuchtung machen. Mit Bemühen können wir unser Ziel erreichen. Mit Faulheit erreichen wir dagegen gar nichts.

In der Praxis der Konzentration sollten wir auf dieser Stufe die Konzentration des Leerheit beobachtenden ruhigen Verweilens betonen. Im Abschnitt unten, *Eine einfache Schulung in endgültigem Bodhichitta*, wird eine Erklärung dazu gegeben. Erfahren wir durch die Kraft dieser Konzentration eine besondere Weisheit, das «höhere Sehen», das die Leerheit aller Phänomene sehr klar verwirklicht, dann schreiten wir von einem Bodhisattva auf dem Pfad der Ansammlung zu einem Bodhisattva auf dem Pfad der Vorbereitung fort.

In der Praxis der Weisheit müssen wir auf dieser Stufe das Vergrößern der Kraft unserer Weisheit des höheren Sehens betonen, indem wir mit Bodhichitta Motivation beständig über die Leerheit aller Phänomene meditieren. Wenn sich dadurch unser höheres Sehen in den Pfad des Sehens, die direkte Verwirklichung der Leerheit aller Phänomene, umwandelt, dann sind wir von einem Bodhisattva auf dem Pfad der Vorbereitung zu einem Bodhisattva auf dem Pfad des Sehens geworden. In dem Moment, in dem wir den Pfad des Sehens erreichen, sind wir ein höherer Bodhisattva und nicht länger den Leiden Samsaras unterworfen. Selbst wenn jemand unseren Körper mit einem Messer in Stücke schneiden sollte, haben wir keinen Schmerz, da wir die direkte Verwirklichung davon haben, wie die Dinge wirklich sind.

Wenn wir den Pfad des Sehens vollendet haben, müssen wir uns, um weiter fortzuschreiten, beständig mit Bodhichitta Motivation in der Meditation über die Leerheit aller Phänomene schulen. Diese Meditation wird «Pfad der Meditation» genannt. Wenn wir jene Stufe erreicht haben, sind wir von einem Bodhisattva auf dem Pfad des Sehens zu einem Bodhisattva auf dem Pfad der Meditation geworden.

Wenn wir den Pfad der Meditation vollendet haben, wandelt sich unsere Weisheit des Pfades der Meditation in eine allwissende Weisheit um, die von jeglicher fehlerhafter Erscheinung dauerhaft frei ist. Diese allwissende Weisheit wird «Pfad des Nicht-mehr-Lernens» genannt und ist die eigentliche Erleuchtung. Erreichen wir jene Stufe, dann sind wir von einem Bodhisattva auf dem Pfad der Meditation zu einem erleuchteten Wesen, einem Buddha, fortgeschritten. Wer werden das endgültige Ziel der Lebewesen erreicht haben.

Die anfängliche Schulung des Bodhisattva im Ansammeln von Verdiensten oder Weisheit ist der Bodhisattvapfad der Ansammlung. Die Schulung des Bodhisattva im Ansammeln von Verdiensten oder Weisheit, die eine Vorbereitung für den Pfad des Sehens ist, ist der Bodhisattvapfad der Vorbereitung. Die Schulung des Bodhisattva, die eine anfängliche direkte Verwirklichung von Leerheit ist, ist der Bodhisattvapfad des Sehens. Nach der Vollendung des Pfades des Sehens ist die Schulung des Bodhisattva, der beständig über Leerheit meditiert, der Bodhisattvapfad der Meditation. Und Buddhas allwissende Weisheit, die durch das Vollenden aller Schulungen von Sutra und Tantra erlangt wird, ist der Pfad des Nicht-mehr-Lernens, der Zustand der Erleuchtung.

SCHULUNG IN NEHMEN IN VERBINDUNG MIT DER PRAXIS DER SECHS VOLLKOMMENHEITEN

Es gibt vier Hauptvorteile der Meditationen über Nehmen und Geben: Sie sind kraftvolle Methoden, um (1) die Potenziale nichttugendhafter Handlungen zu reinigen, die schwere

Krankheiten wie Krebs hervorrufen können, um (2) eine große Ansammlung von Verdiensten anzuhäufen, um (3) unser Potenzial, allen Lebewesen helfen zu können, heranreifen zu lassen, und um (4) unseren Geist zu reinigen.

Einst war ein Lamrim Praktizierender namens Kharak Gomchen schwer an Lepra erkrankt. Die Ärzte konnten ihm mit ihren Behandlungen nicht helfen und sein Zustand verschlechterte sich von Jahr zu Jahr. Schließlich teilten ihm die Ärzte mit, sie könnten seine Krankheit nicht heilen. Gomchen war überzeugt, dass er bald sterben würde. Er verließ sein Zuhause und begab sich zu einem Friedhof, um sich dort auf den Tod vorzubereiten. Auf dem Friedhof konzentrierte er sich darauf, Tag und Nacht mit starkem Mitgefühl für alle Lebewesen die Meditationen über Nehmen und Geben zu üben. Er wurde durch diese Praxis vollkommen geheilt und kehrte gesund und glücklich nach Hause zurück. Es gibt viele andere ähnliche Beispiele.

Im Moment können wir nicht allen Lebewesen helfen. Wir haben jedoch das Potenzial zu dieser Fähigkeit, was Teil unserer Buddha Natur ist. Indem wir mit starkem Mitgefühl für alle Lebewesen die Meditation über Nehmen und Geben üben, wird das Potenzial, allen Lebewesen helfen zu können, reifen. Wenn dies geschieht, sind wir ein erleuchtetes Wesen, ein Buddha geworden. Reinigen wir unseren Geist durch die Übungen von Nehmen und Geben, dann werden alle weiteren spirituellen Verwirklichungen mit Leichtigkeit in unserem Geist heranreifen. Wir denken über die vier Hauptvorteile der Meditation über Nehmen und Geben nach und sollten uns in dieser Weise selbst ermutigen, uns aufrichtig in den Meditationen zu schulen.

«Nehmen» bedeutet in diesem Zusammenhang, das Leiden anderer mittels Meditation auf uns zu nehmen. Wenn wir über Nehmen meditieren, sollte unsere Motivation Mitgefühl sein. Wir denken:

Ich muss alle Lebewesen dauerhaft von ihren Leiden und den Ängsten dieses und zahlloser zukünftiger Leben befreien.

In dieser Weise, indem wir Schutz geben, schulen wir uns in der Vollkommenheit des Gebens. Indem wir Selbstwertschätzung aufgeben, schulen wir uns in der Vollkommenheit der moralischen Disziplin. Indem wir bereitwillig alle widrigen Umstände annehmen, die unsere Praxis des Nehmens behindern, schulen wir uns in der Vollkommenheit der Geduld. Indem wir uns bemühen, die Meditation beständig ohne Faulheit zu üben, schulen wir uns in der Vollkommenheit des Bemühens. Indem wir uns unabgelenkt und einsgerichtet auf die Meditation des Nehmens konzentrieren, schulen wir uns in der Vollkommenheit der Konzentration. Und indem wir erkennen, dass wir selbst, alle Lebewesen und ihr Leid als bloßer Name und nicht inhärent existieren, schulen wir uns in der Vollkommenheit der Weisheit. Dies ist die Art und Weise, wie wir uns in der Meditation über Nehmen in Verbindung mit der Praxis der sechs Vollkommenheiten schulen sollten. Dies ist eine sehr tiefgründige Methode, die sechs Vollkommenheiten zu praktizieren. Wir sollten diese Methode auf alle anderen Meditationen anwenden, zum Beispiel auf die Meditation über den Tod. So können wir rasch Fortschritte auf dem Pfad zur Erleuchtung machen.

Es gibt zwei Stufen der Meditation über Nehmen: 1. Meditation über Nehmen, die sich auf alle Lebewesen richtet, und 2. Meditation über Nehmen, die sich auf bestimmte Lebewesen richtet.

MEDITATION ÜBER NEHMEN, DIE SICH AUF ALLE LEBEWESEN RICHTET

Auf dieser ersten Stufe richten wir unsere Aufmerksamkeit auf die Versammlung aller Lebewesen ohne Ausnahme und denken dann aus der Tiefe unseres Herzens:

In ihren unzähligen zukünftigen Leben werden diese Lebewesen ständig ohne Wahl die Leiden von Menschen, Tieren, hungrigen Geistern, Höllenwesen, Halbgöttern und Göttern erleben müssen. Wie wunderbar wäre es, wenn alle Lebewesen für immer von den Leiden und Ängsten dieses und zahlloser zukünftiger Leben befreit wären! Mögen sie dies schaffen. Ich selbst werde dafür arbeiten, dass sie dies schaffen. Das muss ich tun.

So denken wir und stellen uns vor, dass sich die Leiden aller Lebewesen in Form von schwarzem Rauch sammeln. Dieser löst sich in die Unwissenheit des Festhaltens am Selbst und die Selbstwertschätzung in unserem Herzen auf. Wir glauben nun fest daran, dass alle Lebewesen für immer von Leiden befreit sind und dass unsere Unwissenheit des Festhaltens am Selbst und unsere Selbstwertschätzung vollständig zerstört sind. In diesem Glauben verweilen wir einsgerichtet so lange wie möglich.

Mit Mitgefühl für alle Lebewesen sollten wir diese Meditation so lange üben, bis wir Zeichen erfahren, die darauf hinweisen, dass unser Geist gereinigt ist. Derartige Zeichen können sein: die Heilung einer Krankheit, an der wir leiden, eine Abnahme unserer Verblendungen, ein zunehmend friedlicher und glücklicher Geist, das Anwachsen unseres Vertrauens, unserer richtigen Absicht und richtigen Sicht, und ganz besonders eine stärkere Erfahrung von allumfassendem Mitgefühl.

MEDITATION ÜBER NEHMEN, DIE SICH AUF BESTIMMTE LEBEWESEN RICHTET

In dieser Meditation richten wir zum Beispiel unsere Aufmerksamkeit auf alle Lebewesen, die das Leiden der Krankheit erfahren. Wir denken:

Diese Lebewesen erfahren das Leiden der Krankheit in diesem und in ihren unzähligen zukünftigen Leben, endlos. Wie wunderbar wäre es, wenn sie alle für immer von Krankheit befreit wären! Mögen sie dies schaffen. Ich selbst werde dafür arbeiten, dass sie dies schaffen. Das muss ich tun.

So denken wir und stellen uns vor, dass sich das Leiden der Krankheit aller Lebewesen in Form von schwarzem Rauch sammelt. Er löst sich in die Unwissenheit des Festhaltens am Selbst und die Selbstwertschätzung in unserem Herzen auf. Wir glauben fest daran, dass alle jene Lebewesen nun für immer von Krankheit befreit sind und dass unsere Unwissenheit des Festhaltens am Selbst und der Selbstwertschätzung vollständig zerstört ist. In diesem Glauben verweilen wir einsgerichtet so lange wie möglich.

In gleicher Weise können wir die Meditation über Nehmen praktizieren, indem wir unsere Aufmerksamkeit auf eine bestimmte Person oder eine Gruppe von Lebewesen richten, die andere Leiden wie Armut, Kämpfe und Hungersnot erleben müssen.

Wir sollten uns besonders bemühen, tief vertraut zu werden mit der Meditation über Nehmen, die sich auf alle Lebewesen richtet. Diese Meditation macht unseren Geist rein, was wiederum unsere Handlungen rein werden lässt, sodass wir ein reines Wesen werden. Sterben wir mit starkem Mitgefühl für alle Lebewesen, dann werden wir mit Sicherheit im Reinen Land eines Buddha geboren. Das ist so, weil manifestes Mitgefühl zum Zeitpunkt unseres Todes das Potenzial, Wiedergeburt im Reinen Land eines Buddha anzunehmen, direkt reifen lässt. Dies ist das gute Ergebnis eines guten Herzens. Ein gutes Herz zu bewahren, den aufrichtigen Wunsch, alle Lebewesen für immer von ihren Leiden zu befreien, führt dazu, dass wir selbst dauerhafte Befreiung von Leiden erleben werden, indem wir Wiedergeburt im Reinen Land eines Buddha annehmen.

Ein Beispiel: Als Geshe Chekhawa im Sterben lag, wünschte er sich aufrichtig, in der Hölle wiedergeboren zu werden, um den Höllenwesen unmittelbar zu helfen. Doch er hatte klare Visionen, dass er in Sukhavati, dem Reinen Land von Buddha Amitabha, wiedergeboren würde. Er sagte seinem Gehilfen: «Leider wird sich mein Wunsch nicht erfüllen.» Dieser fragte ihn: «Was ist denn dein Wunsch?» Und Geshe Chekhawa antwortete: «Mein Wunsch ist, in der Hölle wiedergeboren zu werden, damit ich den Höllenwesen unmittelbar helfen kann. Doch ich sah klare Zeichen, dass ich im Reinen Land von Buddha Amitabha geboren werde.» Obwohl Geshe Chekhawa in der Hölle wiedergeboren werden wollte, hinderte ihn sein Mitgefühl für alle Lebewesen daran, eine niedere Wiedergeburt anzunehmen. Er hatte keine Wahl als ins Reine Land eines Buddha zu gehen, wo er dauerhafte Befreiung von Leiden erlebte. Dennoch war Geshe Chekhawa, obwohl er in einem Reinen Land wiedergeboren wurde, durch seine Emanationen in der Lage, den Höllenwesen zu helfen.

Wir denken vielleicht, dass unser Glaube, alle Lebewesen seien durch unsere Meditation dauerhaft von Leiden befreit, falsch ist, denn dies ist ja nicht tatsächlich geschehen. Nun, es stimmt zwar, dass Lebewesen keine dauerhafte Befreiung von Leiden erlangt haben. Dennoch ist unser Glaube richtig, denn er entsteht aus unserem Mitgefühl und unserer Weisheit. Die Meditation über diesen Glauben lässt unser Potenzial, alle Lebewesen dauerhaft von Leiden befreien zu können, schnell heranreifen und wir werden schnell die Erleuchtung erlangen. Deshalb sollten wir einen derart hilfreichen Glauben, dessen Natur Weisheit ist, niemals aufgeben. Meditation über Nehmen ist der schnelle Pfad zur Erleuchtung und hat eine ähnliche Funktion wie die tantrische Praxis. Es heißt, dass tantrische Verwirklichungen erlangt werden, indem wir uns einfach auf richtigen Glauben und richtige Vorstellung verlassen. Diese Praxis ist sehr einfach. Alles, was wir tun müssen, ist uns mit der Meditation über richtigen Glauben und Vorstellung, wie sie im Tantra vorgestellt wird, tief vertraut zu machen, indem wir uns fortwährend bemühen.

SCHULUNG IN GEBEN IN VERBINDUNG MIT DER PRAXIS DER SECHS VOLLKOMMENHEITEN

«Geben» bedeutet in diesem Zusammenhang, anderen durch Meditation unser eigenes Glück zu geben. Im Allgemeinen gibt es im Kreislauf unreinen Lebens, Samsara, überhaupt kein echtes Glück. Wie zuvor erwähnt ist das Glück, das wir normalerweise durch Essen, Trinken, Sex und so weiter erleben, kein echtes Glück. Es ist lediglich die Verminderung eines vorangegangenen Problems oder einer Unzufriedenheit. Nehmen wir zum Beispiel an, das Glück, das wir durch Sex erleben, sei wirkliches Glück. Das hieße, dass Sex selbst eine wirkliche Ursache des Glücks ist. Wenn dem so wäre, dann müsste unser Glück umso mehr zunehmen, je mehr Sex wir hätten. Doch tatsächlich wäre das Gegenteil der Fall. Nicht unser Glück würde zunehmen, sondern unser Leiden. In *Vierhundert Verse* sagt der buddhistische Meister Aryadeva:

> Die Erfahrung von Leid wird niemals durch die gleiche
> Ursache verändert.
> Wir sehen aber, dass die Erfahrung von Glück durch die
> gleiche Ursache verändert wird.

Das heißt, dass zum Beispiel ein durch Feuer verursachtes Leiden niemals durch jenes Feuer in Glück umgewandelt wird. Wir können jedoch sehen, dass zum Beispiel das Glück, das durch Essen hervorgerufen wird, sich einfach durch Essen in Leiden umwandeln wird.

Wie meditieren wir über Geben? In *Leitfaden für die Lebensweise eines Bodhisattva* sagt Shantideva:

> ... um das Wohl aller Lebewesen zu vollenden,
> Werde ich meinen Körper in ein erleuchtetes
> wunscherfüllendes Juwel umwandeln.

Wir sollten unseren ständig verweilenden Körper, den sehr subtilen Körper, als das wahre wunscherfüllende Juwel betrachten: Er ist unsere Buddha Natur, durch die unsere eigenen Wünsche und die aller anderen Lebewesen erfüllt werden. Wir denken:

> *Alle Lebewesen wünschen sich, jederzeit glücklich zu sein. Doch sie wissen nicht, wie das geht. Sie erleben nie wahres Glück, weil sie aus Unwissenheit ihr eigenes Glück zerstören, indem sie Verblendungen wie Wut entwickeln und nichttugendhaft handeln. Wie wunderbar wäre es, wenn all diese Lebewesen das reine und immerwährende Glück der Erleuchtung erleben würden! Mögen sie dieses Glück erleben. Ich werde jetzt jedem einzelnen Lebewesen mein eigenes zukünftiges Glück der Erleuchtung geben.*

So denken wir und stellen uns vor, dass wir von unserem ständig verweilenden Körper im Herzen unendliche

Lichtstrahlen aussenden, die in ihrer Natur unser zukünftiges Glück der Erleuchtung sind. Sie erreichen alle Lebewesen der sechs Bereiche und wir glauben fest daran, dass jedes einzelne Lebewesen das reine und immerwährende Glück der Erleuchtung erlebt. Wir meditieren so lange wie möglich einsgerichtet über diesen Glauben. Wir sollten die Meditation fortwährend praktizieren, bis wir spontan glauben, dass jetzt tatsächlich alle Lebewesen unser zukünftiges Glück der Erleuchtung erhalten haben. Wenn wir so üben, dann sind wir wie ein Bodhisattva, der hirtengleichen Bodhichitta praktiziert. So wie ein Hirte seiner Herde Schutz und alle nötigen Bedingungen bietet, bevor er sich selbst entspannt, so möchte ein Bodhisattva mit hirtengleichem Bodhichitta allen Lebewesen Schutz und endgültiges Glück geben, bevor er dies für sich selbst erreicht.

Diese Meditation hat vier Hauptvorteile: (1) Sie vergrößert unsere wünschende Liebe für alle Lebewesen. (2) Sie lässt unsere potenzielle Fähigkeit reifen, allen Lebewesen zu helfen. (3) Sie führt zu einer großen Ansammlung von Verdiensten, oder Glück. Und (4) sie bewirkt, dass unsere gewöhnlichen Erscheinungen und Vorstellungen aufhören.

Unser zukünftiges Glück der Erleuchtung ist die Folge davon, dass wir Mitgefühl für alle Lebewesen erzeugen. Die Meditation über Geben bringt dieses zukünftige Ergebnis in den Pfad. Sie ist daher ein schneller Pfad zur Erleuchtung und hat eine ähnliche Funktion wie die tantrische Praxis. Wir sollten uns in dieser Meditation sehr stark bemühen, damit wir schnell Fortschritte auf dem Pfad zur Erleuchtung machen können.

Wenn wir über Geben meditieren, sollte unsere Motivation wünschende Liebe sein. Indem wir in dieser Weise Liebe geben, schulen wir uns in der Vollkommenheit des Gebens. Indem wir Selbstwertschätzung aufgeben, schulen wir uns in der

Vollkommenheit moralischer Disziplin. Indem wir bereitwillig alle widrigen Umstände, die unsere Praxis des Gebens behindern, annehmen, schulen wir uns in der Vollkommenheit der Geduld. Indem wir uns bemühen, diese Meditation beständig ohne Faulheit zu üben, schulen wir uns in der Vollkommenheit des Bemühens. Indem wir uns frei von Ablenkung und einsgerichtet auf die Meditation über Geben konzentrieren, schulen wir uns in der Vollkommenheit der Konzentration. Und indem wir erkennen, dass wir selbst, alle Lebewesen und ihr Glück als bloßer Name und nicht inhärent existieren, schulen wir uns in der Vollkommenheit der Weisheit. Dies ist die Art und Weise, wie wir uns in der Meditation über Geben in Verbindung mit der Praxis der sechs Vollkommenheiten schulen.

Die Schulung im Geben ist eine besondere Meditation über wünschende Liebe, die sich aufrichtig wünscht, dass alle Lebewesen echtes Glück – das reine und immerwährende Glück der Befreiung und Erleuchtung – erlangen. Wie oben erwähnt wird wünschende Liebe auch «unermessliche Liebe» genannt, denn die bloße Meditation über wünschende Liebe bringt uns unermesslichen Nutzen in diesem und in unzähligen zukünftigen Leben.

Schulung in endgültigem Bodhichitta

Meditieren wir über Leerheit, um endgültigen Bodhichitta zu entwickeln oder zu vergrößern, dann schulen wir uns in endgültigem Bodhichitta. Der eigentliche endgültige Bodhichitta ist eine Weisheit, die Leerheit direkt verwirklicht und durch Bodhichitta motiviert ist. Sie wird «endgültiger Bodhichitta» genannt, weil ihr Objekt endgültige Wahrheit, Leerheit, ist und weil sie einer der Hauptpfade zur Erleuchtung ist. Der bisher erklärte Bodhichitta ist konventioneller Bodhichitta, dessen Natur Mitgefühl ist. Endgültiger Bodhichitta hingegen hat die Natur von Weisheit. Diese zwei Bodhichittas sind wie die zwei Flügel eines Vogels, mit denen wir zur erleuchteten Welt fliegen können.

Verstehen wir die Bedeutung der Leerheit nicht, dann fehlt uns die Grundlage für die Schulung in endgültigem Bodhichitta, denn Leerheit ist das Objekt des endgültigen Bodhichitta. Je Tsongkhapa sagte:

> Das Wissen über Leerheit ist jedem anderen Wissen überlegen.
> Der Lehrer, der Leerheit fehlerfrei lehrt, ist jedem anderen Lehrer überlegen.
> Und die Verwirklichung der Leerheit ist die eigentliche Essenz des Buddhadharma.

Buddha des Mitgefühls

WAS IST LEERHEIT?

Leerheit ist die Art und Weise, wie die Dinge wirklich sind. Sie ist die Art und Weise, wie Dinge existieren, im Gegensatz zu der Art und Weise, wie sie erscheinen. Wir glauben ganz natürlich, dass die Dinge, die wir um uns herum sehen, wie Tische, Stühle und Häuser, wahrhaft existieren, denn wir glauben, dass sie genauso existieren, wie sie erscheinen. Doch die Art und Weise, wie sie unseren Sinnen erscheinen, ist trügerisch und völlig widersprüchlich zu der Art und Weise, wie sie tatsächlich existieren. Die Dinge scheinen von ihrer eigenen Seite zu existieren, unabhängig von unserem Geist. Dieses Buch zum Beispiel, das unserem Geist erscheint, scheint seine eigene unabhängige, objektive Existenz zu haben. Es scheint «außerhalb» zu sein, während unser Geist «innerhalb» zu sein scheint. Wir haben das Gefühl, dass das Buch ohne unseren Geist existieren kann. Wir glauben nicht, dass unser Geist in irgendeiner Weise an der Existenz des Buches beteiligt ist. Diese von unserem Geist unabhängige Art der Existenz wird unterschiedlich als «wahre Existenz», «inhärente Existenz», «von seiner eigenen Seite existierend» oder auch als «Existenz vonseiten des Objekts» bezeichnet.

Obwohl die Dinge unseren Sinnen direkt als wahrhaft oder inhärent existent erscheinen, fehlt allen Phänomenen in Wirklichkeit wahre Existenz, sie sind leer von wahrer Existenz. Dieses Buch, unser Körper, unsere Freunde, wir selbst und das gesamte Universum sind in Wirklichkeit nur Erscheinungen des Geistes, ähnlich den Dingen, die wir in einem Traum sehen. Träumen wir von einem Elefanten, so erscheint uns der Elefant deutlich in allen Einzelheiten: Wir können ihn sehen, hören, riechen und berühren. Doch wenn wir aufwachen, wird uns klar, dass er nur eine Erscheinung des Geistes war. Wir fragen uns nicht: «Wo ist der Elefant jetzt?», denn wir verstehen, dass er lediglich eine Projektion unseres Geistes war und nicht außerhalb unseres Geistes existierte. Als das Traumgewahrsein, das den Elefanten erfasste, aufhörte, ging der Elefant nicht irgendwo hin. Er verschwand einfach, denn er war lediglich eine Erscheinung des Geistes und existierte nicht getrennt vom Geist. Buddha sagt, dass das Gleiche für alle Phänomene gilt. Sie sind bloße Erscheinungen des Geistes, vollkommen abhängig von dem Geist, der sie wahrnimmt.

Die Welt, die wir erleben, wenn wir wach sind, und die Welt, die wir erleben, wenn wir träumen, sind beide bloße Erscheinungen des Geistes, die aus unseren fehlerhaften Vorstellungen entstehen. Wenn wir sagen wollen, dass die Traumwelt unwahr ist, dann müssen wir auch sagen, dass die Wachwelt unwahr ist. Und wenn wir sagen, dass die Wachwelt wahr ist, dann müssen wir auch sagen, dass die Traumwelt wahr ist. Der einzige Unterschied ist, dass die Traumwelt eine Erscheinung unseres subtilen Traumgeistes ist, während die Wachwelt eine Erscheinung unseres groben Wachbewusstseins ist. Die Traumwelt existiert nur so lange, wie das Traumgewahrsein anhält, dem sie erscheint. Und die Wachwelt hält nur so lange an, wie das Wachgewahrsein anhält, dem sie erscheint. Buddha sagte: «Ihr solltet wissen, dass alle Phänomene wie Träume sind.» Wenn wir sterben, lösen sich unsere groben Wachbewusstseinsarten in unseren sehr subtilen Geist auf und die Welt, die wir zu Lebzeiten erfahren haben, verschwindet ganz einfach. Die Welt, wie sie von anderen wahrgenommen wird, besteht weiterhin, doch unsere persönliche Welt wird völlig und unwiederbringlich verschwinden, wie die Welt, von der wir letzte Nacht geträumt haben.

Buddha sagte auch, dass alle Phänomene wie Illusionen sind. Es gibt viele verschiedene Arten von Illusionen wie Luftspiegelungen, Regenbögen oder Halluzinationen, die durch Drogen hervorgerufen werden. In alten Zeiten gab es Magier, die ihre Zuschauer mit einem Zauberspruch verzaubern konnten, sodass sie Objekte wie etwa ein Stück Holz als etwas anderes wahrnahmen, zum Beispiel als einen Tiger. Diejenigen, die durch den Zauberspruch getäuscht wurden, sahen etwas, das ein echter Tiger zu sein schien, und bekamen Angst. Diejenigen aber, die erst nach der Verzauberung kamen, sahen einfach nur ein Stück Holz. Allen Illusionen ist gemeinsam, dass die Art, wie sie erscheinen, nicht mit ihrer tatsächlichen Existenz übereinstimmt. Buddha verglich alle Phänomene mit Illusionen, denn durch die Kraft der Prägungen der Unwissenheit des Festhaltens am Selbst, die wir seit anfangsloser Zeit angesammelt haben, scheint alles, was unserem Geist erscheint, ganz natürlich wahrhaft zu existieren und wir stimmen dieser Erscheinung instinktiv zu. In Wirklichkeit jedoch ist alles vollkommen leer von wahrer Existenz. Dinge erscheinen uns auf täuschende Weise wie eine Luftspiegelung, die wie Wasser aussieht, aber nicht wirklich Wasser ist. Da wir ihre wahre Natur nicht verstehen, werden wir von Erscheinungen zum Narren gehalten und halten an Büchern und Tischen, Körpern und Welten als wahrhaft existent fest. Als Folge dieses Festhaltens an Phänomenen entwickeln wir Selbstwertschätzung, Anhaftung, Hass, Neid und andere Verblendungen. Unser Geist wird unruhig und unausgeglichen und unser geistiger Frieden wird zerstört. Wir sind wie Reisende in der Wüste, die ihre Kräfte erschöpfen, indem sie Luftspiegelungen nachjagen, oder wie jemand, der nachts eine Straße entlanggeht und die Schatten der Bäume für Verbrecher oder wilde Tiere hält, die ihn angreifen wollen.

DIE LEERHEIT UNSERES KÖRPERS

Um zu erkennen, wie Phänomene leer von wahrer, oder inhärenter, Existenz sind, sollten wir unseren eigenen Körper in Betracht ziehen. Haben wir einmal verstanden, wie unserem Körper wahre Existenz fehlt, können wir die gleiche Begründung leicht auf andere Objekte übertragen.

In *Leitfaden für die Lebensweise eines Bodhisattva* sagt Bodhisattva Shantideva:

> Deshalb gibt es keinen Körper,
> Wir aber sehen aus Unwissenheit einen Körper in den
> Händen und so weiter,
> Genau wie ein Geist irrtümlich einen Menschen erfasst,
> Wenn er den Umriss eines Steinhaufens in der
> Dämmerung sieht.

Auf einer Ebene kennen wir unseren Körper sehr genau. Wir wissen, ob er gesund oder krank ist, schön oder hässlich und so weiter. Nie aber untersuchen wir ihn tiefer und fragen uns: «Was genau ist mein Körper? Wo ist mein Körper? Was ist seine wahre Natur?» Würden wir unseren Körper in dieser Weise untersuchen, könnten wir ihn nicht finden. Statt ihn zu finden, würde er als Ergebnis unserer Untersuchung verschwinden. Die erste Zeile von Shantidevas Vers «Deshalb gibt es keinen Körper» bedeutet, dass es keinen Körper gibt, wenn wir nach unserem «wirklichen» Körper suchen. Unser Körper existiert nur, wenn wir nicht nach einem wirklichen Körper hinter der bloßen Erscheinung suchen.

Es gibt zwei Arten, nach einem Objekt zu suchen. Ein Beispiel für die erste Art, die wir «konventionelle Suche» nennen können, ist, dass wir auf einem Parkplatz unser Auto suchen. Als Ergebnis dieser Suche finden wir das Auto, d.h. wir sehen das Ding, von dem jeder sagen würde, dass es unser Auto ist. Nehmen wir an, dass wir unser Auto auf dem Parkplatz gefunden haben, nun aber nicht mit der bloßen Erscheinung des Autos zufrieden sind, sondern genau festlegen wollen, was das Auto wirklich ist. Wir würden dann eine Suche beginnen, die wir die «endgültige Suche» nach dem Auto nennen können, wobei wir innerhalb des Objekts nach etwas suchen, was das Objekt selbst ist. Wir fragen uns deshalb: «Sind irgendwelche Einzelteile des Autos das Auto? Sind die Räder das Auto? Ist der Motor das Auto? Ist das Fahrgestell das Auto?» und so weiter. Führen wir eine endgültige Suche nach unserem Auto durch, geben wir uns nicht damit zufrieden, auf die Motorhaube, die Räder und so weiter zu zeigen und «Auto» zu sagen. Wir wollen wissen, was das Auto wirklich ist. Anstatt nur das Wort «Auto» zu benutzen, wie wir es für gewöhnlich tun, wollen wir wissen, worauf sich das Wort wirklich bezieht. Wir möchten das Auto geistig von allem trennen, was nicht das Auto ist, damit wir sagen können: «Das ist es, was das Auto wirklich ist.» Wir wollen ein Auto finden. In Wirklichkeit aber gibt es kein Auto; wir können nichts finden. Im Sutra der zusammengefassten Vollkommenheit der Weisheit sagt Buddha: «Wenn ihr mit Weisheit nach eurem Körper sucht, könnt ihr ihn nicht finden.» Dies gilt auch für unser Auto, unser Haus und alle anderen Phänomene.

In *Leitfaden für die Lebensweise eines Bodhisattva* sagt Shantideva:

> Wenn man es in dieser Weise untersucht:
> Wer lebt und wer ist es, der sterben wird?
> Was ist die Zukunft und was ist die Vergangenheit?
> Wer sind unsere Freunde und wer sind unsere
> Verwandten?

Ich beschwöre dich, der du genauso bist wie ich:
Bitte erkenne, dass alle Dinge leer wie Raum sind.

Die essenzielle Bedeutung dieser Worte ist, dass es, sofern wir mit Weisheit nach den Dingen suchen, keine Person gibt, die lebt oder stirbt, dass es keine Vergangenheit oder Zukunft gibt, dass es keine Gegenwart gibt und auch keine Freunde und Verwandten. Wir sollten wissen, dass alle Phänomene leer wie Raum sind, das heißt, wir sollten wissen, dass alle Phänomene nichts anderes als Leerheit sind.

Um Shantidevas Behauptung zu verstehen, dass es in Wirklichkeit keinen Körper gibt, müssen wir eine endgültige Suche nach unserem Körper durchführen. Sind wir gewöhnliche Wesen, so scheinen alle Dinge einschließlich unseres Körpers inhärent zu existieren. Wie oben erwähnt, scheinen die Dinge unabhängig von unserem Geist und unabhängig von anderen Phänomenen zu sein. Das Universum scheint aus eigenständigen Objekten zu bestehen, die von ihrer eigenen Seite existieren. Diese Dinge scheinen aus sich selbst heraus als Sterne, Planeten, Berge, Menschen und so weiter zu existieren und darauf zu «warten», von Wesen mit Bewusstsein erfahren zu werden. Normalerweise kommen wir nicht auf die Idee, dass wir in irgendeiner Weise an der Existenz dieser Phänomene beteiligt sind. Wir haben zum Beispiel das Gefühl, dass unser Körper von seiner eigenen Seite existiert und dass er nicht von unserem eigenen Geist oder dem eines anderen abhängt, um zu existieren. Würde unser Körper jedoch tatsächlich so existieren, wie wir instinktiv an ihm festhalten – als äußeres Objekt und nicht als Projektion des Geistes –, dann müssten wir auf unseren Körper zeigen können, ohne auf irgendein Phänomen zu deuten, das nicht unser Körper ist. Wir sollten imstande sein, ihn innerhalb seiner Teile oder außerhalb seiner Teile zu finden. Da es keine dritte Möglichkeit gibt, müssen wir, wenn unser Körper weder innerhalb seiner Teile noch außerhalb von ihnen gefunden werden kann, zu dem Schluss gelangen, dass unser Körper, den wir normalerweise sehen, nicht existiert.

Es ist nicht schwer zu verstehen, dass die einzelnen Teile unseres Körpers nicht unser Körper sind. Es ist absurd zu sagen, dass unser Rücken, unsere Beine oder unser Kopf unser Körper sind. Wäre einer der Teile wie unser Rücken unser Körper, dann wären die anderen Teile ebenfalls unser Körper. Infolgedessen hätten wir viele Körper. Außerdem können unser Rücken, unsere Beine und so weiter nicht unser Körper sein, denn sie sind Teile unseres Körpers. Der Körper ist der Besitzer der Teile und der Rücken, die Beine und so weiter sind der Besitz, und Besitzer und Besitz können nicht ein und dasselbe sein.

Manche Menschen glauben, dass zwar keiner der Einzelteile des Körpers der Körper ist, dass aber die Ansammlung der zusammengefügten Teile der Körper ist. Ihrer Sicht zufolge ist es möglich, unseren Körper zu finden, wenn wir analytisch nach ihm suchen, da die Ansammlung aller Körperteile unser Körper ist. Diese Behauptung kann jedoch mit vielen gültigen Gründen widerlegt werden. Die Kraft dieser Gründe ist vielleicht nicht sofort offenkundig, aber wenn wir mit einem ruhigen und positiven Geist sorgfältig über sie nachdenken, werden wir ihre Gültigkeit mit der Zeit anerkennen.

Da keiner der einzelnen Teile unseres Körpers unser Körper ist, wie kann die Ansammlung aller Teile unser Körper sein? Eine Ansammlung von Hunden kann zum Beispiel kein Mensch sein, da keiner der einzelnen Hunde ein Mensch ist. Da jedes einzelne Mitglied der Ansammlung ein «Nichtmensch» ist, wie kann sich diese Ansammlung von Nichtmenschen auf magische Weise in einen Menschen verwandeln? Und weil auch die Ansammlung der Teile unseres Körpers eine Ansammlung von Dingen ist, die nicht unser Körper sind, kann die Ansammlung nicht unser Körper sein. Genauso wie eine Ansammlung von Hunden einfach nur Hunde sind, bleibt die Ansammlung aller Körperteile einfach nur Teile unseres Körpers. Sie verwandelt sich nicht auf magische Weise in den Besitzer der Teile, unseren Körper.

Vielleicht fällt es uns schwer, diesen Punkt zu verstehen, denken wir jedoch mit einem ruhigen und positiven Geist lange darüber nach und diskutieren ihn mit erfahrenen Praktizierenden, wird er mit der Zeit klarer. Außerdem können wir authentische Bücher zu diesem Thema lesen wie *Das neue Herz der Weisheit* und *Ozean von Nektar.*

Es gibt noch eine andere Art und Weise zu erkennen, dass die Ansammlung der Teile unseres Körpers nicht unser Körper ist. Können wir auf die Ansammlung der Teile unseres Körpers zeigen und sagen, dass diese Ansammlung an sich unser Körper ist, dann muss die Ansammlung der Teile unseres Körpers unabhängig von allen Phänomenen existieren, die nicht unser Körper sind. Daraus würde folgen, dass die Ansammlung der Teile unseres Körpers unabhängig von den Teilen selbst existiert. Das ist eindeutig absurd, denn wäre das wahr, dann könnten wir alle Teile unseres Körpers entfernen und die Ansammlung der Teile bliebe zurück. Daraus können wir schließen, dass die Ansammlung der Teile unseres Körpers nicht unser Körper ist.

Da der Körper nicht innerhalb seiner Teile gefunden werden kann, weder als Einzelteil noch als ihre Ansammlung, bleibt nur noch die Möglichkeit, dass er getrennt von seinen Bestandteilen existiert. Ist dies der Fall, dann müsste es möglich sein, alle Teile unseres Körpers in der Vorstellung oder tatsächlich zu entfernen und der Körper bliebe übrig. Nehmen wir aber Arme und Beine, unseren Kopf und unseren Rumpf und alle anderen Teile unseres Körpers weg, ist kein Körper mehr da. Das beweist, dass es keinen Körper unabhängig von seinen Einzelteilen gibt. Aus Unwissenheit zeigen wir, wann immer wir auf unseren Körper deuten, nur auf einen Teil unseres Körpers, der nicht unser Körper ist.

Wir haben nun an allen denkbaren Orten gesucht und konnten unseren Körper nicht finden, weder innerhalb seiner Teile noch anderswo. Wir können nichts finden, was mit dem lebhaft erscheinenden Körper übereinstimmt, an dem wir normalerweise festhalten. Wir müssen nun Shantideva zustimmen, der sagt, dass kein Körper gefunden werden kann, wenn wir nach unserem Körper suchen. Dies ist der eindeutige Beweis, dass unser Körper, den wir normalerweise sehen, nicht existiert. Es ist fast so, als würde unser Körper überhaupt nicht existieren. Tatsächlich können wir nur sagen, dass unser Körper existiert, wenn wir mit dem bloßen Namen «Körper» zufrieden sind und nicht erwarten, einen echten Körper hinter dem Namen zu finden. Versuchen wir einen echten Körper zu entdecken oder auf etwas zu deuten, auf das sich der Name «Körper» bezieht, werden wir überhaupt nichts finden. Statt einen wahrhaft existenten Körper zu entdecken, werden wir die bloße Abwesenheit unseres Körpers, den wir normalerweise sehen, wahrnehmen. Diese bloße Abwesenheit unseres Körpers, den wir normalerweise sehen, ist die Art und Weise, wie unser Körper tatsächlich existiert. Wir erkennen, dass der Körper, den wir normalerweise wahrnehmen, an dem wir festhalten und den wir wertschätzen, überhaupt nicht existiert. Diese Nichtexistenz des Körpers, an dem wir normalerweise festhalten, ist die Leerheit unseres Körpers, die wahre Natur unseres Körpers.

Der Begriff «wahre Natur» hat große Bedeutung. Nicht zufrieden mit der bloßen Erscheinung unseres Körpers und dem Namen «Körper», haben wir unseren Körper untersucht, um seine wahre Natur zu entdecken. Das Ergebnis dieser Untersuchung war ein endgültiges Nichtfinden unseres Körpers. Dort, wo wir erwarteten einen wahrhaft existenten Körper zu finden, entdeckten wir die völlige Nichtexistenz dieses wahrhaft existenten Körpers. Diese Nichtexistenz, oder Leerheit, ist die wahre Natur unseres Körpers. Abgesehen von der bloßen Abwesenheit eines wahrhaft existenten Körpers gibt es keine andere wahre Natur unseres Körpers. Jede andere Eigenschaft unseres Körpers ist bloß Teil seiner trügerischen Natur. Wenn das so ist, warum verbringen wir so viel Zeit damit, uns auf die trügerische Natur unseres Körpers zu konzentrieren? Gegenwärtig nehmen wir die wahre Natur unseres Körpers und anderer Phänomene nicht zur Kenntnis und richten unsere Aufmerksamkeit ausschließlich auf ihre trügerische Natur. Sich ständig mit trügerischen Objekten zu beschäftigen führt aber dazu, dass unser Geist unruhig wird und wir weiter im elenden Leben Samsaras verharren. Möchten wir reines Glück erleben, müssen wir unseren Geist mit der Wahrheit vertraut machen. Statt unsere Energie zu vergeuden, indem wir uns mit sinnlosen, trügerischen Objekten beschäftigen, sollten wir uns auf die wahre Natur der Dinge konzentrieren.

Obwohl es unmöglich ist, unseren Körper zu finden, wenn wir eine analytische Suche durchführen, erscheint er uns ohne Untersuchung doch sehr deutlich. Weshalb ist das so? Shantideva sagt, dass wir aufgrund von Unwissenheit unseren Körper in den Händen und den anderen Teilen unseres Körpers sehen. In Wirklichkeit existiert unser Körper nicht innerhalb seiner Teile. So wie wir in der Abenddämmerung einen Steinhaufen mit einem Mann verwechseln können, obwohl es innerhalb der Steine keinen Mann gibt, so sieht unser unwissender Geist in der Ansammlung von Armen, Beinen und so weiter einen Körper, obwohl dort kein Körper existiert. Der Körper, den wir in der Ansammlung der Arme und Beine sehen, ist lediglich eine Halluzination unseres unwissenden Geistes. Da wir dies aber nicht erkennen, halten wir sehr stark an ihm fest, wertschätzen ihn und erschöpfen unsere Kräfte bei dem Versuch, ihn vor allen Unannehmlichkeiten zu schützen.

Die Methode, unseren Geist mit der wahren Natur des Körpers vertraut zu machen, besteht darin, die oben erwähnte Begründung anzuwenden, um nach unserem Körper zu suchen. Und nachdem wir ihn an allen denkbaren Orten gesucht und nicht gefunden haben, konzentrieren wir uns auf die raumähnliche Leerheit, die die bloße Abwesenheit des Körpers ist, den wir normalerweise sehen. Diese raumähnliche Leerheit ist die wahre Natur unseres Körpers. Obwohl sie leerem Raum ähnelt, ist es eine bedeutsame Leerheit. Ihre Bedeutung ist die völlige Nichtexistenz des Körpers, den wir normalerweise sehen, des Körpers, an dem wir so stark festhalten und den wir unser ganzes Leben lang wertgeschätzt haben.

Dadurch, dass wir mit der Erfahrung der raumähnlichen, endgültigen Natur des Körpers vertraut werden, wird sich das Festhalten an unserem Körper verringern. Infolgedessen werden wir viel weniger Leiden, Angst und Enttäuschung in Bezug auf unseren Körper erleben. Unsere körperliche Anspannung wird abnehmen, unsere Gesundheit wird sich verbessern und selbst wenn wir krank sind, werden unsere körperlichen Beschwerden unseren Geist nicht stören. Menschen, die eine direkte Erfahrung der Leerheit haben, spüren keinerlei Schmerz, selbst wenn man sie schlägt oder auf sie schießt. Da sie wissen, dass die wirkliche Natur ihres Körpers wie Raum ist, ist es so, als ob Raum geschlagen oder beschossen würde, wenn sie geschlagen oder angeschossen werden. Außerdem haben gute und schlechte äußere Bedingungen keine Kraft mehr ihren Geist zu stören, denn sie erkennen, dass sie wie die Illusion eines Magiers sind und nicht vom Geist getrennt existieren. Statt sich von verändernden Bedingungen wie eine Marionette hin- und herreißen zu lassen, bleibt ihr Geist frei und ruhig im Wissen um die Gleichheit und Unveränderlichkeit der endgültigen Natur aller Dinge. So erfährt jemand, der Leerheit, die wahre Natur der Phänomene, direkt verwirklicht, Tag und Nacht, Leben für Leben, Frieden und Glück.

Wir müssen zwischen dem konventionell existenten Körper, der existiert, und dem inhärent existenten Körper, der nicht existiert, unterscheiden. Wir müssen aber darauf achten, uns nicht von den Worten verleiten lassen zu denken, dass hinter dem konventionell existenten Körper mehr steckt als eine bloße Erscheinung des Geistes. Vielleicht ist es weniger verwirrend zu sagen, dass es für einen Geist, der die Wahrheit, oder Leerheit, direkt sieht, keinen Körper gibt. Ein Körper existiert nur für einen gewöhnlichen Geist, dem ein Körper erscheint.

Shantideva rät uns, konventionelle Wahrheiten wie unseren Körper, Besitz, Orte und Freunde nicht zu untersuchen, es sei denn, wir möchten Leerheit verstehen. Stattdessen sollten wir uns mit ihren bloßen Namen zufriedengeben, so wie weltliche Leute es tun. Wenn jemand den Namen und Zweck eines Objekts kennt, begnügt er sich normalerweise damit, das Objekt zu kennen und führt keine weiteren Untersuchungen durch. Wir müssen das genauso machen, es sei denn, wir möchten über Leerheit meditieren. Wir sollten uns aber daran erinnern, dass wir die Objekte nicht finden, würden wir sie näher untersuchen. Denn sie würden einfach verschwinden, so wie eine Luftspiegelung verschwindet, wenn wir nach ihr suchen.

Die gleiche Begründung, mit der wir das Fehlen der wahren Existenz unseres Körpers beweisen, kann auf alle anderen Phänomene übertragen werden. Dieses Buch scheint zum Beispiel von seiner eigenen Seite zu existieren, irgendwo innerhalb seiner Teile. Untersuchen wir es jedoch genauer, so entdecken wir, dass weder die einzelnen Seiten noch die Ansammlung der Seiten das Buch sind, und doch gibt es ohne Seiten kein Buch. Statt ein wahrhaft existentes Buch zu finden, bleibt uns nur übrig, eine Leerheit zu betrachten, die die Nichtexistenz des Buches ist, an dessen Existenz wir zuvor glaubten. Aufgrund unserer Unwissenheit scheint das Buch unabhängig von unserem Geist zu existieren, so als ob unser Geist innen und das Buch außen wäre. Untersuchen wir jedoch das Buch, entdecken wir, dass diese Erscheinung völlig falsch ist. Es gibt kein Buch außerhalb des Geistes. Es gibt kein Buch «da draußen», innerhalb der Seiten. Das Buch existiert einzig und allein als bloße Erscheinung des Geistes, als eine bloße Projektion des Geistes.

Alle Phänomene existieren mittels Konvention. Nichts existiert inhärent. Dies gilt für den Geist, für Buddha und sogar für die Leerheit selbst. Alles wird bloß durch den Geist zugeschrieben. Alle Phänomene haben Teile. Physische Phänomene haben physische Teile und nichtphysische Phänomene haben verschiedene Teile oder Eigenschaften, die gedanklich unterschieden werden können. Indem wir die gleiche Begründung verwenden wie zuvor, können wir erkennen, dass jedes Phänomen weder eines seiner Teile ist, noch die Ansammlung seiner Teile, noch getrennt von seinen Teilen. In dieser Weise können wir die Leerheit aller Phänomene erkennen, die bloße Abwesenheit aller Phänomene, die wir normalerweise sehen oder wahrnehmen.

Es ist besonders hilfreich, über die Leerheit der Objekte zu meditieren, die starke Verblendungen wie Anhaftung oder Wut in uns hervorrufen. Untersuchen wir es richtig, dann erkennen wir, dass das Objekt, das wir begehren oder auch ablehnen, nicht aus sich selbst heraus existiert. Seine Schönheit oder Hässlichkeit und sogar seine Existenz werden durch den Geist zugeschrieben. Durch derartige Überlegungen werden wir entdecken, dass es keine Grundlage für Anhaftung oder Wut gibt.

DIE LEERHEIT UNSERES GEISTES

Nachdem Geshe Chekhawa in *Geistesschulung in sieben Punkten* kurz darstellt, wie wir uns in einer analytischen Meditation über die Leerheit von inhärenter Existenz äußerer Phänomene wie unseres Körpers üben, fährt er fort und sagt, dass wir anschließend unseren eigenen Geist untersuchen sollten, um zu verstehen, wie ihm inhärente Existenz fehlt.

Unser Geist ist keine unabhängige Wesenheit, sondern ein sich ständig wandelndes Kontinuum, das von vielen Faktoren abhängt wie seinen vergangenen Momenten, seinen Objekten und den inneren Energiewinden, die unsere Geistesarten tragen. Unser Geist wird, wie alles andere auch, einer Ansammlung vieler Faktoren zugeschrieben und deshalb fehlt ihm inhärente Existenz. Ein primärer Geist oder ein Bewusstsein hat zum Beispiel fünf Teile oder «geistige Faktoren»: Gefühl, Unterscheidung, Absicht, Kontakt und Aufmerksamkeit. Weder die einzelnen geistigen Faktoren noch die Ansammlung dieser geistigen Faktoren sind der primäre Geist, da sie geistige Faktoren und somit Teile des primären Geistes sind. Es gibt jedoch keinen primären Geist, der von diesen geistigen Faktoren getrennt ist. Ein primärer Geist wird den geistigen Faktoren, die seine Grundlage der Zuschreibung sind, bloß zugeschrieben und existiert deshalb nicht von seiner eigenen Seite.

Nachdem wir die Natur unseres primären Geistes identifiziert haben, eine raumähnliche Leere, die Dinge wahrnimmt oder versteht, suchen wir innerhalb seiner Teile – Gefühl, Unterscheidung, Absicht, Kontakt und Aufmerksamkeit – nach unserem Geist, bis wir schließlich seine Unauffindbarkeit verwirklichen. Diese Unauffindbarkeit ist seine endgültige Natur, oder Leerheit. Dann denken wir:

Alle Phänomene, die meinem Geist erscheinen, sind die Natur meines Geistes. Mein Geist ist die Natur von Leerheit.

In dieser Weise haben wir das Gefühl, dass sich alles in Leerheit auflöst. Wir nehmen nur die Leerheit aller Phänomene wahr und meditieren über diese Leerheit. Diese Art, über Leerheit zu meditieren, ist tiefgründiger als die Meditation über die Leerheit unseres Körpers. Allmählich wird unsere Erfahrung der Leerheit immer deutlicher, bis wir schließlich eine unbefleckte Weisheit erlangen, die die Leerheit aller Phänomene direkt verwirklicht.

DIE LEERHEIT UNSERES ICH

Das Objekt, an dem wir am stärksten festhalten, ist unser Selbst oder Ich. Aufgrund der Prägungen der Unwissenheit des Festhaltens am Selbst, die wir seit anfangsloser Zeit angesammelt haben, erscheint unser Ich als inhärent existent, und unser Geist des Festhaltens am Selbst hält in dieser Weise unwillkürlich an ihm fest. Obwohl wir die ganze Zeit an einem inhärent existenten Ich festhalten, selbst im Schlaf, ist nicht leicht zu erkennen, wie es unserem Geist erscheint. Um es klar zu identifizieren, müssen wir anfangs zulassen, dass es sich deutlich manifestiert, indem wir an Situationen denken, in denen wir ein übertriebenes Ich-Gefühl haben, zum Beispiel wenn wir verlegen oder entrüstet sind, Angst haben oder uns schämen. Wir erinnern uns an eine solche Situation oder stellen sie uns vor und versuchen dann, ohne jeden Kommentar oder weitere Analyse, ein klares geistiges Bild davon zu erhalten, wie uns das Ich in solchen Momenten ganz natürlich erscheint. Auf dieser Stufe müssen wir geduldig sein, denn es kann viele Sitzungen dauern, bis wir ein klares Bild erhalten. Schließlich aber werden wir sehen, dass das Ich vollkommen fest und wirklich zu sein scheint, so als ob es von seiner eigenen Seite existieren würde, unabhängig von Körper oder Geist. Dieses lebhaft erscheinende Ich ist das inhärent existente Ich, das wir so überaus wertschätzen. Es ist das Ich, das wir verteidigen, wenn wir kritisiert werden, und auf das wir so stolz sind, wenn wir gelobt werden.

Sobald wir eine Vorstellung davon haben, wie das Ich unter diesen extremen Umständen erscheint, sollten wir versuchen zu erkennen, wie es normalerweise in weniger extremen Situationen erscheint. Wir können zum Beispiel das Ich beobachten, das gerade jetzt dieses Buch liest, und versuchen zu entdecken, wie es unserem Geist erscheint. Schließlich werden wir sehen, dass das Ich, obwohl es in diesem Fall kein übertriebenes Ich-Gefühl gibt, dennoch als inhärent existent erscheint, so als ob es von seiner eigenen Seite existieren würde, unabhängig von Körper oder Geist. Haben wir einmal ein Bild des inhärent existenten Ich, konzentrieren wir uns eine Weile einsgerichtet darauf. Dann gehen wir in der Meditation zur nächsten Stufe, dem Nachdenken über gültige Gründe, um zu beweisen, dass das inhärent existente Ich, an dem wir festhalten, in Wirklichkeit nicht existiert. Das inhärent existente Ich und unser Selbst, das wir normalerweise sehen, sind dasselbe. Wir sollten wissen, dass keins von beiden existiert. Beides sind Objekte, die durch Leerheit verneint werden.

Wenn das Ich so existiert, wie es erscheint, muss es auf eine der vier folgenden Arten existieren: als Körper, als Geist, als Ansammlung von Körper und Geist oder als etwas, das von Körper und Geist getrennt ist. Eine andere Möglichkeit gibt es nicht. Darüber denken wir sorgfältig nach, bis wir zu der Überzeugung gelangen, dass dem so ist. Danach fahren wir fort und untersuchen jede der vier Möglichkeiten:

(1) Ist unser Ich unser Körper, macht es keinen Sinn, «mein Körper» zu sagen, da Besitzer und Besitz identisch sind.

Ist unser Ich unser Körper, gibt es keine zukünftige Wiedergeburt, da das Ich erlischt, wenn der Körper stirbt.

Sind unser Körper und unser Ich identisch, dann müssten unser Fleisch, unser Blut und unsere Knochen genauso Vertrauen entwickeln, träumen oder mathematische Rätsel lösen können, wie wir das tun.

Da nichts davon zutrifft, folgt, dass unser Ich nicht unser Körper ist.

(2) Ist unser Ich unser Geist, dann ist es sinnlos, «mein Geist» zu sagen, da Besitzer und Besitz identisch sind. Richten wir jedoch unsere Aufmerksamkeit auf unseren Geist, so sagen wir normalerweise «mein Geist». Dies zeigt klar, dass unser Ich nicht unser Geist ist.

Ist unser Ich unser Geist, dann müssten wir viele Ichs haben, da wir viele verschiedene Arten von Geist haben, wie die sechs Bewusstseinsarten oder begriffliche und nichtbegriffliche Geistesarten. Da dies absurd ist, kann unser Ich nicht unser Geist sein.

(3) Da unser Körper nicht unser Ich ist und unser Geist nicht unser Ich ist, kann die Ansammlung unseres Körpers und Geistes nicht unser Ich sein. Die Ansammlung unseres Körpers und Geistes ist eine Ansammlung von Dingen, die nicht unser Ich sind. Wie kann also die Ansammlung selbst unser Ich sein? In einer Herde von Kühen ist zum Beispiel keins der Tiere ein Schaf, deshalb ist die Herde selbst auch nicht Schaf. Genauso sind in der Ansammlung unseres Körpers und Geistes weder unser Körper noch unser Geist das Ich, deshalb ist die Ansammlung selbst nicht unser Ich.

(4) Ist unser Ich weder unser Körper noch unser Geist, noch die Ansammlung unseres Körpers und Geistes, bleibt nur die Möglichkeit, dass unser Ich etwas ist, das von unserem Körper und Geist getrennt ist. Ist dies der Fall, dann müssen wir unser Ich erfassen können, ohne dass unser Körper oder unser Geist erscheint. Stellen wir uns aber vor, dass unser Körper und unser Geist völlig verschwinden, so bleibt nichts übrig, was wir unser Ich nennen können. Daraus folgt, dass unser Ich nicht von unserem Körper und Geist getrennt ist.

Wir sollten uns vorstellen, dass unser Körper sich allmählich in Luft auflöst. Dann löst sich unser Geist auf. Unsere Gedanken zerstreuen sich im Wind und unsere Gefühle, Wünsche und unser Bewusstsein lösen sich zu Nichts auf. Bleibt etwas übrig, das unser Ich ist? Da ist nichts. Es ist offensichtlich, dass unser Ich nicht etwas ist, das von Körper und Geist getrennt ist.

Wir haben nun alle vier Möglichkeiten untersucht und konnten unser Ich oder Selbst nicht finden. Da wir bereits festgestellt haben, dass es keine fünfte Möglichkeit gibt, müssen wir zu dem Schluss kommen, dass unser Ich, an dem wir normalerweise festhalten und das wir wertschätzen, überhaupt nicht existiert. Wo vorher ein inhärent existentes Ich erschien, erscheint nun eine Abwesenheit dieses Ich. Diese Abwesenheit eines inhärent existenten Ich ist Leerheit, endgültige Wahrheit.

Wir denken in dieser Weise nach, bis unserem Geist ein allgemeines oder geistiges Bild der Abwesenheit unseres Selbst, das wir normalerweise sehen, erscheint. Dieses Bild ist unser Objekt der verweilenden Meditation. Wir versuchen uns gänzlich damit vertraut zu machen, indem wir fortwährend so lange wie möglich einsgerichtet über dieses Bild meditieren.

Da wir seit anfangsloser Zeit an unserem inhärent existenten Ich festhalten und es mehr als alles andere wertgeschätzt haben, kann die Erfahrung, unser Selbst in der Meditation nicht zu finden, anfangs ziemlich erschreckend sein. Manche fürchten sich und denken: «Ich existiere überhaupt nicht mehr.» Andere empfinden große Freude, als ob die Quelle all ihrer Probleme verschwinden würde. Beides sind gute Zeichen und weisen auf eine richtige Meditation hin. Nach einer Weile schwächen sich diese anfänglichen Reaktionen ab und unser Geist wird allmählich ins Gleichgewicht kommen. Nun werden wir in einer ruhigen, geordneten Weise über die Leerheit unseres Selbst meditieren können.

Wir sollten unserem Geist erlauben, sich so lange wie möglich in die raumähnliche Leerheit zu versenken. Wichtig ist, daran zu denken, dass unser Meditationsobjekt Leerheit ist, die bloße Abwesenheit unseres Selbst, das wir normalerweise sehen, und nicht ein bloßes Nichts. Hin und wieder sollten wir unsere Meditation mit Wachsamkeit überprüfen. Ist unser

Geist zu einem anderen Objekt abgeschweift oder haben wir die Bedeutung der Leerheit verloren und konzentrieren uns auf ein bloßes Nichts, so kehren wir zu den Kontemplationen zurück, damit die Leerheit unseres Selbst unserem Geist erneut klar erscheint.

Wir fragen uns vielleicht: «Wenn mein Selbst, das ich normalerweise sehe, nicht existiert, wer meditiert dann? Wer steht nach der Meditation auf, spricht zu anderen und antwortet, wenn mein Name gerufen wird?» Obwohl unser Selbst, das wir normalerweise sehen, nicht existiert, bedeutet dies nicht, dass unser Selbst überhaupt nicht existiert. Wir existieren als bloße Zuschreibung. Solange wir mit der bloßen Zuschreibung unseres «Selbst» zufrieden sind, gibt es kein Problem. Wir können denken: «Ich existiere. Ich gehe in die Stadt» und so weiter. Das Problem entsteht erst dann, wenn wir nach unserem Selbst Ausschau halten, das etwas anderes ist als die bloße begriffliche Zuschreibung «Ich» oder «Selbst». Unser Geist hält an einem endgültig existenten Ich fest, unabhängig von begrifflicher Zuschreibung, als ob es hinter dem Etikett ein «wirklich» existentes Ich gäbe. Würde ein solches Ich existieren, müssten wir es finden können. Doch wir haben erkannt, dass unser Ich durch eine Untersuchung nicht gefunden werden kann. Das Ergebnis unserer Suche war ein eindeutiges Nichtfinden unseres Selbst. Diese Unauffindbarkeit unseres Selbst ist die Leerheit unseres Selbst, die endgültige Natur unseres Selbst. Unser Selbst, das als bloße Zuschreibung existiert, ist das existente Selbst. In gleicher Weise sind Phänomene, die als bloße Zuschreibung existieren, existente Phänomene. Weder das Selbst noch andere Phänomene existieren anders denn als bloße Zuschreibung. In Wahrheit sind unser Selbst und andere Phänomene, die als bloße Zuschreibung existieren, die endgültige Natur unseres Selbst und anderer Phänomene, nicht die konventionelle Natur. Anfangs ist es schwierig, diese Erklärungen zu verstehen, doch haben Sie bitte Geduld. Wir sollten uns bemühen, die kraftvollen Segnungen des Buddhas der Weisheit Je Tsongkhapa zu erhalten, indem wir aufrichtig *Herzjuwel* praktizieren.

Zu Beginn verwirklichen wir Leerheit begrifflich, durch ein allgemeines Bild. Während wir kontinuierlich immer wieder über Leerheit meditieren, wird das allgemeine Bild allmählich immer transparenter, bis es sich vollkommen auflöst und wir Leerheit direkt sehen. Diese direkte Verwirklichung der Leerheit wird unser erstes vollkommen nichtfehlerhaftes Gewahrsein, unser erster reiner Geist sein. Bis wir Leerheit direkt verwirklichen, sind alle unsere Geistesarten fehlerhafte Gewahrseinsarten, da ihre Objekte aufgrund der Prägungen der Unwissenheit des Festhaltens am Selbst, des An-wahr-Festhaltens, als inhärent existent erscheinen.

Die meisten Menschen neigen zum Extrem der Existenz, indem sie denken, wenn etwas existiert, dann muss es inhärent existieren. Damit übertreiben sie die Art und Weise, wie die Dinge existieren, da sie sich nicht mit dem bloßen Namen zufriedengeben. Andere neigen vielleicht zum Extrem der Nichtexistenz und glauben, wenn Phänomene nicht inhärent existieren, dann existieren sie gar nicht und übertreiben so ihr Fehlen inhärenter Existenz. Wir müssen realisieren, dass Phänomene konventionell als bloße Erscheinungen eines gültigen Geistes existieren, obwohl ihnen jede Spur einer Existenz von ihrer eigenen Seite fehlt.

Begriffliche Geistesarten, die an unserem Ich oder anderen Phänomenen als wahrhaft existent festhalten, sind falsche Gewahrseinsarten und sollten daher aufgegeben werden. Ich sage jedoch nicht, dass alle begrifflichen Gedanken falsche

Gewahrseinsarten sind und deshalb aufgegeben werden sollten. Es gibt viele richtige begriffliche Geistesarten, die in unserem Alltag nützlich sind, wie der begriffliche Geist, der sich daran erinnert, was wir gestern getan haben oder der begriffliche Geist, der weiß, was wir morgen tun werden. Auch auf dem spirituellen Pfad gibt es viele begriffliche Geistesarten, die gefördert werden müssen. Konventioneller Bodhichitta im Geisteskontinuum eines Bodhisattva ist zum Beispiel ein begrifflicher Geist, weil er sein Objekt, große Erleuchtung, durch ein allgemeines Bild erfasst. Außerdem müssen wir Leerheit durch einen anschließenden gültigen Erkenner verwirklichen, der ein begrifflicher Geist ist, ehe wir Leerheit mit einem nichtbegrifflichen Geist direkt verwirklichen können. Durch Nachdenken über die Gründe, die inhärente Existenz widerlegen, erscheint unserem Geist ein allgemeines Bild der Abwesenheit, oder Leere, von inhärenter Existenz. Nur in dieser Weise kann Leerheit von inhärenter Existenz unserem Geist anfangs erscheinen. Dann meditieren wir mit immer stärkerer Konzentration über dieses Bild, bis wir schließlich Leerheit direkt wahrnehmen.

Es gibt Menschen, die sagen, dass wir unseren Geist einfach von allen begrifflichen Gedanken befreien sollten, wenn wir über Leerheit meditieren. Sie argumentieren, dass so, wie weiße Wolken die Sonne genauso verdunkeln wie schwarze Wolken, auch positive begriffliche Gedanken unseren Geist genauso verdunkeln wie negative, begriffliche Gedanken. Diese Sicht ist vollkommen falsch, denn wenn wir uns nicht um ein begriffliches Verständnis der Leerheit bemühen, sondern stattdessen versuchen, alle begrifflichen Gedanken zu unterdrücken, wird unserem Geist die eigentliche Leerheit niemals erscheinen. Wir machen unter Umständen die lebhafte Erfahrung einer raumähnlichen Leere, doch diese ist nur das Fehlen begrifflicher Gedanken – sie ist nicht Leerheit, die wahre Natur der Phänomene. Die Meditation über diese Leere kann unseren Geist vorübergehend beruhigen, doch wird sie weder unsere Verblendungen zerstören, noch uns von Samsara und seinen Leiden befreien.

DIE LEERHEIT, DIE LEER VON ACHT EXTREMEN IST

Kommen alle notwendigen atmosphärischen Ursachen und Bedingungen zusammen, dann werden Wolken erscheinen, wenn nicht, können sich keine Wolken bilden. Die Entwicklung der Wolken hängt vollständig von Ursachen und Bedingungen ab, Wolken können nicht aus eigener Kraft entstehen. Das Gleiche gilt für Berge, Planeten, Körper, den Geist und alle anderen erzeugten Phänomene. Da ihre Existenz von äußeren Faktoren abhängt, sind sie leer von inhärenter, oder unabhängiger, Existenz und sie sind bloße Zuschreibungen des Geistes.

Nachdenken über die Lehren des Karmas, Handlungen und ihre Auswirkungen, kann uns helfen das zu verstehen. Woher kommen alle unsere guten und schlechten Erfahrungen? Dem Buddhismus zufolge sind sie das Ergebnis des positiven und negativen Karmas, das wir in der Vergangenheit erzeugt haben. Als Folge von positivem Karma treten anziehende und liebenswürdige Menschen in unser Leben, es ergeben sich angenehme materielle Bedingungen und wir leben in einer schönen Umgebung. Als Folge von negativem Karma hingegen treten unangenehme Menschen und Dinge in Erscheinung. Diese Welt ist die Auswirkung des kollektiven Karmas, das von den Wesen, die sie bewohnen, erzeugt wurde. Weil Karma seinen Ursprung im Geist hat, insbesondere in unseren geistigen Absichten, verstehen wir, dass alle Welten aus dem Geist hervorgehen. Dies ähnelt der Entstehung von Erscheinungen in einem Traum. Alles, was wir im Traum wahrnehmen, ist das Ergebnis davon, dass karmische Potenziale in unserem Geist heranreifen, und existiert nicht außerhalb unseres Geistes. Ist unser Geist ruhig und rein, reifen positive Prägungen heran und es entstehen angenehme Traumerscheinungen. Ist unser Geist jedoch erregt und unrein, dann reifen negative Prägungen heran und unangenehme, albtraumhafte Erscheinungen sind die Folge. In ähnlicher Weise sind alle Erscheinungen unserer Wachwelt einfach ein Heranreifen positiver, negativer oder neutraler Prägungen in unserem Geist.

Sobald wir verstehen, wie die Dinge aus ihren inneren und äußeren Ursachen und Bedingungen hervorgehen und keine unabhängige Existenz haben, erinnert uns der bloße Anblick oder das Nachdenken über die Erzeugung von Phänomenen an ihre Leerheit. Statt unser Gefühl der Festigkeit und Objektivität von Dingen zu untermauern, beginnen wir die Dinge als Manifestationen ihrer Leerheit zu betrachten, die ebenso wenig konkret existieren wie ein Regenbogen, der aus einem leeren Himmel heraus erscheint.

Genauso wie die Erzeugung der Dinge von Ursachen und Bedingungen abhängt, so hängt auch ihr Zerfall davon ab. Deshalb können weder Erzeugung noch Zerfall wahrhaft existieren. Würde zum Beispiel unser neues Auto zerstört, wären wir unglücklich, da wir sowohl am Auto als auch am Zerfall des Autos als inhärent existent festhalten. Wüssten wir aber, dass unser Auto eine bloße Erscheinung unseres Geistes ist, so wie ein Auto in einem Traum, würde uns seine Zerstörung nicht beunruhigen. Das gilt für alle Objekte unserer Anhaftung: Realisieren wir, dass es den Objekten und ihren Beendigungen an wahrer Existenz fehlt, gibt es keinen Grund sich aufzuregen, wenn wir von ihnen getrennt werden.

Alle funktionierenden Dinge – unsere Umwelt, unsere Vergnügen, unser Körper, unser Geist und unser Selbst – ändern sich jeden Moment. Sie sind in dem Sinn unbeständig, dass sie keinen zweiten Moment bestehen bleiben. Das Buch, das Sie in diesem Moment lesen, ist nicht dasselbe Buch, das Sie vor einem Moment gelesen haben, und es konnte nur entstehen, weil das Buch des vergangenen Moments aufgehört hat zu existieren. Wenn wir subtile Unbeständigkeit verstehen, dass nämlich unser Körper, unser Geist, unser Selbst und so weiter keinen zweiten Moment verweilen, ist es nicht schwer zu verstehen, dass sie leer von inhärenter Existenz sind.

Obwohl wir vielleicht zustimmen, dass unbeständige Phänomene leer von inhärenter Existenz sind, könnten wir glauben, dass beständige Phänomene inhärent existieren müssen, da sie unveränderlich sind und nicht aus Ursachen und Bedingungen entstehen. Doch selbst beständige Phänomene wie Leerheit und nichterzeugter Raum, die bloße Abwesenheit physischer Behinderung, sind in abhängiger Beziehung stehende Phänomene, da sie von ihren Teilen abhängen, ihren Grundlagen und den Geistesarten, die sie zuschreiben. Deshalb existieren sie nicht inhärent. Obwohl Leerheit die endgültige Wirklichkeit ist, existiert sie nicht unabhängig oder inhärent, denn selbst sie ist abhängig von ihren Teilen, ihren Grundlagen und den Geistesarten, die sie zuschreiben. Genau wie eine Goldmünze nicht getrennt von ihrem Gold existiert, so existiert auch die Leerheit unseres Körpers nicht getrennt von unserem Körper, denn sie ist lediglich das Fehlen der inhärenten Existenz unseres Körpers.

Wann immer wir irgendwohin gehen, denken wir: «Ich gehe», und halten an einer inhärent existenten Handlung des Gehens fest. Kommt uns jemand besuchen, denken wir in ähnlicher Weise: «Er kommt», und halten an einer inhärent existenten Handlung des Kommens fest. Beide Vorstellungen sind ein Festhalten am Selbst und falsche Gewahrseinsarten. Wenn jemand weggeht, haben wir das Gefühl, dass eine wahrhaft existente Person wahrhaftig weggegangen ist. Wenn sie zurückkommt, haben wir das Gefühl, dass eine wahrhaft existente Person wahrhaftig zurückgekehrt ist. Das Kommen und Gehen der Menschen gleicht aber dem Erscheinen und Verschwinden eines Regenbogens am Himmel. Kommen die Ursachen und Bedingungen für die Erscheinung eines Regenbogens zusammen, taucht ein Regenbogen auf. Lösen sich die Ursachen und Bedingungen für das weitere Erscheinen des Regenbogens auf, verschwindet er. Doch der Regenbogen kommt weder von irgendwoher, noch geht er irgendwohin.

Beobachten wir ein Objekt wie unser Ich, sind wir überzeugt, dass es sich um eine einzelne, unteilbare Wesenheit handelt und dass seine Einzahl inhärent existiert. In Wirklichkeit jedoch besteht unser Ich aus vielen Teilen, wie aus den Teilen, die sehen, hören, laufen und denken oder auch aus den Teilen, die zum Beispiel eine Lehrerin, Mutter, Tochter und Ehefrau sind. Unser Ich wird auf die Ansammlung dieser Teile zugeschrieben. Wie jedes andere Einzelphänomen ist es eine Einzahl. Diese Einzahl wird jedoch lediglich zugeschrieben, genauso wie eine Armee, die bloß auf eine Ansammlung von Soldaten zugeschrieben wird oder ein Wald, der auf eine Ansammlung von Bäumen zugeschrieben wird.

Sehen wir mehr als ein Objekt, betrachten wir die Vielzahl dieser Objekte als inhärent existent. Genauso wie die Einzahl bloß zugeschrieben ist, so ist auch die Vielzahl nur eine Zuschreibung des Geistes und existiert nicht vonseiten des Objekts. Statt zum Beispiel eine Ansammlung von Soldaten oder Bäumen aus der Sicht der einzelnen Soldaten oder Bäume zu sehen, können wir sie als Armee oder Wald betrachten, also als einzelne Ansammlung oder als Ganzes, sodass wir dann eine Einzahl statt einer Vielzahl vor uns haben.

Zusammenfassend können wir sagen, dass eine Einzahl nicht von ihrer eigenen Seite existiert, denn sie wird einfach bloß auf eine Vielzahl, ihre Einzelteile, zugeschrieben. In gleicher Weise existiert eine Vielzahl nicht von ihrer eigenen Seite, weil sie auf eine Einzahl, die Ansammlung ihrer Teile, zugeschrieben wird. Einzahl und Vielzahl sind deshalb bloße Zuschreibungen eines begrifflichen Geistes und es fehlt ihnen an wahrer Existenz. Wenn uns dies klar wird, gibt es keine Grundlage, Anhaftung und Wut in Bezug auf Objekte zu entwickeln, weder als Einzahl noch als Vielzahl. Wir neigen dazu, die Fehler und Eigenschaften von wenigen auf viele zu projizieren. So entwickeln wir Hass oder Anhaftung zum Beispiel auf der Grundlage von Rassenzugehörigkeit, Religion oder Nationalität. Über die Leerheit von Einzahl und Vielzahl nachzudenken kann hilfreich sein, um Hass oder Anhaftung dieser Art zu verringern.

Obwohl Erzeugung, Zerfall und so weiter existieren, existieren sie nicht inhärent. Es sind unsere begrifflichen Geistesarten der Unwissenheit des Festhaltens am Selbst, die an ihnen als inhärent existent festhalten. Diese Vorstellungen halten an den acht Extremen fest: an inhärent existenter Erzeugung, inhärent existentem Zerfall, inhärent existenter Unbeständigkeit, inhärent existenter Beständigkeit, inhärent existentem Gehen, inhärent existentem Kommen, inhärent existenter Einzahl und inhärent existenter Vielzahl. Obwohl diese Extreme nicht existieren, halten wir aufgrund unserer Unwissenheit fortwährend an ihnen fest. Alle anderen Verblendungen wurzeln in den Vorstellungen dieser acht Extreme und weil Verblendungen dazu führen, dass wir verunreinigte Handlungen begehen, die uns an das Gefängnis Samsaras binden, sind diese Vorstellungen die Wurzel Samsaras, des Kreislaufs unreinen Lebens.

Inhärent existente Erzeugung ist dasselbe wie die Erzeugung, die wir normalerweise sehen, und wir sollten wissen, dass in Wirklichkeit keine von beiden existiert. Das Gleiche gilt für die restlichen sieben Extreme. So sind zum Beispiel inhärent existenter Zerfall und Zerstörung, und der Zerfall und die Zerstörung, die wir normalerweise sehen, dasselbe und wir sollten wissen, dass beide nicht existieren. Unsere Geistesarten, die an diesen acht Extremen festhalten, sind unterschiedliche Aspekte unserer Unwissenheit des Festhaltens am Selbst. Da es unsere Unwissenheit des Festhaltens am Selbst ist, die uns endlose Leiden und Probleme beschert, wird all unser Leiden in diesem und zahllosen zukünftigen Leben dauerhaft beendet sein, wenn diese Unwissenheit durch Meditation über die Leerheit aller Phänomene endet und wir werden den wirklichen Sinn des menschlichen Lebens erfüllen.

Die acht Extreme sind ein tiefgründigesThema und erfordern ausführliche Erläuterungen und ausgedehnte Studien. Buddha beschreibt sie ausführlich in den *Sutras der Vollkommenheit der Weisheit*. In *Grundlegende Weisheit*, einem Kommentar zu den *Sutras der Vollkommenheit der Weisheit*, führt Nagarjuna viele tiefgründige und kraftvolle Begründungen an, um zu beweisen, dass die acht Extreme nicht existieren, indem er aufzeigt, inwiefern alle Phänomene leer von inhärenter Existenz sind. Durch die Untersuchung konventioneller Wahrheiten begründet er ihre endgültige Natur und zeigt, warum es nötig ist, sowohl die konventionelle Natur als auch die endgültige Natur eines Objekts zu verstehen, um das Objekt vollständig zu verstehen.

KONVENTIONELLE UND ENDGÜLTIGE WAHRHEITEN

Alles, was existiert, ist entweder eine konventionelle Wahrheit oder eine endgültige Wahrheit, und da sich endgültige Wahrheit nur auf Leerheit bezieht, ist alles außer Leerheit eine konventionelle Wahrheit. Dinge wie Häuser, Autos und Tische sind beispielsweise konventionelle Wahrheiten.

Alle konventionellen Wahrheiten sind unwahre Objekte, da ihre Art zu erscheinen und ihre Art zu existieren nicht übereinstimmt. Scheint jemand freundlich und gütig zu sein, will aber in Wirklichkeit unser Vertrauen gewinnen, um uns dann zu bestehlen, würden wir sagen, dass er falsch oder trügerisch ist, denn es besteht ein Widerspruch zwischen der Art, wie er erscheint, und seinem wirklichen Wesen. In ähnlicher Weise sind Objekte wie Formen und Klänge unwahr oder trügerisch, denn sie scheinen inhärent zu existieren, sind in Wirklichkeit jedoch vollkommen ohne inhärente Existenz. Da ihre Art zu erscheinen nicht mit der Art übereinstimmt, in der sie existieren, werden konventionelle Wahrheiten «trügerische Phänomene» genannt. Eine Tasse scheint zum Beispiel unabhängig von ihren Teilen, ihren Ursachen und dem Geist, der sie erfasst, zu existieren. In Wirklichkeit jedoch hängt sie vollkommen von diesen Dingen ab. Die Tasse ist ein unwahres Objekt, da die Art, wie sie unserem Geist erscheint, und die Art, wie sie existiert, nicht übereinstimmen.

Obwohl konventionelle Wahrheiten unwahre Objekte sind, existieren sie dennoch, da ein Geist, der eine konventionelle Wahrheit direkt wahrnimmt, ein gültiger Geist ist, ein vollkommen verlässlicher Geist. Zum Beispiel ist ein Augenbewusstsein, das eine Tasse, die auf dem Tisch steht, direkt wahrnimmt, ein gültiger Geist, da er uns nicht täuscht. Greifen wir nach der Tasse, um sie hochzuheben, ist sie dort, wo unser Augenbewusstsein sie sieht. Hier unterscheidet sich ein Augenbewusstsein, das eine Tasse auf dem Tisch wahrnimmt, von dem Augenbewusstsein, das eine von einem Spiegel reflektierte Tasse mit einer echten verwechselt, oder von dem Augenbewusstsein, das eine Luftspiegelung für Wasser hält. Obwohl eine Tasse ein unwahres Objekt ist, ist das Augenbewusstsein, das die Tasse direkt wahrnimmt, aus praktischen Gründen ein gültiger, verlässlicher Geist. Obwohl es ein gültiger Geist ist, ist es dennoch ein fehlerhaftes Gewahrsein, da die Tasse diesem Geist als wahrhaft existent erscheint. Es ist ein gültiger und nichttäuschender Geist hinsichtlich der konventionellen Merkmale der Tasse, ihrem Platz, ihrer Größe, Farbe und so weiter, aber fehlerhaft hinsichtlich ihrer Erscheinung.

Zusammenfassend können wir sagen, dass konventionelle Objekte unwahr sind, da sie aus sich selbst heraus zu existieren scheinen, obwohl sie in Wirklichkeit bloße Erscheinungen des Geistes sind, ähnlich den Dingen, die wir in einem Traum sehen. Traumobjekte haben aber im Rahmen des Traums eine relative Gültigkeit und das unterscheidet sie von den Dingen, die überhaupt nicht existieren. Angenommen, wir stehlen im Traum einen Diamanten und anschließend fragt uns jemand, ob wir den Diebstahl begangen haben. Antworten wir mit «Ja», dann sagen wir die Wahrheit, obwohl der Traum lediglich eine Schöpfung unseres Geistes ist. Antworten wir mit «Nein», dann lügen wir. In gleicher Weise können wir hinsichtlich der Erfahrungen gewöhnlicher Wesen zwischen relativen Wahrheiten und relativen Unwahrheiten unterscheiden, obwohl das gesamte Universum in Wirklichkeit nur eine Erscheinung des Geistes ist.

Konventionelle Wahrheiten können in grobe konventionelle Wahrheiten und subtile konventionelle Wahrheiten unterteilt werden. Am Beispiel des Autos können wir verstehen, wie alle

Phänomene diese beiden Ebenen konventioneller Wahrheit haben. Das Auto selbst und das Auto, das von seinen Ursachen abhängt, sowie das Auto, das von seinen Teilen abhängt, sind grobe konventionelle Wahrheiten des Autos. Sie werden «grob» genannt, weil sie relativ einfach zu verstehen sind. Das Auto, das von seiner Grundlage der Zuschreibung abhängt, ist ziemlich subtil und nicht einfach zu verstehen, aber trotzdem eine grobe konventionelle Wahrheit. Die Grundlage der Zuschreibung des Autos sind die Teile des Autos. Um das Auto zu erfassen, müssen die Teile des Autos unserem Geist erscheinen. Ohne das Erscheinen der Teile ist es unmöglich, den Gedanken «Auto» zu entwickeln. Deshalb sind die Teile die Grundlage der Zuschreibung des Autos. Wir sagen: «Ich sehe ein Auto», doch genau genommen sehen wir immer nur die Teile des Autos. Entwickeln wir jedoch den Gedanken «Auto», während wir seine Teile wahrnehmen, sehen wir das Auto. Es gibt kein Auto, das etwas anderes ist als seine Teile, es gibt keinen Körper, der etwas anderes ist als seine Teile und so weiter. Das Auto, das als bloße gedankliche Zuschreibung existiert, ist die subtile konventionelle Wahrheit des Autos. Das haben wir verstanden, wenn wir erkennen, dass das Auto nicht mehr als eine bloße Zuschreibung eines gültigen Geistes ist. Wir können subtile konventionelle Wahrheiten nicht verstehen, bis wir Leerheit verstanden haben. Wenn wir die subtile konventionelle Wahrheit vollständig verwirklichen, haben wir sowohl die konventionelle als auch die endgültige Wahrheit verwirklicht.

Genau genommen sind Wahrheit, endgültige Wahrheit und Leerheit Synonyme, da konventionelle Wahrheiten keine wirklichen Wahrheiten sind, sondern unwahre Objekte. Wahr sind sie nur für den Geist derjenigen, die Leerheit noch nicht verwirklicht haben. Nur Leerheit ist wahr, da nur Leerheit so existiert, wie sie erscheint. Nimmt der Geist irgendeines fühlenden Wesens konventionelle Wahrheiten wie Formen direkt wahr, so scheinen sie von ihrer eigenen Seite zu existieren. Nimmt jedoch der Geist eines höheren Wesens Leerheit direkt wahr, erscheint nichts anderes als Leerheit. Dieser Geist ist vollkommen vermischt mit der bloßen Abwesenheit inhärent existenter Phänomene. Die Art, wie Leerheit dem Geist eines nichtbegrifflichen Direktwahrnehmers erscheint, stimmt genau damit überein, wie Leerheit existiert.

Es sollte beachtet werden, dass Leerheit, obwohl sie endgültige Wahrheit ist, nicht inhärent existiert. Leerheit ist keine getrennte Wirklichkeit, die hinter konventionellen Erscheinungen existiert, sondern die wirkliche Natur dieser Erscheinungen. Wir können nicht isoliert über Leerheit sprechen, denn Leerheit ist grundsätzlich das bloße Fehlen der inhärenten Existenz von etwas. Die Leerheit unseres Körpers zum Beispiel ist das Fehlen der inhärenter Existenz unseres Körpers und ohne unseren Körper als Grundlage kann diese Leerheit nicht existieren. Da Leerheit notwendigerweise von einer Grundlage abhängt, fehlt ihr inhärente Existenz.

In *Leitfaden für die Lebensweise eines Bodhisattva* definiert Shantideva endgültige Wahrheit als ein Phänomen, das für den nichtverunreinigten Geist eines höheren Wesens wahr ist. Ein nichtverunreinigter Geist ist ein Geist, der Leerheit direkt verwirklicht. Dieser Geist ist das einzige nichtfehlerhafte Gewahrsein und ausschließlich höhere Wesen besitzen es. Da nichtverunreinigte Geistesarten vollkommen nichtfehlerhaft sind, ist alles, was sie direkt als wahr wahrnehmen, notwendigerweise eine endgültige Wahrheit. Im Gegensatz dazu ist alles, was vom Geist gewöhnlicher Wesens direkt als wahr wahrgenommen wird, notwendigerweise keine endgültige Wahrheit, denn alle Geistesarten gewöhnlicher Wesen sind fehlerhaft und fehlerhafte Geistesarten können die Wahrheit nie direkt wahrnehmen.

Aufgrund der Prägungen begrifflicher Gedanken, die an den acht Extremen festhalten, scheint alles, was den Geistesarten gewöhnlicher Wesen erscheint, inhärent zu existieren. Nur die Weisheit des meditativen Gleichgewichts, die Leerheit direkt verwirklicht, ist nicht durch die Prägungen, oder Makel, dieser begrifflichen Gedanken verunreinigt. Dies ist die einzige Weisheit ohne fehlerhafte Erscheinung.

Meditiert ein höherer Bodhisattva über Leerheit, vermischt sich sein oder ihr Geist vollständig mit Leerheit, ohne dass inhärente Existenz erscheint. Er entwickelt eine vollkommen reine, nichtverunreinigte Weisheit, endgültigen Bodhichitta. Sobald er sich jedoch aus dem meditativen Gleichgewicht erhebt, erscheinen seinem Geist aufgrund der Prägungen des An-wahr-Festhaltens konventionelle Phänomene wieder als inhärent existent und seine nichtverunreinigte Weisheit wird dann vorübergehend nichtmanifest. Nur ein Buddha kann nichtverunreinigte Weisheit manifestieren, während er gleichzeitig konventionelle Wahrheiten direkt wahrnimmt. Eine außergewöhnliche Eigenschaft eines Buddha ist, dass ein einziger Moment des Geistes eines Buddha sowohl die konventionelle als auch die endgültige Wahrheit direkt und gleichzeitig verwirklicht. Endgültiger Bodhichitta hat viele Ebenen. So ist zum Beispiel der endgültige Bodhichitta, der durch Tantra erlangt wird, tiefgründiger als derjenige, der allein durch Sutra entwickelt wird. Der höchste endgültige Bodhichitta ist der Bodhichitta eines Buddha.

Realisieren wir durch gültige Begründungen die bloße Abwesenheit des ersten Extrems, des Extrems der Erzeugung, wird es uns leichtfallen, die bloße Abwesenheit der verbleibenden sieben Extreme zu realisieren. Haben wir einmal die

Leerheit der acht Extreme realisiert, haben wir die Leerheit aller Phänomene verwirklicht. Mit dieser Verwirklichung kontemplieren und meditieren wir fortwährend über die Leerheit erzeugter Phänomene und so weiter, und während sich unsere Meditationen allmählich vertiefen, haben wir das Gefühl, dass sich alle Phänomene in Leerheit auflösen. Dann sind wir in der Lage, die einsgerichtete Konzentration über die Leerheit aller Phänomene aufrechtzuerhalten.

Um über die Leerheit erzeugter Phänomene zu meditieren, können wir denken:

> *Mein Selbst, das durch Ursachen und Bedingungen als Mensch geboren wurde, ist unauffindbar, wenn ich es mit Weisheit innerhalb meines Körpers und meines Geistes oder getrennt von meinem Körper und Geist suche. Dies beweist, dass mein Selbst, das ich normalerweise sehe, überhaupt nicht existiert.*

Haben wir in dieser Weise nachgedacht, haben wir das Gefühl, dass unser Selbst, das wir normalerweise sehen, verschwindet und wir nehmen eine raumähnliche Leerheit wahr, die die bloße Abwesenheit unseres Selbst ist, das wir normalerweise sehen. Wir erleben, wie unser Geist in diese raumähnliche Leerheit eintritt und dort einsgerichtet verweilt. Diese Meditation wird «raumähnliches meditatives Gleichgewicht über Leerheit» genannt.

So wie Adler durch die endlose Weite des Himmels gleiten, ohne auf irgendein Hindernis zu treffen, und dabei fast mühelos ihren Flug aufrechterhalten, so können erfahrene Meditierende, die sich auf Leerheit konzentrieren, für eine lange Zeit fast mühelos über Leerheit meditieren. Ihr Geist gleitet durch die raumähnliche Leerheit, ohne von anderen Phänomenen abgelenkt zu sein. In unserer Meditation über Leerheit sollten wir diesen Meditierenden nacheifern. Sobald wir unser Meditationsobjekt gefunden haben, das bloße Fehlen unseres Selbst, das wir normalerweise sehen, sollten wir von einer weiteren Analyse absehen und unseren Geist einfach in der Erfahrung dieser Leerheit ruhen lassen. Von Zeit zu Zeit sollten wir uns vergewissern, dass wir weder die klare Erscheinung der Leerheit noch die Erkenntnis ihrer Bedeutung verloren haben, doch sollten wir dies nicht allzu eindringlich tun, um unsere Konzentration nicht zu stören. Unsere Meditation sollte nicht wie der Flug eines kleinen Vogels sein, der unaufhörlich flattert und ständig seine Richtung ändert, sondern dem Flug eines Adlers gleichen, der sanft durch den Himmel gleitet und nur zuweilen seine Flügel leicht bewegt. Meditieren wir in dieser Weise, so spüren wir, wie sich unser Geist in Leerheit auflöst und eins mit ihr wird.

Gelingt uns dies, dann sind wir während unserer Meditation frei von manifestem Festhalten am Selbst. Verwenden wir jedoch unsere ganze Zeit darauf, unsere Meditation zu überprüfen und zu untersuchen und erlauben unserem Geist nie, sich in den Raum der Leerheit zu entspannen, wird uns diese Erfahrung niemals zuteil werden und unsere Meditation hilft uns nicht, unser Festhalten am Selbst zu verringern.

Im Allgemeinen müssen wir unser Verständnis der Leerheit durch ein ausgedehntes Studium vertiefen, sie aus unterschiedlichen Perspektiven beleuchten und zahlreiche, unterschiedliche Begründungen anwenden. Es ist außerdem wichtig, durch fortwährende Kontemplation vollkommen vertraut mit einer vollständigen Meditation über Leerheit zu werden und genau zu verstehen, wie wir die Begründung anwenden, um zu einer Erfahrung der Leerheit zu gelangen. Dann können wir uns einsgerichtet auf Leerheit konzentrieren und versuchen, unseren Geist mit ihr zu vermischen, so wie Wasser sich mit Wasser mischt.

DIE VEREINIGUNG DER ZWEI WAHRHEITEN

Die Vereinigung der zwei Wahrheiten bedeutet, dass konventionelle Wahrheiten wie unser Körper und endgültige Wahrheiten wie die Leerheit unseres Körpers von gleicher Natur sind. Erscheint uns zum Beispiel unser Körper, dann erscheinen gleichzeitig sowohl der Körper als auch der inhärent existente Körper. Dies ist dualistische Erscheinung, was subtile fehlerhafte Erscheinung ist. Nur Buddhas sind frei von solch fehlerhaften Erscheinungen. Die Vereinigung der zwei Wahrheiten zu verstehen und über sie zu meditieren dient hauptsächlich dem Ziel, dualistische Erscheinungen zu verhindern – Erscheinungen von inhärenter Existenz für den Geist, der über Leerheit meditiert – und es dadurch unserem Geist zu ermöglichen, sich in Leerheit aufzulösen. Sobald wir dies können, wird unsere Meditation über Leerheit unsere Verblendungen sehr kraftvoll beseitigen. Wenn wir den inhärent existenten Körper, den Körper, den wir normalerweise sehen, richtig identifizieren und verneinen sowie mit starker Konzentration über die bloße Abwesenheit eines solchen Körpers meditieren, werden wir spüren, dass sich unser normaler Körper in Leerheit auflöst. Wir werden verstehen, dass die wirkliche Natur unseres Körpers Leerheit ist und dass unser Körper lediglich eine Manifestation der Leerheit ist.

Leerheit ist wie der Himmel und unser Körper ist wie das Blau des Himmels. So wie Blau eine Manifestation des Himmels selbst ist und nicht von ihm getrennt werden kann, so ist unser «blauähnlicher» Körper lediglich eine Manifestation des Himmels seiner Leerheit und kann nicht von ihm getrennt werden. Verwirklichen wir dies, während wir uns auf die Leerheit unseres Körpers konzentrieren, dann haben wir das Gefühl, dass sich unser Körper in seine endgültige Natur auflöst. In dieser Weise können wir in unseren Meditationen die konventionelle Erscheinung des Körpers leicht überwinden und unser Geist vermischt sich ganz natürlich mit Leerheit.

Im *Herz Sutra* sagt Bodhisattva Avalokiteshvara: «Form ist nichts anderes als Leerheit.» Das bedeutet, dass konventionelle Phänomene wie unser Körper nicht getrennt von ihrer Leerheit existieren. Meditieren wir mit diesem Verständnis über die Leerheit unseres Körpers, dann wissen wir, dass die Leerheit, die unserem Geist erscheint, die eigentliche Natur unseres Körpers ist und dass es außer dieser Leerheit keinen Körper gibt. Diese Art der Meditation wird unseren Geist des Festhaltens am Selbst erheblich schwächen. Wären wir wirklich davon überzeugt, dass unser Körper und seine Leerheit von gleicher Natur sind, würde sich unser Festhalten am Selbst definitiv verringern.

Obwohl wir Leerheiten aus Sicht ihrer Grundlagen der Zuschreibung unterteilen können und von der Leerheit des Körpers, von der Leerheit des Ich und so weiter sprechen, haben in Wahrheit alle Leerheiten die gleiche Natur. Sehen wir zehn Flaschen, können wir zwischen zehn verschiedenen Räumen innerhalb der Flaschen unterscheiden, doch in Wirklichkeit haben diese Räume die gleiche Natur. Zerbrechen wir die Flaschen, sind die Räume nicht mehr zu unterscheiden. Und obwohl wir ebenso von der Leerheit des Körpers, des Geistes, des Ich und so weiter sprechen können, haben sie in Wirklichkeit dieselbe Natur und sind ununterscheidbar. Sie können allein durch ihre konventionelle Grundlage unterschieden werden.

Das Verständnis, dass alle Leerheiten von gleicher Natur sind, hat zwei hauptsächliche Nutzen: In der Meditationssitzung wird sich unser Geist leichter mit Leerheit vermischen und in der Meditationspause können wir alle Erscheinungen als entsprechende Manifestationen ihrer Leerheit betrachten.

Solange wir das Gefühl haben, dass es eine Kluft zwischen unserem Geist und Leerheit gibt, dass unser Geist «hier» ist und Leerheit «dort», wird sich unser Geist nicht mit Leerheit vermischen. Das Wissen, dass alle Leerheiten die gleiche Natur haben, hilft uns diese Kluft zu überwinden. Im gewöhnlichen Leben begegnen wir vielen unterschiedlichen Objekten – guten, schlechten, anziehenden, abstoßenden – und auch unsere Gefühle ihnen gegenüber sind unterschiedlich. Da wir das Gefühl haben, dass die Unterschiede vonseiten des Objekts entstehen, ist unser Geist nicht im Gleichgewicht. Wir entwickeln Anhaftung an anziehende Objekte, Abneigung gegen abstoßende Objekte und Gleichgültigkeit gegenüber neutralen Objekten. Es ist sehr schwierig, einen derart unausgeglichenen Geist mit Leerheit zu vermischen. Um unseren Geist mit Leerheit zu vermischen, müssen wir wissen, dass Phänomene in ihrer Essenz leer sind, obwohl sie in vielen unterschiedlichen Aspekten erscheinen. Die Unterschiede, die wir sehen, sind lediglich Erscheinungen eines fehlerhaften Geistes. Aus Sicht der endgültigen Wahrheit sind alle Phänomene in Leerheit gleich. Für einen qualifizierten Meditierenden, der einsgerichtet in Leerheit versunken ist, gibt es keinen Unterschied zwischen Erzeugung und Beendigung, Unbeständigkeit und Beständigkeit, Gehen und Kommen, Einzahl und Vielzahl. In der Leerheit ist alles gleich und alle Probleme der Anhaftung, Wut und Unwissenheit des Festhaltens am Selbst sind gelöst. In dieser Erfahrung wird alles sehr friedvoll und angenehm, ausgeglichen und harmonisch, heiter und wundervoll. Es gibt keine Hitze, keine Kälte, kein Höher, kein Tiefer, kein Hier, kein Dort, kein Selbst, keine Anderen, kein Samsara – alles ist gleich im Frieden der Leerheit. Diese Verwirklichung wird «der Yoga des Gleichstellens von Samsara und Nirvana» genannt und sowohl in den Sutras als auch in den Tantras ausführlich erklärt.

Die endgültige Natur des Geistes, der über Leerheit meditiert, hat die gleiche Natur wie die endgültige Natur seines Objekts, da alle Leerheiten von gleicher Natur sind. Wenn wir damit beginnen, über Leerheit zu meditieren, dann scheinen unser Geist und Leerheit zwei getrennte Phänomene zu sein. Sobald wir verstehen, dass alle Leerheiten dieselbe Natur haben, werden wir wissen, dass dieses Gefühl der Trennung lediglich die Erfahrung eines fehlerhaften Geistes ist. In Wirklichkeit sind unser Geist und Leerheit letztendlich «von einem Geschmack». Nehmen wir dieses Wissen mit in unsere Meditationen, so hilft es uns, die Erscheinung der konventionellen Natur unseres Geistes zu verhindern und ermöglicht es unserem Geist, sich in Leerheit aufzulösen.

Haben wir unseren Geist mit Leerheit vermischt, so erleben wir nach der Meditation alle Phänomene gleichermaßen als Manifestationen ihrer Leerheit. Wir glauben nicht länger, dass die anziehenden, abstoßenden und neutralen Dinge, die wir sehen, inhärent unterschiedlich sind, sondern erkennen, dass sie im Grunde dieselbe Natur haben. So wie beide, die sanftesten und die gewaltigsten Wellen des Ozeans, gleichermaßen Wasser sind, so sind anziehende und abstoßende Formen gleichermaßen Manifestationen der Leerheit. Realisieren wir dies, wird unser Geist ausgeglichen und friedvoll. Wir werden erkennen, dass alle konventionellen Erscheinungen das magische Schauspiel des Geistes sind und uns nicht an ihre scheinbaren Unterschiede klammern.

Einst unterwies Milarepa eine Frau in Leerheit. Er verglich Leerheit mit dem Himmel und konventionelle Wahrheiten mit den Wolken und gab ihr den Rat, über den Himmel zu meditieren. Sie folgte seinen Anleitungen mit großem Erfolg, doch sie hatte ein Problem. Wenn sie über den Himmel der Leerheit meditierte, verschwand alles und sie konnte nicht verstehen, wie Phänomene konventionell existieren können. Sie sagte zu

Milarepa: «Es fällt mir leicht, über den Himmel zu meditieren, aber es ist schwierig, die Wolken festzulegen. Bitte bring mir bei, wie man über die Wolken meditiert.» Milarepa antwortete: «Wenn deine Meditation über den Himmel erfolgreich ist, sind die Wolken kein Problem mehr. Wolken erscheinen einfach am Himmel. Sie entstehen aus dem Himmel und lösen sich wieder in den Himmel auf. Sobald sich deine Erfahrung mit dem Himmel verbessert, verstehst du die Wolken wie von selbst.»

Auf Tibetisch wird sowohl der Himmel als auch der Raum mit dem Wort «namkha» bezeichnet, obwohl sich der Raum vom Himmel unterscheidet. Es gibt zwei Arten von Raum, erzeugter Raum und nichterzeugter Raum. Erzeugter Raum ist der sichtbare Raum, den wir innerhalb eines Zimmers oder am Himmel sehen können. Dieser Raum kann nachts dunkel und tagsüber hell sein und da er sich in dieser Weise verändert, ist er ein unbeständiges Phänomen. Das typische Merkmal erzeugten Raums ist, Objekte nicht zu behindern. Gibt es in einem Zimmer Raum, so können wir dort ungehindert Objekte hinstellen. In ähnlicher Weise können Vögel durch den leeren Himmelsraum fliegen, weil es keine Behinderungen gibt, hingegen nicht durch einen Berg! Deshalb ist klar, dass erzeugtem Raum behindernder Kontakt fehlt oder er leer davon ist. Dieses bloße Fehlen, oder Leere, von behinderndem Kontakt ist nichterzeugter Raum.

Da nichterzeugter Raum die bloße Abwesenheit von behinderndem Kontakt ist, verändert er sich nicht in jedem Moment und ist daher ein beständiges Phänomen. Während erzeugter Raum sichtbar und ziemlich leicht zu verstehen ist, ist nichterzeugter Raum die bloße Abwesenheit von behinderndem Kontakt und um einiges subtiler. Sobald wir jedoch nicht erzeugten Raum verstanden haben, fällt es uns leichter, Leerheit zu verstehen.

Der einzige Unterschied zwischen Leerheit und nichterzeugtem Raum ist das Objekt der Verneinung. Das Objekt der Verneinung von nichterzeugtem Raum ist behindernder Kontakt, während das Objekt der Verneinung von Leerheit inhärente Existenz ist. Da nichterzeugter Raum die beste Analogie ist, um Leerheit zu verstehen, findet man sie in den Sutras und in vielen Schriften. Nichterzeugter Raum ist ein nichtbestätigendes negatives Phänomen, ein Phänomen, das von einem Geist verwirklicht wird, der lediglich sein verneintes Objekt beseitigt, ohne ein anderes positives Phänomen zu verwirklichen. Erzeugter Raum ist ein bestätigendes, oder positives, Phänomen, ein Phänomen, das verwirklicht wird, ohne dass der Geist ein verneintes Objekt ausdrücklich beseitigt. Weitere Einzelheiten über diese zwei Arten von Phänomenen sind in den Büchern *Das neue Herz der Weisheit* und *Ozean von Nektar* zu finden.

DIE PRAXIS DER LEERHEIT IN UNSEREN TÄGLICHEN HANDLUNGEN

Während unserer täglichen Handlungen sollten wir glauben, dass alle Erscheinungen illusorisch sind. Obwohl Dinge uns als inhärent existent erscheinen, sollten wir uns erinnern, dass diese Erscheinungen trügerisch sind und dass die Dinge, die wir normalerweise sehen, in Wirklichkeit nicht existieren. Wie zuvor erwähnt sagt Buddha im *Sutra des Königs der Konzentration*:

> Ein Magier erschafft verschiedene Dinge
> Wie Pferde, Elefanten und so weiter.
> Seine Schöpfungen existieren nicht wirklich,
> Ihr solltet alle Dinge in gleicher Weise kennen.

Die letzten zwei Zeilen dieses Verses bedeuten, dass so, wie wir wissen, dass die durch den Magier erschaffenen Pferde und Elefanten nicht existieren, wir auch wissen sollten, dass alle Dinge, die wir normalerweise sehen, eigentlich nicht existieren. In diesem Kapitel *Schulung in endgültigem Bodhichitta* wurde ausführlich erläutert, wie alle Dinge, die wir normalerweise sehen, nicht existieren.

Erschafft ein Magier ein illusorisches Pferd, so erscheint seinem Geist sehr deutlich ein Pferd. Dennoch weiß er, dass es nur eine Illusion ist. Tatsächlich erinnert ihn die Erscheinung des Pferdes daran, dass sich vor ihm kein Pferd befindet. In ähnlicher Weise und vorausgesetzt, wir sind mit Leerheit gut vertraut, wird uns allein die Tatsache, dass uns Dinge als inhärent existent erscheinen, daran erinnern, dass sie nicht inhärent existieren. Deshalb sollten wir erkennen, dass alles, was uns in unserem täglichen Leben begegnet, einer Illusion gleicht, der inhärente Existenz fehlt. In dieser Weise wird unsere Weisheit Tag für Tag zunehmen und unsere Unwissenheit des Festhaltens am Selbst und andere Verblendungen werden ganz natürlich abnehmen.

Zwischen den Meditationssitzungen sollten wir wie ein Schauspieler sein. Übernimmt ein Schauspieler die Rolle eines Königs, dann kleidet, spricht und benimmt er sich wie ein König und doch weiß er die ganze Zeit, dass er kein wirklicher König ist. Genauso sollten wir in der konventionellen Welt leben und handeln, uns aber immer bewusst sein, dass wir selbst, unsere Umwelt und unsere Mitmenschen, die wir normalerweise sehen, überhaupt nicht existieren.

Denken wir in dieser Weise, dann können wir in der konventionellen Welt leben, ohne an ihr festzuhalten. Wir werden leicht mit ihr umgehen und über die Beweglichkeit des Geistes verfügen, jeder Situation konstruktiv zu begegnen. Da wir wissen, dass alles, was unserem Geist erscheint, bloße Erscheinungen sind, werden wir nicht an anziehenden Objekten festhalten und Anhaftung entwickeln, wenn sie erscheinen, und wenn abstoßende Objekte erscheinen, werden wir auch an ihnen nicht festhalten und Ablehnung oder Wut entwickeln.

In *Geistesschulung in sieben Punkten* sagt Geshe Chekhawa: «Denke, dass alle Phänomene wie Träume sind.» Manches, was wir in unseren Träumen erleben, ist schön und manches ist hässlich, doch es sind alles bloße Erscheinungen unseres träumenden Geistes. Sie existieren nicht aus sich selbst heraus und sind leer von inhärenter Existenz. Das Gleiche gilt für die Objekte, die wir wahrnehmen, wenn wir wach sind: auch sie sind nur Erscheinungen des Geistes, denen inhärente Existenz fehlt.

Allen Phänomenen fehlt inhärente Existenz. Betrachten wir einen Regenbogen, so scheint er sich an einem bestimmten Ort im Raum zu befinden. Es scheint, als könnten wir bei genauer Suche die Stelle finden, an der das Ende des Regenbogens die Erde berührt. Wir wissen aber, dass es unmöglich ist, das Ende des Regenbogens zu finden, ganz gleich wie sehr wir danach suchen. Sobald wir an die Stelle kommen, wo der Regenbogen unserer Meinung nach den Boden berührt, ist er verschwunden. Suchen wir nicht nach ihm, ist er klar zu sehen. Suchen wir aber nach ihm, ist er nicht da. So sind alle Phänomene. Untersuchen wir sie nicht, erscheinen sie klar. Suchen wir analytisch nach ihnen und versuchen, sie von allem anderen zu trennen, sind sie nicht da.

Würde etwas tatsächlich inhärent existieren und wir würden es untersuchen, indem wir es von allen anderen Phänomenen trennen, müssten wir es finden können. Doch alle Phänomene sind wie Regenbögen. Suchen wir sie, werden wir sie nie finden. Anfangs finden wir diese Vorstellung vielleicht sehr unbehaglich und schwer zu akzeptieren, aber das ist ganz natürlich. Mit größerer Vertrautheit können wir diese Begründung annehmen und schließlich erkennen, dass sie wahr ist.

Es ist wichtig zu verstehen, dass Leerheit nicht Nichts bedeutet. Obwohl Dinge nicht von ihrer eigenen Seite, unabhängig vom Geist existieren, gibt es sie insofern, als sie von einem gültigen Geist verstanden werden. Die Welt, die wir im Wachzustand erleben, ähnelt der Welt, die wir im Traumzustand erleben. Wir können nicht sagen, dass es Traumerlebnisse nicht gibt. Glauben wir aber, dass sie mehr als bloße Erscheinungen des Geistes und «dort draußen» sind, dann irren wir uns, wie wir bald nach dem Erwachen feststellen werden.

Wie zuvor erwähnt gibt es keine bessere Methode, geistigen Frieden und Glück zu erfahren, als Leerheit zu verstehen und darüber zu meditieren. Da uns unser Festhalten am Selbst an das Gefängnis Samsaras bindet und die Quelle all unseres Leidens ist, ist die Meditation über Leerheit die allumfassende Lösung für all unsere Sorgen. Sie ist das Heilmittel, das alle geistigen und körperlichen Krankheiten heilt, und der Nektar, der das immerwährende Glück des Nirvana und der Erleuchtung gewährt.

EINE EINFACHE SCHULUNG IN ENDGÜLTIGEM BODHICHITTA

Zu Beginn denken wir:

Ich muss Erleuchtung erlangen, um jedem einzelnen Lebewesen jeden Tag unmittelbar zu helfen. Deshalb werde ich eine direkte Verwirklichung davon erlangen, wie die Dinge wirklich sind.

Mit dieser Bodhichitta Motivation überlegen wir:

Normalerweise sehe ich meinen Körper innerhalb seiner Teile, den Händen, dem Rücken und so weiter, doch weder sind die Einzelteile noch die Ansammlung der Teile mein Körper, da sie Teile des Körpers sind und nicht der Körper selbst. Es gibt jedoch keinen «mein Körper» außer seinen Teilen. Während ich in dieser Weise mit Weisheit nach meinem Körper suche, stelle ich fest, dass mein Körper unauffindbar ist. Dies ist ein gültiger Grund, der beweist, dass mein Körper, den ich normalerweise sehe, überhaupt nicht existiert.

Während wir über diesen Punkt nachdenken, versuchen wir die bloße Abwesenheit des Körpers, den wir normalerweise sehen, wahrzunehmen. Diese bloße Abwesenheit des Körpers, den wir normalerweise sehen, ist die Leerheit unseres Körpers und wir meditieren so lange wie möglich einsgerichtet über diese Leerheit.

Wir sollten diese Kontemplation und Meditation fortwährend üben und dann zur nächsten Stufe gehen, der Meditation über die Leerheit unseres Selbst. Wir sollten überlegen und denken:

Normalerweise sehe ich mein Selbst innerhalb meines Körpers und Geistes. Doch weder mein Körper, noch mein Geist, noch die Ansammlung meines Körpers und Geistes sind mein Selbst, denn sie sind mein Besitz und mein Selbst ist der Besitzer und Besitzer und Besitz können nicht das Gleiche sein. Es gibt jedoch kein «mein Selbst» außer meinem Körper und Geist. Während ich in dieser Weise mein Selbst mit Weisheit suche, stelle ich fest, dass mein Selbst unauffindbar ist. Dies ist ein gültiger Grund, der beweist, dass mein Selbst, das ich normalerweise sehe, überhaupt nicht existiert.

Indem wir über diesen Punkt nachdenken, versuchen wir die bloße Abwesenheit unseres Selbst, das wir normalerweise sehen, wahrzunehmen. Diese bloße Abwesenheit unseres Selbst, das wir normalerweise sehen, ist die Leerheit unseres Selbst. Wir meditieren so lange wie möglich einsgerichtet über diese Leerheit.

Wir sollten diese Kontemplation und Meditation fortwährend üben und dann zur nächsten Stufe gehen, der Meditation über die Leerheit aller Phänomene. Wir sollten überlegen und denken:

> *Ebenso wie mein Körper und mein Selbst sind alle anderen Phänomene unauffindbar, wenn ich sie mit Weisheit suche. Dies ist ein gültiger Grund, der beweist, dass alle Phänomene, die ich normalerweise sehe oder wahrnehme, überhaupt nicht existieren.*

Indem wir über diesen Punkt nachdenken, versuchen wir die bloße Abwesenheit aller Phänomene, die wir normalerweise sehen oder wahrnehmen, zu erkennen. Diese bloße Abwesenheit aller Phänomene, die wir normalerweise sehen oder wahrnehmen, ist die Leerheit aller Phänomene. Wir meditieren mit Bodhichitta Motivation fortwährend über diese Leerheit aller Phänomene, bis wir jedes Mal, wenn wir darüber meditieren, unsere Konzentration eine Minute lang klar aufrechterhalten können. Unsere Konzentration, die dazu in der Lage ist, wird «Konzentration des Verweilens des Geistes» genannt.

Auf der zweiten Stufe meditieren wir mit der Konzentration des Verweilens des Geistes fortwährend über die Leerheit aller Phänomene, bis wir jedes Mal, wenn wir darüber meditieren, unsere Konzentration fünf Minuten lang klar aufrechterhalten können. Unsere Konzentration, die dazu in der Lage ist, wird «Konzentration des kontinuierlichen Verweilens» genannt. Auf der dritten Stufe meditieren wir mit der Konzentration des kontinuierlichen Verweilens fortwährend über die Leerheit aller Phänomene, bis wir uns sofort wieder an das Objekt unserer Meditation, die bloße Abwesenheit aller Phänomene, die wir normalerweise sehen oder wahrnehmen, erinnern, wenn wir es während der Meditation verlieren. Unsere Konzentration, die dazu in der Lage ist, wird «Konzentration des Wiederverweilens» genannt. Auf der vierten Stufe meditieren wir mit der Konzentration des Wiederverweilens fortwährend über die Leerheit aller Phänomene, bis wir unsere Konzentration während der ganzen Meditationssitzung klar aufrechterhalten können, ohne das Meditationsobjekt zu vergessen. Unsere Konzentration, die dazu in der Lage ist, wird «Konzentration des nahen Verweilens» genannt. Auf dieser Stufe ist unsere Konzentration sehr stabil und klar und auf die Leerheit aller Phänomene gerichtet.

Dann meditieren wir mit der Konzentration des nahen Verweilens fortwährend über die Leerheit aller Phänomene, bis wir schließlich die Konzentration des ruhigen Verweilens, die auf Leerheit gerichtet ist, erlangen. Dies führt dazu, dass wir eine besondere körperliche und geistige Geschmeidigkeit und Glückseligkeit erleben. Mit dieser Konzentration des ruhigen Verweilens entwickeln wir eine besondere Weisheit, die die Leerheit aller Phänomene sehr klar erkennt. Diese Weisheit wird «höheres Sehen» genannt. Indem wir fortwährend über die Konzentration des ruhigen Verweilens in Verbindung mit höherem Sehen meditieren, verwandelt sich unsere Weisheit des höheren Sehens in die Weisheit, die die Leerheit aller Phänomene direkt verwirklicht. Diese direkte Verwirklichung der Leerheit ist der eigentliche endgültige Bodhichitta. In dem

Moment, in dem wir die Weisheit des endgültigen Bodhichitta erlangen, werden wir ein höherer Bodhisattva. Wie zuvor erwähnt hat konventioneller Bodhichitta die Natur von Mitgefühl und endgültiger Bodhichitta hat die Natur von Weisheit. Diese zwei Bodhichittas sind wie die zwei Flügel eines Vogels. Mit ihnen können wir fliegen und die erleuchtete Welt sehr schnell erreichen.

In *Rat aus dem Herzen Atishas* sagt Atisha:

> Freunde, bis ihr die Erleuchtung erlangt, ist der spirituelle Lehrer unentbehrlich. Verlasst euch deshalb auf den heiligen spirituellen Meister.

Bis wir Erleuchtung erlangen, müssen wir uns auf unseren spirituellen Meister verlassen. Der Grund dafür ist sehr einfach. Erleuchtung zu erlangen ist das endgültige Ziel eines menschlichen Lebens und hängt davon ab, dass wir durch unseren spirituellen Meister fortwährend die besonderen Segnungen Buddhas erhalten. Buddha erlangte die Erleuchtung mit der alleinigen Absicht, alle Lebewesen mit Hilfe seiner Emanationen auf den Stufen des Pfades zur Erleuchtung zu führen. Wer ist seine Emanation, die uns auf den Stufen des Pfades zur Erleuchtung führt? Es ist eindeutig unser gegenwärtiger spiritueller Lehrer, der uns aufrichtig und in richtiger Weise entlang der Pfade der Entsagung, des Bodhichitta und der richtigen Sicht der Leerheit führt, indem er sie lehrt, und der uns ein praktisches Beispiel von jemandem zeigt, der sie aufrichtig übt. Da wir das verstehen, sollten fest daran glauben, dass unser spiritueller Meister eine Emanation von Buddha ist und tiefes Vertrauen in ihn oder sie entwickeln und bewahren.

Atisha sagt weiter:

> Bis ihr die endgültige Wahrheit verwirklicht, ist Zuhören unentbehrlich. Hört deshalb den Unterweisungen des spirituellen Meisters zu.

Sogar wenn wir irrtümlich zwei Monde am Himmel sähen, würde uns diese fehlerhafte Erscheinung daran erinnern, dass es eigentlich keine zwei Monde gibt, sondern nur einen. Erinnert uns das Sehen inhärent existenter Dinge auf ähnliche Weise daran, dass es keine inhärent existenten Dinge gibt, so zeigt dies, dass unser Verständnis der Leerheit, endgültiger Wahrheit, richtig ist. Bis unser Verständnis der Leerheit vollkommen ist und um zu verhindern, dass wir in eines der zwei Extreme fallen, in das Extrem der Existenz und das Extrem der Nichtexistenz, sollten wir die Anleitungen unseres spirituellen Meisters hören, lesen und darüber nachdenken. Eine ausführliche Erklärung, wie wir uns auf unseren spirituellen Meister verlassen, findet sich im Buch *Freudvoller Weg*.

Alle Kontemplationen und Meditationen, die in diesem Buch erläutert werden, sollten in Verbindung mit den vorbereitenden Übungen für die Meditation in Anhang II: *Gebete für die Meditation* geübt werden. Diese vorbereitenden Übungen ermöglichen es uns, unseren Geist zu reinigen, Verdienste anzusammeln und die Segnungen erleuchteter Wesen zu erhalten, und stellen dadurch sicher, dass unsere Meditationspraxis erfolgreich ist.

Arya Tara

Überprüfung unserer Lamrim Praxis

Durch die Praxis der Stufen des Pfades einer Person anfänglicher Ausrichtung, mittlerer Ausrichtung und großer Ausrichtung haben wir möglicherweise etwas Erfahrung in Entsagung, Bodhichitta und der richtigen Sicht der Leerheit erlangt, die als die «drei Hauptpfade» bekannt sind. Wir sollten uns nun selbst prüfen, um zu sehen, ob unsere Erfahrungen von Entsagung, Bodhichitta und der richtigen Sicht der Leerheit qualifiziert sind oder nicht. Beurteilen wir unseren Geist und stellen dabei fest, dass unsere Anhaftung an die Dinge dieses Lebens immer noch da ist, so ist dies das Zeichen dafür, dass unsere Entsagung nicht qualifiziert ist. Ist unsere Selbstwertschätzung, die glaubt, dass unser eigenes Glück und unsere Freiheit wichtig sind, während sie das Glück und die Freiheit anderer vernachlässigt, immer noch da, so ist dies das Zeichen dafür, dass unser Bodhichitta nicht qualifiziert ist. Und ist unser Festhalten am Selbst immer noch da, das an uns selbst, unserem Körper und allen anderen Dingen, die wir normalerweise sehen, festhält, so ist dies das Zeichen dafür, dass unser Verständnis der Leerheit nicht qualifiziert ist.

Wir müssen uns deshalb sehr bemühen, mit den Schulungen in Entsagung, Bodhichitta und der richtigen Sicht der Leerheit tief vertraut zu werden. Wir müssen diese Schulungen fortwährend üben, bis sich unsere Anhaftung, Selbstwertschätzung und unser Festhalten am Selbst vermindern und wir diese Verblendungen kontrollieren können. Wenn wir das erreicht haben, dann haben wir «unsere Prüfung bestanden» und den «Rang» eines großen Yogis oder einer Yogini erlangt.

TEIL ZWEI

Tantra

Weisheits-Dharmabeschützer

Die Kostbarkeit des Tantra

In seinen Sutra Unterweisungen ermutigt uns Buddha stark, das endgültige Ziel des menschlichen Lebens zu verwirklichen. Dieses Ziel wird durch die Praxis des Tantra schnell erreicht. Tantra, auch «Geheimes Mantra» oder «Vajrayana» genannt, ist eine besondere Methode, um unsere Welt, unser Selbst, unsere Vergnügen und unsere Tätigkeiten zu reinigen. Setzen wir diese Methode praktisch um, werden wir sehr schnell Erleuchtung erlangen. Wie in Teil Eins erklärt, existiert unsere Welt nicht von ihrer eigenen Seite. Sie ist, wie eine Traumwelt, eine bloße Erscheinung unseres Geistes. In Träumen können wir unsere Traumwelt sehen und berühren, doch wenn wir aufwachen, erkennen wir, dass sie lediglich eine Projektion unseres Geistes war und nicht außerhalb unseres Geistes existierte. Ebenso ist die Welt, die wir sehen, wenn wir wach sind, lediglich eine Projektion unseres Geistes und existiert nicht außerhalb unseres Geistes. Milarepa sagte:

> Du solltest wissen, dass alle Erscheinungen die Natur des Geistes sind und Geist ist die Natur der Leerheit.

Da unsere Welt, unser Selbst, unsere Vergnügen und unsere Tätigkeiten die Natur unseres Geistes sind, sind sie unrein, wenn unser Geist unrein ist, und wenn unser Geist durch Reinigungspraxis rein wird, sind sie rein. Es gibt viele verschiedene Ebenen der Reinigung unseres Geistes. Die subtile fehlerhafte Erscheinung unseres Geistes kann nicht durch Sutra Praxis allein gereinigt werden, wir müssen daher die Praxis des Höchsten Yoga Tantra ausüben. Wenn wir unseren Geist durch die tantrische Praxis vollständig reinigen, dann werden auch unsere Welt, unser Selbst, unsere Vergnügen und unsere Tätigkeiten vollständig rein sein. Dies ist der Zustand der Erleuchtung. Erleuchtung zu erlangen ist deshalb sehr einfach. Wir müssen nur eins tun: uns bemühen unseren Geist zu reinigen.

Wir wissen, dass wir unseren Freund immer dann für schlecht halten, wenn unser Geist unrein ist, weil wir wütend auf ihn sind. Aber wenn unser Geist rein ist, weil wir für den gleichen Freund zuneigungsvolle Liebe empfinden, halten wir ihn für gut. Deshalb liegt es an unserem Geist, der sich von rein zu unrein oder von unrein zu rein ändert, dass sich unser Freund von gut zu schlecht oder von schlecht zu gut ändert. Dies zeigt, dass alles, was für uns gut, schlecht oder neutral ist, eine Projektion unseres Geistes ist und nicht außerhalb unseres Geistes existiert. Durch die Praxis des Tantra werden wir unseren Geist vollständig reinigen und dadurch die vollkommene Reinheit unserer Welt, unseres Selbst, unserer Vergnügen und Tätigkeiten erleben, die «vier vollständigen Reinheiten».

Obwohl Tantra sehr beliebt ist, verstehen nur wenige Menschen seine wahre Bedeutung. Einige stellen Buddhas tantrische Lehren in Abrede, während andere sie für weltliche Erlangungen missbrauchen und viele sind verwirrt hinsichtlich der Vereinigung der Praxis von Sutra und Tantra und glauben irrtümlicherweise, dass Sutra und Tantra sich widersprechen. In *Zusammengefasstes Heruka Wurzeltantra* sagt Buddha:

> Du solltest das Höchste Yoga Tantra nie aufgeben,
> Sondern verstehen, dass es eine unvorstellbare
> Bedeutung hat
> Und die wahre Essenz des Buddhadharma ist.

Wenn wir die wirkliche Bedeutung von Tantra verstehen, wird es keine Grundlage dafür geben, es zu missbrauchen, und wir werden sehen, dass es überhaupt keine Widersprüche zwischen Sutra und Tantra gibt. Die Lehren des Sutra zu üben ist das Fundament, um die Lehren des Tantra zu üben, und die Praxis des Tantra ist die schnelle Methode, um das endgültige Ziel der Sutra Lehren zu erreichen. In seinen Sutra Lehren ermutigt Buddha uns zum Beispiel Anhaftung aufzugeben und im Tantra ermutigt er uns unsere Anhaftung in den spirituellen Pfad umzuwandeln. Einige mögen dies als widersprüchlich ansehen, doch das ist es nicht, denn die tantrischen Anleitungen, wie Anhaftung in den spirituellen Pfad umgewandelt wird, sind die schnelle Methode, um Anhaftung aufzugeben! Und so sind sie die Methode, um die Ziele der Sutra Lehren zu erfüllen.

Wir sollten darauf achten, dass wir die Bedeutung der Umwandlung von Anhaftung in den spirituellen Pfad nicht falsch verstehen. Anhaftung an sich kann nicht direkt in den spirituellen Pfad umgewandelt werden. Sie ist eine Verblendung, ein inneres Gift, ein Objekt, das sowohl im Sutra als auch im Tantra aufzugeben ist. Anhaftung in den Pfad umzuwandeln bedeutet, dass wir die Ursachen der Anhaftung, unsere Erfahrungen weltlicher Vergnügen, in den spirituellen Pfad umwandeln. In den tantrischen Lehren werden viele Methoden erklärt, wie wir dies tun.

Das allumfassende Mitgefühl, das durch die Praxis der Sutra Lehren erlangt wird, und die Weisheit des Mahamudra Tantra, die durch die Praxis der Lehren des Tantra erlangt wird, sind wie die zwei Flügel eines Vogels. So wie für einen Vogel beide Flügel gleichermaßen wichtig sind, um zu fliegen, so sind für Praktizierende, die nach Erleuchtung suchen, sowohl Sutra als auch Tantra gleichermaßen wichtig.

Tantra ist definiert als eine innere Verwirklichung, die dazu dient, die gewöhnlichen Erscheinungen und Vorstellungen zu verhindern und die vier vollständigen Reinheiten zu vollenden. Obwohl Buddhas tantrische Schriften manchmal «Tantra» genannt werden, weil sie die tantrischen Übungen enthüllen, ist das eigentliche Tantra notwendigerweise eine innere Verwirklichung, die Lebewesen vor gewöhnlichen Erscheinungen und Vorstellungen, die die Wurzel der Leiden Samsaras sind, schützt. Gewöhnliche Erscheinung ist unsere Wahrnehmung all der Dinge, die wir normalerweise sehen, wie unser Selbst und unseren Körper. Diese Erscheinung ist subtile fehlerhafte Erscheinung. Sie ist fehlerhaft, weil unser Selbst, unser Körper und all die anderen Dinge, die wir normalerweise sehen, nicht existieren, obwohl wir sie irrtümlicherweise immer sehen. Und sie ist subtil, weil es für uns schwierig ist zu verstehen, dass diese Erscheinung fehlerhaft ist. Unsere subtile fehlerhafte Erscheinung ist die Wurzel des Festhaltens am Selbst, die wiederum die Wurzel aller anderen Verblendungen und allen Leidens ist. Wir können diese subtile fehlerhafte Erscheinung nur durch die Praxis des Höchsten Yoga Tantra vollkommen aufgeben. Wenn wir das tun, haben wir die vier oben erwähnten vollständigen Reinheiten verwirklicht.

Im Allgemeinen führt unsere Erfahrung weltlicher Vergnügen oder Freuden zu Anhaftung, die die Quelle allen Leidens ist. Durch die Praxis des Tantra können wir jedoch unsere

Erfahrung weltlicher Vergnügen in einen tiefgründigen spirituellen Pfad umwandeln, der uns sehr schnell zum höchsten Glück der Erleuchtung führt. Die Anleitungen des Tantra sind deshalb allen anderen Anleitungen überlegen.

Für Lebewesen ist die Erfahrung weltlicher Vergnügen die Hauptursache für das Anwachsen ihrer Anhaftung und somit die Hauptursache für die Zunahme ihrer Probleme. Um die Anhaftung, die aus der Erfahrung weltlicher Vergnügen entsteht, zu beenden, lehrte Buddha Tantra als eine Methode, um weltliche Vergnügen in den Pfad zur Erleuchtung umzuwandeln. Den verschiedenen Ebenen der Umwandlung weltlicher Vergnügen in den spirituellen Pfad entsprechend lehrte Buddha vier Ebenen oder Klassen des Tantra: Handlungstantra, Ausführungstantra, Yoga Tantra und Höchstes Yoga Tantra. Die ersten drei werden die «niederen Tantras» genannt. Im Höchsten Yoga Tantra gab Buddha die tiefgründigsten Anleitungen, um sexuelle Glückseligkeit in den schnellen Pfad zur Erleuchtung umzuwandeln. Da die Wirksamkeit dieser Praxis davon abhängt, die inneren Winde durch die Kraft der Meditation im Zentralkanal zu sammeln und aufzulösen, hat Buddha diese Methoden nicht in den niederen Tantras erläutert. In den niederen Tantras gab Buddha Anleitungen, wie wir weltliche Vergnügen, außer die der sexuellen Glückseligkeit, durch Vorstellung in den Pfad zur Erleuchtung umwandeln können, was eine einfachere Praxis des Tantra ist.

Das Tor, durch das wir in das Tantra eintreten, ist das Empfangen einer tantrischen Ermächtigung. Eine Ermächtigung gewährt uns besondere Segnungen, die unser Geisteskontinuum heilen und unsere Buddha Natur erwachen lassen. Wenn wir eine tantrische Ermächtigung erhalten, säen wir die besonderen Samen der vier Körper eines Buddha in unser Geisteskontinuum. Diese vier Körper sind der

Natur-Wahrheitskörper, der Weisheits-Wahrheitskörper, der Freudenkörper und der Emanationskörper. Gewöhnliche Wesen haben nur einen Körper, Buddhas aber haben vier Körper gleichzeitig. Der Emanationskörper eines Buddha ist sein oder ihr grober Körper, der von gewöhnlichen Wesen gesehen werden kann. Der Freudenkörper ist sein subtiler Körper, der nur von den Praktizierenden gesehen werden kann, die höhere Verwirklichungen erlangt haben. Der Natur- und der Weisheits-Wahrheitskörper sind seine sehr subtilen Körper, die nur die Buddhas selbst sehen können.

Im Tantra sind gewöhnliche Vorstellungen und Erscheinungen die Hauptobjekte, die aufzugeben sind. Die Begriffe «gewöhnliche Vorstellungen» und «gewöhnliche Erscheinungen» werden am besten mit folgendem Beispiel erklärt. Nehmen wir an, es gibt einen Heruka Praktizierenden namens John. Normalerweise erscheint er sich selbst als der John, den er normalerweise sieht, und seine Umgebung und Vergnügen sowie sein Körper und Geist erscheinen als die des John, den er normalerweise sieht. Diese Erscheinungen sind gewöhnliche Erscheinungen. Der Geist, der diesen Erscheinungen zustimmt, weil er sie für wahr hält, ist gewöhnliche Vorstellung. Die Erscheinungen, die wir von einem inhärent existenten «Ich», «Mein» und anderen Phänomene haben, sind ebenfalls gewöhnliche Erscheinungen. Das Festhalten am Selbst und alle andere Verblendungen sind gewöhnliche Vorstellungen. Gewöhnliche Vorstellungen sind Behinderungen zur Befreiung und gewöhnliche Erscheinungen sind Behinderungen zur Erleuchtung. Im Allgemeinen haben mit Ausnahme der Bodhisattvas, die die vajragleiche Konzentration auf dem Pfad der Meditation erlangt haben, alle fühlenden Wesen gewöhnliche Erscheinungen.

Würde John nun über die Erzeugungsstufe von Heruka meditieren, sich deutlich als Heruka wahrnehmen und glauben, dass seine Umgebung, seine Erfahrungen, sein Körper und sein Geist diejenigen von Heruka sind, so hätte er zu jenem Zeitpunkt den göttlichen Stolz, der gewöhnliche Vorstellungen verhindert. Würde er zudem die klare Erscheinung von sich selbst als Heruka mit der Umgebung, den Vergnügen, dem Körper und dem Geist Herukas erlangen, so hätte er zu jenem Zeitpunkt die klare Erscheinung, die ihn daran hindert, gewöhnliche Erscheinungen zu entwickeln.

Anfangs sind gewöhnliche Vorstellungen schädlicher als gewöhnliche Erscheinungen. Warum das so ist, veranschaulicht folgende Analogie. Nehmen wir an, ein Magier beschwört vor seinen Zuschauern die Illusion eines Tigers herauf. Der Tiger erscheint sowohl den Zuschauern als auch dem Magier. Während die Zuschauer aber glauben, dass der Tiger tatsächlich da ist und sich daher fürchten, lässt der Magier sich von der Erscheinung des Tigers nicht täuschen und bleibt deshalb ruhig. Das Problem der Zuschauer ist nicht so sehr, dass ihnen der Tiger erscheint, sondern vielmehr ihre Vorstellung, dass der Tiger tatsächlich existiert. Es ist eher diese Vorstellung als die bloße Erscheinung des Tigers, die in ihnen die Erfahrung von Angst hervorruft. Hätten sie wie der Magier nicht die Vorstellung, dass der Tiger existiert, würden sie sich nicht fürchten, selbst wenn ihnen immer noch ein Tiger erscheint. Und genauso ist es nicht so schädlich für uns, wenn wir nicht in begrifflicher Weise an den Dingen als gewöhnlich festhalten, obwohl sie uns als gewöhnlich erscheinen. In gleicher Weise ist es weniger schädlich für unsere spirituelle Entwicklung, unseren spirituellen Meister zwar als gewöhnlich zu sehen, ihn oder sie aber in seiner oder ihrer Essenz als Buddha zu betrachten, als unseren spirituellen Meister als gewöhnlich zu sehen und zu glauben, dass er oder sie gewöhnlich ist. Die Überzeugung, dass unser spiritueller Meister ein Buddha ist, obwohl er oder sie uns als gewöhnlicher Mensch erscheinen mag, hilft uns, in unserer spirituellen Praxis rapiden Fortschritt zu machen.

Um gewöhnliche Erscheinungen und Vorstellungen zu vermindern, lehrte Buddha das Tantra der Erzeugungsstufe. Und um diese zwei Behinderungen vollkommen aufzugeben, lehrte er das Tantra der Vollendungsstufe, insbesondere Mahamudra Tantra. Indem wir unsere Schulung in diesen Tantras vollenden, werden wir ein tantrisches erleuchtetes Wesen mit den vier vollständigen Reinheiten wie Heruka.

Das Tantra der Erzeugungsstufe

Die folgenden Kapitel stellen die Anleitungen zur Praxis von Heruka und Vajrayogini vor, die die wahre Essenz des Höchsten Yoga Tantra sind. Die Praxis des Höchsten Yoga Tantra kann in zwei Stufen unterteilt werden: die Erzeugungsstufe und die Vollendungsstufe. In der Erzeugungsstufe erzeugen sich Praktizierende des Tantra durch die Kraft der richtigen Vorstellung, die aus Weisheit entsteht, als tantrische erleuchtete Gottheiten wie Heruka, und ihre Umwelt, ihren Körper, ihre Vergnügen und Tätigkeiten als diejenigen von Heruka. Diese vorgestellte neue Welt des Heruka ist ihr Meditationsobjekt und sie meditieren mit einsgerichteter Konzentration über diese neu erzeugte Welt. Durch fortwährende Schulung in dieser Meditation erlangen Heruka Praktizierende tiefe Verwirklichungen von sich selbst als Heruka und von ihrer Umwelt, ihrem Körper, ihren Vergnügen und Tätigkeiten als diejenigen von Heruka. Diese innere Verwirklichung ist das Tantra der Erzeugungsstufe.

Das Tantra der Erzeugungsstufe ist definiert als eine innere Verwirklichung eines kreativen Yoga, die durch Schulung in göttlichem Stolz und klarer Erscheinung, eine

Zwölfarmiger Heruka

erleuchtete Gottheit zu sein, erlangt wird. Es wird «kreativer Yoga» genannt, weil das Objekt der Meditation durch Vorstellungskraft und Weisheit erschaffen wird. Die Hauptfunktion des Tantra der Erzeugungsstufe ist es, gewöhnlichen Tod, Zwischenzustand und Wiedergeburt zu reinigen und den Wahrheitskörper, Freudenkörper und Emanationskörper eines Buddha zu vollenden. Es ist die schnelle Methode, um unsere Buddha Natur zur Reife zu bringen.

Heruka ist eine erleuchtete Gottheit des Höchsten Yoga Tantra, der die Manifestation des Mitgefühls aller Buddhas ist. In der Erzeugungsstufenpraxis von Heruka betonen Praktizierende die Schulung in göttlichem Stolz und klarer Erscheinung, Heruka zu sein. Bevor sie sich in göttlichem Stolz schulen, müssen Praktizierende lernen, ihren Körper und Geist als Herukas Körper und Geist wahrzunehmen. Nachdem sie dies erreicht haben, benutzen sie ihren vorgestellten Körper und Geist von Heruka als Grundlage der Zuschreibung für ihr «Ich» oder «Selbst» und entwickeln den Gedanken: «Ich bin Buddha Heruka». Dann meditieren sie in einsgerichteter Konzentration über diesen göttlichen Stolz. Durch Schulung in dieser Meditation werden sie eine tiefe Verwirklichung des göttlichen Stolzes erlangen, der spontan glaubt Heruka zu sein. Zu dieser Zeit haben sie die Grundlage für die Zuschreibung ihres Ich verändert.

Seit anfangsloser Zeit, Leben für Leben, war die Grundlage für die Zuschreibung unseres Selbst oder Ich nur ein verunreinigter Körper und Geist. Weil unser Selbst oder Ich auf einen verunreinigten Körper und Geist zugeschrieben wird, entwickeln wir, immer wenn wir «Ich» denken, gleichzeitig die Unwissenheit des Festhaltens am Selbst, einen Geist, der an einem inhärent existenten «Ich» und «Mein» festhält und der die Wurzel all unseres Leiden ist. Aber bei qualifizierten

Heruka Praktizierenden verhindert ihre tiefe Verwirklichung von göttlichem Stolz die Entstehung der Unwissenheit des Festhaltens am Selbst, sodass es für sie keine Grundlage gibt, um Leiden zu erfahren; sie werden ihre reine Umgebung, Vergnügen, Körper und Geist als Heruka genießen.

Da diese Praktizierenden noch nicht tatsächlich Heruka sind, fragen wir uns vielleicht, wie sie glauben können, dass sie es sind, und wie es ihnen möglich ist, die Verwirklichung von göttlichem Stolz zu erlangen, wenn ihre Sicht, die glaubt Heruka zu sein, eine fehlerhafte Sicht ist. Obwohl diese Praktizierenden nicht eigentlich Buddha Heruka sind, können sie dennoch glauben, dass sie es sind, weil sie ihre Grundlage der Zuschreibung geändert haben, von ihren verunreinigten Anhäufungen zu den nichtverunreinigten Anhäufungen Herukas. Ihre Sicht, die glaubt Buddha Heruka zu sein, ist keine fehlerhafte Sicht, weil sie nichttäuschend ist und aus der Weisheit entsteht, die die Nichtexistenz eines inhärent existenten «Ich» und «Mein» erkennt. Deshalb hat ihre Verwirklichung des göttlichen Stolzes, der spontan glaubt, dass sie Heruka sind, die Kraft, um die Entstehung der Unwissenheit des Festhaltens am Selbst, die Wurzel Samsaras, zu verhindern.

Wie bereits erklärt existieren Dinge nicht von ihrer eigenen Seite. Es gibt kein inhärent existentes «Ich», «Mein» und keine anderen inhärent existenten Phänomene. Alle Phänomene existieren als bloße Zuschreibungen. Dinge werden durch Gedanken auf ihre Grundlage der Zuschreibung zugeschrieben. Was bedeutet «Grundlage der Zuschreibung»? Die Teile eines Autos sind zum Beispiel die Grundlage der Zuschreibung für das Auto. Die Teile des Autos sind nicht das Auto, aber es gibt kein Auto getrennt von seinen Teilen. Das Auto wird durch Gedanken auf seine Teile zugeschrieben. Wie? Indem wir eines der Teile des Autos wahrnehmen, entwickeln wir ganz natürlich den Gedanken: «Dies ist das Auto». Auf ähnliche Weise sind unser Körper und Geist nicht unser Selbst, sondern die Grundlage der Zuschreibung für unser Selbst. Unser Selbst wird durch Gedanken auf unseren Körper oder Geist zugeschrieben. Indem wir unseren Körper oder Geist wahrnehmen, entwickeln wir ganz natürlich den Gedanken «Ich» oder «Mein». Ohne eine Grundlage der Zuschreibung können Dinge nicht existieren. Alles hängt von seiner Grundlage der Zuschreibung ab.

Warum ist es notwendig, die Grundlage der Zuschreibung für unser Selbst zu ändern? Wie schon erwähnt sind seit anfangsloser Zeit bis jetzt, Leben für Leben, nur verunreinigte Anhäufungen von Körper und Geist die Grundlage der Zuschreibung für unser Selbst gewesen. Wir erleben den endlosen Kreislauf des Leidens, weil die Grundlage der Zuschreibung für unser Selbst durch das Gift der Unwissenheit des Festhaltens am Selbst verunreinigt ist. Um uns dauerhaft von Leiden zu befreien, müssen wir deshalb unsere Grundlage der Zuschreibung von verunreinigten Anhäufungen zu nichtverunreinigten Anhäufungen ändern.

Wie können wir unsere Grundlage der Zuschreibung ändern? Im Allgemeinen haben wir unsere Grundlage der Zuschreibung unzählige Male geändert. In unseren früheren Leben nahmen wir zahllose Wiedergeburten an und jedes Mal war die Grundlage der Zuschreibung für unser Selbst eine andere. Als wir als Mensch wiedergeboren wurden, war unsere Grundlage der Zuschreibung ein menschlicher Körper und Geist. Als wir als Tier wiedergeboren wurden, war unsere Grundlage der Zuschreibung der Körper und Geist eines Tieres. Und auch in diesem Leben war unsere Grundlage der Zuschreibung als Säugling der Körper und Geist eines Säuglings, als Jugendlicher war unsere Grundlage der Zuschreibung der Körper und Geist eines Jugendlichen und wenn wir alt werden, wird unsere Grundlage der Zuschreibung der Körper und Geist eines alten Menschen sein. Alle diese zahllosen Grundlagen der Zuschreibung sind verunreinigte Anhäufungen. Wir haben nie unsere Grundlage der Zuschreibung von verunreinigten zu nichtverunreinigten Anhäufungen geändert. Dies können wir nur vollbringen, indem wir uns auf Buddhas tantrische Lehren verlassen.

Wir ändern unsere Grundlage der Zuschreibung von verunreinigten zu nichtverunreinigten Anhäufungen, indem wir uns in klarer Erscheinung und dem göttlichem Stolz schulen, Heruka zu sein. Wie Buddha in seinen tantrischen Lehren erklärte, lernen wir zunächst durch Meditation über die Leerheit des Körpers, des Geistes und aller anderen Phänomene, unseren Körper und Geist zu reinigen. Während wir nur Leerheit wahrnehmen, erzeugen wir uns dann als eine erleuchtete Gottheit wie Heruka. Dann lernen wir unseren Körper und Geist klar als den Körper und Geist von Heruka wahrzunehmen, unsere Welt als Herukas Reines Land und all jene, die um uns sind, als erleuchtete Helden und Heldinnen. Dies wird «Schulung in klarer Erscheinung» genannt. Wir nehmen unseren Körper und Geist als die nichtverunreinigten Anhäufungen von Herukas Körper und Geist wahr und denken: «Ich bin Buddha Heruka». Dann meditieren wir fortwährend mit einsgerichteter Konzentration über diesen göttlichen Stolz, bis wir eine tiefe Verwirklichung des göttlichen Stolzes erlangen, der spontan glaubt, dass wir Buddha Heruka sind. Zu dieser Zeit haben wir unsere Grundlage der Zuschreibung von verunreinigten zu nichtverunreinigten Anhäufungen geändert.

Heißen wir zum Beispiel normalerweise John, dann sollten wir nie glauben, dass John Buddha Heruka ist. Wir sollten das Gefühl haben, dass John sich in Leerheit aufgelöst hat, bevor wir uns als Buddha Heruka erzeugten. Dann glauben wir, dass unser Ich, das auf Herukas Körper und Geist zugeschrieben wird, Buddha Heruka ist. Dieser Glaube ist keine fehlerhafte Sicht, denn er entsteht aus Weisheit, wohingegen fehlerhafte Sichtweisen zwangsläufig aus Unwissenheit entstehen. Die Verwirklichung des göttlichen Stolzes entsteht aus Weisheit und ist eine kraftvolle Methode, um große Verdienste und Weisheit anzusammeln.

Auch wenn wir die Verwirklichung haben, die spontan glaubt Buddha Heruka zu sein, sollten wir dies anderen gegenüber nie erwähnen oder andeuten, denn ein solches Verhalten ist in unserer Gesellschaft unangebracht. Die anderen werden uns weiterhin als John sehen, nicht als Heruka, und auch wir wissen, dass John nicht Heruka ist. Die Verwirklichungen von göttlichem Stolz und klarer Erscheinung sind innere Erfahrungen, die die Kraft haben, unsere Verblendungen zu zähmen, und aus denen reine Handlungen ganz natürlich entstehen. Es gibt für uns deshalb keinen Grund, uns unangemessen zu verhalten. Wir sollten weiterhin unseren täglichen Aufgaben nachgehen und mit anderen auf normale Weise umgehen.

Wie schon erwähnt können tantrische Verwirklichungen erlangt werden, indem wir uns einfach auf richtigen Glauben und richtige Vorstellung verlassen. Diese Praxis ist sehr leicht: Wir müssen nur durch fortwährendes Bemühen tief mit der Meditation über richtigen Glauben und richtige Vorstellung, wie sie im Tantra dargelegt sind, vertraut werden. Mit diesem Verständnis sollten wir Zuversicht in unsere Fähigkeit haben, die Verwirklichungen der Erzeugungsstufe des Höchsten Yoga Tantra zu vollenden. Da unsere Welt und unser Selbst, die wir normalerweise sehen, nicht existieren, haben wir außerdem die kostbare Gelegenheit, unsere neue Welt und unser Selbst vollkommen rein zu erzeugen. Das ist die Erzeugungsstufe.

Würden unsere Welt und unser Selbst, die wir normalerweise sehen, existieren, wäre es unmöglich, unsere Welt und unser Selbst vollkommen rein zu erzeugen. Wenn die starke Wahrnehmung unserer Welt und unseres Selbst, die wir normalerweise sehen, durch Schulung in der Erzeugungsstufe aufhört, dann erleben wir unsere Welt und unser Selbst ganz natürlich als vollkommen rein. Am Wichtigsten ist, dass unsere Motivation für die Schulung in der Erzeugungsstufe der mitfühlende Geist des Bodhichitta ist.

Das Tantra der Vollendungsstufe

Die Erzeugungsstufe ist wie das Zeichnen der Kontur eines Bildes und die Vollendungsstufe ist wie die Vollendung des Bildes. Während die Hauptobjekte der Erzeugungsstufenmeditation, das Mandala und die Gottheiten, durch richtige Vorstellung erzeugt werden, existieren die Hauptobjekte der Vollendungsstufenmeditation, die Kanäle, Tropfen und Winde, bereits in unserem Körper und müssen nicht durch die Kraft der Vorstellung erzeugt werden. Aus diesem Grund ist die Vollendungsstufe kein kreativer Yoga.

Das Tantra der Vollendungsstufe wird als eine innere Verwirklichung des Lernens definiert, die sich in Abhängigkeit davon entwickelt, dass die inneren Winde durch die Kraft von Meditationen in den Zentralkanal eintreten, dort verweilen und sich auflösen. Die Objekte dieser Meditationen sind der Zentralkanal, der unzerstörbare Tropfen und der unzerstörbare Wind und Geist.

DER ZENTRALKANAL

Der Zentralkanal liegt genau in der Mitte zwischen der linken und rechten Körperhälfte, allerdings etwas näher dem Rücken als vorne. Unmittelbar vor der Wirbelsäule liegt der Lebenskanal, der ziemlich dick ist, und davor befindet sich der Zentralkanal. Er beginnt an der Stelle zwischen den Augenbrauen, verläuft von hier in einem Bogen hinauf zum Scheitel des Kopfes und danach in einer geraden Linie hinab zur Spitze des Geschlechtsorgans.

Der Zentralkanal ist außen hellblau und hat vier Merkmale: (1) Er ist sehr gerade wie der Stamm eines Bananenbaumes. (2) Innen ist er ölig-rot wie reines Blut. (3) Er ist sehr klar und durchscheinend wie eine Kerzenflamme. Und (4) ist er sehr weich und biegsam wie ein Lotosblütenblatt.

Der rechte und linke Kanal verlaufen jeweils ohne Zwischenraum seitlich des Zentralkanals. Der rechte Kanal ist rot und der linke Kanal ist weiß. Der rechte Kanal beginnt an der Spitze des rechten Nasenlochs und der linke Kanal an der Spitze des linken Nasenlochs. Von hier verlaufen sie an beiden Seiten des Zentralkanals in einem Bogen hinauf zum Scheitel des Kopfes. Vom Scheitel des Kopfes bis zum Nabel sind diese drei Hauptkanäle gerade und verlaufen nebeneinander. Unterhalb des Nabels biegt der linke Kanal ein wenig nach rechts und trennt sich damit leicht vom Zentralkanal. An der Spitze des Geschlechtsorgans trifft er wieder mit dem Zentralkanal zusammen. Hier dient er dazu, Sperma, Blut und Urin zurückzuhalten oder freizulassen. Der rechte Kanal biegt unterhalb des Nabels ein wenig nach links und endet an der Spitze des

Anus, wo er dazu dient, Kot und so weiter zurückzuhalten oder freizulassen.

Der rechte und der linke Kanal winden sich an verschiedenen Stellen um den Zentralkanal herum und bilden dadurch die sogenannten Kanalknoten. Die vier Stellen, an denen diese Knoten entstehen, sind von unten nach oben das Nabelkanal-Rad (oder Nabelchakra), das Herzkanal-Rad, das Halskanal-Rad und das Scheitelkanal-Rad. An jeder dieser Stellen außer am Herzen ist ein zweifacher Knoten, der durch eine Windung des rechten Kanals und eine Windung des linken Kanals gebildet wird. Während der rechte und der linke Kanal zu diesen Stellen aufsteigen, bilden sie eine Schlinge um den Zentralkanal, indem sie sich vorne kreuzen und sich um ihn herumwinden. Dann verlaufen sie weiter nach oben zum nächsten Knoten. Auf der Höhe des Herzens geschieht das Gleiche, außer dass hier ein sechsfacher Knoten ist, der dadurch entsteht, dass jeder der beiden seitlichen Kanäle drei sich überlappende Schlingen bildet. Die Kanäle sind die Bahnen, durch die die inneren Winde und Tropfen fließen. Anfangs genügt es, einfach mit der Beschreibung und Visualisierung der drei Kanäle vertraut zu werden. In Anhang III werden die Kanäle ausführlicher erklärt.

DER UNZERSTÖRBARE TROPFEN

Es gibt zwei Arten von Tropfen im Körper: weiße Tropfen und rote Tropfen. Erstere sind die reine Essenz der weißen Samenflüssigkeit, oder Sperma, und letztere sind die reine Essenz des Blutes. Beide haben sowohl grobe als auch subtile Formen. Es ist leicht, grobe Tropfen zu erkennen, aber es ist schwieriger, subtile Tropfen zu erkennen.

Der Hauptsitz des weißen Tropfens, auch «weißer Bodhichitta» genannt, ist das Scheitelkanal-Rad. Hier hat die weiße Samenflüssigkeit ihren Ursprung. Der Hauptsitz des roten Tropfens, auch «roter Bodhichitta» genannt, ist das Nabelkanal-Rad. Hier hat das Blut seinen Ursprung. Der rote Tropfen im Nabel ist auch die Grundlage der Körperwärme und die Basis für die Erlangung der Verwirklichungen des inneren Feuers, oder Tummo. Wenn die Tropfen schmelzen und durch die Kanäle fließen, rufen sie eine Erfahrung von Glückseligkeit hervor.

Wie zuvor erklärt ist am Herzkanal-Rad ein sechsfacher Knoten, der durch den rechten und linken Kanal entsteht, die sich um den Zentralkanal herumwinden und ihn zusammenschnüren. Dieser Knoten ist am schwierigsten zu lösen. Doch wenn er durch Meditation gelöst wird, entwickeln wir eine große Kraft – die Verwirklichung des klaren Lichts. Weil der Zentralkanal am Herzen durch diesen sechsfachen Knoten zusammengeschnürt wird, ist er blockiert wie ein Bambusrohr. Innerhalb des Zentralkanals, in der Mitte dieses sechsfachen Knotens, ist ein kleiner Hohlraum und innerhalb dieses Hohlraums befindet sich ein Tropfen, der «der unzerstörbare Tropfen» genannt wird. Er ist etwa so groß wie eine kleine Erbse, deren obere Hälfte weiß und deren untere Hälfte rot ist. Die Substanz der weißen Hälfte ist die sehr klare Essenz von Sperma und die Substanz der roten Hälfte ist die sehr klare Essenz von Blut. Dieser Tropfen, der sehr rein und subtil ist, ist die eigentliche Essenz aller Tropfen. Alle gewöhnlichen weißen und roten Tropfen in unserem Körper stammen ursprünglich von diesem Tropfen.

Der unzerstörbare Tropfen ist wie eine kleine Erbse, die in zwei Hälften geteilt, leicht ausgehöhlt und dann wieder zusammengefügt wurde. Er wird «unzerstörbarer Tropfen» genannt, weil sich seine zwei Hälften bis zum Tod nie trennen. Wenn wir sterben, lösen sich alle inneren Winde in den unzerstörbaren Tropfen auf und dies führt zu einer Öffnung des Tropfens. Sobald sich die zwei Hälften trennen, verlässt unser Bewusstsein sofort unseren Körper und geht ins nächste Leben.

DER UNZERSTÖRBARE WIND UND GEIST

Die Natur des unzerstörbaren Windes ist ein sehr subtiler «innerer Wind». Innere Winde sind Energiewinde, die durch die Kanäle des Körpers fließen. Sie sind viel subtiler als äußere Winde. Sie sind verbunden mit verschiedenen Geistesarten und dienen ihnen als Träger. Ohne diese Winde kann sich unser Geist nicht von einem Objekt zum anderen bewegen. Es heißt, dass innere Winde wie jemand sind, der blind ist, aber Beine hat, denn sie können nichts wahrnehmen, sich aber dennoch von einem Ort zu einem anderen bewegen. Geistesarten sind wie jemand, der Augen hat, aber keine Beine, denn Geistesarten können sehen, sich aber nicht ohne ihre Träger, die inneren Winde, bewegen. Weil Geistesarten immer von den mit ihnen verbundenen Winden getragen werden, können sie beides, sehen und sich bewegen.

Die inneren Winde, die durch den rechten und linken Kanal fließen, sind unrein und schaden uns, denn sie dienen als Träger für die Geistesarten des Festhaltens am Selbst, der Selbstwertschätzung und anderer Verblendungen. Um zu verhindern, dass diese Verblendungen entstehen, müssen wir uns sehr bemühen, diese inneren Winde in den Zentralkanal zu bringen und sie dort aufzulösen.

Für gewöhnliche Wesen treten die inneren Winde nur während des Todesprozesses und während des Tiefschlafs in den Zentralkanal ein, verweilen dort und lösen sich auf. Zu diesen Zeiten manifestiert sich der unzerstörbare Wind und Geist, doch gewöhnliche Wesen erkennen ihn nicht, weil ihr Gedächtnis oder ihre Achtsamkeit zu dieser Zeit nicht funktionieren können. Tantrische Praktizierende der Vollendungsstufe können durch die Kraft ihrer Meditation über die Kanäle, Winde und Tropfen ihre inneren Winde zu jeder Zeit in den Zentralkanal eintreten, dort verweilen und sich auflösen lassen. Sie können deshalb die fünf Stufen des Tantra der Vollendungsstufe erreichen: (1) die anfängliche Verwirklichung von spontaner großer Glückseligkeit (isolierter Körper und isolierte Rede der Vollendungsstufe), (2) das endgültige beispielklare Licht, (3) den illusorischen Körper, (4) das sinnklare Licht und (5) die Vereinigung von sinnklarem Licht und reinem illusorischen Körper. Von der fünften Stufe aus erreichen Praktizierende innerhalb weniger Monate die eigentliche Erleuchtung.

Es gibt fünf Ursprungs- und fünf Zweigwinde. Die Ursprungswinde sind: (1) der lebenserhaltende Wind, (2) der abwärts entleerende Wind, (3) der aufwärts strömende Wind, (4) der gleichmäßig verweilende Wind und (5) der durchdringende Wind. Die fünf Zweigwinde sind: (1) der sich bewegende Wind, (2) der sich intensiv bewegende Wind, (3) der sich vollkommen bewegende Wind, (4) der sich stark bewegende Wind und (5) der sich bestimmt bewegende Wind. In Anhang IV werden die inneren Winde ausführlich erläutert.

Der unzerstörbare Wind ist der sehr subtile Wind, der mit dem sehr subtilen Geist verbunden ist und als dessen Träger dient. Er wird «ständig verweilender Körper» genannt, weil wir diesen Körper ständig Leben für Leben gehabt haben. Obwohl unser Geist der Selbstwertschätzung glaubt, dass unser jetziger Körper unser eigener Körper ist, und diesen Körper schätzt, ist unser jetziger Körper in Wirklichkeit Teil der Körper anderer, weil er Teil der Körper unserer Eltern ist. Unser Selbst, das auf unseren jetzigen Körper zugeschrieben wird, endet am Ende des Todesprozesses, während unser Selbst, das auf den ständig verweilenden Körper und Geist zugeschrieben wird, niemals endet, sondern von einem Leben zum nächsten geht. Es ist diese Person oder dieses Ich, das schließlich ein erleuchtetes Wesen wird. Hierdurch können wir nachvollziehen, dass es dem Höchsten Yoga Tantra zufolge im Geisteskontinuum eines jeden Lebewesens eine unsterbliche Person oder ein Ich gibt, das einen unsterblichen Körper hat. Ohne uns auf die tiefgründigen Lehren des Höchsten Yoga Tantra zu verlassen, können wir jedoch unseren eigenen unsterblichen Körper und unser unsterbliches Ich, unser eigentliches Selbst, nicht erkennen. Einst sagte ein Yogi:

> Zuerst rannte ich aus Furcht vor dem Tod zum Dharma.
> Dann schulte ich mich im Zustand der Unsterblichkeit.
> Schließlich erkannte ich, dass es keinen Tod gibt, und
> entspannte mich!

Innerhalb des unzerstörbaren Tropfens befindet sich der unzerstörbare Wind und Geist, die Vereinigung von unserem sehr subtilen Wind und sehr subtilen Geist. Der sehr subtile Wind ist unser eigener Körper, oder ständig verweilender Körper. Der sehr subtile Geist, oder unzerstörbare Geist, ist unser eigener Geist, oder ständig verweilender Geist, der vom sehr subtilen Wind getragen wird. Weil die Vereinigung von unserem sehr subtilen Wind und sehr subtilen Geist nie endet, wird sie «unzerstörbarer Wind und Geist» genannt. Unser unzerstörbarer Wind und Geist haben sich seit anfangsloser Zeit nie getrennt und sie werden sich auch in Zukunft nie trennen. Das Potenzial dieser Vereinigung von unserem sehr subtilen Körper und Geist, miteinander in Verbindung zu treten, ist unsere sehr subtile Rede, oder ständig verweilende Rede. Sie wird in der Zukunft die Rede eines Buddha werden. Kurz gesagt befinden sich innerhalb unseres unzerstörbaren Tropfens unser eigener Körper, unsere eigene Rede und unser eigener Geist, die in der Zukunft zu dem erleuchteten Körper, der erleuchteten Rede und dem erleuchteten Geist eines Buddha werden. Diese drei, unser sehr subtiler Körper, Rede und Geist, sind unsere wahre Buddha Natur.

Nachdem wir etwas Erfahrung im Erzeugungsstufentantra erlangt haben, das wie das Zeichnen der einfachen Kontur eines Bildes ist, müssen wir die Meditationen des Vollendungsstufentantra üben, um das Bild zu vollenden. Dies sind die Meditationen über den Zentralkanal, den unzerstörbaren Tropfen und den unzerstörbaren Wind und Geist, die die «Yogas des Kanals, Tropfens und Windes» genannt werden.

WIE WIR ÜBER DEN ZENTRALKANAL MEDITIEREN

Zuerst sollten wir lernen wahrzunehmen, wie unser Zentralkanal aussieht, indem wir wie folgt nachdenken:

> *Mein Zentralkanal liegt genau zwischen meiner linken und rechten Körperhälfte, allerdings dem Rücken etwas näher als der Brust. Unmittelbar vor der Wirbelsäule ist der ziemlich dicke Lebenskanal und davor der Zentralkanal. Er beginnt an der Stelle zwischen meinen Augenbrauen, verläuft von hier in einem Bogen hinauf zum Scheitel meines Kopfes und danach in einer geraden Linie hinab zur Spitze meines Geschlechtsorgans. Er ist außen hellblau und innen ölig-rot. Er ist klar und durchscheinend, sehr weich und biegsam.*

Anfangs können wir uns, wenn wir möchten, den Zentralkanal ziemlich breit vorstellen und dann allmählich immer dünner, bis wir ihn uns schließlich so dünn vorstellen können wie einen Strohhalm. Wir denken wiederholt in dieser Weise nach, bis wir ein allgemeines Bild unseres Zentralkanals wahrnehmen. Dann konzentrieren wir uns einsgerichtet auf den Zentralkanal in Höhe unseres Herzens, während wir glauben, dass unser Geist innerhalb des Zentralkanals in unserem Herzen ist, und meditieren darüber. Wir sollten uns fortwährend in dieser Weise schulen, bis wir eine tiefe Erfahrung in dieser Meditation machen.

WIE WIR ÜBER DEN UNZERSTÖRBAREN TROPFEN MEDITIEREN

Um unseren unzerstörbaren Tropfen wahrzunehmen, denken wir über Folgendes nach:

> *Innerhalb meines Zentralkanals auf der Höhe meines Herzens ist ein kleiner Hohlraum. Darin befindet sich mein unzerstörbarer Tropfen. Er ist so groß wie eine kleine Erbse, wobei die obere Hälfte weiß und die untere Hälfte rot ist. Dieser unzerstörbare Tropfen ist wie eine Erbse, die in zwei Hälften geteilt, leicht ausgehöhlt und dann wieder zusammengefügt wurde. Er ist die eigentliche Essenz aller Tropfen und sehr rein und subtil. Obwohl er in seiner Substanz die Essenz von Blut und Sperma ist, hat er eine sehr klare Natur, wie eine winzige Kristallkugel, die fünffarbiges Licht ausstrahlt.*

In dieser Weise denken wir wiederholt nach, bis wir ein klares allgemeines Bild unseres unzerstörbaren Tropfens in unserem Herzen innerhalb des Zentralkanals wahrnehmen. Mit dem Gefühl, dass unser Geist innerhalb unseres unzerstörbaren

Tropfens in unserem Herzen ist, meditieren wir ohne Ablenkung einsgerichtet über diesen Tropfen.

Diese Meditation ist eine kraftvolle Methode, unsere inneren Winde dazu zu bringen, in den Zentralkanal einzutreten, in ihm zu verweilen und sich aufzulösen. Meister Ghantapa sagte:

> Wir sollten einsgerichtet
> Über den unzerstörbaren Tropfen meditieren, der stets in unserem Herzen weilt.
> Diejenigen, die mit dieser Meditation vertraut sind,
> Entwickeln mit Sicherheit erhabene Weisheit.

«Erhabene Weisheit» meint hier die Weisheit des klaren Lichts der Glückseligkeit, das wir erleben, wenn die Knoten am Herzkanal-Rad gelöst sind. Von allen Knoten im Zentralkanal sind diese am schwierigsten zu lösen. Konzentrieren wir uns in unserer Vollendungsstufenpraxis jedoch von Anfang an auf unser Herzkanal-Rad, so wird uns das helfen, diese Knoten zu lösen. Diese Meditation ist deshalb eine kraftvolle Methode, um qualifizierte Verwirklichungen der Vollendungsstufe zu erlangen.

WIE WIR ÜBER DEN UNZERSTÖRBAREN WIND UND GEIST MEDITIEREN

Wir widmen uns der Meditation über den unzerstörbaren Wind und Geist, um eine tiefere Erfahrung in der Weisheit des klaren Lichts der Glückseligkeit zu machen. Zuerst finden wir das Objekt dieser Meditation, die klare Wahrnehmung unseres unzerstörbaren Windes und Geistes, indem wir über Folgendes nachdenken:

Innerhalb meines unzerstörbaren Tropfens ist die Vereinigung von meinem unzerstörbaren Wind und Geist im Aspekt eines winzigen Nada, das Herukas Geist des klaren Lichts symbolisiert. Es ist von rötlich-weißer Farbe und strahlt fünffarbiges Licht aus. Mein unzerstörbarer Tropfen, der sich innerhalb meines Zentralkanals in meinem Herzen befindet, ist wie eine Höhle und die Vereinigung von meinem unzerstörbaren Wind und Geist ist wie jemand, der in dieser Höhle wohnt.

Eine Abbildung des Nada ist in Anhang IX zu sehen. Wir denken wiederholt in dieser Weise nach, bis wir das Nada wahrnehmen, das die Natur der Vereinigung von unserem unzerstörbaren Wind und Geist hat. Mit der starken Erkenntnis, dass das Nada die Vereinigung von unserem sehr subtilen Wind und Geist ist, und mit dem Gefühl, dass unser Geist in das Nada eingetreten ist, meditieren wir einsgerichtet über dieses Nada, ohne es zu vergessen.

Indem wir tiefe Erfahrungen in den Meditationen über den Zentralkanal, den unzerstörbaren Tropfen und die Vereinigung von unzerstörbarem Wind und Geist gewinnen, treten unsere inneren Winde in den Zentralkanal ein, verweilen dort und lösen sich auf, und wir werden besondere Zeichen erfahren. Um festzustellen, ob unsere Winde in den Zentralkanal eingetreten sind, können wir unseren Atem überprüfen. Normalerweise gibt es ein Ungleichgewicht in unserer Atmung. Wir atmen aus dem einen Nasenloch mehr Luft aus als aus dem anderen und die Luft verlässt ein Nasenloch früher als das andere. Treten jedoch die inneren Winde durch die zuvor erwähnten Meditationen in den Zentralkanal ein, so werden Druck und Zeitpunkt des Atems während des Ein- und Ausatmens in beiden Nasenlöchern gleich sein. Deshalb ist eine gleichmäßige Atmung durch beide Nasenlöcher das erste Zeichen, das wir wahrnehmen. Ein weiteres wahrnehmbares Ungleichgewicht bei der normalen Atmung ist, dass die Einatmung stärker ist als die Ausatmung oder umgekehrt. Deshalb ist das zweite Zeichen des Eintretens der Winde in den Zentralkanal, dass der Druck beim Ein- und Ausatmen genau gleich ist.

Es gibt ebenfalls zwei Zeichen, die darauf hindeuten, dass die Winde im Zentralkanal verweilen: (1) Unsere Atmung wird immer schwächer und hört schließlich ganz auf und (2) alle Bewegungen des Bauches, die normalerweise mit der Atmung verbunden sind, enden. Im Normalfall würden wir in Panik geraten, wenn unsere Atmung aufhört, und glauben dem Tode nahe zu sein. Können wir jedoch durch die Kraft der Meditation unsere Atmung stoppen, wird unser Geist, statt in Panik zu geraten, sogar noch zuversichtlicher, angenehmer und geschmeidiger werden.

Wenn die Winde im Innern des Zentralkanals verweilen, müssen wir uns nicht länger auf grobe Luft verlassen, um zu überleben. Normalerweise hört unsere Atmung nur zum Zeitpunkt des Todes auf. Während des Schlafens wird unsere Atmung sehr viel subtiler, hört aber nie vollkommen auf. Während der Vollendungsstufenmeditation kann unsere Atmung jedoch zum völligen Stillstand kommen, ohne dass wir bewusstlos werden. Es ist möglich, dass die Winde wieder in den rechten und linken Kanal entweichen, nachdem sie fünf oder zehn Minuten im Zentralkanal verweilt haben. Geschieht dies, fangen wir wieder an zu atmen. Luft, die durch die Nasenlöcher fließt, ist ein Zeichen, dass die Winde nicht im Zentralkanal verweilen.

Welches sind die Zeichen, dass die Winde sich im Innern des Zentralkanals aufgelöst haben? Es gibt sieben Winde, die sich auflösen, und jeder dieser Winde hat ein besonderes Zeichen, das anzeigt, dass seine Auflösung abgeschlossen ist. Die sieben Winde sind: (1) der Erdelementwind, (2) der Wasserelementwind, (3) der Feuerelementwind, (4) der Windelementwind, (5) der Wind, der den Geist der weißen Erscheinung trägt, (6) der Wind, der den Geist der roten Vermehrung trägt und (7) der Wind, der den Geist der schwarzen Naherlangung trägt. Die ersten vier dieser Winde sind grob und die letzten drei sind subtil. Diese sieben Winde lösen sich allmählich der Reihe nach auf und jede Auflösung wird von einer bestimmten Erscheinung begleitet.

Der Erdelementwind unterstützt und vermehrt alles, was mit dem Erdelement in unserem Körper verbunden ist, zum Beispiel unsere Knochen, Knorpel und Fingernägel. Wenn sich dieser Wind im Zentralkanal auflöst, nehmen wir eine Erscheinung wahr, die «luftspiegelungsähnliche Erscheinung» genannt wird. Diese Erscheinung gleicht dem schimmernden Wasser, das man manchmal auf dem Wüstenboden sieht. Abhängig davon, wie stark sich der Erdelementwind im Zentralkanal aufgelöst hat, gibt es drei Ebenen, auf denen diese luftspiegelungsähnliche Erscheinung wahrgenommen wird. Ist die Auflösung nur leicht, dann ist die Erscheinung vage, am undeutlichsten und sehr schwierig zu erkennen. Ist die Auflösung fast vollständig, dann ist die Erscheinung deutlicher und lebendiger. Löst sich der Wind vollständig auf, ist die Erscheinung unverwechselbar deutlich und lebendig und es ist unmöglich, sie nicht wahrzunehmen. Wenn sich der Erdelementwind aufgelöst hat und die luftspiegelungsähnliche Erscheinung wahrgenommen wurde, dann löst sich der nächste Wind auf und eine andere Erscheinung manifestiert sich. Je vollständiger sich der erste Wind auflöst, umso lebendiger wird unsere Wahrnehmung dieser nächsten Erscheinung.

Der zweite Wind, der sich auflöst, ist der Wasserelementwind. Er unterstützt und vermehrt die flüssigen Elemente des Körpers wie das Blut. Die mit dieser Auflösung verbundene Erscheinung wird «rauchähnliche Erscheinung» genannt. In einigen Texten heißt es, dass diese Erscheinung wie Rauch ist, der aus einem Kamin quillt. Das ist aber nicht die eigentliche Erscheinung. Es gibt eine Erscheinung, die quellendem Rauch gleicht, doch diese entsteht kurz vor der eigentlichen Auflösung des Wasserelementwindes. Erst wenn diese anfängliche Erscheinung abgeklungen ist, wird die eigentliche rauchähnliche Erscheinung wahrgenommen. Diese gleicht dünnen Fähnchen von waberndem, blauem Rauch, die wie langsam kreisender Dunst in der Luft schweben. Abhängig davon, wie stark sich der Wasserelementwind aufgelöst hat, gibt es wie zuvor drei Ebenen, auf denen diese Erscheinung wahrgenommen wird.

Als Nächstes geschieht die Aulösung des Feuerelementwindes. Dieser Wind unterstützt und vermehrt das Feuerelement im Körper und ist verantwortlich für die Körperwärme und so weiter. Das Zeichen für die Auflösung dieses Windes ist die «funkelnde leuchtkäferähnliche Erscheinung». Diese Erscheinung wird manchmal mit einem offenen, knisternden Feuer bei Nacht verglichen, wobei die aufsteigenden Funken, die über dem Feuer tanzen, der funkelnden leuchtkäferähnlichen Erscheinung gleichen. Abhängig vom Grad der Auflösung gibt es auch hier drei Ebenen, auf denen diese Erscheinung wahrgenommen wird.

Danach löst sich der Windelementwind auf. Dies ist der Wind, der grobe begriffliche Gedanken trägt. Er speist grobe dualistische Erscheinungen und die groben begrifflichen Gedanken, die daraus entstehen, dass wir diese Erscheinungen für wahr halten. Das Zeichen für die Auflösung des vierten groben Windes ist die «kerzenflammenähnliche Erscheinung».

Diese Erscheinung gleicht einer ruhigen, aufrechten Kerzenflamme in einem Raum ohne Zugluft. Auch hier gibt es drei Ebenen, auf denen diese Erscheinung wahrgenommen wird.

Wenn sich der Erdelementwind innerhalb des Zentralkanals aufgelöst und sich dadurch die Kraft des Erdelements abgeschwächt hat, dann mag es so scheinen, als hätte sich das Wasserelement verstärkt, denn das Wasserelement wird deutlicher wahrgenommen, wenn die Kraft des Erdelements abnimmt. Aus diesem Grund wird die Auflösung des Erdelementwindes in den Zentralkanal oft als «das Erdelement, das sich in das Wasserelement auflöst» beschrieben. Aus ähnlichen Gründen werden die nachfolgenden Auflösungen «das Wasserelement, das sich in das Feuerelement auflöst», «das Feuerelement, das sich in das Windelement auflöst» und «das Windelement, das sich in Bewusstsein auflöst» genannt.

Nach der kerzenflammenähnlichen Erscheinung haben alle groben begrifflichen Geistesarten aufgehört zu funktionieren, weil die sie tragenden Winde sich aufgelöst haben und verschwunden sind. Wenn der Meditierende die Auflösung des vierten Windes abgeschlossen hat, entsteht der erste subtile Geist, der Geist der weißen Erscheinung. Mit diesem Geist nimmt der Meditierende eine Erscheinung von Weiß wahr, wie das helle Licht des Mondes, das in einer klaren Herbstnacht den leeren Himmel durchdringt. Abhängig von der Fähigkeit des Meditierenden hat auch diese Erscheinung drei Ebenen der Klarheit.

Zu diesem Zeitpunkt ist der Geist völlig frei von groben Vorstellungen, wie den in *Das klare Licht der Glückseligkeit* aufgelisteten achtzig hinweisenden Vorstellungen. Die einzige Wahrnehmung ist die von weißem, leerem Raum. Auch gewöhnliche Wesen nehmen diese Erscheinung wahr, zum Beispiel zum Zeitpunkt des Todes. Sie können sie jedoch weder erkennen noch verlängern, denn in dieser Phase hat die gewöhnliche grobe Ebene der Achtsamkeit aufgehört zu funktionieren. Doch obwohl es in dieser Phase keine grobe Achtsamkeit gibt, können diejenigen, die sich richtig im Tantra der Vollendungsstufe geschult haben, die subtile Achtsamkeit anwenden, die sie während der Meditation entwickelt haben, um die weiße Erscheinung zu erkennen und zu verlängern. Dies ist etwas, das gewöhnliche Wesen nicht tun können.

Wenn sich der subtile Wind, der den Geist der weißen Erscheinung trägt, auflöst, entsteht der Geist der roten Vermehrung. Dieser Geist und sein Wind sind subtiler als der Geist und Wind der weißen Erscheinung. Das Zeichen, das auftritt, wenn dieser Geist entsteht, ist eine Erscheinung wie ein von rotem Sonnenlicht durchdrungener leerer Himmel. Auch diese Erscheinung hat drei Ebenen der Klarheit.

Wenn sich der subtile Wind, der den Geist der roten Vermehrung trägt, auflöst, entsteht der Geist der schwarzen Naherlangung. Dieser Geist und der ihn tragende Wind sind sogar noch subtiler als der Geist und Wind der roten Vermehrung. Der Geist der schwarzen Naherlangung hat zwei Ebenen: den oberen Teil und den unteren Teil. Der obere Teil des Geistes der schwarzen Naherlangung besitzt noch eine subtile Achtsamkeit, aber der untere Teil hat keine Achtsamkeit mehr. Er wird als überwältigende Bewusstlosigkeit erlebt, wie eine sehr tiefe Ohnmacht. Zu diesem Zeitpunkt erscheinen wir anderen, als wären wir tot.

Das Zeichen, das auftritt, wenn der Geist der schwarzen Naherlangung entsteht, ist eine Erscheinung wie ein sehr schwarzer, leerer Himmel. Diese Erscheinung entsteht mit dem oberen Teil des Geistes der schwarzen Naherlangung, unmittelbar nach der Beendigung des Geistes der roten Vermehrung. Während die Erfahrung der schwarzen Naherlangung fortschreitet und wir uns der vollkommenen Bewusstlosigkeit nähern, endet unsere subtile Achtsamkeit. Je stärker sich der Wind im Zentralkanal auflöst, umso tiefer ist die Bewusstlosigkeit während des Geistes der schwarzen Naherlangung. Und je tiefer unsere Bewusstlosigkeit zu diesem Zeitpunkt ist, umso lebhafter nehmen wir die nachfolgende Erscheinung des klaren Lichts wahr. Dies gleicht der Erfahrung von jemandem, der lange Zeit in einem dunklen Raum ist. Je länger er sich dort aufhält, umso heller erscheint ihm die Welt draußen, wenn er schließlich wieder herauskommt. Folglich hängt die Stärke der Helligkeit, die erlebt wird, von der Tiefe und Dauer der vorherigen Dunkelheit ab.

Wenn sich der subtile Wind, der den Geist der schwarzen Naherlangung trägt, auflöst, entsteht der Geist des klaren Lichts. Dieser Geist und der Wind, der ihn trägt, sind die subtilsten von allen. Das Zeichen, das mit diesem Geist entsteht, ist eine Erscheinung wie ein Herbsthimmel in der Morgendämmerung – vollkommen klar und leer.

Wenn der Geist des klaren Lichts entsteht, wird abhängig von der Entwicklungsstufe des Meditierenden eine sehr subtile Achtsamkeit wiederhergestellt. Der sehr subtile Wind und der sehr subtile Geist, der von ihm getragen wird, befinden sich im unzerstörbaren Tropfen in der Mitte des Herzkanal-Rades. Normalerweise funktioniert der sehr subtile Geist nicht, aber zur Zeit des klaren Lichts manifestiert er sich und wird aktiv. Haben wir uns in den Methoden des Tantra der Vollendungsstufe geschult und sind darin geübt, können wir die Erscheinung des klaren Lichts wahrnehmen und aufrechterhalten. Indem wir lernen, die auf dieser Stufe entwickelte sehr subtile Achtsamkeit anzuwenden, werden wir schließlich imstande sein, unseren sehr subtilen Geist auf Leerheit zu richten. In dieser Weise nutzen wir den Geist des klaren Lichts, um den Wahrheitskörper eines Buddha zu erlangen.

Unser Geist kann nicht subtiler werden als der Geist des klaren Lichts. Während der ersten vier Erscheinungen (luftspiegelungsähnlich, rauchähnlich, funkelnd leuchtkäferähnlich und kerzenflammenähnlich) lösen sich die groben Winde auf und während der nächsten drei (weiße Erscheinung, rote Vermehrung und schwarze Naherlangung) lösen sich die subtilen Winde auf. Dann manifestieren sich mit der Erscheinung des klaren Lichts der sehr subtile Geist und der ihn tragende Wind und werden aktiv. Diese können sich nicht auflösen, weil sie unzerstörbar sind. Nach dem Tod gehen sie einfach weiter ins nächste Leben.

Von den drei subtilen Winden, die die drei subtilen Geistesarten tragen, ist der am wenigsten subtile derjenige, der den Geist der weißen Erscheinung trägt. Dieser Geist wird «weiße Erscheinung» genannt, weil alles, was wahrgenommen wird, eine Erscheinung von weißem, leerem Raum ist. Er wird auch «leer» genannt, weil der Geist der weißen Erscheinung diesen weißen Raum als leer wahrnimmt. Auf dieser Stufe sind die Erscheinung von Weiß und die Erscheinung von Leere gleich stark.

Wenn sich der Wind, der den Geist der weißen Erscheinung trägt, auflöst, entsteht die zweite der drei subtilen Geistesarten, der Geist der roten Vermehrung. Der Wind, der diesen Geist trägt, ist subtiler als derjenige, der den Geist der weißen Erscheinung trägt. Dieser Geist wird «rote Vermehrung» genannt, weil sich die Erscheinung von rotem Raum vermehrt. Er wird auch «sehr leer» genannt, weil die Erscheinung von Leere stärker ist als beim vorherigen Geist. Auf dieser Stufe ist die Erscheinung von Leere stärker als die Erscheinung von Rot.

Wenn sich der Wind des Geistes der roten Vermehrung auflöst, entsteht der dritte subtile Geist, der Geist der schwarzen Naherlangung. Dieser Geist wird «Naherlangung» genannt, weil die Erfahrung des klaren Lichts jetzt greifbar nahe ist. Er wird auch «große Leere» genannt, weil die Erscheinung von Leere noch größer ist als beim vorherigen Geist.

Wenn sich der dritte subtile Wind, der den Geist der schwarzen Naherlangung trägt, auflöst, entsteht der Geist des klaren Lichts. Dieser Geist wird «klares Licht» genannt, weil seine Natur sehr hell und klar ist und weil er eine Erscheinung ähnlich dem Licht einer Morgendämmerung im Herbst wahrnimmt. Er wird auch «ganz leer» genannt, weil er leer von allen groben und subtilen Winden ist und nur eine leere Erscheinung wahrnimmt. Das Objekt des Geistes des klaren Lichts ist in seiner Erscheinung dem Objekt sehr ähnlich, das ein höheres Wesen in meditativem Gleichgewicht über Leerheit wahrnimmt. Die vier Geistesarten, der Geist der weißen Erscheinung, der Geist der roten Vermehrung, der Geist der schwarzen Naherlangung und der Geist des klaren Lichts, werden zusammen die «vier Leeren» genannt.

Ist ein Meditierender der Vollendungsstufe hoch verwirklicht, dann wird er oder sie eine sehr lebhafte Erfahrung des klaren Lichts haben und imstande sein, diese Erfahrung lange Zeit aufrechtzuerhalten. Wie lebhaft unsere Erfahrung des klaren Lichts ist, hängt davon ab, wie lebhaft die vorangegangenen sieben Erscheinungen waren. Und dies hängt wiederum davon ab, wie stark sich die Winde innerhalb des Zentralkanals auflösen. Lösen die Winde sich sehr stark auf, wird der Meditierende eine lebhafte Erfahrung aller Erscheinungen haben und imstande sein, die Erfahrung jeder einzelnen zu verlängern. Je länger wir in jeder Erscheinung verweilen können, desto länger können wir im klaren Licht selbst verweilen.

Stirbt jemand eines gewaltsamen Todes, durchläuft er oder sie diese Erscheinungen sehr schnell. Ist der Tod jedoch langsam oder natürlich, werden diese Erscheinungen von der luftspiegelungsähnlichen bis zum klaren Licht allmählicher und länger erlebt. Mit der Verwirklichung des endgültigen beispielklaren Lichts werden wir in tiefer Konzentration genau die gleiche Erfahrung dieser Erscheinungen haben, wie wir sie hätten, wenn wir tatsächlich sterben würden. Wenn wir uns gut in den oben erklärten Meditationen geschult haben, können wir außerdem während aller vier Leeren über Leerheit meditieren, außer zu der Zeit, die wir in der Ohnmacht, oder Bewusstlosigkeit, des Geistes der schwarzen Naherlangung verbringen.

Damit wir die vier Leeren so deutlich wahrnehmen können wie im Todesprozess, müssen wir imstande sein, alle Winde in den unzerstörbaren Tropfen in der Mitte des Herzkanal-Rades aufzulösen. Lösen sie sich in ein anderes Kanal-Rad des Zentralkanals auf wie in das Nabelkanal-Rad, dann erleben wir ähnliche Erscheinungen, die jedoch künstlich sein werden – sie werden nicht die echten Erscheinungen sein, die auftreten, wenn sich die Winde in den unzerstörbaren Tropfen auflösen, so wie sie es zur Todeszeit tun.

Obwohl ein vollendeter Meditierender für lange Zeit im klaren Licht verweilen kann, muss er oder sie schließlich weitergehen. Wenn wir uns aus dem klaren Licht erheben, erleben wir zuerst den Geist der schwarzen Naherlangung der umgekehrten Folge. Dann erleben wir nacheinander den Geist der roten Vermehrung, den Geist der weißen Erscheinung, die achtzig groben begrifflichen Geistesarten, den Geist der kerzenflammenähnlichen Erscheinung und so weiter, während sich die Geistesarten in der umgekehrten Reihenfolge entwickeln, in der sie sich zuvor aufgelöst haben.

Der Geist des klaren Lichts ist also die Grundlage aller anderen Geistesarten. Wenn sich die groben und subtilen Geistesarten und die sie tragenden Winde im unzerstörbaren Tropfen im Herzen auflösen, bleibt nur das klare Licht übrig. Und aus diesem klaren Licht entstehen dann nacheinander alle anderen Geistesarten, jede gröber als die vorherige.

Gewöhnliche Wesen erleben diese fortlaufenden und umgekehrten Reihenfolgen während des Schlafes und der anfänglichen Stufen des Aufwachens sowie während des Todes und der anfänglichen Stufen ihrer nächsten Wiedergeburt. Fähige Praktizierende der Vollendungsstufe erleben sie während der Meditation. Weil erleuchtete Wesen eine dauerhafte Beendigung der sieben oben genannten Winde erlangt haben, erleben sie nur den sehr subtilen Geist des klaren Lichts. Selbst ihr Mitgefühl und ihr Bodhichitta sind Teil ihres Geistes des klaren Lichts.

Ghantapa

Die Vollendungsstufe des Mahamudra

Der Begriff «Mahamudra» ist Sanskrit. «Maha» bedeutet «groß» und bezieht sich auf große Glückseligkeit. «Mudra» bedeutet hier «nichttäuschend» und bezieht sich auf Leerheit. Mahamudra ist die Vereinigung von großer Glückseligkeit und Leerheit. Mahamudra Tantra wird definiert als ein Geist des vollqualifizierten klaren Lichts, der große Glückseligkeit erlebt und Leerheit direkt verwirklicht. Weil Leerheit in Buddhas Sutra Lehren sehr genau erklärt wird und weil sie ein Teil des Mahamudra ist, besagen einige Texte, dass Leerheit Sutra Mahamudra ist. Doch eigentliches Mahamudra ist zwangsläufig eine Verwirklichung des Höchsten Yoga Tantra.

Die Anleitungen zum Mahamudra Tantra, die der Weisheitsbuddha Je Tsongkhapa Losang Dragpa gegeben hat, sind denjenigen überlegen, die von anderen Gelehrten gegeben wurden. So sagt der Gelehrte Gungtang in *Gebet für das Erblühen der Lehre Je Tsongkhapas*:

> Die Leerheit, die in Buddhas Sutra Lehren erklärt wird,
> Und die große Glückseligkeit, die in Buddhas tantrischen
> Lehren erklärt wird –

Die Vereinigung dieser beiden ist die wirkliche Essenz der vierundachtzigtausend Lehren Buddhas.
Möge die Lehre des Eroberers Losang Dragpa für immer erblühen.

Die Natur des Mahamudra ist ein vollqualifiziertes klares Licht. Wie schon erwähnt gibt es abhängig vom Grad der Auflösung der inneren Winde in den Zentralkanal viele verschiedene Ebenen des klaren Lichts. Die Verwirklichung der großen Glückseligkeit, die vor dem Erlangen des vollqualifizierten klaren Lichts in Abhängigkeit vom Eintreten, Verweilen und Auflösen der inneren Winde im Innern des Zentralkanals entsteht, ist die erste der fünf Stufen der Vollendungsstufe. Sie wird «isolierter Körper und isolierte Rede der Vollendungsstufe» genannt. Das bedeutet, dass der Praktizierende auf dieser Stufe von groben gewöhnlichen Erscheinungen und Vorstellungen des Körpers und der Rede frei, oder isoliert, ist.

Ein vollqualifizierter Geist des klaren Lichts, der große Glückseligkeit erlebt und Leerheit mit einem allgemeinen Bild verwirklicht, wird «endgültiges beispielklares Licht» genannt. Diese Verwirklichung wird «endgültig» genannt, weil sie ein vollqualifiziertes klares Licht ist. Sie wird «Beispiel» genannt, weil Praktizierende beispielhaft anhand dieser Verwirklichung verstehen, dass sie einen vollqualifizierten Geist des klaren Lichts erlangen können, der große Glückseligkeit erlebt, welche Leerheit direkt verwirklicht. Dieser Geist wird «sinnklares Licht» genannt. Die Verwirklichung des endgültigen beispielklaren Lichts ist die zweite der fünf Stufen der Vollendungsstufe. Sie wird auch «isolierter Geist» genannt, weil Praktizierende auf dieser Stufe von groben gewöhnlichen

Erscheinungen und Vorstellungen des Geistes frei, oder isoliert, sind.

Wenn sich Praktizierende aus der Konzentration des endgültigen beispielklaren Lichts erheben, verwandelt sich ihr unzerstörbarer Wind, ihr ständig verweilender Körper, in den illusorischen Körper. Dies ist ein göttlicher Körper, dessen Natur Weisheitslicht ist und der den Aspekt des göttlichen Körpers einer erleuchteten Gottheit wie Heruka hat. Die Farbe des illusorischen Körpers ist weiß. Die Verwirklichung des illusorischen Körpers ist die dritte der fünf Stufen der Vollendungsstufe und wird «der illusorische Körper der dritten Stufe» genannt.

Praktizierende, die den illusorischen Körper der dritten Stufe erlangt haben, meditieren mit ihrem Geist des klaren Lichts der Glückseligkeit immer wieder über Leerheit, bis sie die Leerheit aller Phänomene direkt verwirklichen. Wenn sie dies erreichen, erlangen sie das «sinnklare Licht»: ein vollqualifizierter Geist des klaren Lichts, der große Glückseligkeit erlebt, die die Leerheit aller Phänomene direkt verwirklicht. Die Verwirklichung des sinnklaren Lichts ist die vierte der fünf Stufen der Vollendungsstufe und wird «das sinnklare Licht der vierten Stufe» genannt. «Sinnklares Licht» und «Mahamudra Tantra» sind Synonyme.

Wenn sich Praktizierende aus der Konzentration des sinnklaren Lichts erheben, erlangen sie den reinen illusorischen Körper und geben alle gewöhnlichen Vorstellungen und alle anderen Verblendungen vollkommen auf. Wenn diese Praktizierenden das sinnklare Licht abermals manifestieren, erlangen sie die Vereinigung von sinnklarem Licht und reinem illusorischen Körper. Die Verwirklichung dieser Vereinigung ist die fünfte der fünf Stufen der Vollendungsstufe und wird «Vereinigung der fünften Stufe» genannt. Von dieser fünften Stufe aus erlangen Praktizierende die eigentliche Erleuchtung, den Pfad des Nicht-Mehr-Lernens, oder Buddhaschaft.

Wie oben erwähnt ist Mahamudra die Vereinigung von großer Glückseligkeit und Leerheit. Das bedeutet, Mahamudra Tantra ist ein einzelner Geist, der beides ist, Glückseligkeit und Weisheit: er erlebt große Glückseligkeit und verwirklicht Leerheit direkt. Mahamudra Tantra ist sowohl eine Ansammlung von Verdiensten, die die Hauptursache für den Formkörper eines Buddha ist, als auch eine Ansammlung von Weisheit, die die Hauptursache für den Wahrheitskörper eines Buddha ist, den Dharmakaya. Wenn wir uns in den Meditationen des Mahamudra Tantra schulen, wandeln wir unseren ständig verweilenden Körper und Geist in den Formkörper und Wahrheitskörper eines Buddha um. Mahamudra Tantra verleiht unserem Leben deshalb eine unvorstellbare Bedeutung.

GROSSE GLÜCKSELIGKEIT

Die Glückseligkeit, die von Buddha im Vollendungsstufentantra erklärt wird, ist ohnegleichen unter allen anderen Arten der Glückseligkeit und wird deshalb «große Glückseligkeit» genannt.

Im Allgemeinen gibt es viele unterschiedliche Arten von Glückseligkeit. So erleben zum Beispiel gewöhnliche Wesen während sexueller Aktivität manchmal eine künstliche Glückseligkeit und qualifizierte Meditierende erleben aufgrund ihrer reinen Konzentration in tiefer Meditation eine besondere Glückseligkeit der Geschmeidigkeit, besonders dann, wenn sie ruhiges Verweilen erlangen und die Konzentration der Versenkung der Beendigung verwirklichen. Erlangen Dharma Praktizierende darüber hinaus durch Schulung in höherer moralischer Disziplin, höherer Konzentration und höherer

Weisheit beständigen inneren Frieden, indem sie das Festhalten am Selbst aufgeben, dann erleben sie Tag und Nacht und Leben für Leben die tiefgründige Glückseligkeit inneren Friedens. Diese Arten von Glückseligkeit werden in Buddhas Sutra Lehren erwähnt. Die Glückseligkeit der Vollendungsstufe ist jedoch ziemlich verschieden von all diesen und ihnen weit überlegen. Die Glückseligkeit der Vollendungsstufe, die große Glückseligkeit, ist eine Glückseligkeit, die zwei besondere Merkmale aufweist: (1) ihre Natur ist eine Glückseligkeit, die aus dem Schmelzen der Tropfen im Innern des Zentralkanals entsteht, und (2) hat sie die Funktion, subtile fehlerhafte Erscheinung zu verhindern. Keine andere Form von Glückseligkeit besitzt diese zwei Merkmale.

Eine Glückseligkeit, die diese zwei Merkmale besitzt, kann nur von Praktizierenden des Höchsten Yoga Tantra und von Buddhas erfahren werden. Selbst viele hohe Bodhisattvas, die in Reinen Ländern weilen, haben keine Möglichkeit, diese Art der Glückseligkeit zu erleben. Obwohl sie sehr hohe Verwirklichungen haben, fehlen ihren Körpern die notwendigen physischen Bedingungen, um Glückseligkeit, die die zwei Merkmale besitzt, zu erzeugen. Welche Bedingungen sind das? Es sind die drei Elemente Fleisch, Haut und Blut, die von der Mutter stammen, sowie die drei Elemente Knochen, Mark und Sperma, die vom Vater stammen. Diese sechs Elemente sind wesentlich, um die Glückseligkeit zu erlangen, die der schnelle Pfad zur Buddhaschaft ist. Buddha erklärte uns die tantrischen Lehren vor allem deshalb, weil Menschen diese sechs Bedingungen haben. Daher sind wir in dieser Hinsicht mehr vom Glück begünstigt als viele hohe Bodhisattvas, die in Reinen Ländern verweilen und große Vergnügen erfahren. Es heißt, dass diese Bodhisattvas dafür beten, in der Welt der Menschen geboren zu werden, sodass sie einem qualifizierten

Vajrameister begegnen und den schnellen Pfad zur Erleuchtung üben können. In *Lied der Frühlingskönigin* sagt Je Tsongkhapa, dass es ohne die Erfahrung dieser Glückseligkeit unmöglich ist, in diesem Leben Befreiung zu erlangen. Damit versteht es sich von selbst, dass es ohne die Erfahrung dieser Glückseligkeit unmöglich ist, in diesem Leben die volle Erleuchtung zu erlangen.

Wenn wir diese Glückseligkeit durch die Praxis der Vollendungsstufenmeditation entwickeln und aufrechterhalten, dann können wir unsere Anhaftung in eine besondere Methode umwandeln, um den schnellen Pfad zur Erleuchtung zu vollenden. Bevor wir diese Glückseligkeit erlangen, verursacht unsere Anhaftung eine Wiedergeburt in Samsara, haben wir jedoch erst einmal diese Glückseligkeit, dann führt unsere Anhaftung zur Befreiung aus Samsara. Sobald wir diese Glückseligkeit erlangt haben, werden wir außerdem imstande sein, unsere samsarischen Wiedergeburten sehr schnell zu beenden. Die Ursache von Samsara ist unser Geist des Festhaltens am Selbst. Den Lehren des Höchsten Yoga Tantra zufolge hängt das Festhalten am Selbst von seinem tragenden Wind ab, der durch die rechten und linken Kanäle fließt. Bei uns Menschen kann sich ohne diesen Wind das Festhalten am Selbst nicht entwickeln. Indem wir die Glückseligkeit der Vollendungsstufe gewinnen, können wir die inneren Winde der rechten und linken Kanäle allmählich verringern, bis sie schließlich vollständig aufhören. Hören diese Winde auf, dann hört auch unser Festhalten am Selbst auf und wir erfahren Befreiung aus Samsara.

Daraus sehen wir, dass es in Sutra allein keine Befreiung gibt, von voller Erleuchtung ganz zu schweigen. Die Lehren des Höchsten Yoga Tantra sind Buddhas endgültige Absicht, während seine Sutra Lehren die Grundlage sind. Obwohl es in den Sutra Lehren viele Erklärungen gibt, wie Befreiung oder Nirvana erreicht wird, ist es bei näherer Untersuchung sehr schwierig anhand der Sutra Lehren zu verstehen, wie Nirvana erlangt werden kann. «Nirvana» bedeutet «der Zustand jenseits von Leid»: die dauerhafte Beendigung des Festhaltens am Selbst und seines tragenden Windes, und seine Natur ist Leerheit. Haben wir nie Unterweisungen des Höchsten Yoga Tantra gehört und jemand würde uns fragen, wie genau wir ein solches Nirvana erlangen, dann könnten wir keine vollständige Antwort geben. Wie Je Tsongkhapa sagte, finden wir die endgültige Antwort auf diese Frage nur in den Lehren des Höchsten Yoga Tantra.

Die Glückseligkeit, die aus dem Schmelzen der Tropfen in den Kanälen außerhalb des Zentralkanals entsteht, hat keine besonderen Eigenschaften. Zum Beispiel führt die sexuelle Vereinigung gewöhnlicher Wesen dazu, dass sich der abwärts entleerende Wind nach oben bewegt. Das wiederum führt dazu, dass sich ihre gewöhnliche innere Hitze, oder Tummo, im rechten und linken Kanal verstärkt, und zwar hauptsächlich im linken Kanal. Dadurch schmelzen die roten Tropfen der Frau und die weißen Tropfen des Mannes und fließen durch den linken Kanal. Durch dieses Fließen der Tropfen erleben sie etwas Glückseligkeit, die jedoch sehr kurzlebig ist, denn die Tropfen werden bald freigelassen. Außer dieser kurzen Erfahrung von Glückseligkeit bleiben keine guten Ergebnisse zurück, außer vielleicht ein Kind!

Wenn im Gegensatz dazu ein qualifizierter tantrischer Praktizierender die Vollendungsstufenmeditationen übt, die oben erklärt wurden, wird er oder sie die inneren Winde innerhalb des Zentralkanals sammeln, sie dort verweilen und sich auflösen lassen. Dies führt dazu, dass sich der abwärts entleerende Wind, der sich genau unterhalb des Nabels befindet, nach oben bewegt. Normalerweise führt dieser Wind zum Freilassen der Tropfen. Da er aber jetzt im Innern des Zentralkanals aufsteigt, verstärkt sich die innere Hitze am Nabel innerhalb des Zentralkanals, wodurch auch die Tropfen innerhalb des Zentralkanals schmelzen und fließen.

Beim Praktizierenden einer männlichen Gottheit beginnt der weiße Tropfen vom Scheitel abwärts zu fließen. Wenn er den Hals erreicht, erlebt der oder die Praktizierende eine ganz besondere Glückseligkeit, die die zwei Merkmale, oder Eigenschaften, aufweist. Während der Tropfen zum Herzen fließt, wird die Glückseligkeit stärker und qualifizierter, und während er zum Nabel fließt, wird sie noch stärker und qualifizierter, und während er schließlich zur Spitze des Geschlechtsorgans fließt, erlebt der oder die Praktizierende spontane große Glückseligkeit: die große Glückseligkeit der Vollendungsstufe. Da der abwärts entleerende Wind nach oben gelenkt wurde, wird der Tropfen zu diesem Zeitpunkt nicht freigelassen, sondern fließt durch den Zentralkanal wieder nach oben. Dadurch erlebt der Praktizierende eine noch größere Glückseligkeit. Bei solch einem Praktizierenden werden die Tropfen nie freigelassen und so fließen sie für sehr lange Zeit im Zentralkanal auf und ab, was eine unaufhörliche Glückseligkeit entstehen lässt. Der Praktizierende kann diese Glückseligkeit zu jeder Zeit manifest werden lassen, indem er einfach mit Konzentration in den Zentralkanal eindringt.

Je stärker diese Glückseligkeit wird, umso subtiler wird unser Geist. Allmählich wird unser Geist sehr friedvoll. Alle begrifflichen Ablenkungen verschwinden und wir erleben eine ganz besondere Geschmeidigkeit. Ein solcher Geist ist der Erfahrung des ruhigen Verweilens, das in den Sutra Lehren erklärt wird, unendlich überlegen. Zudem verringert sich unsere subtile fehlerhafte Erscheinung, wenn unser Geist subtiler wird, und schließlich wird unser Geist zum sehr subtilen Geist des klaren Lichts der Glückseligkeit. Dies ist eine sehr hohe Verwirklichung. Wenn sich das klare Licht der Glückseligkeit auf Leerheit konzentriert, vermischt es sich sehr leicht mit der Leerheit, da sich subtile fehlerhafte Erscheinung beträchtlich verringert hat. Schließlich verwirklicht es Leerheit direkt und während wir vorher das Gefühl hatten, als seien unsere Glückseligkeit und Leerheit zwei Dinge, so sind sie nun zu einer Natur geworden. Dieser Geist ist die Vereinigung von Glückseligkeit und Leerheit, oder sinnklares Licht.

Die anfängliche Verwirklichung der Vereinigung von großer Glückseligkeit und Leerheit ist der Pfad des Sehens des Höchsten Yoga Tantra. Obwohl es nur der Pfad des Sehens ist, hat er aber die Kraft, sowohl die intellektuell gebildeten als auch die angeborenen Verblendungen zu beseitigen. Wenn sich der Praktizierende aus dieser Konzentration der Vereinigung von Glückseligkeit und Leerheit erhebt, hat er oder sie alle Verblendungen aufgegeben und Befreiung erlangt. Zur gleichen Zeit hat er oder sie auch den reinen illusorischen Körper erlangt. Von diesem Moment an ist der Körper des Praktizierenden ein Vajrakörper, ein unsterblicher Körper, und er oder sie wird nie wieder Altern, Krankheit oder verunreinigte Wiedergeburt erleben.

Wie oben erwähnt benutze der Praktizierende zuvor, als er noch gewöhnlich war, einen Körper, der von anderen angenommen wurde, von seinen oder ihren Eltern. Normalerweise sagen wir: «Mein Körper, mein Körper», so als ob dieser gegenwärtige grobe Körper unser wirklicher Körper wäre. Er ist jedoch nicht unser wirklicher Körper, denn ursprünglich war er Teil der Körper unserer Eltern. Wenn ein tantrischer Praktizierender jedoch einen Vajrakörper erlangt, hat er seinen eigenen Körper manifestiert, den ständig verweilenden Körper. Wenn er diesen Vajrakörper wahrnimmt, denkt er «Ich» und «Mein». Solch ein Praktizierender ist nun zu einer unsterblichen Person geworden.

Wir hatten unseren sehr subtilen Körper, unsere sehr subtile Rede und unseren sehr subtilen Geist seit anfangsloser Zeit. Diese sind der ständig verweilende Körper, die ständig verweilende Rede und der ständig verweilende Geist und sie sind unsere eigentliche Buddha Natur. Die Buddha Natur, die im Sutra erklärt wird, ist nicht die eigentliche Buddha Natur, denn sie ist ein grobes Objekt, das aufhören wird; die eigentliche Buddha Natur wird nur im Höchsten Yoga Tantra erklärt. Normalerweise sind für gewöhnliche Wesen Tiefschlaf und Tod die einzigen Zeiten, in denen sich der sehr subtile Körper, die sehr subtile Rede und der sehr subtile Geist manifestieren. Doch obwohl sie normalerweise nicht manifest sind, ist unser sehr subtiler Körper der Samen für den Körper eines Buddha, unsere sehr subtile Rede ist der Samen für die Rede eines Buddha und unser sehr subtiler Geist ist der Samen für den Geist eines Buddha.

Wie schon erwähnt ist der sehr subtile Körper der sehr subtile Wind, der den sehr subtilen Geist trägt. Dieser sehr subtile Körper und der sehr subtile Geist sind immer zusammen. Da sie von derselben Natur und nie getrennt sind, werden sie auch «unzerstörbarer Wind» und «unzerstörbarer Geist» genannt. Die Vereinigung von unzerstörbarem Wind und unzerstörbarem Geist befindet sich normalerweise im unzerstörbaren Tropfen innerhalb des Zentralkanals im Herzen.

Unser sehr subtiler Geist manifestiert sich nur, wenn sich alle unsere inneren Winde im Innern des Zentralkanals auflösen. Wenn dies geschieht, erleben wir allmählich die oben beschriebenen acht Zeichen, während wir die verschiedenen Ebenen der Auflösung durchlaufen. Auf der letzten Ebene der

Auflösung manifestiert sich schließlich der sehr subtile Geist des klaren Lichts. Zur gleichen Zeit manifestiert sich auch der sehr subtile Körper.

Zum Zeitpunkt des Todes lösen sich die inneren Winde ganz natürlich und vollständig innerhalb des Zentralkanals auf und der sehr subtile Geist und der sehr subtile Körper manifestieren sich in natürlicher Weise, aber wir können sie nicht erkennen. Doch durch die Praxis der oben erklärten Vollendungsstufenmeditationen können wir unseren sehr subtilen Geist und Körper während der Meditation manifestieren. Bis wir die Verwirklichung des illusorischen Körpers erlangt haben, wird unser sehr subtiler Körper noch keine endgültige Form oder Farbe aufrechterhalten können. Wenn wir die Vereinigung von Glückseligkeit und Leerheit erlangen, verwandelt sich unser sehr subtiler Geist in das sinnklare Licht, und wenn wir uns aus dieser Meditation erheben, verwandelt sich unser sehr subtiler Körper in den Vajrakörper, oder den reinen illusorischen Körper, der eine bestimmte Form, Farbe und so weiter hat.

Sind wir zum Beispiel ein Heruka Praktizierender, dann legen wir die Grundlage für den illusorischen Körper, wann immer wir uns in der Selbsterzeugung als Heruka mit einem blaufarbigen Körper, vier Gesichtern, zwölf Armen und so weiter schulen. Wenn sich unser sehr subtiler Körper in der Zukunft in den illusorischen Körper umwandelt, wird er wie der echte Heruka aussehen. Vorher war er lediglich ein vorgestellter Körper, doch zu dieser Zeit wird er echt sein. Das ist ein sehr guter Grund, warum wir die Erzeugungsstufe jetzt sehr aufrichtig üben sollten.

Wenn wir den reinen illusorischen Körper erlangt haben, betrachten wir unseren groben Körper nicht länger als unseren Körper. Die Grundlage für die Zuschreibung unseres Ich hat sich vollkommen geändert und wir schreiben jetzt unser

Ich auf den subtilen Körper zu. Wenn wir dies erlangt haben, sind wir unsterblich geworden, denn unser Geist und Körper werden sich nie mehr trennen. Tod ist die dauerhafte Trennung von Körper und Geist. Der Körper und Geist derjenigen, die den illusorischen Körper erlangt haben, werden sich jedoch nie mehr trennen, da sie unzerstörbar sind. Schließlich wird sich unser reiner illusorischer Körper in den Formkörper eines Buddha umwandeln. Unsere Vereinigung von Glückseligkeit und Leerheit wird sich in den Wahrheitskörper eines Buddha umwandeln und wir werden die Vereinigung von Buddhas Formkörper und Wahrheitskörper erleben, die Vereinigung des Nicht-mehr-Lernens.

In *Leitfaden für die Lebensweise eines Bodhisattva* sagt Shantideva im Abschnitt über die Vorteile des Bodhichitta:

> Genau wie das höchste, in Gold verwandelte Elixier,
> Kann Bodhichitta diesen unreinen Körper, den wir
> angenommen haben,
> In das unbezahlbare Juwel der Form eines Buddha
> verwandeln.
> Bewahrt deshalb beharrlich Bodhichitta.

Hier bezieht sich das Wort «Elixier» auf eine besondere Substanz, die von großen Meistern wie Nagarjuna verwendet wurde, um Eisen in Gold zu verwandeln. In diesem Vers wird gesagt, dass Bodhichitta eine besondere Methode ist, die wie dieses erhabene Elixier die Kraft hat, unseren unreinen Körper in den Formkörper eines Buddha zu verwandeln. Wie ist das möglich? Dem Sutra zufolge kann ein Praktizierender die Erleuchtung nicht in einem einzigen Leben erlangen. Er muss viele Leben lang üben, bis er oder sie schließlich mit einem reinen Körper im Reinen Land Akanishta geboren wird. Nur mit diesem reinen Körper kann er oder sie Buddhaschaft erlangen.

Es gibt weder im Sutra noch im Tantra eine Methode, unseren gegenwärtigen unreinen Körper in den Körper eines Buddha zu verwandeln. Dieser unreine Körper muss sterben und zurückgelassen werden. Sogar der heilige Buddha Shakyamuni ließ, als er starb, den groben Körper schließlich zurück, der von seinen Eltern stammte. Fragen wir uns also, wie Bodhichitta diesen unreinen Körper in den Körper eines Buddha verwandeln kann, so gibt es in den Sutra Lehren keine richtige Antwort. Das ist so, weil den Sutra Lehren zufolge der grobe Körper der wirkliche Körper ist. Die Sutras erwähnen nie den ständig verweilenden Körper, den Vajrakörper, oder unsterblichen Körper.

Wenn wir jedoch der tantrischen Sicht folgen, können wir die Frage wie folgt beantworten: Der Körper, den Shantideva meint, ist nicht der grobe Körper, sondern unser eigener Körper, unser ständig verweilender Körper. Dieser ist der sehr subtile Wind, der unseren sehr subtilen Geist trägt. Zurzeit ist er ein unreiner Körper, weil er von Verblendungen und anderen Behinderungen verdunkelt ist, so wie ein blauer Himmel, der von Wolken bedeckt ist. Diese Verunreinigungen sind nicht die Natur unseres subtilen Körpers, sondern vorübergehende Verunreinigungen. Die Methode, diesen unreinen Körper in den Formkörper eines Buddha zu verwandeln, ist nicht der konventionelle Bodhichitta, sondern der endgültige Bodhichitta des Höchsten Yoga Tantra, die Vereinigung von großer Glückseligkeit und Leerheit. Dieser endgültige Bodhichitta kann unseren unreinen ständig verweilenden Körper direkt in den reinen illusorischen Körper und schließlich in den Formkörper eines Buddha verwandeln. Weil Shantideva selbst ein aufrichtiger tantrischer Praktizierender war, können wir sicher sein, dass dies die von ihm beabsichtigte Bedeutung ist.

Wie schon erwähnt müssen wir zur Erzeugung der Glückseligkeit, die die zwei besonderen Merkmale hat, unsere inneren Winde im Innern unseres Zentralkanals sammeln und auflösen. Es gibt dafür zwei Methoden: indem wir in unseren eigenen Körper eindringen oder indem wir in den Körper eines anderen eindringen.

Wir beginnen mit dem Eindringen in unseren eigenen Körper. Wie schon erklärt bezieht sich hier der Ausdruck «unser eigener Körper» auf unsere Kanäle, Tropfen und Winde und das «Eindringen» auf die Konzentration auf unseren Zentralkanal, unsere Tropfen und Winde. Die Meditation über den Zentralkanal wird «Yoga des Zentralkanals» genannt. Die Meditation über die Tropfen wird «Yoga des Tropfens» genannt und die Meditation über die Winde wird «Yoga des Windes» genannt.

In den Körper eines anderen einzudringen bedeutet, dass wir uns auf eine Handlungsmudra, eine Gefährtin oder einen Gefährten, verlassen, und mit ihr oder ihm Geschlechtsverkehr haben. Wenn wir nicht bereits eine tiefe Erfahrung und Vertrautheit mit dem Yoga des Zentralkanals, dem Yoga des Tropfens und dem Yoga des Windes erlangt haben, dann werden wir unsere inneren Winde jedoch nicht in den Zentralkanal bringen, indem wir einfach in den Körper eines anderen eindringen. Das bedeutet, dass wir Erfahrung damit haben müssen, einige unserer Winde innerhalb des Zentralkanals im Herzkanal-Rad aufzulösen und dadurch die acht Zeichen der Auflösung von der luftspiegelungsähnlichen Erscheinung bis zum klaren Licht klar wahrzunehmen. Erst nachdem wir eine solche Erfahrung erlangt haben, ist die richtige Zeit gekommen, uns auf eine Handlungsmudra zu verlassen. Diese Reihenfolge der Praxis ist sehr wichtig.

Es gibt nur zehn Tore, durch die die Winde in den Zentralkanal eintreten können. Sie verlaufen entlang des Zentralkanals wie folgt: (1) die obere Spitze des Zentralkanals: der Punkt zwischen den Augenbrauen, (2) die untere Spitze: die Spitze des Geschlechtsorgans, (3) die Mitte des Scheitelkanal-Rades: am Scheitel des Schädels, (4) die Mitte des Halskanal-Rades: nahe der Rückseite des Halses, (5) die Mitte des Herzkanal-Rades: in der Mitte der Brust, (6) die Mitte des Nabelkanal-Rades, (7) die Mitte des Geheime-Stelle-Kanal-Rades: vier Fingerbreit unterhalb des Nabels, (8) die Mitte des Juwelkanal-Rades: in der Mitte des Geschlechtsorgans nahe der Spitze, (9) das Rad des Windes: die Mitte des Stirnkanal-Rades und (10) das Rad des Feuers: die Mitte des Kanal-Rades, das sich in der Mitte zwischen dem Hals- und dem Herzkanal-Rad befindet. So wie wir durch jede Außentür in ein Haus eintreten können, so können auch die Winde durch jedes dieser zehn Tore in den Zentralkanal eintreten.

Der Zentralkanal ist in Wirklichkeit ein einziger Kanal, aber er wird in verschiedene Abschnitte unterteilt: der Zentralkanal des Scheitelkanal-Rades, der Zentralkanal des Halskanal-Rades, der Zentralkanal des Herzkanal-Rades, der Zentralkanal des Nabelkanal-Rades und so weiter. Weil es diese unterschiedlichen Stellen gibt, muss ein Praktizierender einen dieser Punkte auswählen und sich auf ihn konzentrieren, wenn er seine Winde in den Zentralkanal bringen möchte.

In *Das klare Licht der Glückseligkeit* erkläre ich, wie die inneren Winde durch das sechste dieser zehn Tore, die Mitte des Nabelkanal-Rades, in den Zentralkanal gebracht werden. Dies tun wir, indem wir uns unsere innere Hitze, das Tummo, innerhalb des Zentralkanals im Nabel im Aspekt eines Kurz-AH vorstellen und darüber meditieren. Diese allgemeine Praxis, die als «Tummo Meditation» bekannt ist, steht im Einklang mit der

Tradition der Sechs Yogas von Naropa. Sie wurde ursprünglich von Buddha Vajradhara im *Hevajra Wurzeltantra* erklärt und ist seitdem von vielen Praktizierenden angewandt worden, zum Beispiel von Milarepa und seinen Schülern sowie später von Praktizierenden der Tradition Je Tsongkhapas. Die Anleitungen der mündlichen Ganden Überlieferungslinie legen jedoch eine außergewöhnliche Praxis des Mahamudra Tantra dar. Diese ist eine sehr besondere Mahamudra Praxis, die Je Tsongkhapa direkt von Manjushri empfing, der sie wiederum direkt von Buddha empfing. Die Linie dieser Anleitungen, die mündliche Ganden Überlieferungslinie, welche eine nahe Überlieferungslinie ist, wurde dann an Togdän Jampel Gyatso, Baso Chökyi Gyaltsän, Mahasiddha Dharmavajra und so fort weitergegeben. Eine vollständige Auflistung der Liniengurus dieser besonderen Anleitung findet sich in *Das klare Licht der Glückseligkeit*. Diese spirituellen Meister sind die Gurus der nahen Überlieferungslinie.

In dieser Praxis des Mahamudra Tantra wählen wir von den zehn Toren die Mitte des Herzkanal-Rades, um die Winde in den Zentralkanal zu bringen. Auf diese Praxis wird in der Sadhana *Darbringung an den spirituellen Meister*, die nach der Tradition Je Tsongkhapas die außergewöhnliche vorbereitende Praxis des Mahamudra Tantra ist, im folgenden Vers hingewiesen:

> Ich erbitte Deine Segnungen, o Beschützer, damit Du Deine Füße
> In die Mitte des achtblättrigen Lotos in meinem Herzen setzt,
> Sodass ich in diesem Leben die Pfade des illusorischen Körpers,
> Des klaren Lichts und der Vereinigung manifestieren möge.

Tatsächlich enthüllen diese Worte, dass das Eindringen in den Zentralkanal des Herzkanal-Rades, den unzerstörbaren Tropfen und den unzerstörbaren Wind – die drei oben erklärten Yogas – Meditationen über den isolierten Körper sind. Diese führen zu den Meditationen über isolierte Rede und isolierten Geist, die ihrerseits zu den Meditationen über den illusorischen Körper, das sinnklare Licht und die Vereinigung führen.

Weil das Eindringen in und die Konzentration auf den unzerstörbaren Tropfen im Herzen eine kraftvolle Methode ist, mit der wir Verwirklichungen der Vollendungsstufe erlangen, preist Buddha Vajradhara diese Methode im *Ambhidana Tantra*:

Diejenigen, die einsgerichtet und unveränderlich
Über den Tropfen meditieren,
Der stets im Herzen weilt,
Werden mit Sicherheit Verwirklichungen erlangen.

Die Praxis des Heruka Körpermandalas

DIE ÜBERLIEFERUNGSLINIE DIESER ANLEITUNGEN

Wie oben erwähnt ist Heruka, der auch als Chakrasambara bekannt ist, eine erleuchtete Gottheit des Höchsten Yoga Tantra, die die Manifestation des Mitgefühls aller Buddhas ist.

Um Lebewesen zum höchsten Glück der Erleuchtung zu führen, erscheint das Mitgefühl aller Buddhas in Form von Heruka, der einen blaufarbigen Körper, vier Gesichter und zwölf Arme hat und seine Gefährtin Vajravarahi umarmt. Jeder Teil von Herukas Körper hat die Natur von Weisheitslicht. Obwohl jeder Aspekt von Herukas Körper große Bedeutung hat, wie im Kommentar zur Praxis des Heruka Körpermandalas *Essenz des Vajrayana* erklärt wird, sollten wir uns zu Beginn mit dem bloßen Namen Heruka zufriedengeben. Es ist nicht nötig Herukas Körper zu suchen, denn je mehr wir nach ihm suchen, umso eher wird er verschwinden, ähnlich wie ein Regenbogen. Der Name Heruka hat drei Teile, «He», «ru» und «ka». «He» bezieht sich auf die Leerheit aller Phänomene, «ru» auf große Glückseligkeit und «ka» auf die Vereinigung von großer Glückseligkeit und Leerheit. Das zeigt, dass wir die Verwirklichung der Vereinigung von großer Glückseligkeit und Leerheit erlangen, den eigentlichen schnellen Pfad zur Erleuchtung, wenn wir uns mit Vertrauen auf Heruka verlassen.

Heruka, der auf Buddhas Freudenkörper zugeschrieben wird, ist der «Freudenkörper-Heruka» und der Heruka, der auf Buddhas Emanationskörper zugeschrieben ist, ist der «Emanationskörper-Heruka». Beide zusammen werden «interpretativer Heruka» genannt. Der Emanationskörper-Heruka kann sogar von gewöhnlichen Wesen mit einem besonders reinen Geist gesehen werden. Wenn wir durch Schulung imstande sind spontan zu glauben, dass unser spiritueller Meister eine Emanation Herukas ist, sehen wir den Emanationskörper-Heruka. Der Heruka, der auf Buddhas Wahrheitskörper, oder Dharmakaya, zugeschrieben wird, wird «definitiver Heruka» genannt und hat nie eine Form, Gestalt oder Farbe. Da seine Grundlage der Zuschreibung, Buddhas Wahrheitskörper, äußerst subtil ist, kann der definitive Heruka nur von Buddhas gesehen werden und nicht von anderen Wesen. Er wird auch «Weisheitswesen Buddha Heruka» genannt. Der definitive Heruka durchdringt das ganze Universum. Es gibt keinen einzigen Ort, wo der definitive Heruka abwesend ist.

Buddha erklärte ausführliche, mittlere und zusammengefasste Heruka Wurzeltantras. *Zusammengefasstes Wurzeltantra* und viele seiner Kommentare, geschrieben von indischen buddhistischen Gelehrten des Tantra wie den großen Yogis Ghantapa und Naropa, wurden aus dem Sanskrit ins Tibetische übersetzt. Später schrieben viele tantrische Gelehrte aus Tibet wie der große Übersetzer Marpa, der Gründer der Kagyü Tradition, und Je Tsongkhapa, der Gründer der Gelug Tradition, Kommentare zur Praxis des Heruka Tantra. In unserer Zeit schrieb der große Lama Je Phabongkhapa besondere

Kommentare zu den Übungen des Heruka Körpermandalas und zu Vajrayogini. Er schrieb auch viele tiefgründige rituelle Gebete, oder Sadhanas, und gab dazu ausführliche Unterweisungen. Es ist der großen Güte Je Phabongkhapas und seines Herzensschülers Vajradhara Trijang Rinpoche zu verdanken, dass selbst in diesen Zeiten extremen spirituellen Niedergangs die tiefgründigen Übungen des Heruka Körpermandalas und von Vajrayogini im Osten wie im Westen erblühen.

Je Phabongkhapa hatte direkte Visionen von Heruka. Einmal teilte Heruka ihm mit: «Sieben Generationen lang werden Praktizierende deiner Anleitungen von Heruka und Vajrayogini das besondere Glück haben, mit Leichtigkeit Verwirklichungen dieser Übung zu erlangen.» Jedes Mal, wenn ich darüber nachdenke, denke ich: «Wie sehr sind wir von Glück begünstigt.» Es heißt, dass es in dem Maße, in dem der allgemeine Grad an Spiritualität abnimmt, für Praktizierende zunehmend schwieriger wird, die Segnungen anderer Gottheiten wie Guhyasamaja und Yamantaka zu empfangen. Bei Heruka und Vajrayogini jedoch ist das Gegenteil der Fall. Je stärker die Zeiten degenerieren, desto leichter erhalten Praktizierende ihre Segnungen. Das ist so, weil die Menschen dieser Welt eine besondere karmische Verbindung zu Heruka und Vajrayogini haben und weil sowohl die Emanationen von Heruka und Vajrayogini als auch ihre Orte, die Reinen Länder Keajras, diese ganze Welt durchdringen.

Der erste Überlieferungslinienhalter dieser Anleitungen des Heruka Körpermandalas ist der große Yogi Ghantapa. Er erhielt die Ermächtigung und Anleitungen des Heruka Körpermandalas direkt von Heruka. Ghantapa lebte tief in einem Wald bei Odivisha (dem heutigen Orissa) in Indien, wo er sich intensiv der Meditation über Heruka und Vajrayogini widmete. Da er an einem so abgeschiedenen Ort lebte, war seine

Kost sehr kärglich und sein Körper ausgezehrt. Eines Tages jagte der König von Odivisha im Wald und begegnete zufällig Ghantapa. Als der König sah, wie dünn und schwach jener war, fragte er Ghantapa, warum er im Wald bei solch karger Kost lebe. Er ermunterte Ghantapa, mit ihm in die Stadt zurückzukehren, wo er ihm Nahrung und Obdach geben würde. Ghantapa antwortete, er könne genauso wenig von den Reichtümern eines Königs in Versuchung geführt werden den Wald zu verlassen, wie es möglich sei, einen großen Elefanten an einem dünnen Faden aus dem Wald zu führen. Der König kehrte erzürnt durch Ghantapas Weigerung in seinen Palast zurück und schwor Rache.

Die Wut des Königs war so groß, dass er einige Frauen aus der Stadt einlud und ihnen von dem überheblichen Mönch im Wald erzählte. Er stellte derjenigen großen Reichtum in Aussicht, die den Mönch verführen und ihn verleiten könne seine Gelübde des Zölibats zu brechen. Eine der Frauen, eine Weinhändlerin, prahlte sie sei dazu imstande. Sie brach in den Wald auf, um Ghantapa zu suchen. Als sie ihn schließlich fand, fragte sie ihn, ob sie seine Gehilfin sein könne. Ghantapa brauchte keine Gehilfin, erkannte jedoch, dass sie beide eine starke Beziehung aus früheren Leben hatten und gestattete ihr zu bleiben. Ghantapa gab ihr spirituelle Anleitungen und Ermächtigungen und sie schulten sich aufrichtig in Meditation. Nach zwölf Jahren erlangten beide die Vereinigung des Nicht-mehr-Lernens, die volle Erleuchtung.

Eines Tages entschlossen sich Ghantapa und die frühere Weinhändlerin, die Menschen der Stadt zu ermutigen, sich mehr für Dharma zu interessieren. Deshalb kehrte die Frau zum König zurück und berichtete, dass sie den Mönch verführt habe. Anfangs bezweifelte der König, dass die Geschichte wahr sei. Doch als sie erklärte, dass sie und Ghantapa nun zwei Kinder hätten, einen Sohn und eine Tochter, freute sich der König über diese Neuigkeit und wies sie an, Ghantapa an einem bestimmten Tag in die Stadt zu bringen. Dann verunglimpfte er Ghantapa in einer öffentlichen Bekanntmachung und befahl seinen Untertanen, sich am verabredeten Tag einzufinden, um den Mönch zu beschimpfen und zu demütigen.

An besagtem Tag verließen Ghantapa und die Frau mit ihren Kindern den Wald, der Sohn zur Rechten Ghantapas und die Tochter zu seiner Linken. Als sie die Stadt erreichten, torkelte Ghantapa, als sei er betrunken. Seine Hand hielt eine Schale und die Frau schenkte Wein ein. Alle Menschen, die sich versammelt hatten, lachten und verhöhnten ihn. Sie schleuderten ihm Beleidigungen und Beschimpfungen entgegen. «Vor langer Zeit», so verspotteten sie ihn, «lud dich unser König in die Stadt ein. Doch hochmütig lehntest du die Einladung ab. Nun kommst du betrunken und mit einer Weinhändlerin. Was für ein schlechtes Beispiel eines Buddhisten und Mönchs!» Als sie fertig waren, schien Ghantapa wütend zu werden. Er warf die Schale zu Boden. Sie versank in der Erde, wobei sie den Boden aufbrach und eine Quelle erscheinen ließ. Ghantapa verwandelte sich augenblicklich in Heruka und die Frau verwandelte sich in Vajrayogini. Der Junge verwandelte sich in einen Vajra, den Ghantapa in seiner Rechten hielt und das Mädchen verwandelte sich in eine Glocke, die er in seiner Linken hielt. Dann umarmten sich Ghantapa und seine Gefährtin und flogen in den Himmel.

Die Menschen staunten und bedauerten sofort zutiefst ihre Respektlosigkeit. Sie warfen sie sich vor Ghantapa nieder und baten ihn und die Emanation Vajrayoginis zurückzukehren. Ghantapa und seine Gefährtin lehnten das ab, sagten den Menschen jedoch, dass sie ein Bekenntnis vor Mahakaruna ablegen sollten, der Verkörperung von Buddhas großem Mitgefühl, falls ihr Bedauern aufrichtig sei. Aufgrund der starken Reue des Volkes von Odivisha und durch die Kraft ihrer Gebete entstand aus der Quelle eine Statue Mahakarunas. Die Menschen von Odivisha wurden sehr hingebungsvolle Dharma Praktizierende und viele von ihnen erlangten Verwirklichungen. Die Statue Mahakarunas ist noch heutzutage zu sehen.

Vajrayogini sah, dass aufgrund von Ghantapas reiner Heruka und Vajrayogini Praxis im Wald der richtige Zeitpunkt für ihn gekommen war, um ihre Segnungen zu empfangen und so manifestierte sie sich als Weinhändlerin. Durch ihr Zusammenleben erlangte Ghantapa den Zustand der vollen Erleuchtung.

In diesen modernen Zeiten fällt es uns schwer zu glauben, dass Menschen fliegen können, doch war so etwas nicht ungewöhnlich in alten Zeiten, als Menschen starke Potenziale für spirituelle Erlangungen hatten. Milarepa, ein großer Praktizierender von Heruka und Vajrayogini, erzählte einmal einer großen Versammlung seiner Schüler – so wird es in seiner Lebensgeschichte geschildert –, wie er die Fähigkeit erlangt hatte zu fliegen. Er hatte durch verschiedene Methoden, wie seiner Tummo Meditation, die Knoten des Zentralkanals in seinem Herzen, Nabel und unterhalb seines Nabels gelöst. Dadurch entwickelte er eine ganz besondere körperliche Geschmeidigkeit, die seinen Körper durchströmte. So wurde sein Körper ungemein leicht, wie eine weiche Feder. Zuerst konnte er nur levitieren, allmählich jedoch konnte er sich im Raum bewegen, bis er schließlich in der Lage war, wie ein Adler zu fliegen. Eines Tages flog Milarepa über eine kleine Stadt namens Longda, in deren Umgebung ein Vater und sein Sohn ein Feld pflügten. Zuerst sah der Sohn Milarepa fliegen und rief: «Vater, schau in den Himmel. Dort fliegt ein Mann!» Der Vater schaute genau hin und erkannte Milarepa. Er sagte seinem Sohn: «Dieser Mann heißt Milarepa. Er ist ein schlechter Mensch, der viele Leute mit seiner schwarzen Magie getötet hat.» Der Sohn jedoch spürte eine tiefe Wertschätzung für das, was er sah, und sagte: «Es gibt nichts Erstaunlicheres als einen Menschen zu sehen, der am Himmel fliegt.» Milarepa erlangte den erleuchteten Zustand Buddha Herukas durch die Praxis des Heruka Körpermandalas und viele seiner Schüler, einschließlich Rechungpa, erlangten das Reine Land von Keajra ohne ihren menschlichen Körper aufzugeben. Wir wissen das aus seiner Sammlung von Liedern, die auf Tibetisch «gur bum» heißt. Kurz bevor er beabsichtigte zu sterben, gab Milarepa seinen versammelten Schülern Ratschläge und sagte schließlich: «Wir werden uns im Reinen Land Keajra begegnen.» Die eigentliche Methode, das Reine Land Keajra zu erreichen, ist die qualifizierte Meditation über die Selbsterzeugung von Heruka und Vajrayogini.

Milarepa und sein Wurzelguru Marpa haben eine besondere Verbindung zu Je Tsongkhapa und seinem Herzensschüler Khädrubje. Es heißt, dass Marpa eine der früheren Inkarnationen Je Tsongkhapas ist und Milarepa eine der früheren Inkarnationen Khädrubjes. So können wir die große Güte dieser heiligen Wesen verstehen, die den Menschen dieser Welt fortwährend helfen, Generation für Generation, indem sie ihren körperlichen Aspekt verändern.

Das Reine Land Keajra ist das Reine Land Herukas. Es wird manchmal auch «Akanishta» genannt, was «höchstes» Reines Land bedeutet, und «Dakiniland», was zeigt, dass es auch das Reine Land von Vajrayogini ist. Allgemein gilt, dass ein gewöhnlicher Mensch, der eine Wiedergeburt in irgendeinem der Reinen Länder Buddhas annimmt, für immer von allen Leiden befreit ist und nie wieder eine verunreinigte Wiedergeburt in Samsara annehmen wird. Deshalb ist eine

Wiedergeburt in einem Reinen Buddhaland das Gleiche wie die Erlangung von Befreiung oder Nirvana. Aus diesem Grund nennt man es «Erleuchtung in einem Augenblick erlangen», wenn ein gewöhnlicher Mensch durch die Praxis der Bewusstseinsübertragung, oder Powa, in einem Reinen Buddhaland wiedergeboren wird. Dies ist der Erleuchtung jedoch nur ähnlich und ist nicht die eigentliche Erlangung.

Unter allen Reinen Buddhaländern ist das Reine Land Keajra ohnegleichen. Lebewesen, die in anderen Reinen Ländern wie Sukhavati oder Tushita weilen, haben nicht die Möglichkeit, das Tantra der Vollendungsstufe zu üben. Weil ihre Körper keine Kanäle, Tropfen oder das innere Feuer (Tummo) haben, können sie nicht über den Zentralkanal, die Tropfen und das innere Feuer meditieren. Lebewesen, die im Reinen Land Keajra leben, haben jedoch Körper mit Kanälen, Tropfen und innerem Feuer. Diese haben die Natur von Licht, funktionieren jedoch wie die Kanäle, Tropfen und das innere Feuer von Menschen. Sie können deshalb über den Zentralkanal, den unzerstörbaren Tropfen und den unzerstörbaren Wind und Geist meditieren. In dieser Weise können sie die Verwirklichungen des sinnklaren Lichts und des reinen illusorischen Körpers vollenden und Erleuchtung in einem einzigen Leben erlangen. Dies ist das besondere Glück der Lebewesen, die im Reinen Land Keajra weilen. Das zeigt die besondere Kraft der Anleitungen zu den Übungen von Heruka und Vajrayogini. Dadurch, dass sie diese Anleitungen umsetzten, haben die Lebewesen, die im Reinen Land Keajra weilen, dieses besondere Glück.

Die ausführliche Sadhana des Heruka Körpermandalas listet neununddreißig Lehrer der Überlieferungslinie, oder «Überlieferungsliniengurus», auf, von Ghantapa bis zu Heruka Losang Yeshe, Trijang Rinpoche. Alle diese spirituellen Lehrer und viele ihrer Schüler haben die Verwirklichung des Höchsten Yoga Tantra erlangt, indem sie das Heruka Körpermandala und Vajrayogini geübt haben. Wir sollten uns daher mit Zuversicht unserer Praxis des Heruka Körpermandalas und der Praxis von Vajrayogini widmen.

WAS IST DAS HERUKA KÖRPERMANDALA?

In diesem Zusammenhang bezieht sich «Körper» auf unseren subtilen Körper, unsere Kanäle und Tropfen, und «Mandala» bezieht sich auf eine Versammlung erleuchteter Gottheiten. Unsere Kanäle und Tropfen werden «subtiler Körper» genannt, weil sie Teile unseres Körpers und nicht leicht zu erkennen sind. Das Heruka Körpermandala ist die Versammlung des vorgestellten Heruka (wir selbst) mit der Gefährtin Vajravarahi (die dieselbe wie Vajrayogini ist) – die Natur unserer gereinigten unzerstörbaren weißen und roten Tropfen – und unseres vorgestellten Gefolges (die Helden und Heldinnen) – die Natur unserer gereinigten Kanäle und Tropfen – im vorgestellten Reinen Land Keajra. Allgemein bezieht sich «Mandala» entweder auf ein «tragendes» Mandala, das heißt die Welt, die Umgebung und den Palast einer erleuchteten Gottheit oder von Gottheiten, oder auf ein «getragenes» Mandala, das heißt eine Versammlung von erleuchteten Gottheiten.

Das Ziel der Meditation über das Heruka Körpermandala ist, dass unsere Kanäle und Tropfen die kraftvollen Segnungen von Buddha Heruka und seinem Gefolge erhalten. Durch diese Segnungen können wir von allen Hindernissen innerhalb unserer Kanäle und Tropfen befreit werden und unsere Meditation über den Zentralkanal, den unzerstörbaren Tropfen und den unzerstörbaren Wind und Geist wird erfolgreich sein. Dadurch werden wir die oben erwähnten fünf Stufen der

Vollendungsstufe leicht entwickeln und auf ihnen fortschreiten, und hierdurch unser endgültiges Ziel vollenden.

Die Erklärung in diesem Buch, wie das Heruka Körpermandala erzeugt wird und wie man darüber meditiert, ist zwar einfach, beinhaltet jedoch die Essenz. Ich habe sie für diejenigen verfasst, die die ausführliche Sadhana des Heruka Körpermandalas nicht üben können. In dieser Praxis müssen wir die sechsunddreißig Kanäle unseres Körpers visualisieren. Dies sind die vierundzwanzig Kanäle der vierundzwanzig Stellen unseres Körpers, die vier Kanäle unseres Herzkanal-Rades und die acht Kanäle unserer acht Sinnestore. Wir stellen uns auch den weißen und den roten unzerstörbaren Tropfen in unserem Herzen vor sowie die vierundzwanzig Tropfen, die sich in den vierundzwanzig Kanälen der vierundzwanzig Stellen unseres Körpers befinden. Dann müssen wir innerhalb dieser Kanäle und Tropfen die kraftvollen Segnungen von Heruka Vater und Mutter und seinem Gefolge der Helden und Heldinnen empfangen.

Die vierundzwanzig Stellen unseres Körpers stehen für die vierundzwanzig Orte Herukas in dieser Welt. Die vierundzwanzig Stellen unseres Körpers sind: (1) der Haaransatz, (2) der Scheitel, (3) das rechte Ohr, (4) der Nacken, (5) das linke Ohr, (6) der Punkt zwischen den Augenbrauen, (7) die beiden Augen, (8) die beiden Schultern, (9) die beiden Achselhöhlen, (10) die beiden Brüste, (11) der Nabel, (12) die Nasenspitze, (13) der Mund, (14) der Hals, (15) das Herz, (16) die beiden Hoden, (17) die Spitze des Geschlechtsorgans, (18) der Anus, (19) die beiden Oberschenkel, (20) die beiden Waden, (21) die acht Finger und die acht Zehen, (22) die beiden Fußrücken, (23) die beiden Daumen und beiden großen Zehen sowie (24) die beiden Knie.

Wenn wir über das Heruka Körpermandala meditieren, dann meditieren wir über uns selbst als Heruka mit unserer Gefährtin Vajravarahi, die in konzentrischen Kreisen umgeben sind von den vier Yoginis des großen Glückseligkeitsrades, den acht Helden und Heldinnen des Herz-Rades, den acht Helden und Heldinnen des Rede-Rades, den acht Helden und Heldinnen des Körper-Rades und den acht Heldinnen des Verpflichtungsrades. In dieser Weise meditieren wir über die Versammlung der zweiundsechzig erleuchteten Gottheiten. Wir selbst, Heruka und Vajravarahi, gehören zu den Gottheiten des großen Glückseligkeitsrades und sind die Hauptgottheiten.

Während wir über die Versammlung der zweiundsechzig Gottheiten meditieren, sollten wir glauben, dass wir Heruka, die Natur unseres gereinigten unzerstörbaren weißen Tropfens, und Vajravarahi sind, die Natur unseres gereinigten unzerstörbaren roten Tropfens. Die vier Yoginis des großen Glückseligkeitsrades sind die Natur unserer gereinigten vier Kanäle der Hauptrichtungen des Herzkanal-Rades. Die vierundzwanzig Heldinnen des Herz-, Rede- und Körper-Rades sind die Natur unserer gereinigten vierundzwanzig Kanäle der vierundzwanzig Stellen unseres Körpers. Die vierundzwanzig Helden des Herz-, Rede- und Körper-Rades sind die Natur unserer gereinigten vierundzwanzig Tropfen, die sich in den vierundzwanzig Kanälen der vierundzwanzig Stellen unseres Körpers befinden. Die acht Heldinnen des Verpflichtungsrades sind die Natur unserer gereinigten acht Kanäle der acht Sinnestore.

Wenn wir fortwährend jeden Tag in dieser Weise mit starkem Vertrauen und Überzeugung über diese Versammlung der zweiundsechzig erleuchteten Gottheiten meditieren, werden unsere Kanäle und Tropfen ganz sicher die kraftvollen Segnungen dieser erleuchteten Gottheiten empfangen. Wir werden frei von Hindernissen der Kanäle und Tropfen sein und dadurch werden unsere Meditationen über die Vollendungsstufe wirksam sein. Das heißt, dass wir durch diese Meditationen in diesem kurzen Leben das sinnklare Licht, den reinen illusorischen Körper und schließlich die Erleuchtung erlangen werden.

Vielen Praktizierenden der Vollendungsstufe fällt es schwer, ihre inneren Winde durch Meditation innerhalb des Zentralkanals zu sammeln und aufzulösen und ein qualifiziertes klares Licht und Glückseligkeit zu entwickeln. Das ist so, weil ihre Kanäle und Tropfen nicht richtig funktionieren und sogar körperlichen Schmerz hervorrufen können. Indem wir aufrichtig die Meditationen über das Heruka Körpermandala üben, werden wir von all diesen Hindernissen befreit sein.

Von den zweiundsechzig erleuchteten Gottheiten sind Heruka und Vajravarahi die Hauptgottheiten und die anderen sind ihr Gefolge. Die vier Yoginis des großen Glückseligkeits-Rades sind Dakini, Lama, Khandarohi und Rupini. Ihre Aufgabe ist es, uns spontane große Glückseligkeit zu gewähren. Die acht Helden und Heldinnen des Herz-Rades sind Khandakapala und Partzandi, Mahakankala und Tzändriakiya, Kankala und Parbhawatiya, Vikatadamshtri und Mahanasa, Suraberi und Biramatiya, Amitabha und Karwariya, Vajraprabha und Lamkeshöriya, Vajradeha und Drumatzaya. Ihre Aufgabe ist es, uns die Verwirklichung von Buddhas heiligem Geist zu gewähren. Die acht Helden und Heldinnen des Rede-Rades sind Ankuraka und Airawatiya, Vajrajatila und Mahabhairawi, Mahavira und Bayubega, Vajrahumkara und Surabhakiya, Subhadra und Shamadevi, Vajrabhadra und Suwatre, Mahabhairawa und Hayakarne, Virupaksha und Khaganane. Ihre Aufgabe ist es, uns die Verwirklichung von Buddhas heiliger Rede zu gewähren. Die acht Helden und

Heldinnen des Körper-Rades sind Mahabala und Tzatrabega, Ratnavajra und Khandarohi, Hayagriva und Shaundini, Akashagarbha und Tzatrawarmini, Shri Heruka und Subira, Pämanarteshvara und Mahabala, Vairochana und Tzatrawartini, Vajrasattva und Mahabire. Ihre Aufgabe ist es, uns die Verwirklichung von Buddhas heiligem Körper zu gewähren. Unser gegenwärtiger Körper, Rede und Geist sind vom Gift der Verblendungen verunreinigt und somit die Grundlage allen Leidens. Deshalb müssen wir Buddhas heiligen Körper, Rede und Geist verwirklichen. Die acht Heldinnen des Verpflichtungsrades sind Kakase, Ulukase, Shönase, Shukarase, Yamadhati, Yamaduti, Yamadangtrini und Yamamatani. Ihre Aufgabe und Verpflichtung ist es, unsere Hindernisse zu befrieden. Die Helden und Heldinnen der fünf Räder werden so genannt, weil sie die Feinde der gewöhnlichen Erscheinung und Vorstellungen besiegen.

DIE VORBEREITENDEN ÜBUNGEN

Die folgende Erklärung, wie man das Heruka Körpermandala praktiziert, beruht auf den Anleitungen der mündlichen Ganden Überlieferungslinie. Sie ist einfach, aber sehr tiefgründig. Diesen Unterweisungen folgend, sollten wir das Heruka Körpermandala in Verbindung mit der Sadhana, oder rituellem Gebet, *Der Yoga von Buddha Heruka* (siehe Anhang V) üben. Wie diese Sadhana zeigt, gibt es sechs Stufen der Praxis des Heruka Körpermandalas: 1. Schulung in Zufluchtnahme, 2. Schulung in Entsagung, 3. Schulung in Bodhichitta, 4. Schulung in Guru Yoga, 5. Schulung in der Erzeugungsstufe des Heruka Körpermandalas und 6. Schulung in der Vollendungsstufe.

Die ersten vier Schulungen sind vorbereitende Übungen und die übrigen beiden sind die eigentliche Praxis des

Heruka Körpermandalas. So wie ein Fahrzeug seine vier Räder braucht, so benötigt das kostbare Fahrzeug der Praxis des Heruka Körpermandalas die vier Räder der Schulung in Zufluchtnahme, Entsagung, Bodhichitta und Guru Yoga. Die Schulung in Zufluchtnahme ist das Tor, durch das wir in den Buddhismus eintreten. Entsagung ist das Tor, durch das wir in den Pfad zur Befreiung eintreten. Bodhichitta ist das Tor, durch das wir in den Pfad zur Erleuchtung eintreten und Guru Yoga ist das Tor, durch das die Segnungen aller Buddhas in unseren Geist eintreten. Dies sind die Grundlagen, die die Praxis des Heruka Körpermandalas wirksam machen.

SCHULUNG IN ZUFLUCHTNAHME

In dieser Schulung sollten wir uns an das Folgende erinnern und darüber nachdenken, so wie es in Teil Eins erklärt wurde:

> *Ich möchte mich dauerhaft vor den Leiden dieses und zahlloser künftiger Leben schützen und mich davon befreien. Dies kann mir nur gelingen, indem ich Buddhas Segnungen erhalte, Dharma praktisch umsetze und Hilfe der Sangha, den erhabenen spirituellen Freunden, erhalte.*

Während wir tief darüber nachdenken, fassen wir zuerst den festen Entschluss und geben dann das Versprechen, unser ganzes Leben lang aufrichtig Zuflucht zu Buddha, Dharma und Sangha zu suchen. Wir sollten jeden Tag über diesen Entschluss meditieren und unser Versprechen fortwährend für den Rest unseres Lebens halten. Als Hauptverpflichtung unseres Zufluchtsgelübdes sollten wir uns stets bemühen Buddhas Segnungen zu erhalten, Dharma praktisch umzusetzen und Hilfe der Sangha, unseren reinen spirituellen Freunden sowie unserem spirituellen Lehrer zu erhalten. Dies ist die Art und

Weise, Zuflucht zu Buddha, Dharma und Sangha zu nehmen. Hierdurch werden wir unser Ziel erreichen, die dauerhafte Befreiung von all den Leiden dieses und zahlloser zukünftiger Leben, den wirklichen Sinn unseres menschlichen Lebens.

Um unser Versprechen zu bewahren, unser Leben lang Zuflucht zu Buddha, Dharma und Sangha zu nehmen, und damit wir und alle Lebewesen Buddhas Segnungen und Schutz erhalten mögen, rezitieren wir jeden Tag mit starkem Vertrauen das folgende Zufluchtsgebet aus der Sadhana *Der Yoga von Buddha Heruka*:

> *Bis wir Erleuchtung erlangen, nehmen ich und alle fühlenden Wesen Zuflucht zu Buddha, Dharma und Sangha.*

SCHULUNG IN ENTSAGUNG

In dieser Schulung erinnern wir uns daran, wie wir in unseren zahllosen zukünftigen Leben unerträgliches Leiden erfahren werden und denken darüber nach, wie in Teil Eins ausführlich erklärt. Dann sollten wir aus der Tiefe unseres Herzens denken:

> *Es nützt nichts, die Leiden zukünftiger Leben zu leugnen. Wenn sie mir tatsächlich widerfahren, ist es zu spät, um mich vor ihnen zu schützen. Deshalb muss ich auf jeden Fall jetzt damit beginnen, einen Schutz vorzubereiten, während ich dieses menschliche Leben habe, das mir die Gelegenheit gibt, mich dauerhaft von den Leiden meiner zahllosen zukünftigen Leben zu befreien. Wenn ich mich jetzt nicht bemühe, dies zu erreichen, sondern es zulasse, dass mein Leben sinnlos wird, so gibt es keine größere Täuschung und keine größere Torheit. Ich muss mich jetzt bemühen, mich dauerhaft von den Leiden meiner unzähligen zukünftigen Leben zu befreien.*

Wir meditieren kontinuierlich über diesen Entschluss, bis wir den spontanen Wunsch entwickeln, uns selbst für immer von den Leiden zahlloser zukünftiger Leben zu befreien.

SCHULUNG IN BODHICHITTA

In dieser Schulung sollten wir die Praxis der fünf Stufen der Schulung in Bodhichitta beibehalten, die in Teil Eins ausführlich erklärt wurde. Abschließend denken wir:

> *Ich sollte mich nicht mit meiner eigenen Befreiung zufriedengeben. Ich muss das Wohl anderer Lebewesen bedenken. Sie alle sind meine Mütter und ertrinken im weiten und tiefen Ozean Samsaras, erfahren Leben für Leben unerträgliches Leiden, ohne Ende. Während ich nur ein einziger Mensch bin, sind andere Lebewesen zahllos. Deshalb sind das Glück und die Freiheit anderer weitaus wichtiger als mein eigenes Glück und meine eigene Freiheit. Ich kann es nicht ertragen, dass meine zahllosen Mütter unerträgliches körperliches Leiden und geistigen Schmerz in diesem und ihren unzähligen zukünftigen Leben erfahren. Ich muss sie alle dauerhaft von ihrem Leiden befreien. Aus diesem Grund werde ich mich sehr bemühen ein erleuchteter Buddha zu werden.*

Wir sollten dieses höchste gute Herz des Bodhichitta fortwährend Tag und Nacht bewahren. Alle unsere Meditationen der Erzeugungs- und Vollendungsstufe sollten durch dieses höchste gute Herz motiviert sein und wir sollten immer daran denken, dass alle unsere Meditationen über die Erzeugungs- und Vollendungsstufe Methoden sind, um die Wünsche unseres Bodhichitta zu erfüllen. Um Bodhichitta zu erzeugen, rezitieren wir aus der Sadhana:

Möge ich aufgrund der Tugenden, die ich durch Geben und
andere Vollkommenheiten ansammle,
Ein Buddha werden zum Wohle aller.

SCHULUNG IN GURU YOGA

Der Begriff «Guru» ist Sanskrit und bedeutet «spiritueller Meister». Ein spiritueller Meister kann aus dem Osten oder dem Westen sein, ein Mann, eine Frau, ein Ordinierter oder ein Laie. Unser spiritueller Meister ist jeder spirituelle Lehrer, der uns auf die richtigen Pfade zur Befreiung und Erleuchtung führt, indem er Unterweisungen gibt und ein gutes Vorbild ist. Guru Yoga ist eine besondere Schulung, uns auf unseren spirituellen Meister zu verlassen. In diesem Zusammenhang bedeutet «Yoga» die Schulung in spirituellen Pfaden, keine körperliche Schulung. Die Sadhana *Der Yoga von Buddha Heruka* in Anhang V erläutert den Guru Yoga von Je Tsongkhapa, der untrennbar von unserem Wurzelguru, Buddha Shakyamuni und Heruka ist, und als Guru Sumati Buddha Heruka bekannt ist. Hier bezieht sich «Wurzelguru» auf unseren spirituellen Meister, von dem wir die Anleitungen, Übertragung und Ermächtigung des Heruka Körpermandalas erhalten haben. Der Name Guru Sumati Buddha Heruka bedeutet, dass unser Wurzel*guru*, Je Tsongkhapa oder *Sumati* Kirti (Je Tsongkhapas Ordinationsname auf Sanskrit), *Buddha* Shakyamuni und *Heruka* eine Person sind, jedoch verschiedene Aspekte haben. Diese Erkenntnis müssen wir zu allen Zeiten bewahren, damit unsere Praxis des Heruka Körpermandalas wirksam ist. Um jedem einzelnen Lebewesen Tag für Tag direkt zu helfen, strahlte der definitive Heruka Buddha Shakyamuni aus, der seinerseits Je Tsongkhapa ausstrahlte, der wiederum unseren spirituellen

Meister ausstrahlte. Sie sind wie ein einzelner Schauspieler, der zu unterschiedlichen Zeiten unterschiedliche Aspekte zeigt.

Das Ziel dieser Praxis des Guru Yoga ist:

(1) Eine große Ansammlung von Verdiensten, oder Glück, anzuhäufen. Da es uns an Verdiensten mangelt, fällt es uns schwer, unsere Wünsche zu erfüllen und wir begegnen auf dem Weg zu spirituellen Erlangungen vielen Hindernissen.

(2) Negativität, oder nichttugendhafte Handlungen, zu reinigen. Wenn wir die zahllosen Potenziale unserer nichttugendhaften Handlungen reinigen, dann reinigen wir unseren Geist. Wie bereits erwähnt erlangen wir die volle Erleuchtung, indem wir unseren Geist reinigen.

(3) Die kraftvollen Segnungen aller Buddhas zu empfangen. Wir haben den Samen der Verwirklichungen des Höchsten Yoga Tantra im Allgemeinen und des Heruka Körpermandalas im Besonderen, sie sind Teil unserer Buddha Natur. Ohne jedoch die kraftvollen Segnungen aller Buddhas durch unseren spirituellen Meister zu erhalten, der ihr Stellvertreter ist, wird unser Samen der Verwirklichung des Höchsten Yoga Tantra niemals reifen.

(4) Die Erfahrung großer Glückseligkeit und Leerheit hervorzurufen. Diese Praxis ist eine kraftvolle Methode, um unseren Samen der Verwirklichung des Mahamudra Tantra zur Reife zu bringen.

Indem wir diese vier notwendigen Voraussetzungen erlangen, können wir leicht in der Hauptpraxis dieser Sadhana, der Schulung in den Erzeugungs- und Vollendungsstufen, Fortschritte machen.

Je Sherab Senge, einer der Herzensschüler Je Tsongkhapas, erhielt die besonderen Anleitungen zu Je Tsongkhapas Guru Yoga von Je Tsongkhapa selbst. Sie werden der «Guru Yoga der Segyu Überlieferungslinie» genannt und sind heute als der Guru Yoga des *Herzjuwel* bekannt. Die Anleitungen des Guru Yoga des *Herzjuwel* wurden ursprünglich nur mündlich überliefert. Später verfasste der große Yogi Palden Sangpo eine Sadhana, die auf diesen mündlichen Anleitungen beruht und die seitdem öffentlich praktiziert wird. Der Guru Yoga des *Herzjuwel* kann entweder gemäß der Tradition des Sutra oder gemäß der Tradition des Höchsten Yoga Tantra geübt werden. Die Sadhana *Der Yoga von Buddha Heruka* stellt die Praxis des Guru Yoga von Herzjuwel gemäß Höchsten Yoga Tantra dar. Diejenigen, die die Verpflichtung haben, Herzjuwel zu praktizieren, können die Gebete an Dorje Shugden unmittelbar vor den Widmungsversen in *Der Yoga von Buddha Heruka* einfügen.

Die Praxis dieses Guru Yoga hat fünf Stufen: 1. Visualisierung und Meditation, 2. die Weisheitswesen einladen, 3. die Praxis der sieben Glieder, 4. besondere Bitten vorbringen und 5. die Erfahrung von großer Glückseligkeit und Leerheit erzeugen.

VISUALISIERUNG UND MEDITATION

Wir rezitieren das Folgende aus der Sadhana, während wir uns auf seine Bedeutung konzentrieren:

> *Im Raume vor mir ist Guru Sumati Buddha Heruka – Je Tsongkhapa, untrennbar von meinem Wurzelguru, Buddha Shakyamuni und Heruka – umgeben von allen Buddhas der zehn Richtungen.*

Guru Sumati Buddha Heruka

Während wir dies visualisieren, denken und überlegen wir:

Je Tsongkhapa erlangte Erleuchtung, um alle Lebewesen durch seine Emanationen auf den befreienden Pfad zu führen. Wer ist seine Emanation, die jetzt mich auf den befreienden Pfad führt? Es ist mit Sicherheit mein spiritueller Meister, von dem ich Anleitungen, Übertragung und Ermächtigung des Heruka Körpermandalas erhalten habe und der ein qualifiziertes Beispiel zeigt.

Während wir dies denken, sollten wir fest glauben, dass unser spiritueller Meister eine Emanation Je Tsongkhapas ist und dann einsgerichtet über diesen Glauben meditieren. Diese Meditation sollten wir fortwährend üben.

DIE WEISHEITSWESEN EINLADEN

Wir rezitieren den folgenden Vers aus der Sadhana, während wir uns auf seine Bedeutung konzentrieren:

Aus dem Herzen des Beschützers der Hunderte von Gottheiten
des Freudvollen Landes,
Auf den Gipfel einer Wolke, die einem Berg frischer weißer
Sahne gleicht,
Allwissender Losang Dragpa, König des Dharma,
Bitte komme zusammen mit Deinen Söhnen an diesen Ort.

Der «Beschützer der Hunderte von Gottheiten des Freudvollen Landes» ist Buddha Maitreya. Wir glauben, dass sich das Weisheitswesen Je Tsongkhapa zusammen mit seinem Gefolge in die im Raume vor uns visualisierte Versammlung von Guru Sumati Buddha Heruka auflöst und dass sie nichtdual werden.

Nun rezitieren wir die folgende Bitte aus der Sadhana:

Im Raume vor mir auf einem Löwenthron, Lotos und Mond
Lächeln die ehrwürdigen Gurus voller Entzücken.
O erhabenes Verdienstfeld für meinen Geist des Vertrauens,
Bitte verweile für hundert Äonen, um die Lehre zu verbreiten.

DIE PRAXIS DER SIEBEN GLIEDER

Mit starkem Vertrauen in unseren spirituellen Meister Guru Sumati Buddha Heruka sollten wir täglich aufrichtig die Praxis der sieben Glieder üben. Diese sind: 1. Verbeugung, 2. Darbringungen, 3. Reinigung, 4. sich erfreuen, 5. Bitte, das Rad des Dharma zu drehen, 6. die spirituellen Meister anflehen, für lange Zeit zu verweilen und 7. Widmung. Hier ist die eigentliche Praxis des Heruka Körpermandalas wie der Hauptkörper und die sieben Glieder sind wie die Glieder, die den Hauptkörper unterstützen. So wie unser Körper in Abhängigkeit von seinen Gliedern funktionieren kann, so hängt auch die Wirksamkeit unserer Schulung im Heruka Körpermandala von unserer Praxis der sieben Glieder ab.

VERBEUGUNG

Sich vor erleuchteten Wesen zu verbeugen ist eine kraftvolle Methode, um negatives Karma, Krankheiten und Hindernisse zu reinigen und unsere Verdienste, unser Glück und unsere Dharma Verwirklichungen anwachsen zu lassen. Vorübergehend verbessern Verbeugungen unsere körperliche Gesundheit und machen unseren Geist glücklich. Letztendlich führen sie dazu, dass wir den Formkörper eines Buddha erlangen. Vertrauen in die heiligen Wesen zu entwickeln ist geistige Verbeugung, die Lobpreisungen zu rezitieren ist sprachliche Verbeugung und ihnen mit unserem Körper Respekt zu bezeugen ist körperliche Verbeugung. Wir können körperliche Verbeugungen machen, indem wir ehrerbietig unseren ganzen Körper auf dem Boden ausstrecken oder respektvoll mit Knien, Händen und Stirn den Boden berühren oder respektvoll unsere Hände in Höhe unseres Herzens zusammenlegen.

Um kraftvolle Verbeugungen vor den heiligen Wesen zu machen, stellen wir uns vor, dass wir aus jeder Pore unseres Körpers einen anderen Körper ausstrahlen und aus jeder Pore dieser Körper weitere Körper, bis unsere ausgestrahlten Körper die ganze Welt erfüllen. Während wir dann den folgenden Vers rezitieren, glauben wir fest daran, dass sich alle diese zahllosen Körper vor Guru Sumati Buddha Heruka und allen Buddhas der zehn Richtungen verbeugen:

Dein Geist der Weisheit verwirklicht das ganze Ausmaß der Objekte des Wissens,
Deine gewandte Rede ist das Ohrornament der vom Glück Begünstigten,
Dein schöner Körper erstrahlt in der Herrlichkeit des Ruhmes.
Ich verbeuge mich vor Dir, den zu sehen, zu hören und an den zu denken so bedeutungsvoll ist.

Wir sollten diese Praxis der Verbeugungen täglich machen. Als hinführende Vorbereitung auf unsere eigentliche Praxis des Heruka Körpermandalas können wir hunderttausend Verbeugungen ansammeln, entweder in unserem Alltag oder im Retreat.

DARBRINGUNGEN

Aus der Tiefe unseres Herzens fassen wir folgenden Entschluss:

Um alle Lebewesen dauerhaft von Leiden zu befreien,
Bringe ich dem höchsten Wesen Guru Sumati Buddha Heruka

Und allen anderen heiligen Wesen
Vorzügliche Gaben dar.

Alle Blumen und Früchte, die es gibt,
Und all die verschiedenen Arten von Arzneien,
Alle Juwelen in dieser Welt
Und alles reine, erfrischende Wasser,

Berge von Juwelen, Waldhaine
Und stille und freudvolle Orte,
Himmlische Bäume, mit Blüten geschmückt,
Und Bäume, deren Äste mit köstlichen Früchten beladen sind,

Düfte, die aus himmlischen Bereichen stammen,
Weihrauch, wunscherfüllende Bäume und
juwelengeschmückte Bäume,
Ernten, die nicht gesät werden müssen,
Und aller Zierrat, der einer Darbringung würdig ist,

Seen und Teiche mit Lotosblumen geschmückt,
Und den schönen Ruf von wilden Gänsen,
Alles, was niemandem gehört,
In allen Welten so weit wie der Raum:

Ich halte dies in meinem Geist und bringe es dar,
Den erhabensten Wesen, den Buddhas und Bodhisattvas.
O Mitfühlende, heilige Objekte der Darbringung,
Bitte denkt voller Güte an mich und nehmt meine Gaben an.

Auf ewig werde ich alle meine Körper
Den Buddhas und Bodhisattvas darbringen.
Voller Respekt werde ich Euer Diener sein.
Bitte nehmt mich an, o höchste Helden.

Während wir uns vorstellen, dass wir all dies darbringen, können wir folgenden kurzen Vers rezitieren:

Freude bringende Wasserdarbringungen, verschiedene Blumen,
Süßduftenden Weihrauch, Lichter, Duftwasser und noch mehr,
Eine weite Wolke von Gaben, vorhandene wie vorgestellte,
Bringe ich Dir, o höchstes Verdienstfeld, dar.

Im Buddhismus ist alles eine Darbringung, was die erleuchteten Wesen entzückt. Unsere Hauptdarbringung ist unsere Praxis des Mitgefühls, da dies die erleuchteten Wesen am meisten erfreut. Deshalb sollte unsere Motivation, Gaben darzubringen, Mitgefühl für alle Lebewesen sein, unser aufrichtiger Wunsch, alle Lebewesen dauerhaft von Leiden zu befreien.

Kurz gesagt sollten wir alle unsere täglichen Dharma Übungen als unübertroffene Darbringungen an Guru Sumati Buddha Heruka betrachten, der die Synthese aus unserem spirituellen Meister, Je Tsongkhapa, Buddha Shakyamuni und Heruka ist, und an alle anderen erleuchteten Wesen. In dieser Weise können wir unermessliche Verdienste, oder Glück, ansammeln.

REINIGUNG

Reinigung ist die höchste Methode, um künftiges Leid zu verhindern und Hindernisse für unsere Dharma Praxis zu beseitigen, insbesondere für die Praxis des Heruka Körpermandalas. Sie macht unsere Handlungen rein, sodass wir selbst rein werden. Weil unser Körper nicht unser Selbst ist, ist das Reinigen unseres Körpers allein nicht ausreichend, wir müssen unser Selbst durch die Praxis der Reinigung säubern.

Was müssen wir reinigen? Wir müssen unsere nichttugendhaften und unangemessenen Handlungen reinigen. In unseren zahllosen früheren Leben begingen wir viele Handlungen, die anderen Lebewesen Leiden zugefügt und Probleme versursacht haben, und als Folge dieser nichttugendhaften Handlungen erleben wir nun Leiden und mannigfaltige Probleme. Obwohl die Handlungen selbst beendet sind, bleibt ihr Potenzial, Leiden und Probleme hervorzurufen, in unserem subtilen Bewusstsein, und zwar Leben für Leben, bis es reift. Deshalb trägt unser Ursprungsbewusstsein unendlich viele negative Potenziale, die uns auf falsche Pfade führen und uns endloses Leiden zufügen. Sie sind erhebliche Hindernisse für unsere Dharma Praxis im Allgemeinen und unsere Praxis des Heruka Körpermandalas im Besonderen.

Wir können verstehen, inwiefern unsere nichttugendhaften Potenziale das Haupthindernis für unsere Dharma Praxis sind, wenn wir über Folgendes nachdenken:

> *In unseren früheren Leben begingen wir Handlungen, die den heiligen Dharma ablehnten und Wiedergeburt, Karma und die Erlangung der Befreiung und Erleuchtung leugneten. Deshalb fällt es uns jetzt schwer, (1) die Absicht zu entwickeln, Dharma zu praktizieren, (2) an Dharma Lehren wie etwa Karma zu glauben und (3) Fortschritte in unserer Dharma Praxis zu machen.*

Reinigungspraxis ist sehr einfach. Wir müssen nur über die großen Nachteile der nichttugendhaften Handlungen nachdenken, die wir seit anfangsloser Zeit begangen haben. Dann bekennen wir mit starkem Bedauern alle diese nichttugendhaften Handlungen sowie die Übertretungen unserer Gelübde und Verpflichtungen gegenüber Guru Sumati Buddha Heruka und allen anderen heiligen Wesen, während wir diesen Vers rezitieren:

Welche Nichttugenden von Körper, Rede und Geist
Ich auch immer seit anfangsloser Zeit angesammelt habe,
Besonders Übertretungen meiner drei Gelübde,
Mit großer Reue bekenne ich jede einzelne aus tiefstem Herzen.

Wir sollten diese Praxis viele Male wiederholen. Am Ende jeder Sitzung fassen wir den festen Entschluss, keine nichttugendhafte Handlung mehr zu begehen und kein Gelübde und keine Verpflichtung zu übertreten. Als große hinführende Vorbereitung auf unsere Praxis des Heruka Körpermandalas können wir, während wir uns stark auf seine Bedeutung konzentrieren, hunderttausend Mal diesen Vers rezitieren oder hunderttausend Rezitationen des Mantra von Vajrasattva ansammeln.

SICHERFREUEN

Wir sollten lernen, uns an den tugendhaften Handlungen, dem Glück, den guten Eigenschaften und dem Wohlergehen anderer zu erfreuen. Normalerweise machen wir das Gegenteil und entwickeln Neid. Neid ist sowohl für den Einzelnen als auch für die Gesellschaft sehr schädlich. In einem Moment kann er unser eigenes und das Glück und die Harmonie anderer zerstören und zu Streit oder sogar Krieg führen. Im Alltag sehen wir, wie Menschen in Bezug auf Beziehungen, Geschäft, Status und religiöse Sichtweisen mit Neid reagieren und so vielen Menschen Leid zufügen. Das Problem unseres Neids kann gelöst werden, indem wir einfach lernen, uns über das Glück und die Tugend anderer zu freuen. Das können wir sogar im Liegen machen, während wir uns ausruhen oder während wir unseren täglichen Geschäften nachgehen.

Buddha Vajradhara

Wir können mit sehr wenig Anstrengung unermessliches Glück ansammeln, einfach indem wir uns an den ausgezeichneten Taten der Buddhas wie Je Tsongkhapa erfreuen. Dazu rezitieren wir den folgenden Vers, während wir uns stark auf die Bedeutung konzentrieren:

In dieser degenerierten Zeit hast Du nach großem Wissen und Vollendung gestrebt.
Durch das Aufgeben der acht weltlichen Belange hast Du Deiner Freiheit und Begabung einen Sinn gegeben.
O Beschützer, aus der Tiefe meines Herzens
Erfreue ich mich an der gewaltigen Woge Deiner Taten.

BITTE, DAS RAD DES DHARMA ZU DREHEN

Wir beginnen diese Praxis, indem wir denken:

Ich habe die Gelegenheit, den heiligen Dharma zu hören, zu verstehen und umzusetzen. Und daher habe ich das Glück, den Pfad zur Erleuchtung zu betreten, auf ihm fortzuschreiten und ihn zu vollenden. Wie wunderbar wäre es, wenn alle anderen Lebewesen sich des gleichen Glücks erfreuen könnten!

Aus der Tiefe unseres Herzens bitten wir wiederholt Guru Sumati Buddha Heruka, zahllose spirituelle Lehrer auszustrahlen, um den heiligen Dharma zu lehren und alle Lebewesen in den Zustand des endgültigen Glücks, die Erleuchtung, zu führen, während wir folgenden Vers rezitieren:

Aus den sich auftürmenden Wolken der Weisheit und des Mitgefühls
Im Raume Eurer Wahrheitskörper, o ehrwürdige und heilige Gurus,
Bitte sendet einen Regen weiten und tiefgründigen Dharmas herab,
Angemessen für die Schüler dieser Welt.

DIE SPIRITUELLEN MEISTER ANFLEHEN, FÜR LANGE ZEIT ZU VERWEILEN

In dieser Praxis denken wir:

Bleiben die spirituellen Lehrer, die von den heiligen Wesen ausgestrahlt wurden, für viele Äonen in dieser Welt, so werden nach und nach alle Lebewesen die Gelegenheit haben, Dharma zu hören, zu verstehen und zu üben. In dieser Weise werden schließlich ausnahmslos alle Lebewesen Erleuchtung erlangen.

Dann bitten wir Guru Sumati Buddha Heruka, dass seine Emanationen, die Dharma lehren, in dieser Welt bleiben, bis Samsara endet. Währenddessen rezitieren wir folgenden Vers:

Bitte sende aus Deinem eigentlichen, unsterblichen Körper, aus dem sinnklaren Licht geboren,
Zahllose Emanationen in die ganze Welt,
Um die mündliche Überlieferungslinie der Ganden Lehre zu verbreiten,
Und mögen sie für sehr lange Zeit verweilen.

WIDMUNG

Wann immer wir irgendeine tugendhafte Handlung vollbringen, sollten wir sie der Erlangung der Erleuchtung und dem Erblühen der Lehre Buddhas widmen, was allen Lebewesen nützt. Der große Meister Atisha sagte:

> Widmet stets Tag und Nacht eure Tugenden und beobachtet ständig euren Geist.

Widmen wir unsere tugendhaften Handlungen in dieser Weise, werden ihre Potenziale nie durch Wut und falsche Sichtweisen zerstört, sondern werden an Stärke zunehmen. Die Praxis der Widmung macht unsere tugendhaften Handlungen wirksam. Wir könnten diese Praxis ausüben, während wir folgenden Vers rezitieren:

Mögen durch die Tugenden, die ich hier angesammelt habe,
Die Lehre und alle Lebewesen allen Nutzen erhalten.
Möge insbesondere die Essenz der Lehre
Des Ehrwürdigen Losang Dragpa für immer erstrahlen.

Kurz gesagt sollten wir uns, während wir jedes der sieben Glieder praktizieren, bemühen, die Sonne unseres Vertrauens fortwährend auf den Schneeberg unseres spirituellen Meisters Guru Sumati Buddha Heruka scheinen zu lassen und starke Bitten an ihn richten. Dadurch werden die wassergleichen Segnungen aller Buddhas der zehn Richtungen herabfließen. Unser sehr subtiler Körper wird eine besondere Kraft erhalten, die ihn in einen erleuchteten Körper umwandelt, und unser sehr subtiler Geist erhält eine besondere Kraft, die ihn in einen erleuchteten Geist umwandelt.

BESONDERE BITTEN VORBRINGEN

Um diese besondere Bitte vorzutragen, bringen wir zuerst Guru Sumati Buddha Heruka und allen Buddhas der zehn Richtungen das ganze Universum dar, das wir als Buddhas Reines Land betrachten. Diese Darbringung wird «Mandala Darbringung» genannt und ausführlich im Buch *Führer ins Dakiniland* erklärt. Dann rezitieren wir dreimal folgendes Bittgebet aus der Sadhana, während wir uns auf seine Bedeutung konzentrieren:

O Guru Sumati Buddha Heruka, von jetzt an bis ich Erleuchtung erlange,
Werde ich keine andere Zuflucht als Dich suchen.
Bitte befriede meine Hindernisse und gewähre mir
Die zwei Erlangungen des Befreiens und Reifens.
Bitte segne mich, damit ich der definitive Heruka werde
Und in diesem Zustand alle Phänomene als gereinigt und in Leerheit versammelt erfahre, untrennbar von großer Glückseligkeit.

Dieses Gebet hat die gleiche Bedeutung wie das Essenzmantra von Heruka. Indem wir die Meditationen der Erzeugungs- und Vollendungsstufe vollenden, werden wir alle unsere subtilen fehlerhaften Erscheinungen aufgeben. Dieses Aufgeben ist die Erlangung des «Befreiens». Und indem wir unsere Buddha Natur vollständig zur Reife bringen, werden wir uns selbst als wirklicher Buddha erleben und unsere Welt, Vergnügen und Tätigkeiten als die eines Buddha. Diese Erfahrung ist die Erlangung des «Reifens». Durch die Verwirklichung dieser zwei Erlangungen werden wir der definitive Heruka, der auf Buddhas Wahrheitskörper, oder Dharmakaya, zugeschriebene Heruka. Gleichzeitig erfahren wir alle Phänomene als gereinigt, was heißt, dass wir die subtile fehlerhafte Erscheinung aller Phänomene gereinigt haben. Und wir erfahren alle Phänomene als in Leerheit versammelt, was heißt, dass wir erkennen, dass alle Phänomene nichts anderes als Leerheit sind. Diese zwei Erfahrungen von «gereinigt» und «versammelt» implizieren, dass wir die Vereinigung der zwei Wahrheiten direkt und gleichzeitig verwirklicht haben. Diese Verwirklichung ist die eigentliche Erleuchtung. Mit diesem Gebet bitten wir Guru Sumati Buddha Heruka, uns alle diese Erlangungen zu gewähren.

Als gewöhnliche Wesen haben wir nur einen Körper, den wir verwenden können, und der ist in Wirklichkeit Teil der Körper unserer Eltern. Buddhas jedoch haben vier Körper gleichzeitig: die zwei Wahrheitskörper – den Weisheits-Wahrheitskörper und den Natur-Wahrheitskörper – und die zwei Formkörper – den Freudenkörper und den Emanationskörper. Buddhas Geist ist der Weisheits-Wahrheitskörper und die Leerheit seines Geistes ist der Natur-Wahrheitskörper. Beide zusammen werden «Wahrheitskörper», oder «Dharmakaya», genannt. Buddhas Körper, die Form haben, werden Formkörper genannt. Buddhas subtiler Formkörper wird Freudenkörper und Buddhas grober Formkörper wird Emanationskörper genannt. Buddhas Wahrheitskörper ist äußerst subtil und kann deshalb nur von Buddhas und nicht von anderen gesehen werden. Buddhas Freudenkörper kann von höheren Bodhisattvas gesehen werden und Buddhas Emanationskörper von gewöhnlichen Wesen, die einen reinen Geist haben.

DIE ERFAHRUNG VON GROSSER GLÜCKSELIGKEIT UND LEERHEIT ERZEUGEN

Nachdem wir dieses besondere Bittgebet dreimal aufrichtig von Herzen rezitiert haben, denken wir nun und stellen uns vor:

Aufgrund der hier vorgebrachten Bitten lösen sich alle Buddhas der zehn Richtungen in Je Tsongkhapa auf, der untrennbar von meinem Wurzelguru ist. Er löst sich in Buddha Shakyamuni in seinem Herzen auf und Buddha Shakyamuni löst sich in Heruka in seinem Herzen auf. Voller Entzücken tritt Guru Heruka, der die Natur der Vereinigung von großer Glückseligkeit und Leerheit ist, durch meinen Scheitel in meinen Körper ein und

Buddha Vajradharma

löst sich in meinen Geist in meinem Herzen auf. Weil Heruka, der die Natur der Vereinigung von großer Glückseligkeit und Leerheit ist, untrennbar von meinem Geist wird, verwandelt sich mein Geist in die Vereinigung von großer Glückseligkeit und der Leerheit aller Phänomene.

Über diesen Glauben meditieren wir einsgerichtet. Diese Meditation wird «Schulung in definitivem Guru Yoga» genannt. Wir sollten diese Übung der besonderen Bitte und Meditation so oft wiederholen, bis wir spontan glauben, dass sich unser Geist in die Vereinigung von großer Glückseligkeit und Leerheit umgewandelt hat.

SCHULUNG IN DER ERZEUGUNGSSTUFE DES HERUKA KÖRPERMANDALAS

Es gibt fünf Stufen der Schulung in der Erzeugungsstufe des Heruka Körpermandalas, der eigentlichen Selbsterzeugungspraxis des Heruka Körpermandalas: 1. Das Heruka Körpermandala erzeugen, 2. Schulung in klarer Erscheinung, 3. Schulung in göttlichem Stolz, 4. Schulung in nichtdualer Erscheinung und Leerheit und 5. Schulung in Mantrarezitation.

DAS HERUKA KÖRPERMANDALA ERZEUGEN

Während wir über die Leerheit aller Phänomene meditieren und nichts anderes als Leerheit wahrnehmen, denken wir und stellen uns vor:

Im weiten Raum der Leerheit aller Phänomene, die Natur meiner gereinigten fehlerhaften Erscheinung aller Phänomene, die das Reine Land Keajra ist, erscheine ich als Buddha Heruka mit einem blaufarbigen Körper, vier Gesichtern und zwölf Armen, die

Natur meines gereinigten weißen unzerstörbaren Tropfens. Ich umarme Vajravarahi, die Natur meines gereinigten roten unzerstörbaren Tropfens. Ich bin umgeben von den Helden und Heldinnen der fünf Räder, die die Natur meines gereinigten subtilen Körpers sind, die Kanäle und Tropfenelemente. Ich befinde mich im Mandala, dem himmlischen Palast, der die Natur meines gereinigten groben Körpers ist. Obwohl ich diese Erscheinung habe, ist sie nichts anderes als die Leerheit aller Phänomene.

Während wir an dieser Stelle (1) große Glückseligkeit und Leerheit erleben, meditieren wir (2) mit göttlichem Stolz über die klare Erscheinung des Mandalas und der Gottheiten und erkennen, dass (3) die Gottheiten die Natur unserer gereinigten Kanäle und Tropfen sind, was unser subtiler Körper ist, und dass das Mandala die Natur unseres gereinigten groben Körpers ist.

In dieser Weise schulen wir uns aufrichtig in einer einzigen Meditation über die Erzeugungsstufe, die diese drei Merkmale hat. Das dritte Merkmal zu halten, die Gottheiten als die Natur unseres gereinigten subtilen Körpers und das Mandala als die Natur unseres gereinigten groben Körpers zu erkennen, macht diese Konzentration zu einer eigentlichen Körpermandala Meditation.

SCHULUNG IN KLARER ERSCHEINUNG

Damit unsere Meditation über das Heruka Körpermandala qualifiziert ist, müssen wir uns in klarer Erscheinung schulen. Wir denken und stellen uns wie oben zutiefst vor:

Im weiten Raum der Leerheit aller Phänomene, die Natur meiner gereinigten fehlerhaften Erscheinung aller Phänomene, die das Reine Land Keajra ist, erscheine ich als Buddha Heruka mit einem blaufarbigen Körper, vier Gesichtern und zwölf Armen, die Natur meines gereinigten weißen unzerstörbaren Tropfens. Ich umarme Vajravarahi, die Natur meines gereinigten roten unzerstörbaren Tropfens. Ich bin von den Helden und Heldinnen der fünf Räder umgeben, die die Natur meines gereinigten subtilen Körpers sind, die Kanäle und Tropfenelemente. Ich befinde mich im Mandala, dem himmlischen Palast, der die Natur meines gereinigten groben Körpers ist. Obwohl ich diese Erscheinung habe, ist sie nichts anderes als die Leerheit aller Phänomene.

Wir wiederholen diese Kontemplation geistig immer wieder, bis wir das Objekt unserer Meditation klar wahrnehmen: das Heruka Körpermandala, das die Versammlung des vorgestellten Heruka (wir selbst) mit der Gefährtin Vajravarahi ist, die Natur unserer gereinigten weißen und roten unzerstörbaren Tropfen, zusammen mit unserem vorgestellten Gefolge von Helden und Heldinnen, die die Natur unserer gereinigten Kanäle und Tropfenelemente sind, im vorgestellten Reinen Land Keajra. Wenn wir die Versammlung dieses tragenden Mandalas und der getragenen Gottheiten, das Heruka Körpermandala, wahrnehmen, dann halten wir es, ohne es zu vergessen und verweilen einsgerichtet, so lange wie möglich darauf.

Wir sollten diese Meditation so oft wiederholen, bis wir unsere Konzentration jedes Mal, wenn wir darüber meditieren, eine Minute lang klar halten können. Eine Konzentration, die das kann, wird «Konzentration des Verweilens des Geistes» genannt. Auf der zweiten Stufe meditieren wir fortwährend mit der Konzentration des Verweilens des Geistes über das Heruka Körpermandala, bis wir unsere Konzentration jedes Mal, wenn wir darüber meditieren, fünf Minuten lang klar halten können.

Eine Konzentration, die das kann, wird «Konzentration des beständigen Verweilens» genannt. Auf der dritten Stufe meditieren wir fortwährend mit der Konzentration des beständigen Verweilens über das Heruka Körpermandala, bis wir uns jedes Mal sofort wieder an das Objekt der Meditation, das Heruka Körpermandala, erinnern können, sobald wir es während der Meditation verlieren. Eine Konzentration, die das kann, wird «Konzentration des Wiederverweilens» genannt. Auf der vierten Stufe meditieren wir fortwährend mit der Konzentration des Wiederverweilens über das Heruka Körpermandala, bis wir jedes Mal, wenn wir darüber meditieren, unsere Konzentration klar und ohne das Objekt zu vergessen während der gesamten Meditationssitzung halten können. Eine Konzentration, die das kann, wird «Konzentration des nahen Verweilens» genannt. Auf dieser Stufe haben wir eine auf das Heruka Körpermandala gerichtete sehr stabile und klare Konzentration erlangt.

Dann meditieren wir mit der Konzentration des nahen Verweilens fortwährend über das Heruka Körpermandala, bis wir schließlich die Konzentration des auf das Heruka Körpermandala gerichteten ruhigen Verweilens erlangen, die dazu führt, dass wir eine besondere körperliche und geistige Geschmeidigkeit und Glückseligkeit erleben. Durch diese auf das Heruka Körpermandala gerichtete Konzentration des ruhigen Verweilens erreichen wir mit Sicherheit das Reine Land Keajra in diesem oder in unserem nächsten Leben.

SCHULUNG IN GÖTTLICHEM STOLZ

Dadurch, dass wir unseren vorgestellten Körper und Geist von Heruka wahrnehmen, entwickeln wir den Gedanken: «Ich bin Heruka». Dieser Gedanke ist göttlicher Stolz. Er ist ein richtiger

Gedanke oder Glaube, da er aus der Weisheit entsteht, die richtige Begründungen erkennt. Im Allgemeinen ist es einfacher für uns, göttlichen Stolz zu entwickeln und zu verstärken, wenn wir unsere klare Erscheinung des Heruka Körpermandalas durch die oben genannte Konzentrationsübung verbessern. Das ist so, da klare Erscheinung gewöhnliche Erscheinung verringert und es dadurch leichter für uns wird, den Gedanken: «Ich bin Heruka» zu entwickeln und zu verstärken. Wir können uns allerdings auch in göttlichem Stolz schulen, indem wir über die richtigen Begründungen nachdenken, warum wir die Grundlage der Zuschreibung unseres Selbst von einem verunreinigten Körper und Geist zu dem nichtverunreinigten Körper und Geist Herukas ändern müssen. Wie wir das tun, wurde bereits im Kapitel *Das Tantra der Erzeugungsstufe* erläutert.

SCHULUNG IN NICHTDUALER ERSCHEINUNG UND LEERHEIT

Dies ist eine sehr tiefgründige Praxis der Erzeugungsstufe. Die in diesem Buch dargelegte Erklärung beruht auf den Anleitungen der mündlichen Ganden Überlieferungslinie. Hinsichtlich des Begriffs «nichtduale Erscheinung und Leerheit» bezieht sich «Erscheinung» auf das Heruka Körpermandala, das die Versammlung des tragenden Mandalas und der getragenen Gottheiten des Heruka Körpermandalas ist, die Natur unseres gereinigten groben und subtilen Körpers. «Leerheit» bezieht sich auf die Leerheit aller Phänomene und «nichtdual» bedeutet, dass das Heruka Körpermandala und Leerheit ein Objekt sind, aber unterschiedliche Namen haben. Wenn wir dieses nichtduale Heruka Körpermandala und Leerheit wahrnehmen und verwirklichen, haben wir unser Meditationsobjekt gefunden. Wir sollten dieses Objekt halten, ohne es zu vergessen, und einsgerichtet so lange wie möglich darauf verweilen. Wir sollten diese Meditation fortwährend aufrichtig und ohne Ablenkung üben. Dadurch werden wir zunächst Erscheinung (das Heruka Körpermandala), das heißt konventionelle Wahrheit, und Leerheit, die endgültige Wahrheit, gleichzeitig mit unserem groben Geist verwirklichen. Letztendlich werden wir diese beiden Wahrheiten direkt und gleichzeitig mit unserem sehr subtilen Geist verwirklichen. Unser sehr subtiler Geist, der diese zwei Wahrheiten direkt und gleichzeitig verwirklicht, ist der Zustand der Erleuchtung.

Wenn wir erstmals über das Heruka Körpermandala meditieren, dann haben wir eine starke Wahrnehmung des Heruka Körpermandalas, das wir normalerweise wahrnehmen. Diese Wahrnehmung ist unsere fehlerhafte Erscheinung des Heruka Körpermandalas. Sie ist fehlerhaft, weil das Heruka Körpermandala, das wir normalerweise wahrnehmen, nicht existiert, auch wenn wir es wahrnehmen. Die starke Wahrnehmung des Heruka Körpermandalas, das wir normalerweise wahrnehmen, behindert direkt unsere Einsicht, dass das Heruka Körpermandala und die Leerheit aller Phänomene nichtdual sind. Meditieren wir jedoch mit starker Konzentration über die Leerheit aller Phänomene, so wird die starke Wahrnehmung des Heruka Körpermandalas, das wir normalerweise wahrnehmen, während der Meditation nachlassen. Wir werden dann wie von selbst erkennen, dass das Heruka Körpermandala und die Leerheit aller Phänomene nichtdual sind. Dies kann durch die Analogie von zwei leeren Gläsern, die wir vor uns sehen, veranschaulicht werden. Zuerst nehmen wir den Raum innerhalb der beiden Gläser als verschieden wahr, doch würden wir die Gläser zerbrechen, würden wir realisieren, dass der Raum in ihnen nichtdual ist.

Die Worte in der Sadhana: «Obwohl ich diese Erscheinung habe, ist sie nichts anderes als die Leerheit aller Phänomene», enthüllen die Schulung in nichtdualer Erscheinung und Leerheit. Verstehen wir klar die Bedeutung der Vereinigung der zwei Wahrheiten (wie in Teil Eins im Kapitel *Schulung in endgültigem Bodhichitta* ausführlich erklärt), dann wird es nicht schwierig sein, die in diesem Abschnitt erklärte Bedeutung von nichtdualer Erscheinung und Leerheit zu verstehen.

DIE EIGENTLICHE MEDITATION ÜBER NICHTDUALE ERSCHEINUNG UND LEERHEIT

Haben wir klare Erscheinung und göttlichen Stolz erlangt, indem wir uns wie oben erklärt in ihnen schulen, dann denken und überlegen wir:

Da alle Phänomene, die ich normalerweise wahrnehme, nicht existieren, existiert auch das Heruka Körpermandala nicht, das ich normalerweise wahrnehme. Heruka Körpermandala ist ein bloßer Name. Das bedeutet, dass es nichts anderes ist als die Leerheit aller Phänomene. Die Leerheit aller Phänomene und das Heruka Körpermandala sind nichtdual. Sie sind nicht zwei unterschiedliche Objekte, sondern ein Objekt mit unterschiedlichen Namen.

Während wir dies denken, meditieren wir einsgerichtet mit der Erfahrung großer Glückseligkeit über die Nichtdualität des Heruka Körpermandalas und der Leerheit, wenn wir die Versammlung des tragenden Mandalas und der getragenen Gottheiten des Heruka Körpermandalas, die bloßer Name sind, und die Leerheit aller Phänomene als nichtdual wahrnehmen. Wie bereits erwähnt werden wir durch fortwährende Übung dieser Meditation anfangs das Heruka Körpermandala, das konventionelle Wahrheit ist, und die Leerheit, die endgültige Wahrheit ist, gleichzeitig mit unserem groben Geist verwirklichen. Letztendlich werden wir diese beiden Wahrheiten direkt und gleichzeitig mit unserem sehr subtilen Geist verwirklichen. Unser sehr subtiler Geist, der die zwei Wahrheiten direkt und gleichzeitig verwirklicht, ist die eigentliche Erleuchtung. Er ist eine Weisheit, die dauerhaft frei von der fehlerhaften Erscheinung aller Phänomene ist. Eine solche Weisheit haben nur voll erleuchtete Buddhas. So können wir verstehen, dass diese Schulung in nichtdualer Erscheinung und Leerheit eine kraftvolle Methode ist, um sehr schnell und leicht Erleuchtung zu erlangen. Diese Schulung ist die Essenz der Anleitungen der mündlichen Ganden Überlieferungslinie. Mit dieser Schulung begannen Gyalwa Ensäpa und viele seiner Schüler den Vajrayana Pfad, schritten auf ihm fort und vollendeten ihn, und erlangten so innerhalb von drei Jahren Erleuchtung.

SCHULUNG IN MANTRAREZITATION

Das Sanskritwort «Mantra» bedeutet Geistesschutz. Rezitieren wir die Mantras von Heruka Vater und Mutter und ihrem Gefolge mit starkem Vertrauen, so können wir uns selbst vor Schaden durch unbelebte Objekte wie Erdbeben, Fluten, Stürme und Feuer sowie durch belebte Objekte wie Menschen und Nichtmenschen schützen. Wir können Krankheiten, vorzeitigen Tod und andere widrige Umstände überwinden. Wir können unser Glück, unsere Lebensspanne und insbesondere unsere inneren Eigenschaften wie Vertrauen, richtige Sicht, richtige Absicht und andere spirituelle Verwirklichungen vermehren. Wir können unsere Verblendungen, wie zum Beispiel Wut, beherrschen. Wir können anderen durch viele unterschiedliche, auch zornvolle, Handlungen helfen. Und insbesondere können wir uns selbst und andere zum höchsten Glück der Erleuchtung führen.

Mit der Rezitation der folgenden Mantras bitten wir darum, dass uns diese Erlangungen gewährt werden, während wir erkennen und glauben, dass die Weisheitswesen Heruka Vater und Mutter und ihr Gefolge untrennbar vom vorgestellten Heruka (uns selbst) und der Gefährtin Vajravarahi sowie unserem Gefolge von Helden und Heldinnen sind.

DAS ESSENZMANTRA VON HERUKA

Wir rezitieren das Folgende, während wir uns auf die Bedeutung konzentrieren:

In meinem Herzen ist das Weisheitswesen Buddha Heruka, der definitive Heruka.

O Glorreicher Vajra Heruka, der Du Dich
Am göttlichen illusorischen Körper und Geist des klaren Lichts erfreust,
Bitte befriede meine Hindernisse und gewähre mir
Die zwei Erlangungen des Befreiens und Reifens.
Bitte segne mich, damit ich der definitive Heruka werde
Und in diesem Zustand alle Phänomene als gereinigt und in Leerheit versammelt, untrennbar von großer Glückseligkeit erfahre.

OM SHRI VAJRA HE HE RU RU KAM HUM HUM PHAT DAKINI DZALA SHAMBARAM SÖHA

Wir können dieses Mantra einundzwanzigmal, hundertmal oder so oft rezitieren, wie wir möchten.

DAS DREI-OM-MANTRA VON VAJRAYOGINI

Wir rezitieren das Folgende, während wir uns auf die Bedeutung konzentrieren:

Im Herzen der vorgestellten Vajrayogini (Vajravarahi) ist das Weisheitswesen Buddha Vajrayogini, die definitive Vajrayogini.

OM OM OM SARWA BUDDHA DAKINIYE VAJRA WARNANIYE VAJRA BEROTZANIYE HUM HUM HUM PHAT PHAT PHAT SÖHA

Wir sollten mindestens so viele Drei-OM-Mantras rezitieren, wie wir in der Vajrayogini Ermächtigung versprochen haben.

Das «Drei-OM»Mantra ist die Vereinigung des Essenz- und nahen Essenzmantras von Vajravarahi. Die Bedeutung des Mantra ist: Mit OM OM OM rufen wir Vajrayogini, die Hauptgottheit, und ihr Gefolge der Heldinnen der drei Räder, des Körper-, Rede- und Geist-Rades herbei. SARWA BUDDHA DAKINIYE bedeutet, dass Vajrayogini die Synthese des Geistes aller Buddhas ist. VAJRA WARNANIYE bedeutet, dass sie die Synthese der Rede aller Buddhas ist und VAJRA BEROTZANIYE bedeutet, dass sie die Synthese der Körper aller Buddhas ist. Mit HUM HUM HUM bitten wir Vajrayogini und ihr Gefolge, uns die Erlangungen von Körper, Rede und Geist aller Buddhas zu gewähren. Mit PHAT PHAT PHAT bitten wir sie, unser Haupthindernis zu befrieden, unsere subtile fehlerhafte Erscheinung von Körper, Rede und Geist. Und SÖHA bedeutet: «Bitte errichte in mir die feste Grundlage für all diese Erlangungen».

Wie oben erwähnt sind unser gegenwärtiger Körper, Rede und Geist die Grundlage für alles Leiden, da sie durch das Gift der Verblendungen verunreinigt sind. Deshalb müssen wir den heiligen Körper, Rede und Geist eines Buddha erlangen.

DAS ZUSAMMENGEFASSTE MANTRA DER ZWEIUNDSECHZIG GOTTHEITEN DES HERUKA KÖRPERMANDALAS

Wir rezitieren das Folgende, während wir uns auf die Bedeutung konzentrieren:

Jede der zweiundsechzig Gottheiten hat in ihrem Herzen ihr persönliches Weisheitswesen, ihre eigene definitive Gottheit.

OM HUM BAM RIM RIM LIM LIM, KAM KHAM GAM GHAM NGAM, TSAM TSHAM DZAM DZHAM NYAM, TrAM THrAM DrAM DHrAM NAM, TAM THAM DAM DHAM NAM, PAM PHAM BAM BHAM, YAM RAM LAM WAM, SHAM KAM SAM HAM HUM HUM PHAT

Wir können dieses Mantra siebenmal, einundzwanzigmal, hundertmal oder öfter rezitieren.

Wenn wir dieses Mantra rezitieren, bitten wir das Weisheitswesen Buddha Heruka mit Vajravarahi und sein Gefolge der Helden und Heldinnen der fünf Räder, unser Hindernis der subtilen fehlerhaften Erscheinung zu befrieden und uns die Erlangungen des äußeren und inneren Dakinilandes zu gewähren. Das äußere Dakiniland ist das Reine Land Keajra und das innere Dakiniland ist das sinnklare Licht. In dem Moment, in dem unser Geist von subtiler fehlerhafter Erscheinung frei ist, öffnen wir das Tor, durch das wir alle erleuchteten Gottheiten direkt sehen können. Solange unser Geist von subtiler fehlerhafter Erscheinung verunreinigt ist, bleibt dieses Tor verschlossen. Die Bedeutung von subtiler fehlerhafter Erscheinung wurde bereits erläutert.

Nach der Mantrarezitation schließen wir unsere Praxis der Sadhana *Der Yoga von Buddha Heruka* ab, indem wir die Widmung und die glückverheißenden Gebete rezitieren.

Diejenigen, die ein Annäherungsretreat des Heruka Körpermandalas machen möchten, können dies in Verbindung mit folgender Sadhana tun: *Glückselige Reise. Wie man ein Annäherungsretreat des Heruka Körpermandalas durchführt* (siehe Anhang VI).

SCHULUNG IN DER VOLLENDUNGSSTUFE

Die Schulung in der Vollendungsstufe ist die Methode, um unseren Geist vollständig von subtiler fehlerhafter Erscheinung zu befreien. Wir werden letztendlich Erleuchtung erlangen, wenn wir die subtile fehlerhafte Erscheinung aller Phänomene durch unsere Verwirklichung der Vollendungsstufe vollkommen aufgeben. Die Verwirklichung der Vollendungsstufe hängt davon ab, dass die inneren Winde durch die Kraft der Meditation in den Zentralkanal eintreten, dort verweilen und sich auflösen. Die Objekte dieser Meditationen sind der Zentralkanal, der unzerstörbare Tropfen und der unzerstörbare Wind und Geist. Deshalb bedeutet Schulung in Vollendungsstufe in diesem Zusammenhang die Schulung in der Meditation über den Zentralkanal, den unzerstörbaren Tropfen und den unzerstörbaren Wind und Geist.

In den Schriften heißt es, dass die Meditation über den Zentralkanal wie eine wunscherfüllende Kuh ist. So wie eine wunscherfüllende Kuh unaufhörlich Milch gibt, so können wir mit der Meditation über den Zentralkanal unaufhörlich große Glückseligkeit erleben. Und mit den Meditationen über den unzerstörbaren Tropfen und den unzerstörbaren Wind und Geist können wir das vollqualifizierte klare Licht der Glückseligkeit erleben, das die Funktion hat, unseren Geist dauerhaft von subtiler fehlerhafter Erscheinung zu befreien. Die Kanäle, Tropfen und Winde wurden bereits genau erklärt und ebenso, wie man über den Zentralkanal, den unzerstörbaren Tropfen und den unzerstörbaren Wind und Geist meditiert und in der Verwirklichung der fünf Stufen der Vollendungsstufe Fortschritte macht.

Die Vajrayogini Anleitungen

DIE YOGAS DES SCHLAFENS, AUFWACHENS UND ERFAHRENS VON NEKTAR

Vajrayogini ist eine weibliche erleuchtete Gottheit des Höchsten Yoga Tantra. Sie ist die Manifestation der Weisheit aller Buddhas. Ihre Funktion ist es, alle Lebewesen in das Reine Land Keajra, oder das Reine Dakiniland, zu führen. Die Anleitungen zu Vajrayogini wurden von Buddha im *Wurzeltantra von Heruka* gelehrt. Der große Yogi Naropa erhielt diese Anleitungen direkt von Vajrayogini und übergab sie Pamtingpa, einem seiner Herzensschüler. Pamtingpa gab diese Anleitungen an den tibetischen Übersetzer Sherab Tseg weiter und von Sherab Tseg wurden diese Anleitungen in ungebrochener Linie an Je Phabongkhapa und dann an den höchst ehrwürdigen Vajradhara Trijang Rinpoche, den Halter der Überlieferungslinie, überliefert. Von diesem großen Meister erhielt ich, der Autor dieses Buches, diese kostbaren Anleitungen.

Das Höchste Yoga Tantra kann in Vater Tantra und Mutter Tantra eingeteilt werden. Die Mutter Tantras enthüllen hauptsächlich die Schulung in klarem Licht, das die Hauptursache

Ehrwürdige Vajrayogini

ist, um Buddhas heiligen Geist zu erlangen. Die Vater Tantras wie das Guhyasamaja Tantra enthüllen hauptsächlich die Schulung in illusorischem Körper, der die Hauptursache ist, um Buddhas heiligen Körper zu erlangen. Weil Vajrayogini Tantra ein Mutter Tantra ist, ist der Hauptkörper der Vajrayogini Praxis die Schulung in klarem Licht. Dieser Hauptkörper hat elf Glieder, die die «elf Yogas» genannt werden. In diesem Zusammenhang bedeutet «Yoga» die Schulung in spirituellen Pfaden. Zum Beispiel wird die Schulung in einem spirituellen Pfad in Verbindung mit dem Schlaf der «Yoga des Schlafens» genannt.

Wenn die elf Yogas in den Schriften aufgelistet werden, ist der Yoga des Schlafens der erste. Dies zeigt, dass wir die Vajrayogini Praxis mit dem Yoga des Schlafens beginnen sollten. Wie bereits erwähnt ist der Hauptkörper der Vajrayogini Praxis die Schulung in klarem Licht. Das klare Licht manifestiert sich ganz natürlich während des Schlafes. Deshalb haben wir die Möglichkeit, uns darin zu schulen, es während des Schlafes zu erkennen. Wenn wir das klare Licht direkt erkennen und verwirklichen, haben wir das sinnklare Licht erlangt, die Verwirklichung der vierten der fünf Stufen der Vollendungsstufe.

Was ist das klare Licht? Es ist der sehr subtile Geist, der sich manifestiert, wenn die inneren Winde in den Zentralkanal eintreten, in ihm verweilen und sich auflösen. Das klare Licht ist das achte Zeichen der Auflösung der inneren Winde im Zentralkanal und es nimmt Leerheit wahr. Es gibt drei verschiedene Arten des klaren Lichts: (1) das klare Licht des Schlafes, (2) das klare Licht des Todes und (3) die Verwirklichung des klaren Lichts.

Während des Schlafes manifestiert sich unser sehr subtiler Geist, weil unsere inneren Winde ganz natürlich in den Zentralkanal eintreten und sich dort auflösen. Dieser sehr subtile Geist ist das klare Licht des Schlafes. Er nimmt Leerheit wahr, jedoch können wir das klare Licht selbst oder die Leerheit nicht erkennen, weil unser Gedächtnis während des Schlafes nicht funktioniert. Während unseres Todes manifestiert sich unser sehr subtiler Geist auf ähnliche Weise, weil unsere inneren Winde in den Zentralkanal eintreten und sich dort auflösen. Dieser sehr subtile Geist ist das klare Licht des Todes. Er nimmt Leerheit wahr, aber wir können das klare Licht selbst oder die Leerheit nicht erkennen, weil unser Gedächtnis während des Todes nicht funktioniert.

Gelingt es uns, im Wachzustand unsere inneren Winde durch die Kraft der Meditation in den Zentralkanal eintreten, verweilen und sich auflösen zu lassen, dann erleben wir eine tiefe Auflösung unserer inneren Winde in den Zentralkanal. Dadurch wird sich unser sehr subtiler Geist manifestieren. Dieser sehr subtile Geist ist die Verwirklichung des klaren Lichts. Seine Natur ist eine Glückseligkeit, die aus dem Schmelzen der Tropfen innerhalb des Zentralkanals entstanden ist, und seine Funktion ist es, fehlerhafte Erscheinung zu verhindern. Er ist auch die Verwirklichung des klaren Lichts der Glückseligkeit, das die eigentliche Essenz des Höchsten Yoga Tantra und der eigentliche schnelle Pfad zur Erleuchtung ist.

Abschließend gesagt ist der Hauptkörper der Vajrayogini Praxis die Schulung im klaren Licht der Glückseligkeit. Diese kann in zwei Schulungen unterteilt werden: (1) Die Schulung in Glückseligkeit und (2) die Schulung in klarem Licht. Bevor wir uns in Glückseligkeit schulen, sollten wir wissen, was sie ist. Diese Glückseligkeit ist keine sexuelle Glückseligkeit. Wir müssen uns nicht in sexueller Glückseligkeit schulen, denn jeder, selbst ein Tier, kann dies ohne Schulung erleben. Die Glückseligkeit, in der wir uns schulen, ist die Glückseligkeit, die Buddha im Höchsten Yoga Tantra erklärt. Sie wird «große

Glückseligkeit» genannt und hat zwei besondere Merkmale: (1) ihre Natur ist eine Glückseligkeit, die aus dem Schmelzen der Tropfen innerhalb des Zentralkanals entsteht und (2) ihre Funktion ist es, subtile fehlerhafte Erscheinung zu verhindern. Gewöhnliche Wesen können diese Glückseligkeit nicht erleben. Die sexuelle Glückseligkeit gewöhnlicher Wesen entsteht, weil die Tropfen innerhalb des linken Kanals statt innerhalb des Zentralkanals schmelzen.

In *Zusammengefasstes Wurzeltantra von Heruka* sagt Buddha:

Das erhabene Geheimnis großer Glückseligkeit
Entsteht aus dem Schmelzen der Tropfen innerhalb des Zentralkanals.
Deshalb ist es schwer, in dieser Welt
Jemanden zu finden, der solche Glückseligkeit erlebt.

Solch eine große Glückseligkeit wird nur von jemandem erlebt, der die inneren Winde durch die Kraft der Meditation in den Zentralkanal eintreten, dort verweilen und sich auflösen lassen kann. Weil diese große Glückseligkeit subtile fehlerhafte Erscheinung verhindert, werden unsere Unwissenheit des Festhaltens am Selbst und alle ablenkenden begrifflichen Gedanken aufhören, wenn wir diese Glückseligkeit erleben, und wir erfahren einen tiefen inneren Frieden, der dem erhabenen inneren Frieden des Nirvana, der in Buddhas Sutra Lehren erklärt wird, überlegen ist.

WIE WIR DEN YOGA DES SCHLAFENS ÜBEN

Wir sollten jede Nacht kurz vor dem Einschlafen denken:

Zum Wohle aller Lebewesen
Werde ich der erleuchtete Buddha Vajrayogini werden.

Aus diesem Grund werde ich die Verwirklichung des klaren Lichts der Glückseligkeit vollenden.

Dann erinnern wir uns daran, dass unser Körper, unser Selbst und alle anderen Phänomene, die wir normalerweise wahrnehmen, nicht existieren. Wir versuchen die bloße Abwesenheit aller Phänomene, die wir normalerweise sehen, die Leerheit aller Phänomene, wahrzunehmen und meditieren über diese Leerheit. Dann denken wir und stellen uns vor:

Im weiten Raum der Leerheit aller Phänomene, dem Reinen Land Keajra, erscheine ich als Vajrayogini, umgeben von den erleuchteten Heldinnen und Helden. Obwohl ich diese Erscheinung habe, ist sie nichts anderes als die Leerheit aller Phänomene.

Wir meditieren über diese Selbsterzeugung.

Wir sollten uns in dieser tiefgründigen Meditation der Selbsterzeugung schulen, während wir schlafen, aber nicht im Tiefschlaf. Indem wir uns fortwährend jede Nacht bemühen, uns in dieser Praxis zu schulen, wird unser Gedächtnis nach und nach fähig werden, während des Schlafes zu funktionieren. Aufgrund dessen können wir unseren sehr subtilen Geist erkennen oder verwirklichen, wenn er sich während des Schlafes manifestiert. Durch weitere Schulung werden wir unseren sehr subtilen Geist direkt verwirklichen. Geschieht dies, dann vermischt sich unser Geist mit der Leerheit aller Phänomene wie Wasser sich mit Wasser mischt. Dadurch hört unsere subtile fehlerhafte Erscheinung schnell und für immer auf und wir werden ein erleuchtetes Wesen, ein Buddha. Wie Buddha sagte: «Verwirklichst du deinen eigenen Geist, wirst du ein Buddha. Du solltest Buddhaschaft nicht anderswo suchen.» Im Hinblick auf diese Verwirklichung hat unser Schlaf so viel Sinn.

WIE WIR DEN YOGA DES AUFWACHENS ÜBEN

Wir sollten versuchen den Yoga des Schlafens während der Nacht und den Yoga des Aufwachens während des Tages zu üben. Wir sollten täglich frühmorgens zuerst über die bloße Abwesenheit aller Phänomene, die wir normalerweise sehen oder wahrnehmen, die Leerheit aller Phänomene, meditieren. Dann denken wir und stellen uns vor:

Im weiten Raum der Leerheit aller Phänomene, dem Reinen Land Keajra, erscheine ich als Vajrayogini, umgeben von den erleuchteten Heldinnen und Helden. Obwohl ich diese Erscheinung habe, ist sie nichts anderes als die Leerheit aller Phänomene.

Wir meditieren über diese Selbsterzeugung.

Wir sollten diese Meditation den ganzen Tag lang ständig wiederholen. Dies ist der Yoga des Aufwachens. Nachts üben wir dann den Yoga des Schlafens. Indem wir den Zyklus der Yogas des Schlafens und des Aufwachens fortwährend üben, werden unsere gewöhnlichen Erscheinungen und Vorstellungen, die die Wurzel unseres Leidens sind, aufhören.

WIE WIR DEN YOGA DES ERFAHRENS VON NEKTAR ÜBEN

Wann immer wir essen oder trinken, sollten wir zuerst verstehen und denken:

Für erleuchtete Wesen sind alle Speisen und Getränke ein erhabener Nektar mit drei besonderen Eigenschaften: (1) er ist Medizinnektar, der Krankheit heilt, (2) er ist Lebensnektar, der den Tod verhindert und (3) er ist Weisheitsnektar, der Verblendungen befriedet.

Mit dieser Erkenntnis sollten wir, wann immer wir essen oder trinken, unser Vergnügen an diesen Objekten des Begehrens uns selbst, der selbsterzeugten Vajrayogini, darbringen. Indem wir auf diese Weise üben, können wir unsere tägliche Erfahrung des Essens und Trinkens in einen spirituellen Pfad umwandeln, der zu einer großen Ansammlung von Verdiensten oder Glück führt. In gleicher Weise sollten wir, wann immer wir den Anblick anziehender Formen oder schöner Gegenstände genießen, das Hören schöner Klänge wie Musik oder Lieder genießen, die Düfte schöner Gerüche genießen und die Berührung fühlbarer Dingen genießen, unser Vergnügen an diesen Objekten des Begehrens uns selbst als der selbsterzeugten Vajrayogini darbringen. So können wir alle unsere täglichen Erfahrungen mit Objekten des Begehrens in einen spirituellen Pfad umwandeln, der uns zum erleuchteten Zustand von Vajrayogini führt.

Kurz gesagt sollten wir erkennen, dass wir uns als Vajrayogini im weiten Raum der Leerheit aller Phänomene – dem Reinen Land Keajra – befinden, umgeben von den erleuchteten Heldinnen und Helden. Wir sollten diese Erkenntnis Tag und Nacht bewahren, außer wenn wir uns auf allgemeine Pfade konzentrieren, wie Zuflucht nehmen, uns in Entsagung und Bodhichitta schulen, oder Reinigungsübungen durchführen.

Die Yogas des Schlafens, Aufwachens und Erfahrens von Nektar in dieser Weise zu üben ist einfach, aber sehr tiefgründig. Es gibt auch andere Arten, diese Yogas zu üben, sie werden im Buch *Führer ins Dakiniland* näher erläutert.

DIE VERBLEIBENDEN ACHT YOGAS

Die verbleibenden acht Yogas, vom Yoga der Unermesslichen bis zum Yoga der täglichen Handlungen, sollten in Verbindung mit der Sadhana *Der schnelle Pfad zur großen Glückseligkeit*, die von Je Phabongkhapa verfasst wurde (siehe Anhang VII), geübt werden. Diese Sadhana ist sehr gesegnet und kostbar. Eine ausführliche Erklärung, wie jeder Yoga zu üben ist, findet sich im Buch *Führer ins Dakiniland*. Das Folgende ist jedoch eine kurze Erläuterung ihrer Essenz.

DER YOGA DER UNERMESSLICHEN

Zuflucht nehmen, Bodhichitta erzeugen und die Meditation und Rezitation des Vajrasattva werden der «Yoga der Unermesslichen» genannt, denn sie sind Schulungen in spirituellen Pfaden, die uns unermesslichen Nutzen in diesem und zahllosen zukünftigen Leben bringen werden.

Die Meditation und Rezitation des Vajrasattva bietet uns die großartige Gelegenheit, unseren Geist schnell zu reinigen, damit wir schneller Erleuchtung erlangen können. Wie bereits erwähnt ist es sehr einfach, Erleuchtung zu erlangen. Alles, was wir tun müssen, ist, uns bemühen unseren Geist zu reinigen.

DER YOGA DES GURUS

Um die Segnungen der Rede aller Buddhas zu empfangen, visualisieren wir in dieser Praxis des Guru Yoga unseren Wurzelguru im Aspekt von Buddha Vajradharma. Vajradharma, Vajradhara, Vajrasattva und Heruka sind unterschiedliche Aspekte des gleichen erleuchteten Wesens. Vajradharma

Mandala von Vajrayogini

hat die Funktion, die Segnungen der Rede aller Buddhas zu gewähren. Durch das Empfangen dieser Segnungen wird unsere Rede immer sehr kraftvoll, wenn wir Dharma Anleitungen erklären. In dieser Weise können wir die Wünsche zahlloser Lebewesen erfüllen und ihr Geisteskontinuum mit dem Nektar unserer Rede reinigen oder heilen.

Dieser Guru Yoga enthält eine Praxis, die «Kusali Tsog Darbringung», die die gleiche Funktion hat wie die Praxis des «Chöd» oder des «Durchschneidens». Er beinhaltet auch die Praxis, die Segnungen der vier Ermächtigungen zu erhalten, die uns große Zuversicht hinsichtlich der Erlangung von Erzeugungs- und Vollendungsstufenverwirklichungen verleihen wird.

DER YOGA DER SELBSTERZEUGUNG

Dieser Yoga umfasst die Übungen, den Tod, den Zwischenzustand (Bardo) und die Wiedergeburt in die Pfade zum Wahrheitskörper, Freudenkörper und Emanationskörper zu bringen.

In dieser Praxis visualisieren wir das tragende Mandala im Aspekt eines Doppeltetraeders, das die Leerheit aller Phänomene symbolisiert. Die getragenen Gottheiten sind wir selbst, die vorgestellte Vajrayogini, und unser Gefolge von Heldinnen.

DER YOGA DER REINIGUNG DER WANDERNDEN

In dieser Praxis stellen wir uns vor, nachdem wir uns als erleuchteter Buddha Vajrayogini erzeugt haben, dass wir selbst Segnungen gewähren, die alle Lebewesen von Leiden und Negativität befreien und sie in den Zustand von Vajrayogini verwandeln, den Zustand endgültigen Glücks. Es ist eine besondere Praxis des Gebens und Nehmens im Höchsten Yoga Tantra. Sie lässt unser Potenzial heranreifen, jedem einzelnen Lebewesen direkt helfen zu können. Außerdem erfüllt sie die Verpflichtung, die wir während der Ermächtigung des Höchsten Yoga Tantra eingegangen sind, als wir versprachen allen Lebewesen zu helfen.

DER YOGA DER SEGNUNG DURCH DIE HELDEN UND HELDINNEN

In dieser Praxis, in der wir über das Körpermandala von Vajrayogini meditieren, erhalten unsere Kanäle und Tropfen direkt die kraftvollen Segnungen der siebenunddreißig Heldinnen, der weiblichen erleuchteten Gottheiten des Vajrayogini Körpermandalas, und indirekt die kraftvollen Segnungen ihrer Gefährten, der Helden. Außerdem erhalten wir die Segnungen aller Helden und Heldinnen, weil wir alle Heldinnen und Helden (weibliche und männliche erleuchtete Wesen) aus den zehn Richtungen im Aspekt von Vajrayogini einladen und in uns auflösen.

Die Meditation über Vajrayoginis Körpermandala ist sehr tiefgründig. Obwohl sie eine Praxis der Erzeugungsstufe ist, führt sie dazu, dass unsere inneren Winde in den Zentralkanal eintreten, in ihm verweilen und sich auflösen. Je Phabongkhapa lobte die Praxis des Vajrayogini Körpermandalas sehr.

DER YOGA DER MÜNDLICHEN UND GEISTIGEN REZITATION

Indem wir uns auf die mündliche Rezitation des Vajrayogini Mantras (das «Drei-OM-Mantra») konzentrieren, können wir die befriedenden, vermehrenden, kontrollierenden, zornvollen und höchsten Erlangungen vollenden, die im Abschnitt

Schulung in Mantrarezitation, im Kapitel *Die Praxis des Heruka Körpermandalas* erwähnt werden. In der Praxis der geistigen Rezitation werden zwei Meditationen der Vollendungsstufe vorgestellt, die die wirkliche Essenz der Vajrayogini Praxis sind. Diese beiden Meditationen werden im Buch *Führer ins Dakiniland* erläutert.

DER YOGA DER UNVORSTELLBARKEIT

Nachdem wir vom formlosen Bereich bis zum Nada alles in Leerheit aufgelöst haben, wie es in der Sadhana *Der schnelle Pfad zur großen Glückseligkeit* (siehe Anhang VII) beschrieben wird, stellen wir uns vor, dass wir das klare Licht der Glückseligkeit erleben und meditieren mit dieser Erfahrung über die Leerheit aller Phänomene, die bloße Abwesenheit aller Phänomene, die wir normalerweise wahrnehmen. Diese Meditation ist die Schulung im klaren Licht der Glückseligkeit, der Hauptkörper der Vajrayogini Praxis. Wenn wir diese Meditation fortwährend üben, werden wir allmählich das sinnklare Licht erleben, die Vereinigung von großer Glückseligkeit und Leerheit, die die eigentliche Unvorstellbarkeit ist. Hier bedeutet «Unvorstellbarkeit», dass dies nicht von denjenigen erfahren werden kann, die das sinnklare Licht nicht erlangt haben.

DER YOGA DER TÄGLICHEN HANDLUNGEN

Der Yoga der täglichen Handlungen ist eine Methode, um alle unsere täglichen Handlungen wie Essen, Schlafen, Arbeiten und Reden in tiefgründige spirituelle Pfade umzuwandeln und dadurch jeden Augenblick unseres Lebens bedeutsam zu machen.

Widmung

Möge jedes einzelne Lebewesen durch die große Ansammlung von Tugend, die ich durch das Verfassen dieses Buches angesammelt habe, die Gelegenheit finden, die kostbaren Lehren von Sutra und Tantra zu hören und zu üben, und dadurch das reine und immerwährende Glück der Erleuchtung erfahren.

Anhang I

Befreiendes Gebet

LOBPREIS AN BUDDHA SHAKYAMUNI

O Gesegneter, Shakyamuni Buddha,
Kostbarer Schatz des Mitgefühls,
Gewährer höchsten inneren Friedens,

Du, der ohne Ausnahme alle Wesen liebt,
Bist die Quelle von Glück und Güte,
Und Du führst uns auf den befreienden Pfad.

Dein Körper ist ein wunscherfüllendes Juwel,
Deine Rede ist höchster, reinigender Nektar
Und Dein Geist ist Zuflucht für alle Lebewesen.

Mit gefalteten Händen wende ich mich an Dich,
Höchster, beständiger Freund.
Aus der Tiefe meines Herzens bitte ich Dich:

Bitte gib mir das Licht Deiner Weisheit,
Um die Dunkelheit meines Geistes zu vertreiben
Und mein Geisteskontinuum zu heilen.

Bitte nähre mich mit Deiner Güte,
Damit auch ich alle Wesen
Mit einem unaufhörlichen Festmahl der Freude
nähren kann.

Möge durch Deine mitfühlende Absicht,
Deine Segnungen und tugendhaften Taten
Und meinen starken Wunsch, mich auf Dich zu
verlassen,

Alles Leiden schnell beendet sein
Und alles Glück und alle Freude erfüllt werden;
Und möge heiliger Dharma für immer erblühen.

Kolophon: Dieses vom Ehrwürdigen Geshe Kelsang Gyatso Rinpoche verfasste Gebet wird immer am Anfang von Unterweisungen, Meditationen und Gebeten in den Zentren des Kadampa Buddhismus überall auf der Welt rezitiert.

Anhang II

Gebete für die Meditation

KURZE VORBEREITENDE GEBETE FÜR DIE MEDITATION

Einleitung

Wir alle haben das Potenzial, die Verwirklichungen aller Stufen des Pfades zur Erleuchtung zu erlangen. Diese Potenziale sind wie Samen im Feld unseres Geistes und unsere Meditationspraxis ist wie die Aufzucht dieser Samen. Unsere Meditationspraxis wird jedoch nur dann erfolgreich sein, wenn wir uns vorher gut vorbereiten.

Wenn wir normalerweise Feldfrüchte ernten wollen, beginnen wir mit sorgfältigen Vorbereitungen. Erstens säubern wir das Erdreich von Steinen und Unkraut, d.h. von allem, was das Wachstum der Pflanzen behindert. Zweitens reichern wir die Erde mit Kompost oder Dünger an, d.h. wir geben ihr Kraft, das Wachstum zu unterstützen. Drittens sorgen wir für Wärme und Feuchtigkeit, damit die Samen keimen und die Pflanzen wachsen können. Um die innere Ernte der Dharma Verwirklichungen gedeihen zu lassen, beginnen wir in gleicher Weise mit sorgfältigen Vorbereitungen.

Zuerst müssen wir unseren Geist reinigen und das negative Karma beseitigen, das wir in der Vergangenheit angesammelt haben. Reinigen wir unser negatives Karma nicht, wird es das Wachstum unserer Dharma Verwirklichungen behindern. Zweitens müssen wir unserem Geist die Kraft geben, das Wachstum der Dharma Verwirklichungen zu unterstützen, indem wir Verdienste ansammeln. Drittens brauchen wir die Segnungen der heiligen Wesen, um das Wachstum der Dharma Verwirklichungen anzuregen und zu unterstützen.

Die folgenden kurzen Gebete beinhalten die Essenz dieser drei Vorbereitungen. Weitere Informationen hierzu finden Sie in den Büchern *Das neue Meditationshandbuch* oder *Freudvoller Weg*.

Geshe Kelsang Gyatso
1987

Gebete für die Meditation

Zuflucht nehmen

Bis wir Erleuchtung erlangen, nehmen ich und
alle fühlenden Wesen
Zuflucht zu Buddha, Dharma und Sangha.
(3x, 7x, 100x, oder mehr)

Bodhichitta erzeugen

Möge ich aufgrund der Tugenden, die ich durch Geben
und andere Vollkommenheiten ansammle,
Ein Buddha werden zum Wohle aller. (3x)

Die vier Unermesslichen erzeugen

Mögen alle glücklich sein.
Mögen alle frei von Leiden sein.
Möge niemand je von Glück getrennt sein.
Mögen alle Gleichmut haben, frei von Hass und
Anhaftung.

Das Feld für die Ansammlung von Verdiensten visualisieren

Im Raume vor mir ist der lebendige Buddha Shakyamuni, umgeben von allen Buddhas und Bodhisattvas, gleich dem Vollmond inmitten von Sternen.

Das siebengliedrige Gebet

Mit Körper, Rede und Geist verbeuge ich mich in Demut
Und bringe Gaben dar, sowohl vorhandene wie vorgestellte.
Ich bekenne meine falschen Taten, begangen seit
anfangsloser Zeit,
Und erfreue mich an den Tugenden aller.
Bitte bleibt, bis Samsara endet,
Und dreht das Rad des Dharma für uns.
Ich widme alle Tugenden der großen Erleuchtung.

Die Mandala Darbringung

Den Boden mit Duftwasser besprengt und mit Blumen
geschmückt,
Den großen Berg, vier Länder, Sonne und Mond,
Als Buddhaland betrachtet bringe ich sie dar.
Mögen sich alle Wesen an solch Reinen Ländern erfreuen.

Ohne Gefühl von Verlust bringe ich die Objekte dar,
Die in mir Anhaftung, Hass und Verwirrung erzeugen,
Meine Freunde, Feinde und Fremde, unsere Körper und
Vergnügen.
Bitte nehmt dies an und segnet mich, damit ich sofort
von den drei Giften befreit werde.

IDAM GURU RATNA MANDALAKAM NIRYATAYAMI

Das Gebet der Stufen des Pfades

Der Pfad beginnt mit tiefem Vertrauen
Zum gütigen Lehrer, Quelle alles Guten.
O segne mich, damit ich dies verstehe,
Um ihm mit großer Hingabe zu folgen.

O segne mich, dass ich verstehen möge
Die Seltenheit und Bedeutsamkeit
Dieses menschlichen Lebens mit allen Freiheiten
Und dann Tag und Nacht seinen Sinn erfasse.

Schnell wird mein Körper vergehen und sterben
So wie eine Luftblase im Wasser.
Nach dem Tod reifen die Folgen des Karmas,
So wie der Schatten dem Körper folgt.

Segne mich, dass ich durch diese Gewissheit
Und diese Erinnerung sehr achtsam bin,
Stets schädliche Handlungen vermeide
Und eine Fülle von Tugend ansammle.

Die Vergnügen Samsaras sind täuschend,
Geben keine Zufriedenheit, nur Qualen.
Bitte segne mich, damit ich aufrichtig
Die Glückseligkeit vollkommener Befreiung erstrebe.

O segne mich, dass aus diesem reinen Gedanken
Achtsamkeit und größte Vorsicht entstehen,
Sodass die Wurzel der Lehre, die Pratimoksha,
Als meine essenzielle Praxis bewahrt sei.

Gleich mir ertrinken all meine gütigen Mütter
Im weiten Ozean Samsaras.
Segne mich, dass ich mich in Bodhichitta schule,
Damit ich sie bald erlösen kann.

Ohne drei Arten moralischer Disziplin
Kann ich jedoch kein Buddha werden.
O segne mich darum bitte mit der Kraft,
Den Bodhisattva Gelübden zu folgen.

Durch das Überwinden meiner Ablenkungen
Und die Analyse vollkommener Bedeutungen,
Segne mich, die Vereinigung schnell zu erlangen
Von höherem Sehen und ruhigem Verweilen.

Wenn ich durch allgemeine Wege
Zu einem reinen Gefäß werde,
Segne mich, in das höchste Fahrzeug Vajrayana,
Die essenzielle Praxis des Glücks, einzutreten.

Die Grundlage der zwei Erlangungen
Sind heilige Gelübde und Verpflichtungen.
Segne mich, dass ich dies klar verstehe
Und sie noch höher schätze als mein Leben.

Durch beständige Praxis in vier Sitzungen,
Wie von den heiligen Lehrern erklärt,
Segne mich, dass ich beide Stufen vollende,
Die die Essenz der Tantras sind.

Mögen alle, die mich auf dem Pfad führen,
Und meine Gefährten lange leben.
Segne mich, damit ich alle Hindernisse,
Innere und äußere, überwinden kann.

Möge ich stets vollkommene Lehrer finden
Und mich am heiligen Dharma erfreuen,
Alle Ebenen und Pfade schnell vollenden
Und den Zustand Vajradharas erlangen.

Segnungen empfangen und reinigen

Aus den Herzen aller heiligen Wesen fließen Licht- und Nektarströme herab, gewähren Segnungen und reinigen.

An dieser Stelle beginnen wir mit der eigentlichen Kontemplation und Meditation. Im Anschluss an die Meditation widmen wir unsere Verdienste mit dem folgenden Gebet:

Widmungsgebete

Mögen durch die Tugenden,
Die ich durch die Praxis der Stufen des Pfades
angesammelt habe,
Alle Lebewesen die Gelegenheit finden,
Auf gleiche Weise zu üben.

Mögen alle Wesen das Glück
Von Menschen und Göttern erfahren
Und schnell Erleuchtung erlangen,
Damit Samsara schließlich endet.

Gebete für die Tugendhafte Tradition

Damit die Tradition Je Tsongkhapas,
Des Königs des Dharma, erblühe,
Mögen alle Hindernisse überwunden sein,
Und mögen alle vorteilhaften Bedingungen im
Überfluss vorhanden sein.

Durch die zwei Ansammlungen von mir und anderen,
Die während der drei Zeiten zusammengetragen werden,
Möge die Lehre des Eroberers Losang Dragpa
Für immer erblühen.

Das neunzeilige *Migtsema* Gebet

Tsongkhapa, Kronjuwel der Gelehrten vom Lande des
Schnees,
Du bist Buddha Shakyamuni und Vajradhara,
Quelle aller Erlangungen,
Avalokiteshvara, Schatz des nichtbeobachtbaren Mitgefühls,
Manjushri, erhabene, makellose Weisheit,
Und Vajrapani, Zerstörer der Scharen von Maras.
O ehrwürdiger Guru Buddha, Vereinigung aller Drei Juwelen,
Mit Körper, Rede und Geist ersuche ich Dich mit Respekt:
Bitte gewähre Deine Segnungen, damit ich und andere
zur Reife und Befreiung gelangen,
Und gewähre die allgemeinen und höchsten Erlangungen.
(3x)

Kolophon: Diese Sadhana wurde vom Ehrwürdigen Geshe Kelsang Gyatso Rinpoche aus traditionellen Quellen zusammengestellt.

Anhang III

Eine Erklärung der Kanäle

Es gibt drei Hauptkanäle: den Zentralkanal, den rechten Kanal und den linken Kanal. Der Zentralkanal ist wie der Stock eines Regenschirms, der durch die Mitte jedes Kanal-Rades läuft, die beiden anderen verlaufen jeweils seitlich des Zentralkanals. Der Zentralkanal ist außen hellblau und hat vier Merkmale: (1) Er ist sehr gerade, wie der Stamm eines Bananenbaums. (2) Innen ist er ölig-rot, wie reines Blut. (3) Er ist sehr klar und durchscheinend, wie eine Kerzenflamme. (4) Er ist sehr weich und biegsam, wie das Blatt eines Lotos.

Der Zentralkanal liegt genau zwischen der linken und rechten Körperhälfte, allerdings etwas näher am Rücken als vorne. Unmittelbar vor der Wirbelsäule liegt der Lebenskanal, der ziemlich dick ist, und davor befindet sich der Zentralkanal. Wie bereits erwähnt beginnt er an der Stelle zwischen den Augenbrauen, verläuft von hier in einem Bogen hinauf zum Scheitel des Kopfes und danach in einer geraden Linie hinab zur Spitze des Geschlechtsorgans. Obwohl sein bekanntester

Naropa

Name «Zentralkanal» ist, wird er auch «die zwei Arten des Aufgebens» genannt, da das Sammeln der Winde in diesem Kanal dazu führt, dass die negative Geschäftigkeit aufgegeben wird, die mit den Winden des rechten und linken Kanals verbunden ist. Er wird auch «Geistkanal» und «Rahu» genannt.

Der rechte und linke Kanal verlaufen jeweils ohne Zwischenraum seitlich des Zentralkanals. Der rechte Kanal ist rot und der linke Kanal ist weiß. Der rechte Kanal beginnt an der Spitze des rechten Nasenlochs und der linke Kanal an der Spitze des linken Nasenlochs. Von hier verlaufen sie an beiden Seiten des Zentralkanals in einem Bogen hinauf zum Scheitel des Kopfes. Vom Scheitel des Kopfes bis zum Nabel sind diese drei Hauptkanäle gerade und verlaufen nebeneinander. Unterhalb des Nabels biegt der linke Kanal ein wenig nach rechts und trennt sich damit leicht vom Zentralkanal. An der Spitze des Geschlechtsorgans trifft er wieder mit dem Zentralkanal zusammen. Hier dient er dazu, Sperma, Blut und Urin zurückzuhalten oder freizulassen. Der rechte Kanal biegt unterhalb des Nabels ein wenig nach links und endet an der Spitze des Anus, wo er dazu dient, Kot und so weiter zurückzuhalten oder freizulassen.

Der rechte Kanal wird auch «Sonnenkanal», «Sprachkanal» und «Kanal des subjektiven Halters» genannt. Der letzte Name weist darauf hin, dass die Winde, die durch diesen Kanal fließen, dazu führen, Vorstellungen zu erzeugen, die im Hinblick auf den subjektiven Geist entwickelt werden. Der linke Kanal wird auch «Mondkanal», «Körperkanal» und «Kanal des gehaltenen Objektes» genannt, wobei der letzte Name darauf hinweist, dass die Winde, die durch diesen Kanal fließen, dazu führen, Vorstellungen zu erzeugen, die im Hinblick auf das Objekt entwickelt werden.

Der rechte und der linke Kanal winden sich an verschiedenen Stellen um den Zentralkanal herum und bilden dadurch die sogenannten «Kanalknoten». Die vier Stellen, an denen diese Knoten entstehen, sind von unten nach oben das Nabelkanal-Rad, das Herzkanal-Rad, das Halskanal-Rad und das Scheitelkanal-Rad. An jeder dieser Stellen außer am Herzen ist ein zweifacher Knoten, der durch eine Windung des rechten Kanals und eine Windung des linken Kanals gebildet wird. Während der rechte und der linke Kanal aufsteigen, bilden sie an diesen Stellen eine Schlinge um den Zentralkanal, indem sie sich vorne kreuzen und sich dann um ihn herumwinden. Anschließend verlaufen sie weiter nach oben zum nächsten Knoten. Auf der Höhe des Herzen geschieht das Gleiche, außer dass hier ein sechsfacher Knoten ist, der entsteht, weil jeder der beiden seitlichen Kanäle drei sich überlappende Schlingen bildet.

Die vier Stellen, an denen diese Knoten vorkommen, sind vier der sechs Hauptkanal-Räder. Bei jedem der sechs Hauptkanal-Räder zweigt eine unterschiedliche Anzahl von Speichen, oder Blütenblättern, vom Zentralkanal ab, so wie die Rippen eines Regenschirms vom Stock in der Mitte abzuzweigen scheinen. So befinden sich am Scheitelkanal-Rad (auch «großes Glückseligkeitsrad» genannt) zweiunddreißig solcher Blütenblätter oder Kanalspeichen, alle von weißer Farbe. Die Mitte ist dreieckig und die Spitze zeigt nach vorne. (Dies bezieht sich, von oben gesehen, auf die Form des geschlungenen Knotens, durch den die Speichen ausgehen.) Diese zweiunddreißig Speichen sind nach unten gebogen wie die Rippen eines aufgespannten Regenschirms. Eine Beschreibung dieses sowie der drei anderen Hauptkanal-Räder, wo Knoten auftreten, findet sich in Tabelle 1.

Tabelle 1: Die vier Hauptkanal-Räder

Ort	*Name*	*Form des Zentrums*	*Anzahl der Speichen*	*Farbe*	*Richtung der Biegung*
Scheitel	großes Glückseligkeitsrad	dreieckig	32	weiß	abwärts
Hals	Freudenrad	rund	16	rot	aufwärts
Herz	Dharma-Rad	rund	8	weiß	abwärts
Nabel	Emanationsrad	dreieckig	64	rot	aufwärts

Diese vier Hauptkanal-Räder haben insgesamt hundertzwanzig Speichen. Von den verbleibenden zwei Hauptkanal-Rädern hat das Kanal-Rad an der geheimen Stelle zweiunddreißig rotfarbige Speichen, die sich nach unten biegen, und das Juwelenkanal-Rad hat acht weiße Speichen, die sich nach oben biegen. Es sei auch erwähnt, dass einigen Texten zufolge die Speichen am Scheitel, am Nabel und an der geheimen Stelle mehrfarbig visualisiert werden können.

Da das Herzkanal-Rad besonders wichtig ist, wird es nun ausführlicher beschrieben. Seine acht Speichen, oder Blütenblätter, sind in den Haupt- und Zwischenrichtungen angeordnet, wobei Osten vorne ist. In jeder Speiche fließt in erster Linie der tragende Wind eines bestimmten Elements, worauf Tabelle 2 hinweist.

Tabelle 2: Die Speichen des Herzkanal-Rades

Richtung	*tragender Wind*
Ost	des Erdelements
Nord	des Windelements
West	des Feuerelements
Süd	des Wasserelements

Südost	des Formelements
Südwest	des Geruchselements
Nordwest	des Geschmackselements
Nordost	des Tastelements

Von jedem dieser acht Blütenblätter oder Kanalspeichen des Herzens zweigen drei Kanäle ab. Insgesamt sind es also vierundzwanzig Kanäle. Dies sind die Kanäle der vierundzwanzig Orte. Sie bilden drei Gruppen zu je acht Kanälen: Die Kanäle des Geist-Rades, die blau sind und hauptsächlich Winde enthalten. Die Kanäle des Rede-Rades, die rot sind und hauptsächlich rote Tropfen enthalten. Und die Kanäle des Körper-Rades, die weiß sind und hauptsächlich weiße Tropfen enthalten. Jeder Kanal führt zu einer anderen Stelle im Körper. Diese Stellen sind die vierundzwanzig inneren Orte. Wenn wir die ausführliche Sadhana von Heruka üben, visualisieren wir die Gottheiten des Körpermandalas an diesen Orten.

Die äußeren Spitzen der acht Kanäle des Geist-Rades enden (1) am Haaransatz, (2) am Scheitel, (3) am rechten Ohr, (4) am Nacken, (5) am linken Ohr, (6) an der Stirn (der Stelle zwischen den Augenbrauen), (7) an beiden Augen und (8) den zwei Schultern. Die des Rede-Rades enden (9) an den zwei Achselhöhlen, (10) den zwei Brüsten, (11) am Nabel, (12) an der Nasenspitze, (13) am Mund, (14) am Hals, (15) am Herzen (dem Bereich in der Mitte der Brust), und (16) an beiden Hoden oder den zwei Seiten der Vagina. Und die des Körper-Rades enden (17) an der Spitze des Geschlechtsorgans, (18) am Anus, (19) an beiden Oberschenkeln, (20) an beiden Waden, (21) an den acht Fingern und acht kleinen Zehen, (22) an beiden Fußrücken, (23) an beiden Daumen und beiden großen Zehen und (24) an beiden Knien.

Jeder dieser vierundzwanzig Kanäle teilt sich in drei Zweige, die durch die Hauptelemente unterschieden werden, die durch diese Kanäle fließen – die Winde, die roten Tropfen und die weißen Tropfen. Jeder dieser zweiundsiebzig Kanäle verzweigt sich dann weiter in eintausend weitere, sodass es insgesamt zweiundsiebzigtausend Kanäle gibt. Es ist für einen Praktizierenden des Höchsten Yoga Tantra wichtig, mit der Anordnung der Kanäle vertraut zu sein, denn indem wir die Kontrolle über die Winde und Tropfen gewinnen, die durch diese Kanäle fließen, erlangen wir die Vereinigung von spontaner großer Glückseligkeit und Leerheit.

Die Winde im Körper eines gewöhnlichen Menschen fließen durch die meisten dieser Kanäle mit Ausnahme des Zentralkanals. Da diese Winde unrein sind, sind die unterschiedlichen Geistesarten, die von ihnen getragen werden, ebenfalls unrein. Und solange diese Winde weiter durch die peripheren Kanäle fließen, werden sie weiterhin die unterschiedlichen negativen Vorstellungen tragen, die uns in Samsara gefangen halten. Durch die Kraft der Meditation können diese Winde jedoch in den Zentralkanal gebracht werden, wo sie die Entwicklung von groben Vorstellungen dualistischer Erscheinung nicht länger unterstützen können. Mit einem Geist, der von dualistischen Erscheinungen frei ist, können wir eine direkte Verwirklichung der endgültigen Wahrheit, Leerheit, erlangen.

Den vierundzwanzig inneren Orten des Körpermandalas von Heruka entsprechen die «vierundzwanzig äußeren Orte», die sich an verschiedenen Stellen in dieser Welt befinden. Praktizierende mit reinem Karma können diese äußeren Orte von Heruka als Reine Länder sehen, doch Menschen mit unreinem Karma sehen sie bloß als gewöhnliche Orte.

Anhang IV

Eine Erklärung der inneren Winde

Wind wird als jedes der vier Elemente definiert, das leicht an Gewicht ist und sich bewegt. Winde können in äußere und innere Winde sowie in grobe und subtile Winde eingeteilt werden. Ein grober äußerer Wind ist der Wind, den wir an einem windigen Tag erleben. Ein subtiler äußerer Wind ist weitaus schwieriger zu erkennen. Er ist die Energie, die Pflanzen wachsen lässt und sogar in Steinen und Bergen vorkommt. Mithilfe subtiler Winde können Pflanzen das Wasser hochziehen, neue Blätter wachsen lassen und so weiter. Solche Winde sind die Lebenskraft der Pflanzen. Tatsächlich wird in einigen tantrischen Schriften Wind «Leben» oder «Lebenskraft» genannt. Auch wenn es nicht richtig ist zu sagen, dass Pflanzen in dem Sinn lebendig sind, dass sie mit einem Bewusstsein verbunden sind, können wir sagen, dass sie in diesem Sinne lebendig sind.

Innere Winde sind die Winde im Kontinuum einer Person, die durch die Kanäle des Körpers fließen. Die Hauptfunktion der inneren Winde ist, den Geist zu seinem Objekt zu bewegen.

Es ist die Funktion des Geistes, Objekte zu erfassen, doch ohne einen Wind, der ihn trägt, kann er sich nicht zu seinem Objekt hinbewegen oder eine Verbindung mit ihm herstellen. Geist wird manchmal mit einem Gelähmten verglichen, der sehen kann, und Wind mit einem Blinden, der gehen kann. Geistesarten können nur im Zusammenwirken mit inneren Winden funktionieren.

Es gibt viele unterschiedliche Winde, die durch die Kanäle des Körpers fließen, doch sie sind alle in den fünf Ursprungswinden und den fünf Zweigwinden enthalten. Die fünf Ursprungswinde sind: (1) der lebenserhaltende Wind, (2) der abwärts entleerende Wind, (3) der aufwärts strömende Wind, (4) der gleichmäßig verweilende Wind, (5) der durchdringende Wind.

Jeder der fünf Ursprungswinde hat sechs Merkmale, durch die er genau bestimmt werden kann: (1) seine Farbe, (2) seine mit ihm verbundene Buddha Familie, (3) ein Element, das er unterstützt, (4) sein Hauptsitz oder wesentlicher Ort, (5) seine Funktion und (6) seine Richtung (wie er die Nasenlöcher beim Ausatmen verlässt). Diese sind in Tabelle 1 auf S. 307 zusammengefasst.

Der lebenserhaltende Wind wird «Akshobya Wind» genannt, weil er sich, wenn er vollständig gereinigt ist, in die Natur von Akshobya umwandelt. Zurzeit ist unser lebenserhaltender Wind wie der Samen von Akshobyas Formkörper, nicht aber Akshobya selbst. Die Hauptfunktion des lebenserhaltenden Windes ist, das Leben zu unterstützen, indem er die Verbindung zwischen Körper und Geist aufrechterhält. Je stärker der lebenserhaltende Wind ist, desto länger werden wir leben. Eine andere Funktion dieses Windes ist, das Wasserelement in unserem Körper zu unterstützen und zu vergrößern. Der lebenserhaltende Wind ist weißfarbig und sein Hauptsitz ist im Herzen. Wenn wir ausatmen, tritt er durch beide Nasenlöcher aus und fließt sanft nach unten.

Der abwärts entleerende Wind ist der Samen von Ratnasambhavas Formkörper und mit dem Erdelement verbunden. Er ist gelbfarbig und seine Funktion ist, Urin, Kot, Sperma und Menstruationsblut freizulassen. Sein Hauptsitz ist der Anus und das Geschlechtsorgan. Wenn wir ausatmen, tritt er horizontal durch beide Nasenlöcher aus und fließt schwer nach vorn.

Der aufwärts strömende Wind ist der Samen von Amitabhas Formkörper und mit dem Feuerelement verbunden. Er ist rotfarbig und seine Funktion ist es, uns das Schlucken von Nahrung sowie das Trinken, Sprechen, Husten und so weiter zu ermöglichen. Sein Hauptsitz ist am Hals. Atmen wir aus, dann tritt er durch das rechte Nasenloch aus und fließt heftig nach oben.

Der gleichmäßig verweilende Wind ist der Samen von Amoghasiddhis Formkörper und mit dem Windelement verbunden. Er hat eine grünlich-gelbe Farbe und seine Funktion ist es, das innere Feuer auflodern zu lassen und Essen und Trinken zu verdauen, indem er die Nährstoffe von den Abfallstoffen trennt. Sein Hauptsitz ist am Nabel. Wenn wir ausatmen, tritt er durch das linke Nasenloch aus und bewegt sich vom Rand des Nasenlochs nach rechts und links.

Der durchdringende Wind ist der Samen von Vairochanas Formkörper und mit dem Raumelement verbunden. Er hat eine hellblaue Farbe und durchdringt, wie sein Name andeutet, den ganzen Körper, insbesondere die dreihundertsechzig Gelenke. Seine Funktion ist es, die Bewegungen des Körpers zu ermöglichen. Ohne diesen Wind wären wir völlig unbeweglich, wie ein Stein. Dieser Wind fließt, außer zum Zeitpunkt unseres Todes, nicht durch die Nasenlöcher.

Tabelle 1: Die Ursprungswinde

	lebenserhaltend	*abwärts-entleerend*	*aufwärts-strömend*	*gleichmäßig-verweilend*	*durchdringend*
Farbe	weiß	gelb	rot	grün-gelb	hellblau
Buddha Familie	Akshobya	Ratnasambhava	Amitabha	Amoghasiddhi	Vairochana
Element	Wasser	Erde	Feuer	Wind	Raum
Sitz	Herz	die zwei unteren Tore: der Anus und das Geschlechtsorgan	Hals	Nabel	die oberen und unteren Teile des Körpers, hauptsächlich die 360 Gelenke
Funktion	Leben unterstützen und aufrechterhalten	Urin, Stuhl, Samenflüssigkeit, Blut usw. zurückhalten und freilassen	sprechen, schlucken, usw.	bewirken, dass das innere Feuer lodert, Essen und Trinken verdauen usw.	den Körper befähigen, zu kommen und zu gehen; Bewegungen, Aufstehen und Setzen ermöglichen
Richtung	aus beiden Nasenlöchern, sanft nach unten	aus beiden Nasenlöchern, horizontal, stark vorwärts	aus dem rechten Nasenloch, heftig nach oben	aus dem linken Nasenloch, sich nach links und rechts vom Rand dieses Nasenlochs aus bewegend	dieser Wind fließt nicht durch die Nasenlöcher, außer zum Zeitpunkt des Todes

Im Allgemeinen fließt jeweils einer der Winde stärker als die anderen durch die Nasenlöcher. Fließt zum Beispiel der lebenserhaltende Wind stark, dann fließen die anderen Winde (ausgenommen der durchdringende Wind) sanft. Sofern wir unseren Atem nicht sehr genau beobachten, ist es schwierig, die unterschiedlichen Bewegungen der vier Winde wahrzunehmen. Dennoch fließen sie, wann immer wir atmen, definitiv durch unsere Nasenlöcher.

Die fünf Zweigwinde sind: (1) der sich bewegende Wind, (2) der sich intensiv bewegende Wind, (3) der sich vollkommen bewegende Wind, (4) der sich stark bewegende Wind, (5) der sich bestimmt bewegende Wind.

Die fünf Zweigwinde werden so genannt, weil sie von dem im Herzen verweilenden lebenserhaltenden Wind abzweigen. Der Hauptsitz dieser Winde ist in den vier Kanalspeichen des Herzkanal-Rades, von wo aus sie durch unsere Kanäle zu den fünf Toren unserer Sinneskräfte fließen. Da es ihre Funktion ist, die Entwicklung der Sinnesgewahrseinsarten zu ermöglichen, werden diese fünf Zweigwinde auch «die fünf Winde der Sinneskräfte» genannt. Eine Übersicht über die Farbe und Funktion der einzelnen Zweigwinde findet sich in Tabelle 2.

Tabelle 2: Die Zweigwinde

Name	*Farbe*	*Funktion*
der sich bewegende Wind	rot	das Augengewahrsein befähigen, sich zu visuellen Formen hinzubewegen
der sich intensiv bewegende Wind	blau	das Ohrengewahrsein befähigen, sich zu Klängen hinzubewegen
der sich vollkomen bewegende Wind	gelb	das Nasengewahrsein befähigen, sich zu Gerüchen hinzubewegen

der sich stark bewegende Wind	weiß	das Zungengewahrsein befähigen, sich zu Geschmäcken hinzubewegen
der sich bestimmt bewegende Wind	grün	das Körpergewahrsein befähigen, sich zu Tastobjekten hinzubewegen

Der erste Wind, der sich bewegende Wind, fließt vom Herzen durch das Tor der Augen, um es dem Augengewahrsein zu ermöglichen, sich zu seinem Objekt, den visuellen Formen, hinzubewegen. Ohne den sich bewegenden Wind hätte das Augengewahrsein nicht die Kraft, einen Kontakt zu visuellen Formen herzustellen. Der Grund, warum wir nicht sehen können, wenn wir schlafen, ist, dass sich der sich bewegende Wind vom Tor der Augensinneskraft zu seinem Sitz im Herzen zurückgezogen hat.

Der sich intensiv bewegende Wind fließt vom Herzen zu den Ohren und ermöglicht es dem Ohrengewahrsein, sich zu Klängen hinzubewegen. Der sich vollkommen bewegende Wind fließt vom Herzen zu den Nasenlöchern und ermöglicht es dem Nasengewahrsein, sich zu Gerüchen hinzubewegen. Der sich stark bewegende Wind fließt vom Herzen zur Zunge und ermöglicht es dem Zungengewahrsein, sich zu Geschmäcken hinzubewegen. Und der sich bestimmt bewegende Wind fließt vom Herzen durch den ganzen Körper und ermöglicht es dem Körpergewahrsein, sich zu Tastobjekten hinzubewegen.

Der abwärts entleerende Wind, der aufwärts strömende Wind, der gleichmäßig verweilende Wind, der durchdringende Wind und die fünf Zweigwinde sind allesamt grobe innere Winde. Der lebenserhaltende Wind hat drei Ebenen: grob, subtil und sehr subtil. Die meisten tragenden Winde begrifflicher Gedanken sind grobe lebenserhaltende Winde.

Die tragenden Winde des Geistes der weißen Erscheinung, der roten Vermehrung und der schwarzen Naherlangung sind subtile lebenserhaltende Winde. Und der tragende Wind des Geistes des klaren Lichts ist ein sehr subtiler lebenserhaltender Wind.

Der lebenserhaltende Wind ist sehr umfassend. Manifestiert sich ein unreiner lebenserhaltender Wind, dann entwickeln sich negative begriffliche Gedanken. Wird der lebenserhaltende Wind jedoch gereinigt, dann werden die negativen begrifflichen Gedanken befriedet. Alle Meditationen nutzen geistiges Gewahrsein und der tragende Wind des geistigen Gewahrseins ist notwendigerweise ein lebenserhaltender Wind.

Die fünf Winde der Sinneskräfte und der grobe lebenserhaltende Wind haben jeder zwei Teile: einen Wind, der die besondere Art von Gewahrsein entwickelt, und einen Wind, der das Gewahrsein zu seinem Objekt bewegt. Diese zwölf Winde fließen normalerweise durch den rechten und linken Kanal und sind die Hauptobjekte, die mithilfe der Vajrarezitation gereinigt werden, wie in den Büchern *Tantrische Ebenen und Pfade* und *Essenz des Vajrayana* erklärt wird. Wollen wir Ablenkungen überwinden, ist es sehr wichtig, diese zwölf Winde dazu zu bringen, in den Zentralkanal einzutreten, dort zu verweilen und sich aufzulösen.

Anhang V

Der Yoga von Buddha Heruka

DIE ESSENZIELLE SELBSTERZEUGUNGSSADHANA
DES HERUKA KÖRPERMANDALAS &
ZUSAMMENGEFASSTER YOGA DER SECHS SITZUNGEN

Tantrische Verpflichtungsobjekte: innere Darbringung in der Kapala, Vajra, Glocke, Damaru, Mala

Einleitung

Diejenigen, die die Ermächtigung des Heruka Körpermandalas erhalten haben, aber nicht in der Lage sind, die ausführliche Sadhana *Essenz des Vajrayana* zu üben, können diese kurze Sadhana praktizieren. Sie enthält die Essenz der Praxis des Heruka Körpermandalas.

Es ist sehr wichtig, unser Verständnis von und unser Vertrauen in diese kostbare Praxis durch das aufrichtige Studium des Kommentars, wie er im Kapitel *Die Praxis des Heruka Körpermandalas* dargelegt ist, zu vertiefen. Mit einem klaren Verständnis der Bedeutung und mit starkem Vertrauen können wir den schnellen Pfad zum erleuchteten Zustand von Buddha Heruka betreten, auf ihm fortschreiten und ihn vollenden.

Geshe Kelsang Gyatso
April 2010

Je Phabongkhapa

Der Yoga von Buddha Heruka

VORBEREITUNGEN

Zuflucht nehmen

Bis wir Erleuchtung erlangen, nehmen ich und
alle fühlenden Wesen
Zuflucht zu Buddha, Dharma und Sangha. (3x)

Das höchste gute Herz erzeugen – Bodhichitta

Möge ich aufgrund der Tugenden, die ich durch Geben
und andere Vollkommenheiten ansammle,
Ein Buddha werden zum Wohle aller. (3x)

Guru Yoga

VISUALISIERUNG UND MEDITATION

Im Raume vor mir ist Guru Sumati Buddha Heruka – Je Tsongkhapa untrennbar von meinem Wurzelguru, Buddha Shakyamuni und Heruka –, umgeben von allen Buddhas der zehn Richtungen.

DIE WEISHEITSWESEN EINLADEN

Aus dem Herzen des Beschützers der Hunderte von
Gottheiten des Freudvollen Landes,
Auf den Gipfel einer Wolke, die einem Berg frischer,
weißer Sahne gleicht,
Allwissender Losang Dragpa, König des Dharma,
Bitte komme zusammen mit Deinen Söhnen an diesen Ort.

Hier stellen wir uns vor, dass sich das Weisheitswesen Je Tsonkhapa zusammen mit seinem Gefolge in die Versammlung von Guru Sumati Buddha Heruka auflöst und sie nichtdual werden.

DIE PRAXIS DER SIEBEN GLIEDER

Im Raume vor mir auf einem Löwenthron, Lotos und Mond
Lächeln die ehrwürdigen Gurus voller Entzücken.
O erhabenes Verdienstfeld für meinen Geist des Vertrauens,
Bitte verweile für hundert Äonen, um die Lehre zu verbreiten.

Dein Geist der Weisheit verwirklicht das ganze Ausmaß der
Objekte des Wissens,
Deine gewandte Rede ist das Ohrornament der vom Glück
Begünstigten,
Dein schöner Körper erstrahlt in der Herrlichkeit des Ruhmes,
Ich verbeuge mich vor Dir, den zu sehen, zu hören und an den
zu denken so bedeutungsvoll ist.

Freude bringende Wasserdarbringungen, verschiedene
Blumen,
Süßduftenden Weihrauch, Lichter, Duftwasser und noch mehr,
Eine weite Wolke von Gaben, sowohl vorhandene wie
vorgestellte,
Bringe ich Dir, o höchstes Verdienstfeld, dar.

Welche Nichttugenden von Körper, Rede und Geist,
Ich auch immer seit anfangsloser Zeit angesammelt habe,
Besonders Übertretungen meiner drei Gelübde,
Mit großer Reue bekenne ich jede einzelne aus tiefstem Herzen.

In dieser degenerierten Zeit hast Du nach großem Wissen
und Vollendung gestrebt.
Durch das Aufgeben der acht weltlichen Belange hast Du
Deiner Freiheit und Begabung einen Sinn gegeben.
O Beschützer, aus der Tiefe meines Herzens
Erfreue ich mich an der gewaltigen Woge Deiner Taten.

Aus den sich auftürmenden Wolken der Weisheit und des
Mitgefühls
Im Raume Eurer Wahrheitskörper, o ehrwürdige und
heilige Gurus,
Bitte sendet einen Regen weiten und tiefgründigen
Dharmas herab,
Angemessen für die Schüler dieser Welt.

Bitte sende aus Deinem eigentlichen unsterblichen Körper,
aus dem sinnklaren Licht geboren,
Zahllose Emanationen in die ganze Welt,
Um die mündliche Überlieferungslinie der Ganden Lehre
zu verbreiten,
Und mögen sie für eine sehr lange Zeit verweilen.

Mögen durch die Tugenden, die ich hier angesammelt habe,
Die Lehre und alle Lebewesen allen Nutzen erhalten.
Möge insbesondere die Essenz der Lehre
Des Ehrwürdigen Losang Dragpa für immer erstrahlen.

DAS MANDALA DARBRINGEN

Den Boden mit Duftwasser besprengt und mit Blumen
geschmückt,
Den großen Berg, vier Länder, Sonne und Mond,
Als Buddhaland betrachtet bringe ich sie dar,
Mögen sich alle Wesen an solch Reinen Ländern erfreuen.

Ohne Gefühl von Verlust bringe ich die Objekte dar,
Die in mir Anhaftung, Hass und Verwirrung erzeugen,
Meine Freunde, Feinde und Fremde, unsere Körper und
Vergnügen.

Bitte nehmt dies an und segnet mich, damit ich sofort von den drei Giften befreit werde.

IDAM GURU RATNA MANDALAKAM NIRYATAYAMI

BESONDERE BITTEN VORBRINGEN

O Guru Sumati Buddha Heruka, von jetzt an bis ich Erleuchtung erlange,
Werde ich keine andere Zuflucht als Dich suchen.
Bitte befriede meine Hindernisse und gewähre mir
Die zwei Erlangungen des Befreiens und Reifens.
Bitte segne mich, damit ich der definitive Heruka werde
Und in diesem Zustand alle Phänomene als gereinigt und in Leerheit versammelt erfahre, untrennbar von großer Glückseligkeit. (3x)

DIE ERFAHRUNG VON GROSSER GLÜCKSELIGKEIT UND LEERHEIT ERZEUGEN

Aufgrund der hier vorgebrachten Bitten lösen sich alle Buddhas der zehn Richtungen in Je Tsongkhapa auf, der untrennbar von meinem Wurzelguru ist. Er löst sich in Buddha Shakyamuni in seinem Herzen auf und Buddha Shakyamuni löst sich in Heruka in seinem Herzen auf. Voller Entzücken tritt Guru Heruka, der die Natur der Vereinigung von großer Glückseligkeit und Leerheit ist, durch meinen Scheitel in meinen Körper ein und löst sich in meinen Geist in meinem Herzen auf. Weil Heruka, der die Natur der Vereinigung von großer Glückseligkeit und Leerheit ist, untrennbar von meinem Geist wird, verwandelt sich mein Geist in die Vereinigung von großer Glückseligkeit und der Leerheit aller Phänomene.

Über diesen Glauben meditieren wir einsgerichtet. Diese Meditation wird «Schulung in definitivem Guru Yoga» genannt. Wir sollten diese Übung der besonderen Bitte und Meditation so oft wiederholen, bis wir spontan glauben, dass sich unser Geist in die Vereinigung von großer Glückseligkeit und Leerheit umgewandelt hat.

DIE EIGENTLICHE SELBSTERZEUGUNG

Im weiten Raum der Leerheit aller Phänomene, der Natur meiner gereinigten fehlerhaften Erscheinung aller Phänomene, was das Reine Land Keajra ist, erscheine ich als Buddha Heruka mit einem blaufarbigen Körper, vier Gesichtern und zwölf Armen, die Natur meines gereinigten weißen unzerstörbaren Tropfens. Ich umarme Vajravarahi, die Natur meines gereinigten roten unzerstörbaren Tropfens. Ich bin umgeben von den Helden und Heldinnen der fünf Räder, die die Natur meines gereinigten subtilen Körpers sind, die Kanäle und Tropfenelemente. Ich befinde mich im Mandala, dem himmlischen Palast, der die Natur meines gereinigten groben Körpers ist. Obwohl ich diese Erscheinung habe, ist sie nichts anderes als die Leerheit aller Phänomene.

Während wir an dieser Stelle (1) große Glückseligkeit und Leerheit erleben, meditieren wir (2) mit göttlichem Stolz über die klare Erscheinung des Mandalas und der Gottheiten und erkennen (3), dass die Gottheiten die Natur unserer gereinigten Kanäle und Tropfen, unser subtiler Körper, sind und dass das Mandala die Natur unseres gereinigten groben Körpers ist.

Auf diese Weise schulen wir uns aufrichtig in einer einzigen Meditation über die Erzeugungsstufe, die diese drei Merkmale hat. Das dritte Merkmal zu halten, die Gottheiten als die Natur unseres gereinigten subtilen Körpers und das Mandala als die Natur unseres gereinigten groben Körpers zu erkennen, macht diese Konzentration zu einer eigentlichen Körpermandala Meditation.

Wenn wir die Vollendungsstufenmeditation üben möchten, sollten wir uns durch Vorstellung von dem Heruka mit vier Gesichtern und zwölf Armen in den Heruka mit einem Gesicht und zwei Armen verwandeln. Dann meditieren wir über den Zentralkanal, den unzerstörbaren Tropfen, den unzerstörbaren Wind, Tummo und so weiter.

Müssen wir uns dann von der Meditation etwas ausruhen, können wir das Mantra rezitieren

Die Mantras rezitieren

DAS ESSENZMANTRA VON HERUKA

In meinem Herzen ist das Weisheitswesen Buddha Heruka, der definitive Heruka.

O Glorreicher Vajra Heruka, der Du
Den göttlichen illusorischen Körper und Geist des klaren Lichts genießt,
Bitte befriede meine Hindernisse und gewähre mir
Die zwei Erlangungen des Befreiens und Reifens.
Bitte segne mich, damit ich der definitive Heruka werde
Und in diesem Zustand alle Phänomene als gereinigt und in Leerheit versammelt erfahre, untrennbar von großer Glückseligkeit.

OM SHRI VAJRA HE HE RU RU KAM HUM HUM PHAT DAKINI DZALA SHAMBARAM SÖHA

(21x, 100x und so weiter)

DAS DREI-OM-MANTRA VON VAJRAYOGINI

Im Herzen der vorgestellten Vajrayogini (Vajravarahi) ist das Weisheitswesen Buddha Vajrayogini, die definitive Vajrayogini.

OM OM OM SARWA BUDDHA DAKINIYE VAJRA WARNANIYE VAJRA BEROTZANIYE HUM HUM HUM PHAT PHAT PHAT SÖHA

Rezitiere mindestens so viele Mantras, wie du versprochen hast.

Das «Drei-OM»Mantra ist die Vereinigung des Essenz- und des nahen Essenzmantras von Vajravarahi. Die Bedeutung des Mantra ist: Mit OM OM OM rufen wir Vajrayogini, die Hauptgottheit, und ihr Gefolge der Heldinnen der drei Räder herbei. SARWA BUDDHA DAKINIYE bedeutet, dass Vajrayogini die Synthese des Geistes aller Buddhas ist. VAJRA WARNANIYE bedeutet, dass sie die Synthese der Rede aller Buddhas ist und VAJRA BEROTZANIYE bedeutet, dass sie die Synthese der Körper aller Buddhas ist. Mit HUM HUM HUM bitten wir Vajrayogini und ihr Gefolge, uns die Erlangungen von Körper, Rede und Geist aller Buddhas zu gewähren. Mit PHAT PHAT PHAT bitten wir sie, unser Haupthindernis zu befrieden, unsere subtile fehlerhafte Erscheinung von Körper, Rede und Geist. Und SÖHA bedeutet: «Bitte errichte in mir die Grundlage für all diese Erlangungen.»

DAS ZUSAMMENGEFASSTE MANTRA DER ZWEIUNDSECHZIG GOTTHEITEN DES HERUKA KÖRPERMANDALA

Jede der zweiundsechzig Gottheiten hat in ihrem Herzen ihr persönliches Weisheitswesen, ihre eigene definitive Gottheit.

OM HUM BAM RIM RIM LIM LIM, KAM KHAM GAM GHAM NGAM, TSAM TSHAM DZAM DZHAM NYAM, TrAM THrAM DrAM DHrAM NAM, TAM THAM DAM DHAM NAM, PAM PHAM BAM BHAM, YAM RAM LAM WAM, SHAM KAM SAM HAM HUM HUM PHAT

(7x, 21x, 100x und so weiter)

Wenn wir dieses Mantra rezitieren, bitten wir das Weisheitswesen Buddha Heruka mit Vajravarahi und sein Gefolge der Helden und Heldinnen der fünf Räder, unser Hindernis der subtilen fehlerhaften Erscheinung zu befrieden und uns die Erlangungen des äußeren und inneren Dakinilandes zu gewähren. Das äußere Dakiniland ist das Reine Land Keajra und das innere Dakiniland ist das sinnklare Licht. In dem Moment, in dem unser Geist von subtiler fehlerhafter Erscheinung frei ist, öffnen wir das Tor, durch das wir alle erleuchteten Gottheiten direkt sehen können. Solange unser Geist von subtiler fehlerhafter Erscheinung verunreinigt ist, bleibt dieses Tor verschlossen.

Widmung

Möge ich durch die Tugenden,
Die Darbringungen, Lobpreisungen, Rezitationen und
Meditationen
Der Erzeugungsstufe des Glorreichen Heruka
richtig ausgeführt zu haben,
Alle Stufen der allgemeinen und außergewöhnlichen
Pfade vollenden.

Zum Wohle aller Lebewesen
Möge ich Heruka werden
Und dann alle Lebewesen
Zum erhabenen Zustand Herukas führen.

Und sollte ich diesen erhabenen Zustand nicht in
diesem Leben erlangen,
Mögen der ehrwürdige Vater und Mutter und ihr Gefolge
mir zum Zeitpunkt meines Todes begegnen,
Mit Wolken atemberaubender Darbringungen,
himmlischer Musik
Und vielen ausgezeichneten, glückverheißenden Zeichen.

Möge ich dann am Ende des klaren Lichts des Todes
Ins Reine Land Keajra geführt werden,
Zur Wohnstätte der Wissenshalter, die den
erhabenen Pfad üben,
Und möge ich dort diesen tiefgründigen Pfad rasch
vollenden.

Möge die äußerst tiefgründige Praxis und Anleitung Herukas,
Geübt von Millionen kraftvoller Yogis, stark zunehmen.
Und möge sie für sehr lange Zeit ohne nachzulassen
Als das Haupttor für jene, die Befreiung suchen, erhalten
bleiben.

Mögen die Helden, Dakinis und ihre Gefolge,
Die in dieser Welt an den vierundzwanzig erhabenen Orten Herukas weilen,
Und die ungehinderte Kraft besitzen, diese Methode zu vollenden,
Nie in ihrer Unterstützung für Praktizierende schwanken.

Glückverheißende Gebete

Möge es die Glücksverheißung eines großen Schatzes an Segnungen geben,
Die aus den ausgezeichneten Taten aller Wurzel- und Überlieferungsliniengurus entsteht,
Die die erhabene Erlangung Buddha Herukas vollendeten,
Indem sie sich auf den ausgezeichneten, geheimen Pfad des Königs der Tantras verließen.

Möge es die Glücksverheißung der großen, ausgezeichneten Taten der Drei Juwelen geben –
Das heilige Buddha Juwel, den durchdringenden Natur-Heruka,
Das endgültige, große geheime Dharma Juwel, die Schriften und Verwirklichungen des Heruka Tantra
Und das höchste Sangha Juwel, die Versammlungen der Gefolgegottheiten Herukas.

Durch all das große Glück, das es in den kostbaren, himmlischen Palästen gibt,
Die so weit sind wie die dreitausend Welten
Und mit Ornamenten wie den Strahlen von Sonne und Mond geschmückt sind,
Mögen alle Welten und ihre Wesen Glück, Güte, Ruhm und Wohlstand erfahren.

Gebete für die Tugendhafte Tradition

Damit die Tradition Je Tsongkhapas,
Des Königs des Dharma, erblühe,
Mögen alle Hindernisse überwunden sein
Und mögen alle vorteilhaften Bedingungen im
Überfluss vorhanden sein.

Durch die zwei Ansammlungen von mir und anderen,
Die während der drei Zeiten zusammengetragen werden,
Möge die Lehre des Eroberers Losang Dragpa
Für immer erblühen.

Das neunzeilige *Migtsema* Gebet

Tsongkhapa, Kronjuwel der Gelehrten vom Lande des
Schnees,
Du bist Buddha Shakyamuni und Vajradhara, Quelle aller
Erlangungen,
Avalokiteshvara, Schatz des nichtbeobachtbaren Mitgefühls,
Manjushri, erhabene, makellose Weisheit,
Und Vajrapani, Zerstörer der Scharen von Maras.
O ehrwürdiger Guru Buddha, Vereinigung aller Drei Juwelen,
Mit Körper, Rede und Geist ersuche ich Dich mit Respekt:
Bitte gewähre Deine Segnungen, damit ich und andere zur
Reife und Befreiung gelangen,
Und gewähre die allgemeinen und höchsten Erlangungen.

(3x)

Zusammengefasster Yoga der sechs Sitzungen

Jeder, der eine Ermächtigung des Höchsten Yoga Tantra empfangen hat, hat die Verpflichtung, den Yoga der sechs Sitzungen zu üben. Sind wir sehr beschäftigt, dann können wir unsere Verpflichtung der sechs Sitzungen einhalten, indem wir folgende Praxis sechsmal täglich üben. Zuerst erinnern wir uns an die neunzehn Verpflichtungen der fünf Buddha Familien, die unten aufgelistet sind, und dann rezitieren wir mit dem festen Entschluss, diese Verpflichtungen rein einzuhalten, den folgenden Zusammengefasster Yoga der sechs Sitzungen.

DIE NEUNZEHN VERPFLICHTUNGEN DER FÜNF BUDDHA FAMILIEN

Die sechs Verpflichtungen der Familie Buddha Vairochanas:

(1) Zuflucht nehmen zu Buddha
(2) Zuflucht nehmen zu Dharma
(3) Zuflucht nehmen zur Sangha
(4) Nichttugend unterlassen
(5) Tugend praktizieren
(6) Anderen helfen

Die vier Verpflichtungen der Familie Buddha Akshobyas:

(1) Einen Vajra haben, damit wir uns daran erinnern, die Entwicklung der großen Glückseligkeit durch Meditation über den Zentralkanal zu betonen
(2) Eine Glocke haben, damit wir uns daran erinnern, die Meditation über Leerheit zu betonen
(3) Uns als Gottheit erzeugen und zugleich erkennen, dass alle Dinge, die wir normalerweise sehen, nicht existieren
(4) Uns aufrichtig auf unseren spirituellen Meister verlassen, der uns zur Praxis der reinen moralischen Disziplin der Pratimoksha-, Bodhisattva- und tantrischen Gelübde führt

Die vier Verpflichtungen der Familie Buddha Ratnasambhavas:

(1) Materielle Hilfe geben
(2) Dharma geben
(3) Furchtlosigkeit geben
(4) Liebe geben

Die drei Verpflichtungen der Familie Buddha Amitabhas:

(1) Sich auf die Sutra Lehren verlassen
(2) Sich auf die Lehren der zwei niederen Klassen des Tantra verlassen
(3) Sich auf die Lehren der zwei höheren Klassen des Tantra verlassen

Die zwei Verpflichtungen der Familie Buddha Amoghasiddhis:

(1) Unserem spirituellen Meister Gaben darbringen
(2) Danach streben, alle Gelübde, die wir abgelegt haben, rein einzuhalten

ZUSAMMENGEFASSTER YOGA DER SECHS SITZUNGEN

Ich nehme Zuflucht zum Guru und den Drei Juwelen.
Vajra und Glocke haltend, erzeuge ich mich als Gottheit und bringe Gaben dar.
Ich verlasse mich auf die Dharmas von Sutra und Tantra und unterlasse alle nichttugendhaften Handlungen.
Ich helfe allen Lebewesen durch die Praxis der vier Arten des Gebens und sammle alle tugendhaften Dharmas an.

Dieser Vers bezieht sich auf alle neunzehn Verpflichtungen. Die Worte «Ich nehme Zuflucht zu … den Drei Juwelen» *beziehen sich auf die ersten drei Verpflichtungen der Familie Buddha Vairochanas: Zuflucht nehmen zu Buddha, Zuflucht nehmen zu Dharma und Zuflucht nehmen zur Sangha. Das Wort* «Guru» *bezieht sich auf die vierte Verpflichtung der Familie Buddha Akshobyas: sich aufrichtig auf unseren spirituellen Meister zu verlassen.*

Die Worte «Vajra und Glocke haltend, erzeuge ich mich als Gottheit» *beziehen sich auf die ersten drei Verpflichtungen der Familie Buddha Akshobyas: einen Vajra haben, um uns an die große Glückseligkeit zu erinnern, eine Glocke haben, um uns an die Leerheit zu erinnern, und uns als Gottheit erzeugen. Die Worte* «und bringe Gaben dar» *beziehen sich auf die erste Verpflichtung der Familie Buddha Amoghasiddhis: unserem spirituellen Meister Gaben darzubringen.*

Die Worte «Ich verlasse mich auf die Dharmas von Sutra und Tantra» *beziehen sich auf die drei Verpflichtungen der Familie Buddha Amithabas: sich auf die Lehren des Sutra verlassen, sich auf die Lehren der zwei niederen Klassen des Tantra verlassen und sich auf die zwei höheren Klassen des Tantra verlassen. Die Worte* «und unterlasse alle nichttugendhaften Handlungen» *beziehen sich auf die vierte Verpflichtung der Familie Buddha Vairochanas: Nichttugend unterlassen.*

Die Worte «sammle alle tugendhaften Dharmas an» *beziehen sich auf die fünfte Verpflichtung der Familie Buddha Vairochanas: Tugend zu praktizieren. Die Worte* «Ich helfe allen Lebewesen» *beziehen sich auf die sechste Verpflichtung der Familie Buddha Vairochanas: anderen zu helfen. Die Worte* «durch die Praxis der vier Arten des Gebens» *beziehen sich auf die vier Verpflichtungen der Familie Buddha Ratnasambhavas: materielle Hilfe geben, Dharma geben, Furchtlosigkeit geben und Liebe geben.*

Und der ganze Vers bezieht sich auf die zweite Verpflichtung der Familie Buddha Amoghasiddhis: Danach streben, alle Gelübde, die wir abgelegt haben, rein einzuhalten.

Weitere Einzelheiten zu den Gelübden und Verpflichtungen des Geheimen Mantra werden im Buch Tantrische Ebenen und Pfade *erläutert.*

Kolophon: Diese Sadhana, ein rituelles Gebet für spirituelle Erlangungen, wurde vom Ehrwürdigen Geshe Kelsang Gyatso Rinpoche im Juni 2009 aus traditionellen Quellen zusammengestellt und im April 2010 und Dezember 2012 überarbeitet.

Anhang VI

Glückselige Reise

WIE MAN EIN ANNÄHERUNGSRETREAT DES HERUKA KÖRPERMANDALAS DURCHFÜHRT

Vajradhara Trijang Rinpoche

Einleitung

Aufrichtige Praktizierende der Sadhana *Der Yoga von Buddha Heruka* können ein Annäherungsretreat des Heruka Körpermandalas nach folgenden Anleitungen durchführen.

Nachdem du die Ritualobjekte, Tormas und weitere Darbringungen entweder auf traditionelle oder einfache Weise aufgestellt hast, beginne am Abend des ersten Tages des Retreats mit der Praxis *Der Yoga von Buddha Heruka* von *Zuflucht nehmen* bis einschließlich der *Mantrarezitation*. Dann bringe wie unten dargelegt Tormas und Tsog dar. Die Sitzung wird mit der *Widmung* und den weiteren Gebeten aus der Sadhana beendet.

Wenn du täglich vier Retreatsitzungen geplant hast, beginne am zweiten Tag in den ersten drei Sitzungen mit der Praxis *Der Yoga von Buddha Heruka* von *Zuflucht nehmen* bis einschließlich der *Widmung* und der Rezitation der verbleibenden Gebete, ohne Weiteres einzufügen. In der vierten oder letzten Sitzung solltest du die Praxis *Der Yoga von Buddha Heruka* von *Zuflucht nehmen* bis einschließlich der *Mantrarezitation* ausführen und dann die Tormas darbringen, wie unten dargelegt. Die Sitzung wird mit der Rezitation der *Widmung* und der verbleibenden Gebete der Sadhana beendet.

Nachdem hunderttausend Rezitationen des Essenzmantra von Heruka, hunderttausend Rezitationen des Drei-OM-Mantra von Vajrayogini und zehntausend Rezitationen des zusammengefassten Mantra der zweiundsechzig Gottheiten des Heruka Körpermandalas angesammelt wurden, musst du eine Feuerpuja, oder Feuerdarbringung, durchführen. Diese Praxis wird im Buch Essenz des Vajrayana dargelegt und erläutert. In dieser Weise schließt du dein Annäherungsretreat des Heruka Körpermandalas ab. Bis die Feuerpuja stattgefunden hat, solltest du täglich mindestens zwei Sitzungen *Der Yoga von Buddha Heruka* machen, davon die letzte mit Torma Darbringungen.

Hast du das Annäherungsretrat des Heruka Körpermandalas abgeschlossen, kannst du die Praxis der Selbsteinweihung des Heruka Körpermandalas ausüben, die in der Sadhana *Vereinigung des Nicht-mehr-Lernens* zu finden ist. Wann immer du die Sadhana *Der Yoga von Buddha Heruka* rezitierst, ist es äußerst wichtig, dass du dich stark auf ihre Bedeutung konzentrierst, frei von Ablenkung und mit reiner Motivation. Zwischen den Sitzungen solltest du den Kommentar zu dieser Sadhana sorgfältig lesen, der im Kapitel *Die Praxis des Heruka Körpermandalas* dargelegt ist.

Geshe Kelsang Gyatso
April 2010

Glückselige Reise

TORMA DARBRINGUNG

Nach der Praxis Der Yoga von Buddha Heruka *von* Zuflucht nehmen *bis einschließlich* Mantrarezitation, *führe nun die Torma Darbringung durch.*

Die innere Darbringung segnen

OM KHANDAROHI HUM HUM PHAT
OM SÖBHAWA SHUDDHA SARWA DHARMA SÖBHAWA
SHUDDHO HAM
Alles wird Leerheit.

Aus dem Zustand der Leerheit entsteht aus YAM Wind, aus RAM entsteht Feuer, aus AH ein Dreifuß aus drei menschlichen Köpfen. Darüber erscheint aus AH eine weite und ausgedehnte Schädelschale. In ihr entstehen aus OM, KHAM, AM, TRAM, HUM die fünf Nektare, aus LAM, MAM, PAM, TAM, BAM entstehen die fünf Fleischarten, jede mit diesen Buchstaben gekennzeichnet. Der Wind bläst, das Feuer lodert, und die Substanzen in der Schädelschale schmelzen. Darüber entsteht aus HUM ein weißer, umgekehrter Khatanga, der

in die Schädelschale hineinfällt und schmilzt, wodurch die Substanzen die Farbe von Quecksilber annehmen. Über ihnen verwandeln sich drei Reihen von Vokalen und Konsonanten, die übereinander stehen, in OM AH HUM. Aus diesen ziehen Lichtstrahlen den Nektar der erhabenen Weisheit aus den Herzen aller Tathagatas, Helden und Yoginis der zehn Richtungen. Wenn dies zugefügt wird, vermehrt sich der Inhalt und wird unermesslich.
OM AH HUM (3x)

Die äußeren Darbringungen segnen

OM KHANDAROHI HUM HUM PHAT
OM SÖBHAWA SHUDDHA SARWA DHARMA SÖBHAWA SHUDDHO HAM
Alles wird Leerheit.

Aus dem Zustand der Leerheit entstehen aus KAMs weite und ausgedehnte Schädelschalen, in denen aus HUMsWasser zum Trinken, Wasser zum Baden, Wasser für den Mund, Blumen, Weihrauch, Lichter, Düfte, Speisen und Musik entstehen.
In ihrer Natur Leerheit, haben sie den Aspekt der einzelnen Darbringungssubstanzen und dienen den sechs Sinnen als Objekte des Vergnügens, um eine besondere, nichtverunreinigte Glückseligkeit zu gewähren.

OM AHRGHAM AH HUM
OM PADÄM AH HUM
OM ÄNTZAMANAM AH HUM
OM VAJRA PUPE AH HUM
OM VAJRA DHUPE AH HUM
OM VAJRA DIWE AH HUM
OM VAJRA GÄNDHE AH HUM
OM VAJRA NEWIDE AH HUM
OM VAJRA SHAPTA AH HUM

Die Tormas segnen

OM KHANDAROHI HUM HUM PHAT
OM SÖBHAWA SHUDDHA SARWA DHARMA SÖBHAWA SHUDDHO HAM
Alles wird Leerheit.

Aus dem Zustand der Leerheit entsteht aus YAM Wind, aus RAM entsteht Feuer, aus AH ein Dreifuß aus drei menschlichen Köpfen. Darüber erscheint aus AH eine weite und ausgedehnte Schädelschale. In ihr entstehen aus OM, KHAM, AM, TRAM, HUM die fünf Nektare, aus LAM, MAM, PAM, TAM, BAM entstehen die fünf Fleischarten, jede mit diesen Buchstaben gekennzeichnet. Der Wind bläst, das Feuer lodert, und die Substanzen in der Schädelschale schmelzen. Darüber entsteht aus HUM ein weißer, umgekehrter Khatanga, der in die Schädelschale hineinfällt und schmilzt, wodurch die Substanzen die Farbe von Quecksilber annehmen. Über ihnen verwandeln sich drei Reihen von Vokalen und Konsonanten, die übereinander stehen, in OM AH HUM. Aus diesen ziehen Lichtstrahlen den Nektar der erhabenen Weisheit aus den Herzen aller Tathagatas, Helden und Yoginis der zehn Richtungen. Wenn dies zugefügt wird, vermehrt sich der Inhalt und wird unermesslich.
OM AH HUM (3x)

Die Gäste der Tormas einladen

PHÄM
Lichtstrahlen gehen vom Buchstaben HUM auf dem Sonnensitz in meinem Herzen aus und laden die ganze Versammlung der Gottheiten Chakrasambaras zusammen mit seinen weltlichen Gefolgen wie den Richtungswächtern, die in den acht Friedhöfen wohnen, in den Raum vor mir ein.

OM AHRGHAM PARTITZA SÖHA
OM PADÄM PARTITZA SÖHA
OM ÄNTZAMANAM PARTITZA SÖHA
OM VAJRA PUPE AH HUM SÖHA
OM VAJRA DHUPE AH HUM SÖHA
OM VAJRA DIWE AH HUM SÖHA
OM VAJRA GÄNDHE AH HUM SÖHA
OM VAJRA NEWIDE AH HUM SÖHA
OM VAJRA SHAPTA AH HUM SÖHA

Aus einem weißen HUM in der Zunge aller Gäste erscheint ein weißer dreizackiger Vajra, durch den sie die Essenz des Tormas zu sich nehmen, indem sie ihn durch Halme aus Licht ziehen, die nur so dick wie Gerstenkörner sind.

Den Haupttorma darbringen

OM VAJRA AH RA LI HO: DZA HUM BAM HO: VAJRA DAKINI SAMAYA TÖN TRISHAYA HO (3x)

Bringe mit der ersten Rezitation dem Hauptvater, mit der zweiten Rezitation der Hauptmutter und mit der dritten Rezitation den vier Yoginis den Torma dar, im Osten beginnend und im Gegenuhrzeigersinn.

Den Gottheiten des Herz-, des Rede- und des Körperrades den Torma darbringen

OM KARA KARA, KURU KURU, BÄNDHA BÄNDHA, TRASAYA TrASAYA, KYOMBHAYA KYOMBHAYA, HROM HROM, HRAH HRAH, PHÄM PHÄM, PHAT PHAT, DAHA DAHA, PATSA PATSA, BHAKYA BHAKYA BASA RUDHI ÄNTRA MALA WALAMBINE, GRIHANA GRIHANA SAPTA PATALA GATA BHUDZAMGAM SARWAMPA TARDZAYA TARDZAYA, AKANDYA AKANDYA, HRIM HRIM, GYÖN GYÖN, KYAMA KYAMA, HAM HAM, HIM HIM, HUM HUM, KILI KILI, SILI SILI, HILI HILI, DHILI DHILI, HUM HUM PHAT

Den Gottheiten des Verpflichtungsrades den Torma darbringen

OM VAJRA AH RA LI HO: DZA HUM BAM HO: VAJRA DAKINI SAMAYA TÖN TRISHAYA HO (2x)

Äußere Darbringungen

OM AHRGHAM PARTITZA SÖHA
OM PADÄM PARTITZA SÖHA
OM ÄNTZAMANAM PARTITZA SÖHA
OM VAJRA PUPE AH HUM SÖHA
OM VAJRA DHUPE AH HUM SÖHA
OM VAJRA DIWE AH HUM SÖHA
OM VAJRA GÄNDHE AH HUM SÖHA
OM VAJRA NEWIDE AH HUM SÖHA
OM VAJRA SHAPTA AH HUM SÖHA

OM AH VAJRA ADARSHE HUM
OM AH VAJRA WINI HUM
OM AH VAJRA GÄNDHE HUM
OM AH VAJRA RASE HUM
OM AH VAJRA PARSHE HUM
OM AH VAJRA DHARME HUM

Innere Darbringung

OM HUM BAM RIM RIM LIM LIM, KAM KHAM GAM GHAM NGAM, TSAM TSHAM DZAM DZHAM NYAM, TrAM THrAM DrAM DHrAM NAM, TAM THAM DAM DHAM NAM, PAM PHAM BAM BHAM, YAM RAM LAM WAM, SHAM KAM SAM HAM HUM HUM PHAT OM AH HUM

Geheime und Dasheitsdarbringung

Durch die Vereinigung von Vater und Mutter genießen alle Haupt- und Gefolgegottheiten eine besondere Erfahrung großer Glückseligkeit und Leerheit.

Die acht Zeilen des Lobpreises an den Vater

OM Ich verbeuge mich vor dem Gesegneten, dem Herrn der Helden HUM HUM PHAT
OM vor Dir, mit einem Glanz gleich dem Feuer des großen Äons HUM HUM PHAT
OM vor Dir, mit einem unerschöpflichen Haarknoten HUM HUM PHAT
OM vor Dir, mit einem furchteinflößenden Gesicht und fletschenden Reißzähnen HUM HUM PHAT
OM vor Dir, dessen tausend Arme in gleißendem Licht erstrahlen HUM HUM PHAT
OM vor Dir, der eine Axt, eine erhobene Schlinge, einen Speer und einen Khatanga hält HUM HUM PHAT
OM vor Dir, der ein Tigerfell trägt HUM HUM PHAT
OM Ich verbeuge mich vor Dir, dessen großer, rauchfarbiger Körper Hindernisse vertreibt HUM HUM PHAT

Die acht Zeilen des Lobpreises an die Mutter

OM Ich verbeuge mich vor Vajravarahi, der Gesegneten Mutter HUM HUM PHAT
OM vor der höheren und mächtigen Dame des Wissens, unbesiegt durch die drei Bereiche HUM HUM PHAT
OM vor Dir, die Du alle Ängste vor bösen Geistern mit Deinem großen Vajra zerstörst HUM HUM PHAT
OM vor Dir mit zähmenden Augen, die als der Vajrasitz unbesiegt durch andere weilt HUM HUM PHAT
OM vor Dir, deren zornvolle, wilde Gestalt Brahma austrocknet HUM HUM PHAT
OM vor Dir, die Dämonen in Angst und Schrecken versetzt und ausdörrt, und jene in anderen Richtungen erobert HUM HUM PHAT
OM vor Dir, die all jene erobert, die uns dumpf, starr und wirr machen HUM HUM PHAT
OM Ich verbeuge mich vor Vajravarahi, der Großen Mutter, der Dakini Gefährtin, die jedes Verlangen erfüllt HUM HUM PHAT

Um die Erfüllung von Wünschen bitten

Du, der Du sowohl Anhaftung an Samsara und alleinigen Frieden
als auch alle begrifflichen Vorstellungen zerstört hast,
Der alle Dinge sieht, die im ganzen Raum existieren,
O Beschützer, der Du starkes Mitgefühl besitzt, möge ich durch
das Wasser Deines Mitgefühls gesegnet sein
Und mögen mich die Dakinis in ihre liebende Obhut nehmen.

Den weltlichen Dakas und Dakinis den Torma darbringen

Die Richtungswächter, örtlichen Wächter, Nagas und so weiter, die in den acht großen Friedhöfen wohnen, treten augenblicklich in das klare Licht ein und entstehen in der Form der Gottheiten von Heruka im Aspekt von Vater und Mutter. Aus einem weißen HUM in der Zunge eines jeden Gastes entsteht ein weißer, dreizackiger Vajra, durch den sie die Essenz des Tormas zu sich nehmen, indem sie sie durch Halme aus Licht ziehen, die nur so dick wie Gerstenkörner sind.

OM KHA KHA, KHAHI KHAHI, SARWA YAKYA RAKYASA, BHUTA, TRETA, PISHATSA, UNATA, APAMARA, VAJRA DAKA, DAKI NÄDAYA, IMAM BALING GRIHANTU, SAMAYA RAKYANTU, MAMA SARWA SIDDHI METRA YATZANTU, YATIPAM, YATETAM, BHUDZATA, PIWATA, DZITRATA, MATI TRAMATA, MAMA SARWA KATAYA, SÄDSUKHAM BISHUDHAYE, SAHAYEKA BHAWÄNTU, HUM HUM PHAT PHAT SÖHA (2x)

Bringe mit der ersten Rezitation den Gästen der Hauptrichtungen und mit der zweiten den Gästen der Zwischenrichtungen den Torma dar.

Äußere Darbringungen

OM AHRGHAM PARTITZA SÖHA
OM PADÄM PARTITZA SÖHA
OM ÄNTZAMANAM PARTITZA SÖHA

OM VAJRA PUPE AH HUM SÖHA
OM VAJRA DHUPE AH HUM SÖHA
OM VAJRA DIWE AH HUM SÖHA
OM VAJRA GÄNDHE AH HUM SÖHA
OM VAJRA NEWIDE AH HUM SÖHA
OM VAJRA SHAPTA AH HUM SÖHA

Innere Darbringung

Den Mündern der Richtungswächter, örtlichen Wächter,
Nagas und so weiter OM AH HUM

Bitten

Ihr, die ganze Versammlung der Götter,
Die ganze Versammlung der Nagas,
Die ganze Versammlung der Schadengeber,
Die ganze Versammlung der Kannibalen,
Die ganze Versammlung der bösen Geister,
Die ganze Versammlung der hungrigen Geister,
Die ganze Versammlung der Fleischesser,
Die ganze Versammlung der Verrücktmacher,
Die ganze Versammlung der Vergesslichmacher,
Die ganze Versammlung der Dakas,
Die ganze Versammlung der weiblichen Geister,
Ihr alle, ohne Ausnahme,
Bitte kommt hierher und hört mich an.
O glorreiche Begleiter, so geschwind wie Gedanken,
Die Schwüre und Herzverpflichtungen abgelegt haben,
Die Lehre zu bewachen und Lebewesen zu helfen,
Die die Böswilligen unterwerfen und die dunklen Kräfte
Mit furchteinflößenden Formen und unerschöpflichem Zorn zerstören,
Die den Handlungen der Yogis Ergebnisse gewähren
Und die unvorstellbare Kräfte und Segnungen haben:
Vor Euch, acht Arten von Gästen, verbeuge ich mich.

Ich bitte Euch alle gemeinsam mit Euren Gefährten und
Gefährtinnen, Kindern und Dienern,
Mir das Glück aller Erlangungen zu gewähren.
Mögen ich und andere Praktizierende
Gute Gesundheit, langes Leben, Kraft,
Ehre, Ruhm, Glück
Und ausgiebige Vergnügen haben.
Bitte gewährt mir die Erlangungen
Der befriedenden, vermehrenden, kontrollierenden und
zornvollen Handlungen.
O Wächter, steht mir allzeit bei.
Vernichtet vorzeitigen Tod und Krankheit,
Schaden durch Geister und Hindernisse.
Beseitigt schlechte Träume,
Böse Vorzeichen und schlechte Handlungen.

Möge es Glück in der Welt geben, mögen die Jahre gut sein.
Möge sich die Ernte verbessern und möge der Dharma
erblühen.
Möge alles Gute und Glück geschehen.
Und mögen alle Wünsche erfüllt sein.

An dieser Stelle kannst du, wenn du möchtest, die Tsog Darbringung einfügen. Diese beginnt auf S. 343.

Alle Fehler, die während dieser Praxis gemacht wurden, mit dem Hundertbuchstaben Mantra Herukas reinigen.

OM VAJRA HERUKA SAMAYA, MANU PALAYA, HERUKA TENO PATITA, DRIDHO ME BHAWA, SUTO KAYO ME BHAWA, SUPO KAYO ME BHAWA, ANURAKTO ME BHAWA, SARWA SIDDHI ME PRAYATZA, SARWA KARMA SUTZA ME, TZITAM SHRIYAM KURU HUM, HA HA HA HA HO BHAGAWÄN, VAJRA HERUKA MA ME MUNTSA, HERUKA BHAWA, MAHA SAMAYA SATTÖ AH HUM PHAT

OM YOGA SHUDDHA SARWA DHARMA YOGA SHUDDHO HAM

VAJRA MU

Die weltlichen Wesen kehren zu ihren eigenen Stätten zurück und die Gottheiten der Vor-uns-Erzeugung lösen sich in mich auf.

Auflösung und die Handlungsgottheiten erzeugen

Die Friedhöfe und der Schutzkreis lösen sich in den himmlischen Palast auf. Der himmlische Palast löst sich in die Gottheiten des Verpflichtungsrades auf. Diese lösen sich in die Gottheiten des Körperrades auf. Diese lösen sich in die Gottheiten des Rederades auf. Diese lösen sich in die Gottheiten des Herzrades auf. Diese lösen sich in die vier Yoginis des großen Glückseligkeitsrades auf. Diese lösen sich in mich auf, die Hauptgottheit Vater und Mutter, die Natur des roten und weißen unzerstörbaren Tropfens. Auch ich, die Hauptgottheit Vater und Mutter, schmelze zu Licht und löse mich in den Buchstaben HUM, die Natur der Leerheit des Dharmakaya, in meinem Herzen auf.

Aus dem Zustand der Leerheit entsteht unsere Welt als Herukas Reines Land Keajra. Ich und alle fühlenden Wesen entstehen als der Gesegnete Heruka mit einem blaufarbigen Körper, einem Gesicht sowie zwei Armen und umarmen Vajravarahi.

> *Die Sitzung sollte mit der Rezitation der* Widmung *und den verbleibenden Gebeten aus der Sadhana* Der Yoga von Buddha Heruka *beendet werden.*

DIE TSOG DARBRINGUNG AN DAS HERUKA KÖRPERMANDALA

Die äußeren und inneren Darbringungen, die Umgebung und die Wesen und die Substanzen der Tsog Darbringung segnen

OM AH HUM (3x)

In ihrer Natur erhabene Weisheit, im Aspekt der inneren Darbringung und der einzelnen Darbringungssubstanzen, die den sechs Sinnen als Objekte des Vergnügens dienen, um eine besondere erhabene Weisheit von Glückseligkeit und Leerheit zu erzeugen, bedecken unfassbare Wolken von äußeren, inneren und geheimen Darbringungen, Verpflichtungssubstanzen und anziehenden Gaben den gesamten Boden und füllen den ganzen Raum.

EH MA HO Große Manifestation der erhabenen Weisheit.
Alle Bereiche sind Vajrabereiche,
Und alle Orte sind große Vajrapaläste,
Versehen mit weiten Wolken der Darbringungen Samantabhadras,
Einem Überfluss an allen begehrten Vergnügen.
Alle Wesen sind wirkliche Helden und Heldinnen.
Alles ist makellos rein,
Ohne auch nur den Namen fehlerhafter, unreiner Erscheinung.

HUM Alle Ausschmückungen sind im Zustand des Wahrheitskörpers vollständig befriedet. Der Wind bläst und das Feuer lodert. Darüber, auf einem Dreifuß aus drei Menschenköpfen, AH innerhalb einer qualifizierten Schädelschale, OM die individuellen Substanzen lodern. Über diesen stehen OM AH HUM, in ihren leuchtenden Farben erstrahlend. Der Wind bläst und das Feuer lodert, dadurch schmelzen die Substanzen. Kochend wirbeln sie in einer großen Dunstwolke. Zahllose Lichtstrahlen gehen von den drei

Buchstaben in die zehn Richtungen aus und laden die drei Vajras zusammen mit Nektaren ein. Diese lösen sich getrennt in die drei Buchstaben auf. Zu Nektar schmelzend, vermengen sie sich mit der Mischung. Gereinigt, umgewandelt und vermehrt,
EH MA HO Sie werden ein strahlender Ozean von großartigen Freuden.

OM AH HUM (3x)

Die Gäste der Tsog Darbringung einladen

PHÄM
Aus dem heiligen Palast des Dharmakaya,
Großer Meister, Halter der erhabenen Überlieferung des Vajrayana,
Der unsere Hoffnungen auf alle Erlangungen erfüllt,
O Versammlung der Wurzel- und Überlieferungsliniengurus, bitte komme an diesen Ort.

Aus den vierundzwanzig heiligen Stätten auf der ganzen Welt,
O Glorreicher Heruka, dessen Natur das Mitgefühl aller Buddhas ist,
Und alle Helden und Heldinnen dieser Orte,
Bitte kommt hierher, um die Erlangungen zu gewähren, nach denen wir uns sehnen.

Aus den reinen und unreinen Ländern der zehn Richtungen,
O Versammlung der Yidams, Buddhas, Bodhisattvas und Dharma Beschützer
Und alle Wesen Samsaras und Nirvanas,
Bitte kommt hierher als Gäste dieser Tsog Darbringung.

OM GURU VAJRADHARA CHAKRASAMBARA SÄMANDALA DEWA SARWA BUDDHA BODHISATTÖ SAPARIWARA EH HAYE HI VAJRA SAMAYA DZA DZA

PÄMA KAMALAYE TÖN

Die Tsog Darbringung durchführen

HO Diesen Ozean von Tsog Darbringungen aus
nichtverunreinigtem Nektar,
Durch Konzentration, Mantra und Mudra gesegnet,
Bringe ich dar, um meinen gütigen Wurzelguru,
Guru Sumati Buddha Heruka, zu erfreuen.
OM AH HUM
Entzückt durch den Genuss dieser prachtvollen
Objekte des Begehrens,
EH MA HO
Bitte segnet mich, damit ich das äußere und innere
Dakini Land erlange.

HO Diesen Ozean von Tsog Darbringungen aus
nichtverunreinigtem Nektar,
Durch Konzentration, Mantra und Mudra gesegnet,
Bringe ich dar, um die vier Yoginis des großen
Glückseligkeitsrades zu erfreuen.
OM AH HUM
Entzückt durch den Genuss dieser prachtvollen
Objekte des Begehrens,
EH MA HO
Bitte segnet mich, damit ich spontane
große Glückseligkeit erlange.

HO Diesen Ozean von Tsog Darbringungen aus
nichtverunreinigtem Nektar,
Durch Konzentration, Mantra und Mudra gesegnet,
Bringe ich dar, um die Helden und Heldinnen des
Vajrageistes zu erfreuen.
OM AH HUM
Entzückt durch den Genuss dieser prachtvollen
Objekte des Begehrens,
EH MA HO
Bitte segnet mich, damit ich mit den Boten der
Vajrageist Familie Freude erleben kann.

HO Diesen Ozean von Tsog Darbringungen aus
nichtverunreinigtem Nektar,
Durch Konzentration, Mantra und Mudra gesegnet,
Bringe ich dar, um die Helden und Heldinnen der Vajrarede zu
erfreuen.
OM AH HUM
Entzückt durch den Genuss dieser prachtvollen
Objekte des Begehrens,
EH MA HO
Bitte segnet mich, damit ich mit den Boten der Vajrarede Familie
Freude erleben kann.

HO Diesen Ozean von Tsog Darbringungen aus
nichtverunreinigtem Nektar,
Durch Konzentration, Mantra und Mudra gesegnet,
Bringe ich dar, um die Helden und Heldinnen des
Vajrakörpers zu erfreuen.
OM AH HUM
Entzückt durch den Genuss dieser prachtvollen
Objekte des Begehrens,
EH MA HO
Bitte segnet mich, damit ich mit den Boten der Vajrakörper
Familie Freude erleben kann.

HO Diesen Ozean von Tsog Darbringungen aus
nichtverunreinigtem Nektar,
Durch Konzentration, Mantra und Mudra gesegnet,
Bringe ich dar, um die Gottheiten des
Verpflichtungsrades zu erfreuen.
OM AH HUM
Entzückt durch den Genuss dieser prachtvollen
Objekte des Begehrens,
EH MA HO
Bitte segnet mich, damit ich alle Hindernisse befriede.

HO Diesen Ozean von Tsog Darbringungen aus
nichtverunreinigtem Nektar,
Durch Konzentration, Mantra und Mudra gesegnet,

Bringe ich dar, um alle anderen Yidams, Buddhas,
Bodhisattvas und Dharma Beschützer zu erfreuen.
OM AH HUM
Entzückt durch den Genuss dieser prachtvollen
Objekte des Begehrens,
EH MA HO
Bitte segnet mich, damit ich alle Sutra und Tantra
Verwirklichungen erlange.

HO Diesen Ozean von Tsog Darbringungen aus
nichtverunreinigtem Nektar,
Durch Konzentration, Mantra und Mudra gesegnet,
Bringe ich dar, um die Versammlung der fühlenden
Mutterwesen zu erfreuen.
OM AH HUM
Entzückt durch den Genuss dieser prachtvollen
Objekte des Begehrens,
EH MA HO
Mögen Leiden und fehlerhafte Erscheinung befriedet sein.

Die äußeren Darbringungen

OM AHRGHAM PARTITZA SÖHA
OM PADÄM PARTITZA SÖHA
OM VAJRA PUPE AH HUM SÖHA
OM VAJRA DHUPE AH HUM SÖHA
OM VAJRA DIWE AH HUM SÖHA
OM VAJRA GÄNDHE AH HUM SÖHA
OM VAJRA NEWIDE AH HUM SÖHA
OM VAJRA SHAPTA AH HUM SÖHA

Innere Darbringung

OM HUM BAM RIM RIM LIM LIM, KAM KHAM GAM GHAM NGAM, TSAM TSHAM DZAM DZHAM NYAM, TrAM THrAM DrAM DHrAM NAM, TAM THAM DAM DHAM NAM, PAM PHAM BAM BHAM, YAM RAM LAM WAM, SHAM KAM SAM HAM HUM HUM PHAT OM AH HUM

Geheime und Dasheitsdarbringung

Durch die Vereinigung von Vater und Mutter genießen alle Haupt- und Gefolgegottheiten eine besondere Erfahrung großer Glückseligkeit und Leerheit.

Die acht Zeilen des Lobpreises an den Vater

OM Ich verbeuge mich vor dem Gesegneten, dem Herrn der Helden HUM HUM PHAT
OM vor Dir, mit einem Glanz gleich dem Feuer des großen Äons HUM HUM PHAT
OM vor Dir, mit einem unerschöpflichen Haarknoten HUM HUM PHAT
OM vor Dir, mit einem furchteinflößenden Gesicht und fletschenden Reißzähnen HUM HUM PHAT
OM vor Dir, dessen tausend Arme in gleißendem Licht erstrahlen HUM HUM PHAT
OM vor Dir, der eine Axt, eine erhobene Schlinge, einen Speer und einen Khatanga hält HUM HUM PHAT
OM vor Dir, der ein Tigerfell trägt HUM HUM PHAT
OM Ich verbeuge mich vor Dir, dessen großer, rauchfarbiger Körper Hindernisse vertreibt HUM HUM PHAT

Die acht Zeilen des Lobpreises an die Mutter

OM Ich verbeuge mich vor Vajravarahi, der Gesegneten Mutter HUM HUM PHAT
OM vor der höheren und mächtigen Dame des Wissens, unbesiegt durch die drei Bereiche HUM HUM PHAT
OM vor Dir, die Du alle Ängste vor bösen Geistern mit Deinem großen Vajra zerstörst HUM HUM PHAT
OM vor Dir mit zähmenden Augen, die als der Vajrasitz unbesiegt durch andere weilt HUM HUM PHAT
OM vor Dir, deren zornvolle, wilde Gestalt Brahma austrocknet HUM HUM PHAT

OM vor Dir, die Dämonen in Angst und Schrecken versetzt und ausdörrt, und jene in anderen Richtungen erobert HUM HUM PHAT
OM vor Dir, die all jene erobert, die uns dumpf, starr und wirr machen HUM HUM PHAT
OM Ich verbeuge mich vor Vajravarahi, der Großen Mutter, der Dakini Gefährtin, die jedes Verlangen erfüllt HUM HUM PHAT

Die Tsog Darbringung an den spirituellen Meister des Vajrayana durchführen

EH MA HO Großer Kreis von Tsog!
O großer Held, wir verstehen,
Dass Du durch das Befolgen des Pfades der Sugatas der drei Zeiten
Die Quelle aller Erlangungen bist.
Alle begrifflichen Geisteszustände aufgebend,
Bitte erfreue Dich immerwährend an diesem Kreis von Tsog.
AH LA LA HO

Die Antwort des spirituellen Meisters des Vajrayana

OM Mit einer Natur, untrennbar von den drei Vajras, erzeuge ich mich als Guru-Gottheit.
AH Diesen Nektar nichtverunreinigter, erhabener Weisheit und Glückseligkeit,
HUM Ohne mich von Bodhichitta zu trennen,
Nehme ich zu mir, um die Gottheiten, die in meinem Körper weilen, zu erfreuen.
AH HO MAHA SUKHA

Lied der Frühlingskönigin

HUM All Ihr Tathagatas,
Helden, Yoginis,
Dakas und Dakinis,
Euch allen trage ich meine Bitte vor:

O Heruka, der sich an großer Glückseligkeit erfreut,
Du führst die Vereinigung spontaner Glückseligkeit aus,
Indem Du Dich der Dame widmest, die von Glückseligkeit berauscht ist,
Und Dich im Einklang mit den Ritualen vergnügst.
AH LA LA, LA LA HO, AH I AH, AH RA LI HO
Möge die Versammlung der makellosen Dakinis
Mit liebevoller Zuneigung blicken und alle Taten vollbringen.

HUM All Ihr Tathagatas,
Helden, Yoginis,
Dakas und Dakinis,
Euch allen trage ich meine Bitte vor:
Mit einem Geist, der völlig von großer Glückseligkeit erregt ist,
Und einem Körper in einem Tanz beständiger Bewegung,
Bringe ich den Scharen von Dakinis die große Glückseligkeit dar,
Die durch das Genießen des Lotos der Mudra entsteht.
AH LA LA, LA LA HO, AH I AH, AH RA LI HO
Möge die Versammlung der makellosen Dakinis
Mit liebevoller Zuneigung blicken und alle Taten vollbringen.

HUM All Ihr Tathagatas,
Helden, Yoginis,
Dakas und Dakinis,
Euch allen trage ich meine Bitte vor:
Ihr, die auf eine wunderschöne und friedvolle Weise tanzt,
O glückseliger Beschützer und ihr Scharen von Dakinis,
Bitte erscheint vor mir und gewährt mir Eure Segnungen
Und die spontane große Glückseligkeit.
AH LA LA, LA LA HO, AH I AH, AH RA LI HO
Möge die Versammlung der makellosen Dakinis
Mit liebevoller Zuneigung blicken und alle Taten vollbringen.

HUM All Ihr Tathagatas,
Helden, Yoginis,
Dakas und Dakinis,
Euch allen trage ich meine Bitte vor:

Ihr, die Ihr das Merkmal der Befreiung großer Glückseligkeit besitzt,
Sagt nicht, dass Erlösung in einer Lebensspanne
Durch verschiedene asketische Übungen nach Aufgabe der großen Glückseligkeit erlangt werden kann,
Sondern, dass die große Glückseligkeit ihren Sitz in der Mitte des erhabenen Lotos hat.
AH LA LA, LA LA HO, AH I AH, AH RA LI HO
Möge die Versammlung der makellosen Dakinis
Mit liebevoller Zuneigung blicken und alle Taten vollbringen.

HUM All Ihr Tathagatas,
Helden, Yoginis,
Dakas und Dakinis,
Euch allen trage ich meine Bitte vor:
Wie ein Lotos, der aus der Mitte eines Sumpfes geboren wurde,
Ist diese Methode, obwohl aus Anhaftung geboren, unbefleckt von den Fehlern der Anhaftung.
O erhabene Dakini, bitte bringe durch die Glückseligkeit Deines Lotos
Schnell Befreiung aus den Fesseln Samsaras.
AH LA LA, LA LA HO, AH I AH, AH RA LI HO
Möge die Versammlung der makellosen Dakinis
Mit liebevoller Zuneigung blicken und alle Taten vollbringen.

HUM All Ihr Tathagatas,
Helden, Yoginis,
Dakas und Dakinis,
Euch allen trage ich meine Bitte vor:
Genau wie die Essenz des Honigs in der Honigquelle
Von Bienenschwärmen aus allen Richtungen getrunken wird,
So bringe bitte durch Deinen weiten Lotos mit sechs Eigenschaften
Befriedigung mit dem Geschmack von großer Glückseligkeit.
AH LA LA, LA LA HO, AH I AH, AH RA LI HO
Möge die Versammlung der makellosen Dakinis
Mit liebevoller Zuneigung blicken und alle Taten vollbringen.

Die verbliebene Tsog Darbringung segnen

HUM Unreine, falsche Erscheinungen sind in Leerheit gereinigt,
AH Großer Nektar, der aus erhabener Weisheit vollendet wurde,
OM Er wird zu einem weiten Ozean begehrter Vergnügen.
OM AH HUM (3x)

Die verbliebene Tsog Darbringung den Geistern geben

HO Diesen Ozean verbliebener Tsog Darbringung aus nichtverunreinigtem Nektar,
Durch Konzentration, Mantra und Mudra gesegnet,
Bringe ich dar, um die Versammlung der schwurgebundenen Wächter zu erfreuen,
OM AH HUM
Entzückt durch den Genuss dieser prachtvollen Objekte des Begehrens,
EH MA HO
Bitte führt vollkommene Handlungen aus, um Praktizierenden zu helfen.

Bringe den Rest der Tsog Darbringung hinaus für die Geister.

HO
O Gäste des Restes zusammen mit Euren Gefolgen,
Bitte genießt diesen Ozean verbliebener Tsog Gaben.
Mögen diejenigen, die die kostbare Lehre verbreiten,
Die Halter der Lehre, ihre Gönner und andere
Und insbesondere ich selbst und andere Praktizierende
Gute Gesundheit, langes Leben, Kraft,
Ehre, Ruhm, Glück
Und ausgiebige Vergnügen haben.
Bitte gewährt mir die Erlangungen
Der befriedenden, vermehrenden, kontrollierenden und zornvollen Handlungen.

Ihr, die Ihr durch Schwur gebunden seid, bitte beschützt mich
Und helft mir, alle Erlangungen zu vollenden.
Vernichtet vorzeitigen Tod und Krankheit,
Schaden durch Geister und Hindernisse.
Beseitigt schlechte Träume,
Böse Vorzeichen und schlechte Handlungen.

Möge es Glück in der Welt geben, mögen die Jahre gut sein,
Möge sich die Ernte verbessern und möge der Dharma erblühen.
Möge alles Gute und Glück entstehen,
Und mögen alle Wünsche erfüllt sein.

Möge ich durch die Kraft dieses reichlichen Gebens
Ein Buddha werden zum Wohl der Lebewesen,
Und möge ich durch meine Freigebigkeit
Alle befreien, die durch frühere Buddhas nicht befreit wurden.

Kolophon: Diese Sadhana wurde vom Ehrwürdigen Geshe Kelsang Gyatso Rinpoche im April 2010 aus traditionellen Quellen zusammengestellt.

Anhang VII

Der schnelle Pfad zur großen Glückseligkeit

DIE AUSFÜHRLICHE VAJRAYOGINI SELBSTERZEUGUNGSSADHANA

von Je Phabongkhapa

Dorjechang Kelsang Gyatso Rinpoche

Einleitung

Die Anleitungen zur Höchsten Yoga Tantra Praxis der Ehrwürdigen Vajrayogini wurden von Buddha Vajradhara im siebenundvierzigsten und achtundvierzigsten Kapitel von *Zusammengefasstes Wurzeltantra von Heruka* gelehrt. Die besondere Überlieferungslinie dieser Anleitungen, die Narokhachö Überlieferungslinie, wurde direkt von Vajrayogini an Naropa und von ihm in einer ungebrochenen Linie verwirklichter Praktizierender an die heutigen Lehrer überliefert.

Nachdem Buddha Vajradhara die Praxis gelehrt hatte, ließ er die Mandalas von Heruka und Vajrayogini an vierundzwanzig glückverheißenden Orten in dieser Welt unversehrt. Deshalb gibt es auch heute noch zahllose Manifestationen von Vajrayogini in dieser Welt. Sie helfen aufrichtig Praktizierenden Verwirklichungen zu erlangen, indem sie ihr Geisteskontinuum segnen.

Die Praxis von Vajrayogini ist in vielerlei Hinsicht ideal für die heutige Zeit geeignet. Verlassen wir uns aufrichtig, mit einem guten Herzen und einem Geist von Vertrauen auf diese Praxis, dann ist es definitiv möglich, volle Erleuchtung zu erlangen. Um jedoch diese Ergebnisse zu erzielen, müssen wir die ausführliche Sadhana regelmäßig üben.

Die vorliegende Sadhana *Der schnelle Pfad zur großen Glückseligkeit* wurde vom großen Je Phabongkhapa verfasst. Im Vergleich zu anderen Sadhanas ist sie nicht sehr lang, doch sie enthält alle wesentlichen Übungen des Geheimen Mantra. Um die Sadhana erfolgreich zu üben, sollten wir zuerst die Ermächtigung von Vajrayogini erhalten und dann authentische Anleitungen zur Praxis studieren, wie diejenigen im Kommentar *Führer ins Dakiniland*. Diese Sadhana ist sowohl für unsere regelmäßige tägliche Praxis als auch für ein Retreat geeignet. Wir können sie allein oder in einer Gruppe üben.

Geshe Kelsang Gyatso
1985

Der schnelle Pfad zur großen Glückseligkeit

DER YOGA DER UNERMESSLICHEN

Zuflucht nehmen

Im Raume vor mir erscheinen Guru Chakrasambara Vater und Mutter, umgeben von der Versammlung der Wurzel- und Liniengurus, Yidams, Drei Juwelen, Gefolge und Beschützer.

Stell dir vor, dass du zusammen mit allen fühlenden Wesen Zuflucht nimmst, und rezitiere dreimal:

Von jetzt an bis wir die Essenz der Erleuchtung erlangen,
nehmen ich und alle fühlenden Wesen, die Wandernden so weit wie der Raum,
Zuflucht zu den glorreichen, heiligen Gurus,
Zuflucht zu den vollkommenen Buddhas, den Gesegneten,
Zuflucht zu den heiligen Dharmas,
Zuflucht zu den höheren Sanghas.

(3x)

Bodhichitta erzeugen

Erzeuge Bodhichitta und die vier Unermesslichen, während du dreimal rezitierst:

Wenn ich den Zustand eines vollkommenen Buddha erlangt habe, werde ich alle fühlenden Wesen aus dem Ozean der Leiden Samsaras befreien und zur Glückseligkeit der vollen Erleuchtung führen. Deshalb werde ich die Stufen von Vajrayoginis Pfad praktizieren. (3x)

Segnungen empfangen

Nun rezitiere mit zusammengelegten Händen:

Ich verbeuge mich und nehme Zuflucht zu den Gurus und Drei kostbaren Juwelen. Bitte segnet mein Geisteskontinuum.

Aufgrund dieser Rezitation:

Die Zufluchtsobjekte vor mir schmelzen in die Form weißer, roter und dunkelblauer Lichtstrahlen. Diese lösen sich in mich auf und ich empfange ihre Segnungen von Körper, Rede und Geist.

Augenblickliche Selbsterzeugung

Augenblicklich werde ich die Ehrwürdige Vajrayogini.

Die innere Darbringung segnen

Reinige die innere Darbringung entweder mit dem Mantra, das aus den vier Mündern ausstrahlt, oder wie folgt:

OM KHANDAROHI HUM HUM PHAT
OM SÖBHAWA SHUDDHA SARWA DHARMA SÖBHAWA SHUDDHO HAM
Alles wird Leerheit.

Aus dem Zustand der Leerheit entsteht aus YAM Wind, aus RAM entsteht Feuer, aus AH ein Dreifuß aus drei menschlichen Köpfen. Darauf erscheint aus AH eine weite und ausgedehnte

Schädelschale. In ihr entstehen aus OM, KHAM, AM, TRAM, HUM die fünf Nektare, aus LAM, MAM, PAM, TAM, BAM entstehen die fünf Fleischarten, alle durch diese Buchstaben gekennzeichnet. Der Wind bläst, das Feuer lodert und die Substanzen innerhalb der Schädelschale schmelzen. Darüber entsteht aus HUM ein weißer, umgekehrter Khatanga, der in die Schädelschale hineinfällt und schmilzt, wodurch die Substanzen die Farbe von Quecksilber annehmen. Über ihnen verwandeln sich drei Reihen von Vokalen und Konsonanten, die übereinander stehen, in OM AH HUM. Aus diesen ziehen Lichtstrahlen den Nektar der erhabenen Weisheit aus den Herzen aller Tathagatas, Helden und Yoginis der zehn Richtungen. Wenn dies hinzugefügt wird, vermehrt sich der Inhalt und wird unermesslich.
OM AH HUM (3x)

Die äußeren Darbringungen segnen

Nun segne die zwei Wasser, Blumen, Weihrauch, Lichter, Duft, Speisen und Musik.

OM KHANDAROHI HUM HUM PHAT
OM SÖBHAWA SHUDDHA SARWA DHARMA SÖBHAWA SHUDDHO HAM
Alles wird Leerheit.

Aus dem Zustand der Leerheit entstehen aus KAM Schädelschalengefäße, in denen aus HUM Darbringungssubstanzen entstehen. In ihrer Natur Leerheit, erscheinen sie im Aspekt der einzelnen Darbringungssubstanzen und dienen den sechs Sinnen als Objekte des Vergnügens, um eine besondere, nichtverunreinigte Glückseligkeit zu gewähren.

OM AHRGHAM AH HUM
OM PADÄM AH HUM
OM VAJRA PUPE AH HUM
OM VAJRA DHUPE AH HUM

OM VAJRA DIWE AH HUM
OM VAJRA GÄNDHE AH HUM
OM VAJRA NEWIDE AH HUM
OM VAJRA SHAPTA AH HUM

Meditation und Rezitation des Vajrasattva

Auf meinem Scheitel, auf einem Lotos und Mondsitz, sitzen Vajrasattva Vater und Mutter in Umarmung. Sie haben weißfarbige Körper, ein Gesicht und zwei Hände, halten Vajra und Glocke und gekrümmtes Messer und Schädelschale. Der Vater ist mit sechs Mudras geschmückt, die Mutter mit fünf. Sie sitzen in der Vajra- und Lotoshaltung. Auf einem Mond in seinem Herzen ist ein HUM, umgeben vom Mantrakranz. Davon strömt weißer Nektar herab, der alle Krankheiten, Geister, Negativität und Hindernisse reinigt.

OM VAJRA HERUKA SAMAYA, MANU PALAYA, HERUKA TENO PATITA, DRIDHO ME BHAWA, SUTO KAYO ME BHAWA, SUPO KAYO ME BHAWA, ANURAKTO ME BHAWA, SARWA SIDDHI ME PRAYATZA, SARWA KARMA SUTZA ME, TZITAM SHRIYAM KURU HUM, HA HA HA HA HO BHAGAWÄN, VAJRA HERUKA MA ME MUNTSA, HERUKA BHAWA, MAHA SAMAYA SATTÖ AH HUM PHAT

Rezitiere das Mantra einundzwanzigmal und stell dir dann vor:

Vajrasattva Vater und Mutter lösen sich in mich auf und meine drei Tore werden untrennbar von Körper, Rede und Geist Vajrasattvas.

DER YOGA DES GURUS

Visualisierung

Im Raume vor mir entsteht aus der Erscheinung der erhabenen Weisheit nichtdualer Reinheit und Klarheit ein himmlischer Palast, quadratisch mit vier Toren, Ornamenten und Torbögen, vollendet mit allen wesentlichen Merkmalen. In der Mitte, auf einem juwelengeschmückten Thron, von acht großen Löwen getragen, auf einem Sitz aus einem mehrfarbigen Lotos, einer Sonne und einem Mond sitzt mein gütiger Wurzelguru im Aspekt Buddha Vajradharmas. Er hat einen rotfarbigen Körper, ein Gesicht und zwei Hände, die bei seinem Herzen gekreuzt sind und einen Vajra und eine Glocke halten. Sein Haar ist auf dem Scheitel zu einem Knoten gebunden und er sitzt mit gekreuzten Beinen in der Vajrahaltung. Er nimmt die Form eines Sechzehnjährigen in der Blüte seiner Jugend an, geschmückt mit Seidengewändern und allen Schmuckstücken aus Knochen und Juwelen.

Vor ihm beginnend und im Gegenuhrzeigersinn um ihn herum, sind alle Überlieferungsliniengurus von Buddha Vajradhara bis zu meinem Wurzelguru. Sie sind im Aspekt des Helden Vajradharma mit rotfarbigen Körpern, einem Gesicht und zwei Händen. Ihre rechten Hände spielen Damarus, die vom Klang der Glückseligkeit und Leerheit widerhallen. Ihre linken Hände halten bei ihren Herzen mit Nektar gefüllte Schädelschalen und ihre linken Ellbogen halten Khatangas. Sie sitzen mit gekreuzten Beinen in der Vajrahaltung. In der Blüte ihrer Jugend sind sie mit sechs Knochenornamenten geschmückt.

Das Oberhaupt und sein ganzes Gefolge haben an ihrer Stirn ein OM, in ihrem Hals ein AH und in ihrem Herzen ein HUM. Vom HUM in seinem Herzen gehen Lichtstrahlen aus und laden die Gurus, Yidams, Scharen von Mandala Gottheiten und die Versammlung der Buddhas, Bodhisattvas, Helden, Dakinis, Dharmapalas und Beschützer aus ihren natürlichen Bereichen ein.

OM VAJRA SAMADZA DZA HUM BAM HO
Jeder wird in seiner Natur die Synthese aller Zufluchtsobjekte.

Verbeugung

Rezitiere mit zusammengelegten Handflächen:

Vajrahalter, mein juwelengleicher Guru,
Durch dessen Güte ich in einem Augenblick
Den Zustand großer Glückseligkeit erlangen kann,
Zu Deinen Lotosfüßen verbeuge ich mich in Demut.

Darbringungsgöttinnen strahlen aus meinem Herzen aus und bringen Gaben dar.

Äußere Darbringungen

OM AHRGHAM PARTITZA SÖHA
OM PADÄM PARTITZA SÖHA
OM VAJRA PUPE AH HUM SÖHA
OM VAJRA DHUPE AH HUM SÖHA
OM VAJRA DIWE AH HUM SÖHA
OM VAJRA GÄNDHE AH HUM SÖHA
OM VAJRA NEWIDE AH HUM SÖHA
OM VAJRA SHAPTA AH HUM SÖHA

OM AH VAJRA ADARSHE HUM
OM AH VAJRA WINI HUM
OM AH VAJRA GÄNDHE HUM
OM AH VAJRA RASE HUM
OM AH VAJRA PARSHE HUM
OM AH VAJRA DHARME HUM

Innere Darbringung

OM GURU VAJRA DHARMA SAPARIWARA OM AH HUM

Geheime Darbringung

Stell dir vor, dass zahllose Wissensgöttinnen wie Pemachän aus deinem Herzen ausstrahlen und die Form Vajrayoginis annehmen. Guru Vater und Mutter umarmen sich und erleben nichtverunreinigte Glückseligkeit.

Und ich bringe äußerst anziehende illusorische Mudras dar,
Eine Schar von Boten, an Stätten, aus Mantras und auf spontane Weise geboren,
Mit anmutigen Körpern, gewandt in den vierundsechzig Künsten der Liebe
Und in der Pracht jugendlicher Schönheit.

Dasheitsdarbringung

Erinnere dich daran, dass die drei Kreise der Darbringung untrennbare Glückseligkeit und Leerheit sind.

Ich bringe Euch den höchsten, endgültigen Bodhichitta dar,
Eine große, erhabene Weisheit spontaner Glückseligkeit, frei von Behinderungen,
Untrennbar von der Natur aller Phänomene, der Sphäre der Freiheit von Ausschmückung,
Mühelos und jenseits von Worten, Gedanken und Ausdruck.

Unsere spirituelle Praxis darbringen

Ich nehme Zuflucht zu den Drei Juwelen
Und bekenne einzeln alle negativen Handlungen.
Ich erfreue mich an den Tugenden aller Wesen
Und verspreche, die Erleuchtung eines Buddha zu vollenden.

Bis ich erleuchtet bin, nehme ich Zuflucht
Zu Buddha, Dharma und der erhabenen Versammlung,
Und um meine Ziele und die Ziele anderer zu erfüllen,
Werde ich den Erleuchtungsgeist erzeugen.

Wenn ich den Geist der erhabenen Erleuchtung erzeugt habe,
Werde ich alle fühlenden Wesen einladen, meine Gäste zu sein,
Und die freudebringenden, höchsten Übungen der Erleuchtung ausführen.
Möge ich Buddhaschaft erlangen, um den Wandernden zu helfen.

Kusali Tsog Darbringung

Mein eigener Geist, die mächtige Dame des Dakinilandes, nur so groß wie ein Daumen, verlässt durch meinen Scheitel den Körper und tritt meinem Wurzelguru gegenüber. Noch einmal kehre ich zurück und trenne den Schädel von meinem alten Körper und setze ihn auf einen spontan erschienenen Dreifuß aus drei Menschenköpfen. Ich zerhacke den Rest meines Fleisches, Blutes und meiner Knochen und fülle ihn hinein. Mit weit geöffneten Augen starrend reinige, verwandle und vermehre ich ihn in einen Ozean von Nektar.
OM AH HUM HA HO HRIH (3x)

Unzählige Darbringungsgöttinnen, die Schädelschalen halten, strahlen aus meinem Herzen aus. Mit den Schädelschalen schöpfen sie Nektar und bringen ihn den Gästen dar. Sie nehmen ihn an, indem sie ihn durch ihre Zungen, Halme aus Vajralicht, ziehen.

Ich bringe diesen Nektar der Verpflichtungssubstanz
Meinem Wurzelguru, der Natur der vier [Buddha-] Körper, dar.
Mögest Du Dich erfreuen.
OM AH HUM (7x)

Ich bringe diesen Nektar der Verpflichtungssubstanz
Den Gurus der Überlieferungslinie, Quelle der Erlangungen, dar.
Möget Ihr Euch erfreuen.
OM AH HUM

Ich bringe diesen Nektar der Verpflichtungssubstanz
Der Versammlung der Gurus, Yidams, Drei Juwelen und Beschützer dar.
Möget Ihr Euch erfreuen.
OM AH HUM

Ich bringe diesen Nektar der Verpflichtungssubstanz
Den Wächtern, die in den hiesigen Orten und den Regionen wohnen, dar.
Möget Ihr mir beistehen.
OM AH HUM

Ich bringe diesen Nektar der Verpflichtungssubstanz
Allen fühlenden Wesen in den sechs Bereichen und im
Zwischenzustand dar.
Möget ihr befreit sein.
OM AH HUM

Durch diese Darbringung sind alle Gäste von
nichtverunreinigter Glückseligkeit gesättigt
Und alle fühlenden Wesen erlangen den Wahrheitskörper,
frei von Behinderungen.
Die drei Kreise der Darbringung haben die Natur
nichtdualer Glückseligkeit und Leerheit,
Jenseits von Worten, Gedanken und Ausdruck.

Das Mandala darbringen

OM VAJRA BHUMI AH HUM
Großer und mächtiger, goldener Grund,
OM VAJRA REKHE AH HUM
Am Rande um den äußeren Ring steht der eiserne Zaun.
In der Mitte der Berg Meru, König aller Berge,
Rund um diesen liegen vier Kontinente:
Im Osten Purvavideha, im Süden Jambudipa,
Im Westen Aparagodaniya, im Norden Uttarakuru.
Jeder hat zwei Subkontinente:
Deha und Videha, Tsamara und Abatsamara,
Satha und Uttaramantrina, Kurava und Kaurava.
Der Berg aus Juwelen, der wunscherfüllende Baum,
Die wunscherfüllende Kuh und die ungesäte Ernte.
Das kostbare Rad, das kostbare Juwel,
Die kostbare Königin, der kostbare Minister,
Der kostbare Elefant, das kostbare, erhabene Pferd,
Der kostbare General und die große Schatzvase.
Die Göttin der Schönheit, die Göttin der Girlanden,
Die Göttin des Gesangs, die Göttin des Tanzes,
Die Göttin der Blumen, die Göttin des Weihrauches,

Die Göttin des Lichts, die Göttin des Duftes.
Die Sonne, der Mond, der kostbare Schirm,
Das Siegesbanner in allen Richtungen.
In der Mitte alle Schätze der Götter und Menschen,
Eine erlesene Ansammlung, in der nichts fehlt.
All dies bringe ich Dir, meinem gütigen Wurzelguru, und den Gurus der Überlieferungslinie dar,
All Euch heiligen und glorreichen Gurus.
Bitte nehmt es aus Mitgefühl für die Wandernden an,
Und nachdem Ihr es angenommen habt, gewährt uns bitte Eure Segnungen.

O Schatz des Mitgefühls, meine Zuflucht, mein Beschützer,
Dir bringe ich den Berg, Kontinente, Kostbarkeiten, Schatzvase, Sonne und Mond dar,
Entstanden aus meinen Anhäufungen, Quellen und Elementen
Als Aspekte der erhabenen Weisheit spontaner Glückseligkeit und Leerheit.

Ohne Gefühl von Verlust bringe ich die Objekte dar,
Die in mir Anhaftung, Hass und Verwirrung erzeugen,
Meine Freunde, Feinde und Fremde, unsere Körper und Vergnügen.
Bitte nehmt dies an und segnet mich, damit ich sofort von den drei Giften befreit werde.

IDAM GURU RATNA MANDALAKAM NIRYATAYAMI

Bitten an die Gurus der Überlieferungslinie

Vajradharma, Herr der Familie des Ozeans der Eroberer,
Vajrayogini, erhabene Mutter der Eroberer,
Naropa, mächtiger Sohn der Eroberer,
Ich ersuche Euch, bitte gewährt die spontan geborene erhabene Weisheit.

Pamtingpa, Halter der Erklärungen der großen Geheimnisse für Schüler,
Sherab Tseg, Du bist ein Schatz aller kostbaren Geheimnisse,
Malgyur Lotsawa, Herr des Ozeans des Geheimen Mantra,
Ich ersuche Euch, bitte gewährt die spontan geborene erhabene Weisheit.

Großer Sakya Lama, Du bist der mächtige Vajradhara,
Ehrwürdiger Sönam Tsemo, erhabener Vajrasohn,
Dragpa Gyaltsän, Kronjuwel der Vajrahalter,
Ich ersuche Euch, bitte gewährt die spontan geborene erhabene Weisheit.

Großer Sakya Pandita, Meister der Gelehrten vom Lande des Schnees,
Drogön Chogyäl Pagpa, Kronjuwel aller Wesen der drei Ebenen,
Shangtön Chöje, Halter der Sakya Lehre,
Ich ersuche Euch, bitte gewährt die spontan geborene erhabene Weisheit.

Nasa Dragpugpa, mächtiger Vollendeter,
Sönam Gyaltsän, Steuermann der Gelehrten und höchst Vollendeten,
Yarlungpa, Herr der geflüsterten Überlieferungslinie der Familie der Vollendeten,
Ich ersuche Euch, bitte gewährt die spontan geborene erhabene Weisheit.

Gyalwa Chog, Zuflucht und Beschützer aller Wandernden, sowohl für mich als auch andere,
Jamyang Namka, Du bist ein großes Wesen,
Lodrö Gyaltsän, großes Wesen und Herr des Dharma,
Ich ersuche Euch, bitte gewährt die spontan geborene erhabene Weisheit.

Jetsun Doringpa, Deine Güte ist unvergleichlich,
Tenzin Losäl, Du hast im Einklang mit den Worten [des Gurus] praktiziert,
Kyentse, Erklärer der großen, geheimen Überlieferungslinie der Worte,
Ich ersuche Euch, bitte gewährt die spontan geborene erhabene Weisheit.

Labsum Gyaltsän, Halter der Mantra Familien,
Glorreicher Wangchug Rabtän, alles durchdringender Herr der hundert Familien,
Jetsun Kangyurpa, Oberhaupt der Familien,
Ich ersuche Euch, bitte gewährt die spontan geborene erhabene Weisheit.

Shaluwa, alles durchdringender Herr des Ozeans der Mandalas,
Kyenrabje, Oberhaupt aller Mandalas,
Morchenpa, Herr des Kreises der Mandalas,
Ich ersuche Euch, bitte gewährt die spontan geborene erhabene Weisheit.

Näsarpa, Steuermann im Ozean der geflüsterten Überlieferungslinien,
Losäl Phüntsog, Herr der geflüsterten Überlieferungslinien,
Tenzin Trinlay, Gelehrter, der die geflüsterten Überlieferungslinien gefördert hat,
Ich ersuche Euch, bitte gewährt die spontan geborene erhabene Weisheit.

Kangyurpa, alles durchdringender Herr, der die Ganden Lehre wahrt,
Ganden Dargyay, Freund der Wandernden in degenerierten Zeiten,
Dharmabhadra, Halter der Ganden Tradition,
Ich ersuche Euch, bitte gewährt die spontan geborene erhabene Weisheit.

Losang Chöpel, Herr der Sutras und Tantras,
Du hast die Essenz der Pfade aller Sutras und Tantras vollendet,
Jigme Wangpo, Gelehrter, der die Sutras und Tantras förderte,
Ich ersuche Euch, bitte gewährt die spontan geborene erhabene Weisheit.

Dechen Nyingpo, Du hast die Segnungen Naropas,
Um im Einklang mit Naropa
Die Essenz der ausgezeichneten, reifenden und befreienden Pfade der Naro Dakini vollkommen zu erklären,
Ich ersuche Dich, bitte gewähre die spontan geborene erhabene Weisheit.

Losang Yeshe, Vajradhara,
Du bist eine Schatzkammer der Unterweisungen über die reifenden und befreienden [Pfade] der Vajrakönigin,
Den höchsten, schnellen Pfad, um den Vajrazustand zu erlangen,
Ich ersuche Dich, bitte gewähre die spontan geborene erhabene Weisheit.

Kelsang Gyatso, Du hast all die tiefgründigen, essenziellen und erhabenen Zustände vollendet,
Du bist die mitfühlende Zuflucht und der Beschützer aller fühlenden Mutterwesen,
Du enthüllst den fehlerlosen Pfad.
Ich ersuche Dich, bitte gewähre die spontan geborene erhabene Weisheit. (3x)

Mein gütiger Wurzelguru, Vajradharma,
Du bist die Verkörperung aller Eroberer,
Der die Segnungen der Rede aller Buddhas gewährt,
Ich ersuche Dich, bitte gewähre die spontan geborene erhabene Weisheit.

Bitte segnet mich, damit ich durch die Kraft der Meditation
Über den Dakini Yoga der tiefgründigen Erzeugungsstufe
Und den Yoga des Zentralkanals der Vollendungsstufe
Die erhabene Weisheit der spontanen großen Glückseligkeit erzeugen möge und den erleuchteten Dakini Zustand erlange.

Die Segnungen der vier Ermächtigungen empfangen

Ich bitte Dich, o Guru, Vereinigung aller Zufluchtsobjekte,
Bitte gewähre mir Deine Segnungen,
Bitte gewähre mir die vier Ermächtigungen vollständig
Und gewähre mir bitte den Zustand der vier Körper.

(3x)

Stell dir aufgrund deiner Bitten vor:

Weiße Lichtstrahlen und Nektare strahlen aus dem OM an der Stirn meines Gurus.
Sie lösen sich in meine Stirn auf und reinigen die Negativität und die Behinderungen meines Körpers.
Ich erhalte die Vasenermächtigung und die Segnungen des Körpers meines Gurus treten in meinen Körper ein.

Rote Lichtstrahlen und Nektare strahlen aus dem AH im Hals meines Gurus.
Sie lösen sich in meinen Hals auf und reinigen die Negativität und die Behinderungen meiner Rede.
Ich erhalte die geheime Ermächtigung und die Segnungen der Rede meines Gurus treten in meine Rede ein.

Blaue Lichtstrahlen und Nektare strahlen aus dem HUM im Herzen meines Gurus.
Sie lösen sich in mein Herz auf und reinigen die Negativität und die Behinderungen meines Geistes.
Ich erhalte die Ermächtigung der Weisheitsmudra und die Segnungen des Geistes meines Gurus treten in meinen Geist ein.

Weiße, rote und blaue Lichtstrahlen und Nektare strahlen aus den Buchstaben an den drei Stellen meines Gurus.
Sie lösen sich in meine drei Stellen auf und reinigen die Negativität und die Behinderungen meines Körpers, meiner Rede und meines Geistes.
Ich erhalte die vierte Ermächtigung, die kostbare Wortermächtigung, und die Segnungen von Körper, Rede und Geist meines Gurus treten in meinen Körper, meine Rede und meinen Geist ein.

Kurze Bitte

Mein kostbarer Guru, die Essenz aller Buddhas der drei Zeiten,
ich ersuche Dich, bitte segne mein Geisteskontinuum.

(3x)

Die Gurus in uns aufnehmen

Auf diese Bitte hin lösen sich die Überlieferungsliniengurus in meinen Wurzelguru in der Mitte auf. Auch mein Wurzelguru schmilzt aus Zuneigung zu mir in die Form roten Lichts und tritt durch meinen Scheitel ein. Er mischt sich untrennbar mit meinem Geist im Aspekt eines roten Buchstabens BAM in meinem Herzen.

DER YOGA DER SELBSTERZEUGUNG

Den Tod in den Pfad zum Wahrheitskörper bringen

Dieser Buchstabe BAM wird größer und dehnt sich bis ans Ende des Raumes aus. Dadurch werden alle Welten und deren Wesen zur Natur von Glückseligkeit und Leerheit. Dann zieht er sich langsam von den Rändern her wieder zusammen und wird zu einem winzig kleinen Buchstaben BAM, der sich von unten stufenweise in das Nada auflöst. Dann verschwindet sogar das Nada und wird der Wahrheitskörper untrennbarer Glückseligkeit und Leerheit.
OM SHUNYATA GYANA VAJRA SÖBHAWA ÄMAKO HAM

Den Zwischenzustand in den Pfad zum Freudenkörper bringen

Aus dem Zustand der Leerheit, in dem sich alle Erscheinung versammelt hat, erscheint ein roter Buchstabe BAM, senkrecht im Raum stehend, in seiner Essenz ein Aspekt meines eigenen Geistes, die erhabene Weisheit nichtdualer Glückseligkeit und Leerheit.

Die Wiedergeburt in den Pfad zum Emanationskörper bringen

Aus dem Zustand der Leerheit entsteht aus EH EH eine rote Phänomenenquelle, ein Doppeltetraeder. Darin entsteht aus AH ein weißes Mondmandala mit einem rötlichen Schimmer. Darauf steht im Gegenuhrzeigersinn das Mantra OM OM OM SARWA BUDDHA DAKINIYE VAJRA WARNANIYE VAJRA BEROTZANIYE HUM HUM HUM PHAT PHAT PHAT SÖHA. Ich, der Buchstabe BAM im Raum, sehe den Mond und mit der Motivation, in seiner Mitte wiedergeboren zu werden, trete ich in die Mitte des Mondes ein.

Lichtstrahlen gehen vom Mond, vom Buchstaben BAM und vom Mantrakranz aus und verwandeln alle Welten und Wesen Samsaras und Nirvanas in die Natur der Ehrwürdigen Vajrayogini. Sie sammeln sich wieder und lösen sich in den Buchstaben BAM und den Mantrakranz auf, die sich völlig in das getragene und tragende Mandala verwandeln, vollständig und auf einmal.

Prüfende Meditation über das Mandala und seine Wesen

Des Weiteren gibt es den Vajragrund, Zaun, Zelt und Baldachin, umgeben von einem Meer lodernder, fünffarbiger Feuer, die im Gegenuhrzeigersinn wirbeln. Darin ist der Kreis der acht großen Friedhöfe, Der Grimmige und so weiter. In deren Mitte ist eine rote Phänomenenquelle, ein Doppeltetraeder. Die Grundfläche ist nach oben und die Spitze nach unten gerichtet. Außer der vorderen und hinteren sind alle anderen vier Ecken mit einem rosaroten Glückseligkeitswirbel geschmückt, der sich im Gegenuhrzeigersinn dreht.

Innerhalb der Phänomenenquelle in der Mitte eines achtblättrigen, vielfarbigen Lotos ist ein Sonnenmandala. Darauf entstehe ich in der Form der Ehrwürdigen Vajrayogini. Mein ausgestrecktes rechtes Bein tritt auf die Brust der roten Kalarati. Mein angewinkeltes linkes Bein tritt auf den Kopf des schwarzen Bhairawa, der nach hinten gebeugt ist. Ich habe einen rotfarbigen Körper, der wie der Glanz des Äonenfeuers leuchtet. Ich habe ein Gesicht, zwei Hände und drei Augen, die in die Richtung des Reinen Landes der Dakinis schauen. Meine rechte Hand, ausgestreckt und nach unten zeigend, hält ein gekrümmtes Messer, das mit einem Vajra geschmückt ist. Meine linke hält eine Schädelschale empor, mit Blut gefüllt, aus der ich mit nach oben gerichtetem Mund trinke. Auf meiner linken Schulter ruht ein Khatanga, geschmückt mit einem Vajra. Daran hängen Damaru, Glocke und dreifaches Banner. Mein schwarzes, glatt herabfallendes Haar bedeckt meinen Rücken bis zur Taille. Ich bin in der Blüte meiner Jugend, meine begehrenden Brüste sind voll und ich zeige die Art, wie Glückseligkeit erzeugt wird. Mein Haupt ist mit fünf Menschenschädeln geschmückt und ich trage eine Halskette aus fünfzig Menschenschädeln. Nackt, mit fünf Mudras geschmückt, stehe ich in der Mitte eines lodernden Feuers erhabener Weisheit.

DER YOGA DER REINIGUNG DER WANDERNDEN

In meinem Herzen ist innerhalb einer roten Phänomenenquelle, einem Doppeltetraeder, ein Mondmandala. In seiner Mitte ist ein Buchstabe BAM, umgeben von einem Mantrakranz. Von diesen gehen Lichtstrahlen aus, die durch die Poren meiner Haut austreten. Sie berühren alle fühlenden Wesen der sechs Bereiche und reinigen ihre Negativität und ihre Behinderungen sowie deren Prägungen, und verwandeln sie alle in die Form Vajrayoginis.

DER YOGA DER SEGNUNG DURCH DIE HELDEN UND HELDINNEN

Meditation über das Körpermandala

In meinem Herzen ist in der Mitte einer Phänomenenquelle und eines Mondsitzes ein Buchstabe BAM, der die Natur der vier Elemente ist. Er teilt sich auf und verwandelt sich in die vier Buchstaben YA, RA, LA, WA, die die Samen der vier Elemente sind. Sie sind die Natur der Blütenblätter der vier Richtungen des Herzkanals, wie Der Begehrende. Von links beginnend verwandeln sie sich in Lama, Khandarohi, Rupini und Dakini. In der Mitte verwandeln sich Mondsichel, Tropfen und Nada des Buchstabens BAM, dessen Natur die Vereinigung meines sehr subtilen roten und weißen Tropfens ist, in die Ehrwürdige Vajrayogini.

Außerhalb von diesen befinden sich der Reihe nach die Kanäle, wie Der Unveränderliche, der vierundzwanzig Stellen des Körpers, wie Haaransatz und Scheitel, und die vierundzwanzig Elemente, aus denen die Nägel, Zähne und so weiter stammen. Diese Kanäle und Elemente, die von Natur aus untrennbar sind, werden zur Natur der vierundzwanzig Buchstaben des Mantra OM OM OM und so weiter, die von Osten her im Gegenuhrzeigersinn angeordnet sind. Diese verwandeln sich in die acht Heldinnen der Herzfamilie: Partzandi, Tzändriakiya, Parbhawatiya, Mahanasa, Biramatiya, Karwariya, Lamkeshöriya und Drumatzaya; die acht Heldinnen der Sprachfamilie: Airawatiya, Mahabhairawi, Bayubega, Surabhakiya, Shamadewi, Suwatre, Hayakarne und Khaganane; und die acht Heldinnen der Körperfamilie: Tzatrabega, Khandarohi, Shaundini, Tzatrawarmini, Subira, Mahabala, Tzatrawartini und Mahabire. Das sind die eigentlichen Yoginis, die untrennbar von den Helden der vierundzwanzig äußeren Orte wie Puliramalaya sind. Die Kanäle und Elemente der acht Tore wie dem Mund, von Natur aus untrennbar von den acht Buchstaben HUM

HUM und so weiter, verwandeln sich in Kakase, Ulukase, Shönase, Shukarase, Yamadhathi, Yamaduti, Yamadangtrini und Yamamatani. Sie alle haben die Körperform der Ehrwürdigen Dame, vollständig mit allen Schmuckstücken und Einzelheiten versehen.

Die Weisheitswesen in uns aufnehmen und die drei Boten mischen

Führe die lodernde Mudra aus und rezitiere:

PHÄM
Lichtstrahlen gehen vom Buchstaben BAM in meinem Herzen durch den Punkt zwischen meinen Augenbrauen hinaus in die zehn Richtungen. Sie laden alle Tathagatas, Helden und Yoginis der zehn Richtungen im Aspekt Vajrayoginis ein.
DZA HUM BAM HO

Die Weisheitswesen werden herbeigerufen, lösen sich auf, verweilen und sind entzückt. Rezitiere jetzt mit der Mudra des Lotosdrehens, gefolgt von der Mudra des Umarmens:

OM YOGA SHUDDHA SARWA DHARMA YOGA SHUDDHO HAM
Ich bin die Natur des Yoga der vollkommenen Reinheit aller Phänomene.

Denke über göttlichen Stolz nach.

Die Rüstung anlegen

An Stellen in meinem Körper entstehen Mondmandalas. Darauf befinden sich an meinem Nabel rot OM BAM, Vajravarahi, an meinem Herzen blau HAM YOM, Yamani, an meinem Hals weiß HRIM MOM, Mohani, an meiner Stirn gelb HRIM HRIM, Sachalani, auf meinem Scheitel grün HUM HUM, Samtrasani, an allen meinen Gliedern rauchfarbig PHAT PHAT, Essenz der Chandika.

Die Ermächtigung gewähren und den Scheitel schmücken

PHÄM
Lichtstrahlen gehen vom Buchstaben BAM in meinem Herzen aus und laden die Ermächtigungsgottheiten ein, das getragene und tragende Mandala des Glorreichen Chakrasambara.

O all Ihr Tathagatas, bitte gewährt die Ermächtigung.

Auf diese Bitte hin vertreiben die acht Göttinnen der Tore Hindernisse, die Helden rezitieren glückverheißende Verse, die Heldinnen singen Vajralieder und die Rupavajras und so weiter bringen Gaben dar. Das Oberhaupt beschließt die Ermächtigung zu gewähren und die vier Mütter, zusammen mit Varahi, halten juwelenbesetzte Vasen, gefüllt mit den fünf Nektaren, und verleihen die Ermächtigung durch meinen Scheitel.

«So wie alle Tathagatas
Im Augenblick der Geburt [Buddhas] die Waschung
gewährten,
Ebenso gewähren wir nun die Waschung
Mit dem reinen Wasser der Götter.

OM SARWA TATHAGATA ABHIKEKATA SAMAYA SHRIYE HUM»

Während sie dies sagen, gewähren sie die Ermächtigung. Mein ganzer Körper ist erfüllt, alle Makel sind gereinigt und das überschüssige Wasser auf meinem Scheitel verwandelt sich in Vairochana-Heruka zusammen mit der Mutter, die meinen Scheitel schmücken.

Darbringungen an die Selbsterzeugung

Bei der Selbsterzeugung in Verbindung mit der Selbsteinweihung müssen an dieser Stelle die äußeren Darbringungen gesegnet werden.

Darbringungsgöttinnen strahlen aus meinem Herzen aus und bringen Gaben dar.

Äußere Darbringungen

OM AHRGHAM PARTITZA SÖHA
OM PADÄM PARTITZA SÖHA
OM VAJRA PUPE AH HUM SÖHA
OM VAJRA DHUPE AH HUM SÖHA
OM VAJRA DIWE AH HUM SÖHA
OM VAJRA GÄNDHE AH HUM SÖHA
OM VAJRA NEWIDE AH HUM SÖHA
OM VAJRA SHAPTA AH HUM SÖHA

OM AH VAJRA ADARSHE HUM
OM AH VAJRA WINI HUM
OM AH VAJRA GÄNDHE HUM
OM AH VAJRA RASE HUM
OM AH VAJRA PARSHE HUM
OM AH VAJRA DHARME HUM

Innere Darbringung

OM OM OM SARWA BUDDHA DAKINIYE VAJRA WARNANIYE VAJRA BEROTZANIYE HUM HUM HUM PHAT PHAT PHAT SÖHA OM AH HUM

Geheime und Dasheitsdarbringung

Um die geheime und die Dasheitsdarbringung zu machen, stell dir entweder vor:

Ich, Vajrayogini, stehe in Vereinigung mit Chakrasambara, der sich aus meinem Khatanga verwandelt hat, und erzeuge spontane Glückseligkeit und Leerheit.

Oder stell dir vor, dass du dich als Vajrayogini in Heruka umwandelst und mit göttlichem Stolz die geheime und Dasheitsdarbringung machst:

Mit der Klarheit Vajrayoginis gebe ich meine Brüste auf und entwickle einen Penis. An der vollkommenen Stelle in der

Mitte meiner Vagina verwandeln sich die zwei Wände in zwei glockenähnliche Hoden und das Staubgefäß in den Penis selbst. So nehme ich die Form des Große Freude-Heruka an, zusammen mit der Geheime Mutter-Vajrayogini, deren Natur die Synthese aller Dakinis ist.

Aus der Sphäre der Nichtbeobachtbarkeit der geheimen Stelle des Vaters entsteht aus einem weißen HUM ein weißer, fünfzackiger Vajra. Aus einem roten BÄ entsteht ein rotes Juwel, dessen Spitze mit einem gelben BÄ gekennzeichnet ist.

Aus der Sphäre der Nichtbeobachtbarkeit der geheimen Stelle der Mutter entsteht aus AH ein roter Lotos mit drei Blütenblättern, und aus einem weißen DÄ entsteht ein weißes Staubgefäß, das den weißen Bodhichitta symbolisiert und dessen Spitze mit einem gelben DÄ gekennzeichnet ist.

OM SHRI MAHA SUKHA VAJRA HE HE RU RU KAM AH
HUM HUM PHAT SÖHA

Durch die Versenkung von Vater und Mutter in Vereinigung schmilzt der Bodhichitta. Wenn er von meinem Scheitel aus meinen Hals erreicht, [erlebe ich] Freude. Wenn er von meinem Hals aus mein Herz erreicht, [erlebe ich] höchste Freude. Wenn er von meinem Herzen aus meinen Nabel erreicht, [erlebe ich] außerordentliche Freude. Wenn er von meinem Nabel aus die Spitze meines Juwels erreicht, erzeuge ich eine spontane erhabene Weisheit und verweile dadurch in der Versenkung der Konzentration untrennbarer Glückseligkeit und Leerheit. Durch diese Glückseligkeit, die untrennbar mit Leerheit verbunden ist, verweile ich in einsgerichteter Versenkung auf der Dasheit, die das Fehlen der inhärenten Existenz der drei Kreise der Darbringung ist, und genieße die geheime und Dasheitsdarbringung.

Stell dir dann vor:

Abermals werde ich die Ehrwürdige Vajrayogini.

Die acht Zeilen des Lobpreises an die Mutter

OM NAMO BHAGAWATI VAJRA VARAHI BAM HUM HUM PHAT
OM NAMO ARYA APARADZITE TRE LOKYA MATI BIYE SHÖRI HUM HUM PHAT
OM NAMA SARWA BUTA BHAYA WAHI MAHA VAJRE HUM HUM PHAT
OM NAMO VAJRA SANI ADZITE APARADZITE WASHAM KARANITRA HUM HUM PHAT
OM NAMO BHRAMANI SHOKANI ROKANI KROTE KARALENI HUM HUM PHAT
OM NAMA DRASANI MARANI PRABHE DANI PARADZAYE HUM HUM PHAT
OM NAMO BIDZAYE DZAMBHANI TAMBHANI MOHANI HUM HUM PHAT
OM NAMO VAJRA VARAHI MAHA YOGINI KAME SHÖRI KHAGE HUM HUM PHAT

DER YOGA DER MÜNDLICHEN UND GEISTIGEN REZITATION

Mündliche Rezitation

In meinem Herzen innerhalb einer roten Phänomenenquelle, einem Doppeltetraeder, ist in der Mitte eines Mondmandalas ein Buchstabe BAM, umgeben von einem rotfarbigen Mantrakranz, dessen Buchstaben im Gegenuhrzeigersinn angeordnet sind. Von diesen gehen unzählige rote Lichtstrahlen aus. Sie reinigen die Negativität und Behinderungen aller fühlenden Wesen und bringen allen Buddhas Gaben dar. Die ganze Kraft und Stärke ihrer Segnungen wird in Form roter Lichtstrahlen herbeigerufen, die sich in den Buchstaben BAM und den Mantrakranz auflösen und mein Geisteskontinuum segnen.

OM OM OM SARWA BUDDHA DAKINIYE VAJRA WARNANIYE VAJRA BEROTZANIYE HUM HUM HUM PHAT PHAT PHAT SÖHA

Rezitiere das Mantra mindestens so oft, wie du es versprochen hast.

Geistige Rezitation

(1) Sitze in der siebenfachen Haltung und bringe, wenn du Glückseligkeit erzeugen möchtest, die Phänomenenquelle, den Mond und die Mantrabuchstaben vom Herzen hinab zur geheimen Stelle oder, wenn du einen nichtbegrifflichen Geist erzeugen möchtest, zum Nabel und umschließe sie mit den Winden. Zähle bloß drei, fünf oder sieben Rezitationen, indem du im Geiste den Mantrakranz liest, der kreisförmig im Gegenuhrzeigersinn angeordnet ist. Halte nun den Atem an und richte deinen Geist auf die rosaroten Freudenwirbel, die sich in den vier seitlichen Ecken der Phänomenenquelle im Gegenuhrzeigersinn drehen, und besonders auf das Nada des BAM *in der Mitte, das kurz vor dem Aufflammen ist.*

(2) Der rote Freudenwirbel an der oberen Spitze und der weiße Freudenwirbel an der unteren Spitze des Zentralkanals, beide nur so groß wie ein Gerstenkorn, bewegen sich zum Herzen, während sie sich rasend schnell im Gegenuhrzeigersinn drehen. Im Herzen vermischen sie sich und lösen sich allmählich in Leerheit auf. Lass deinen Geist in Versenkung auf Glückseligkeit und Leerheit verweilen.

DER YOGA DER UNVORSTELLBARKEIT

Von dem Buchstaben BAM und dem Mantrakranz in meinem Herzen gehen Lichtstrahlen aus und durchdringen alle drei Bereiche. Der formlose Bereich löst sich im Aspekt blauer Lichtstrahlen in den oberen Teil meines Körpers auf. Der Formbereich löst sich im Aspekt roter Lichtstrahlen in den mittleren Teil meines Körpers auf. Der Begierdebereich löst sich im Aspekt weißer Lichtstrahlen in den unteren Teil meines Körpers auf. Dann werde ich selbst allmählich von unten und oben zu Licht und löse mich in die Phänomenenquelle auf. Diese löst sich in den Mond auf. Der löst sich in die zweiunddreißig Yoginis auf. Sie lösen sich in die vier Yoginis auf und diese lösen sich in die Hauptdame des Körpermandalas auf. Daraufhin wird die Hauptdame selbst allmählich von unten und oben zu Licht und löst sich in die Phänomenenquelle auf. Die löst sich in den Mond auf. Der löst sich in den Mantrakranz auf. Der löst sich in den Buchstaben BAM auf. Der löst sich in den Kopf des BAM auf. Der löst sich in die Mondsichel auf. Die löst sich in den Tropfen auf. Der löst sich in das Nada auf. Und dies, immer kleiner werdend, löst sich in klares Licht-Leerheit auf.

DER YOGA DER TÄGLICHEN HANDLUNGEN

Aus dem Zustand der Leerheit werde ich augenblicklich die Ehrwürdige Vajrayogini. An Stellen in meinem Körper entstehen Mondmandalas. Darauf befinden sich an meinem Nabel rot OM BAM, Vajravarahi, an meinem Herzen blau HAM YOM, Yamani, an meinem Hals weiß HRIM MOM, Mohani, an meiner Stirn gelb HRIM HRIM, Sachalani, auf meinem Scheitel grün HUM HUM, Samtrasani, an allen meinen Gliedern rauchfarbig PHAT PHAT, Essenz der Chandika.

Um die Haupt- und Nebenrichtungen zu schützen, rezitiere zweimal:

OM SUMBHANI SUMBHA HUM HUM PHAT
OM GRIHANA GRIHANA HUM HUM PHAT
OM GRIHANA PAYA GRIHANA PAYA HUM HUM PHAT
OM ANAYA HO BHAGAWÄN VAJRA HUM HUM PHAT

Der Yoga der Tormas

Stelle die Darbringungen und Tormas in der traditionellen Weise auf und reinige sie dann wie folgt:

OM KHANDAROHI HUM HUM PHAT
OM SÖBHAWA SHUDDHA SARWA DHARMA SÖBHAWA
SHUDDHO HAM
Alles wird Leerheit.

Aus dem Zustand der Leerheit entstehen aus KAM Schädelschalengefäße, in denen aus HUM Darbringungssubstanzen entstehen. In ihrer Natur Leerheit, erscheinen sie im Aspekt der einzelnen Darbringungssubstanzen und dienen den sechs Sinnen als Objekte des Vergnügens, um eine besondere, nichtverunreinigte Glückseligkeit zu gewähren.

OM AHRGHAM AH HUM
OM PADÄM AH HUM
OM VAJRA PUPE AH HUM
OM VAJRA DHUPE AH HUM
OM VAJRA DIWE AH HUM
OM VAJRA GÄNDHE AH HUM
OM VAJRA NEWIDE AH HUM
OM VAJRA SHAPTA AH HUM

Die Tormas segnen

OM KHANDAROHI HUM HUM PHAT
OM SÖBHAWA SHUDDHA SARWA DHARMA SÖBHAWA
SHUDDHO HAM
Alles wird Leerheit.

Aus dem Zustand der Leerheit entsteht aus YAM Wind, aus RAM entsteht Feuer, aus AH ein Dreifuß aus drei menschlichen Köpfen. Darauf erscheint aus AH eine weite und ausgedehnte Schädelschale. In ihr entstehen aus OM, KHAM, AM, TRAM, HUM die fünf Nektare. Aus LAM, MAM, PAM, TAM, BAM entstehen die

fünf Fleischarten, alle durch diese Buchstaben gekennzeichnet. Der Wind bläst, das Feuer lodert und die Substanzen innerhalb der Schädelschale schmelzen. Darüber entsteht aus HUM ein weißer, umgekehrter Khatanga, der in die Schädelschale hineinfällt und schmilzt, wodurch die Substanzen die Farbe von Quecksilber annehmen. Über ihnen verwandeln sich drei Reihen von Vokalen und Konsonanten, die übereinander stehen, in OM AH HUM. Aus diesen ziehen Lichtstrahlen den Nektar der erhabenen Weisheit aus den Herzen aller Tathagatas, Helden und Yoginis der zehn Richtungen. Wenn dies zugefügt wird, vermehrt sich der Inhalt und wird unermesslich.
OM AH HUM (3x)

Die Gäste des Tormas einladen

PHÄM
Lichtstrahlen gehen vom Buchstaben BAM in meinem Herzen aus und laden die Ehrwürdige Vajrayogini ein, umgeben von der Versammlung der Gurus, Yidams, Buddhas, Bodhisattvas, Helden, Dakinis, Dharma- und weltlichen Beschützer, aus Akanishta in den Raum vor mir zu kommen. Aus einem HUM in der Zunge eines jeden Gastes entsteht ein dreizackiger Vajra, durch den sie die Essenz des Tormas zu sich nehmen, indem sie sie durch Halme aus Licht ziehen, die nur so dick wie Gerstenkörner sind.

Den Haupttorma darbringen

Bringe den Torma dar, während du drei- oder siebenmal rezitierst:

OM VAJRA AH RA LI HO: DZA HUM BAM HO: VAJRA DAKINI SAMAYA TÖN TRISHAYA HO

Den weltlichen Dakinis den Torma darbringen

Bringe den Torma dar, während du zweimal rezitierst:

OM KHA KHA, KHAHI KHAHI, SARWA YAKYA RAKYASA, BHUTA, TRETA, PISHATSA, UNATA, APAMARA, VAJRA DAKA, DAKI NÄDAYA, IMAM BALING GRIHANTU, SAMAYA RAKYANTU, MAMA SARWA SIDDHI METRA YATZANTU, YATIPAM, YATETAM, BHUDZATA, PIWATA, DZITRATA, MATI TRAMATA, MAMA SARWA KATAYA, SÄDSUKHAM BISHUDHAYE, SAHAYEKA BHAWÄNTU, HUM HUM PHAT PHAT SÖHA

Äußere Darbringungen

OM VAJRA YOGINI SAPARIWARA AHRGHAM, PADÄM, PUPE, DHUPE, ALOKE, GÄNDHE, NEWIDE, SHAPTA AH HUM

Innere Darbringung

OM VAJRA YOGINI SAPARIWARA OM AH HUM

Lobpreis

O Glorreiche Vajrayogini,
Chakravatin Dakini Königin,
Die Du fünf Weisheiten und drei Körper hast,
Vor Dir, Retterin aller, verbeuge ich mich.

Vor den vielen Vajradakinis,
Die als Damen weltlicher Handlungen
Unsere Fesseln vorgefasster Meinungen durchschneiden,
Vor all Euch Damen verbeuge ich mich.

Gebet, um das schöne Antlitz von Vajrayogini zu betrachten

Glückseligkeit und Leerheit der unendlichen Eroberer, die wie in einem Schauspiel
Als so viele verschiedene Visionen in Samsara und Nirvana erscheinen,

Unter all diesen bist Du jetzt die wunderschöne, mächtige Dame des Dakinilandes.
Ich denke von Herzen an Dich. Bitte sorge für mich mit Deiner spielerischen Umarmung.

Du bist die spontan geborene Mutter der Eroberer im Lande Akanishta,
Du bist die feldgeborenen Dakinis der vierundzwanzig Orte,
Du bist die Handlungsmudras, die die ganze Erde bedecken,
O Ehrwürdige Dame, Du bist meine, des Yogis, höchste Zuflucht.

Du, die Du die Manifestation der Leerheit des Geistes selbst bist,
Bist das eigentliche BAM, die Sphäre des EH, in der Stadt des Vajras.
Im Land der Illusion zeigst Du Dich als eine furchterregende Kannibalin
Und als ein lächelndes, lebhaftes, schönes junges Mädchen.

Aber wie sehr ich auch gesucht habe, o edle Dame,
Ich konnte keine Gewissheit finden, ob Du wahrhaft existierst.
Dann kam die Jugend meines Geistes, erschöpft von seinen Ausschmückungen,
In der Waldhütte zur Ruhe, die jenseits jeden Ausdrucks liegt.

Wie wunderbar, bitte entstehe aus der Sphäre des Dharmakaya
Und sorge für mich durch die Wahrheit dessen, was geschrieben steht
Im Glorreichen Heruka, dem König der Tantras,
Dass Erlangungen durch die Rezitation des erhabenen nahen Essenz Mantra der Vajrakönigin entstehen.

Im einsamen Wald von Odivisha
Sorgtest Du für Vajra Ghantapa, den mächtigen Siddha,
Mit der Glückseligkeit Deines Kusses und Deiner Umarmung und so konnte er die erhabene Umarmung genießen.
O bitte sorge für mich auf die gleiche Weise.

So wie der ehrwürdige Kusali
Von einer Insel im Ganges direkt zur Sphäre des Raumes geführt wurde
Und so wie Du für den glorreichen Naropa sorgtest,
Bitte führe auch mich zur Stadt der freudvollen Dakini.

Möge ich durch die Kraft des Mitgefühls meiner erhabenen Wurzel- und Überlieferungsliniengurus,
Den besonders tiefgründigen und schnellen Pfad des endgültigen, geheimen großen Tantra
Und durch meine, des Yogis, reine höhere Absicht,
Dein lächelndes Antlitz, o freudvolle Dakini Dame, bald erblicken.

Um die Erfüllung von Wünschen bitten

O Ehrwürdige Vajrayogini, bitte führe mich und alle fühlenden Wesen ins Reine Land der Dakinis. Bitte gewähre uns jede einzelne weltliche und überweltliche Erlangung. (3x)

Möchtest du eine Tsog Darbringung durchführen, dann füge sie an dieser Stelle ein. Die Tsog Darbringung ist auf S. 398 - 405.

Den allgemeinen Dharma Beschützern den Torma darbringen

OM AH HUM HA HO HRIH (3x)

HUM
Aus Deinem reinen Palast der großen Glückseligkeit in Akanishta,
Großer Machtvoller, ausgestrahlt aus Vairochanas Herzen,
Dorje Gur, Herr aller Beschützer der Lehre,
O Glorreicher Mahakala, bitte komme hierher und nimm diese Darbringung und diesen Torma an.

Aus Yongdui Tsäl und dem Palast Yamas
Sowie von der höchsten Stätte der Devikoti in Jambudipa,

Namdrü Remati, Herrin des Begierdebereiches,
O Palden Lhamo, bitte komme hierher und nimm
diese Darbringung und diesen Torma an.

Aus dem Mandala der Bhaga-Sphäre von Erscheinung und
Existenz,
Mutter Yingchugma, Herrin über ganz Samsara und Nirvana,
Oberhaupt der Dakinis und Dämonen, wilde, weibliche
Beschützerin der Mantras,
O große Mutter Ralchigma, bitte komme hierher und
nimm diese Darbringung und diesen Torma an.

Aus Silwa Tsäl und Haha Göpa,
Aus Singaling und vom Ti Se Schneeberg
Und aus Darlungnay und Kaui Dragdzong,
O Zhingkyong Wangpo, bitte komme hierher und
nimm diese Darbringung und diesen Torma an.

Von den acht Friedhöfen und Risul im Süden,
Aus Bodhgaya und dem glorreichen Samyä
Sowie aus Nalatse und dem glorreichen Sakya,
O Lägön Pomo, bitte komme hierher und nimm diese
Darbringung und diesen Torma an.

Von den Friedhöfen von Marutse im Nordosten,
Aus den roten, steinigen Hügeln von Bangso in Indien
Und aus den erhabenen Stätten von Darlung Dagram
und so weiter,
O Yakya Chamdräl, bitte komme hierher und nimm
diese Darbringung und diesen Torma an.

Besonders aus Odiyana, dem Land der Dakinis,
Und aus Eurem natürlichen Bereich,
Vollständig umringt von weltlichen und überweltlichen
Dakinis,
O Vater-Mutter Herr der Friedhöfe, bitte komme hierher
und nimm diese Darbringung und diesen Torma an.

Aus den erhabenen Orten wie Tushita, Keajra und so weiter,
Großer Beschützer der Lehre des zweiten Eroberers,
Dorje Shugden, fünf Linien, zusammen mit Euren Gefolgen,
Bitte kommt hierher und nehmt diese Darbringung
und diesen Torma an.

Ich bitte Euch, ich bringe Euch Gaben dar, o Schar von
Beschützern der Lehre des Eroberers,
Ich besänftige Euch und verlasse mich auf Euch, o große
Beschützer der Worte des Gurus,
Ich rufe nach Euch und flehe Euch an, o Schar von
Vernichtern der Störenfriede der Yogis,
Bitte kommt schnell hierher und nehmt diese Darbringung
und diesen Torma an.

Ich bringe einen Torma dar, verziert mit rotem Fleisch und Blut.
Ich bringe Getränke aus Alkohol, Medizinnektare und Blut dar.
Ich bringe den Klang von großen Trommeln,
Schenkelknochentrompeten und Zimbeln dar.
Ich bringe große, schwarzseidene Banner dar, die sich wie
Wolken auftürmen.

Ich bringe atemberaubende Attraktionen dar, so weit
wie der Raum.
Ich bringe laute Gesänge dar, die kraftvoll und
melodisch sind.
Ich bringe einen Ozean äußerer, innerer und geheimer
Verpflichtungssubstanzen dar.
Ich bringe das Spiel der erhabenen Weisheit untrennbarer
Glückseligkeit und Leerheit dar.

Möget Ihr die kostbare Lehre Buddhas beschützen.
Möget Ihr den Ruhm der Drei Juwelen vergrößern.
Möget Ihr die Taten der glorreichen Gurus fördern
Und möget Ihr alle Bitten erfüllen, die ich an Euch richte.

Um Nachsicht bitten

Rezitiere jetzt das Hundertbuchstaben Mantra Herukas:

OM VAJRA HERUKA SAMAYA, MANU PALAYA, HERUKA TENO PATITA, DRIDHO ME BHAWA, SUTO KAYO ME BHAWA, SUPO KAYO ME BHAWA, ANURAKTO ME BHAWA, SARWA SIDDHI ME PRAYATZA, SARWA KARMA SUTZA ME, TZITAM SHRIYAM KURU HUM, HA HA HA HA HO BHAGAWÄN, VAJRA HERUKA MA ME MUNTSA, HERUKA BHAWA, MAHA SAMAYA SATTÖ AH HUM PHAT

Bitte mit folgenden Worten um Nachsicht:

Welche Fehler ich auch immer begangen habe
Durch Nichtfinden, Nichtverstehen
Oder mangelndes Können,
Bitte, o Beschützer, sei geduldig mit allen.

OM VAJRA MU Die Weisheitswesen, Gäste des Tormas, lösen sich in mich auf und die weltlichen Wesen kehren zu ihren eigenen Stätten zurück.

Widmungsgebete

Möge ich durch diese Tugend
Schnell die wirkliche Dakini vollenden
Und dann jedes Lebewesen
Ohne Ausnahme auf diese Ebene führen.

Mögen die Beschützer, Helden, Heldinnen und deren mehr,
Die Blumen, Sonnenschirme und Siegesbanner tragen
Und die liebliche Musik der Zimbeln und so weiter darbringen,
Mich zur Todeszeit ins Land der Dakinis führen.

Durch die Wahrheit der gültigen Göttinnen,
Ihre gültigen Verpflichtungen
Und die höchst gültigen Worte, die sie gesprochen haben,
Mögen [meine Tugenden] die Ursache sein, dass die Göttinnen
für mich sorgen.

Ausführliche Widmung

Wenn du Zeit hast und möchtest, kannst du abschließend diese Gebete rezitieren, die von Tsarpa Dorjechang verfasst wurden:

Im großen Schiff der Freiheit und Ausstattung,
Unter dem weißen Segel der Achtsamkeit für Vergänglichkeit
Und durch den günstigen Wind des Annehmens und Aufgebens von Handlungen und Wirkungen vorangetrieben,
Möge ich aus dem furchtbaren Ozean Samsaras befreit werden.

Indem ich mich auf das Kronjuwel der untrüglichen Zufluchtsobjekte verlasse,
Mir das große Ziel der Wandernden, meiner Mütter, zu Herzen nehme
Und meine Makel und Fehler mit dem Nektar Vajrasattvas reinige,
Mögen sich die mitfühlenden, ehrwürdigen Gurus um mich kümmern.

Die schöne Mutter der Eroberer ist die äußere Yogini,
Der Buchstabe BAM ist die höchste innere Vajrakönigin,
Die Klarheit und Leerheit des Geistes selbst ist die geheime Dakini Mutter,
Möge ich mich am Spiel erfreuen, die Eigennatur aller zu sehen.

Die weltliche Umgebung ist der himmlische Palast des Buchstabens EH,
Und seine Bewohner, die fühlenden Wesen, sind die Yoginis des Buchstabens BAM,
Durch die Konzentration der großen Glückseligkeit ihrer Vereinigung,
Möge jede Erscheinung, die entsteht, reine Erscheinung sein.

Möge ich somit durch die Yogas, [so viele wie] die Richtungen und der Mond,
Von der korallenfarbigen Dame der Freude,
Mit offenem, zinnoberrotem Haar und orangefarbigen, blitzenden Augen,
Schließlich direkt in die Stadt der Wissenshalter geführt werden.

Wenn ich an einem Ort der Leichen mit Sindhura und Langalistamm praktiziert habe
Und durch das Land gewandert bin,
Möge mich die schöne Dame, zu der sich der Wirbel von meiner Stirn überträgt,
Ins Land der Dakinis führen.

Wenn die innere Varahi die Ranken von Erfasser und Erfasstem zerstört hat
Und die tanzende Dame, die in meinem erhabenen Zentralkanal weilt,
Durch das Tor Brahmas in die Sphäre des Wolkenpfades hinausgetreten ist,
Möge sie den Helden, den Trinker von Blut, umarmen und sich mit ihm vergnügen.

Möge mein Geisteskontinuum durch den Yoga der Vereinigung [der zwei Winde]
In einsgerichteter Meditation über den winzigen Samen der fünf Winde im Lotos meines Nabels
Von höchster Glückseligkeit durch die köstlichen Tropfen gesättigt sein,
Die die Kanäle meines Körper-Geistes durchdringen.

Wenn durch das lachende und lächelnde Spiel der schönen Dame
Des lodernden, leichten Tummo innerhalb meines Zentralkanals
Der jugendliche Buchstabe HAM vollkommen weich geworden ist,
Möge ich die Ebene der großen Glückseligkeit der Vereinigung erlangen.

Wenn das rotschwarze RAM, das in der Mitte der drei Kanäle in meinem Nabel weilt,
Durch meine oberen und unteren Winde zum Aufflammen gebracht worden ist
Und sein reinigendes Feuer die zweiundsiebzigtausend unreinen Elemente weggebrannt hat,
Möge mein Zentralkanal vollständig mit reinen Tropfen gefüllt sein.

Wenn der fünffarbige Tropfen zwischen meinen Augenbrauen zu meinem Scheitel gewandert ist
Und der von ihm stammende Strom der Mondflüssigkeit
Das Staubgefäß meines geheimen Lotos erreicht hat,
Möge ich von den vier Freuden des Absteigens und Aufsteigens gesättigt sein.

Wenn alle festen und sich bewegenden Phänomene, mein Körper und so weiter,
Von den aus dem Tropfen strömenden fünffarbigen Lichtstrahlen getroffen wurden
Und sich dadurch in eine Vielzahl strahlender, klarer Regenbogen verwandelt haben,
Möge ich abermals in den natürlichen Bereich, die Sphäre von Glückseligkeit und Leerheit, eintreten.

Wenn die Yogini meines eigenen Geistes, die Vereinigung jenseits des Intellekts,
Der ursprüngliche Zustand unbeschreiblicher Leerheit und Klarheit,
Die ursprüngliche Natur, frei von Entstehen, Enden und Verweilen,
Ihr eigenes Wesen erkennt, möge ich für immer genährt sein.

Wenn sich meine Kanäle, Winde und Tropfen in die Sphäre des EVAM aufgelöst haben
Und der Geist selbst die Herrlichkeit des Wahrheitskörpers großer Glückseligkeit erlangt hat,

Möge ich für diese Wandernden, so unermesslich wie der Raum,
sorgen,
Mit unermesslichen Manifestationen zahlloser Formkörper.

Mögen durch die Segnungen der Eroberer und ihrer
wunderbaren Söhne,
Die Wahrheit der untrüglichen, abhängigen Beziehung
Und die Kraft und Stärke meiner reinen, höheren Absicht
Alle Anliegen meiner aufrichtigen Gebete erfüllt sein.

Glückverheißende Gebete

Möge es die Glücksverheißung geben, schnell die Segnungen
Der Scharen glorreicher, heiliger Gurus zu erlangen,
Vajradharas, Pandit Naropas und so weiter,
Der glorreichen Herren aller Tugend und Vortrefflichkeit.

Möge es die Glücksverheißung des Dakini-Wahrheitskörpers
geben,
Die Vollkommenheit der Weisheit, die erhabene Mutter der
Eroberer,
Das natürliche klare Licht, von Anfang an frei von
Ausschmückung,
Die Dame, die alle Dinge, feste und sich bewegende, ausstrahlt
und sammelt.

Möge es die Glücksverheißung des spontan geborenen,
Vollständigen Freudenkörpers geben,
Eines Körpers, strahlend und schön, im Glanz der Herrlichkeit
der Haupt- und Nebenmerkmale,
Einer Rede, die das erhabene Fahrzeug mit sechzig Melodien
verkündet,
Und eines Geistes nichtbegrifflicher Glückseligkeit und Klarheit,
der die fünf erhabenen Weisheiten besitzt.

Möge es die Glücksverheißung des an den Stätten geborenen Emanationskörpers geben,
Damen, die mit verschiedenen Formkörpern, an verschiedenen Orten,
Mit verschiedenen Mitteln die Ziele verschiedener zu Zähmender erfüllen,
In Einklang mit ihren verschiedenen Wünschen.

Möge es die Glücksverheißung der mantrageborenen höchsten Dakini geben,
Eine Ehrwürdige Dame von der Farbe einem Rubin gleich,
Mit einem lächelnden, zornvollen Wesen, einem Gesicht und zwei Händen, die ein gekrümmtes Messer und eine Schädelschale halten,
Und mit zwei Beinen in angewinkelter und ausgestreckter Haltung.

Möge es die Glücksverheißung Deiner zahllosen Millionen von Emanationen
Und der Scharen der zweiundsiebzigtausend [Dakinis] geben,
Die alle Behinderungen der Praktizierenden ausmerzen
Und alle ersehnten Erlangungen gewähren.

Gebete für die Tugendhafte Tradition

Damit die Tradition Je Tsongkhapas,
Des Königs des Dharma, erblühe,
Mögen alle Hindernisse überwunden sein
Und mögen alle vorteilhaften Bedingungen im Überfluss vorhanden sein.

Durch die zwei Ansammlungen von mir und anderen,
Die während der drei Zeiten zusammengetragen werden,
Möge die Lehre des Eroberers Losang Dragpa
Für immer erblühen.

Das neunzeilige *Migtsema* Gebet

Tsongkhapa, Kronjuwel der Gelehrten vom Lande des Schnees,
Du bist Buddha Shakyamuni und Vajradhara, Quelle aller Erlangungen,
Avalokiteshvara, Schatz des nichtbeobachtbaren Mitgefühls,
Manjushri, erhabene, makellose Weisheit,
Und Vajrapani, Zerstörer der Scharen von Maras.
O ehrwürdiger Guru Buddha, Vereinigung aller Drei Juwelen,
Mit Körper, Rede und Geist ersuche ich Dich mit Respekt:
Bitte gewähre Deine Segnungen, damit ich und andere zur Reife und Befreiung gelangen,
Und gewähre die allgemeinen und höchsten Erlangungen (3x)

DIE TSOG DARBRINGUNG

Die Tsog Darbringung segnen

OM KHANDAROHI HUM HUM PHAT
OM SÖBHAWA SHUDDHA SARWA DHARMA SÖBHAWA SHUDDHO HAM
Alles wird Leerheit.

Aus dem Zustand der Leerheit entsteht aus AH eine weite und ausgedehnte Schädelschale. In ihr schmelzen die fünf Fleischarten, die fünf Nektare und die fünf erhabenen Weisheiten und es entsteht ein weiter Ozean des Nektars erhabener Weisheit.
OM AH HUM HA HO HRIH (3x)

Denke darüber nach, dass sie ein unerschöpflicher Ozean aus Weisheitsnektar wird.

Medizinnektare darbringen

Ich bringe diesen erhabenen Nektar dar,
Der gewöhnliche Objekte weit transzendiert,
Die höchste Verpflichtung aller Eroberer
Und die Grundlage aller Erlangungen.

Möget Ihr Euch an der großen Glückseligkeit
Des unübertroffenen Bodhichitta erfreuen,
Gereinigt von jedem Makel der Behinderungen
Und vollkommen frei von allen Vorstellungen.

Den Tsog darbringen

HO Diesen Ozean von Tsog Darbringungen aus nicht-verunreinigtem Nektar,
Durch Konzentration, Mantra und Mudra gesegnet,
Bringe ich dar, um die Versammlung der Wurzel- und Überlieferungsliniengurus zu erfreuen.
OM AH HUM

Entzückt durch den Genuss dieser prachtvollen
Objekte des Begehrens,
EH MA HO
Bitte gewährt einen großen Regen an Segnungen.

HO Diesen Ozean von Tsog Darbringungen aus nicht-verunreinigtem Nektar,
Durch Konzentration, Mantra und Mudra gesegnet,
Bringe ich dar, um die göttliche Versammlung der mächtigen Dakinis zu erfreuen.
OM AH HUM
Entzückt durch den Genuss dieser prachtvollen
Objekte des Begehrens,
EH MA HO
Bitte gewährt die Dakini Erlangung.

HO Diesen Ozean von Tsog Darbringungen aus nicht-verunreinigtem Nektar,
Durch Konzentration, Mantra und Mudra gesegnet,
Bringe ich dar, um die göttliche Versammlung der Yidams und ihrer Gefolge zu erfreuen.
OM AH HUM
Entzückt durch den Genuss dieser prachtvollen
Objekte des Begehrens,
EH MA HO
Bitte gewährt einen großen Regen an Erlangungen.

HO Diesen Ozean von Tsog Darbringungen aus nicht-verunreinigtem Nektar,
Durch Konzentration, Mantra und Mudra gesegnet,
Bringe ich dar, um die Versammlung der Drei kostbaren Juwelen zu erfreuen.
OM AH HUM
Entzückt durch den Genuss dieser prachtvollen
Objekte des Begehrens,
EH MA HO
Bitte gewährt einen großen Regen heiliger Dharmas.

HO Diesen Ozean von Tsog Darbringungen aus nicht-
verunreinigtem Nektar,
Durch Konzentration, Mantra und Mudra gesegnet,
Bringe ich dar, um die Versammlung der Dakinis und
Dharma Beschützer zu erfreuen.
OM AH HUM
Entzückt durch den Genuss dieser prachtvollen
Objekte des Begehrens,
EH MA HO
Bitte gewährt einen großen Regen tugendhafter Taten.

HO Diesen Ozean von Tsog Darbringungen aus nicht-
verunreinigtem Nektar,
Durch Konzentration, Mantra und Mudra gesegnet,
Bringe ich dar, um die Versammlung der fühlenden
Mutterwesen zu erfreuen.
OM AH HUM
Entzückt durch den Genuss dieser prachtvollen
Objekte des Begehrens,
EH MA HO
Mögen Leiden und fehlerhafte Erscheinung befriedet sein.

Äußere Darbringungen

OM VAJRA YOGINI SAPARIWARA AHRGHAM, PADÄM, PUPE,
DHUPE, ALOKE, GÄNDHE, NEWIDE, SHAPTA AH HUM

Innere Darbringung

OM VAJRA YOGINI SAPARIWARA OM AH HUM

Die acht Zeilen des Lobpreises an die Mutter

OM Ich verbeuge mich vor Vajravarahi, der Gesegneten Mutter
HUM HUM PHAT
OM vor der höheren und mächtigen Dame des Wissens,
unbesiegt durch die drei Bereiche HUM HUM PHAT

OM vor Dir, die Du alle Ängste vor bösen Geistern mit Deinem großen Vajra zerstörst HUM HUM PHAT
OM vor Dir mit zähmenden Augen, die als der Vajrasitz unbesiegt durch andere weilt HUM HUM PHAT
OM vor Dir, deren zornvolle, wilde Gestalt Brahma austrocknet HUM HUM PHAT
OM vor Dir, die Dämonen in Angst und Schrecken versetzt und ausdörrt, und jene in anderen Richtungen erobert HUM HUM PHAT
OM vor Dir, die all jene erobert, die uns dumpf, starr und wirr machen HUM HUM PHAT
OM Ich verbeuge mich vor Vajravarahi, der Großen Mutter, der Dakini Gefährtin, die jedes Verlangen erfüllt HUM HUM PHAT

Die Tsog Darbringung an den spirituellen Meister des Vajrayana

Vajrahalter, bitte höre mir zu,
Diese, meine besondere Tsog Darbringung
Bringe ich Dir mit einem Geist von Vertrauen dar,
Bitte nimm sie an, wie es Dir gefällt.

EH MA, großer Frieden.
Diese große, lodernde Tsog Darbringung verbrennt Verblendungen
Und bringt auf diese Weise große Glückseligkeit.
AH HO Alles ist große Glückseligkeit.
AH HO MAHA SUKHA HO

In dieser Weise werden alle Phänomene als rein gesehen,
Daran sollte die Versammlung keine Zweifel haben.
Da Brahmanen, Ausgestoßene, Schweine und Hunde
Von einer Natur sind, bitte genießt.

Der Dharma der Sugatas ist von unschätzbarem Wert,
Frei von den Makeln der Anhaftung und so weiter,
Das Aufgeben von Erfasser und Erfasstem,
Respektvoll verbeuge ich mich vor der Dasheit.
AH HO MAHA SUKHA HO

Lied der Frühlingskönigin

HUM All Ihr Tathagatas,
Helden, Yoginis,
Dakas und Dakinis,
Euch allen trage ich meine Bitte vor:
O Heruka, der sich an großer Glückseligkeit erfreut,
Du führst die Vereinigung spontaner Glückseligkeit aus,
Indem Du Dich der Dame widmest, die von Glückseligkeit
berauscht ist,
Und Dich im Einklang mit den Ritualen vergnügst.
AH LA LA, LA LA HO, AH I AH, AH RA LI HO
Möge die Versammlung der makellosen Dakinis
Mit liebevoller Zuneigung blicken und alle Taten vollbringen.

HUM All Ihr Tathagatas,
Helden, Yoginis,
Dakas und Dakinis,
Euch allen trage ich meine Bitte vor:
Mit einem Geist, der völlig von großer Glückseligkeit erregt ist,
Und einem Körper in einem Tanz beständiger Bewegung,
Bringe ich den Scharen von Dakinis die große Glückseligkeit dar,
Die durch das Genießen des Lotos der Mudra entsteht.
AH LA LA, LA LA HO, AH I AH, AH RA LI HO
Möge die Versammlung der makellosen Dakinis
Mit liebevoller Zuneigung blicken und alle Taten vollbringen.

HUM All Ihr Tathagatas,
Helden, Yoginis,
Dakas und Dakinis,
Euch allen trage ich meine Bitte vor:
Ihr, die auf eine wunderschöne und friedvolle Weise tanzt,
O glückseliger Beschützer und ihr Scharen von Dakinis,
Bitte erscheint vor mir und gewährt mir Eure Segnungen
Und die spontane große Glückseligkeit.
AH LA LA, LA LA HO, AH I AH, AH RA LI HO
Möge die Versammlung der makellosen Dakinis
Mit liebevoller Zuneigung blicken und alle Taten vollbringen.

HUM All Ihr Tathagatas,
Helden, Yoginis,
Dakas und Dakinis,
Euch allen trage ich meine Bitte vor:
Ihr, die Ihr das Merkmal der Befreiung großer Glückseligkeit besitzt,
Sagt nicht, dass Erlösung in einer Lebensspanne
Durch verschiedene asketische Übungen nach Aufgabe
der großen Glückseligkeit erlangt werden kann,
Sondern, dass große Glückseligkeit ihren Sitz in der Mitte des erhabenen Lotos hat.
AH LA LA, LA LA HO, AH I AH, AH RA LI HO
Möge die Versammlung der makellosen Dakinis
Mit liebevoller Zuneigung blicken und alle Taten vollbringen.

HUM All Ihr Tathagatas,
Helden, Yoginis,
Dakas und Dakinis,
Euch allen trage ich meine Bitte vor:
Wie ein Lotos, der aus der Mitte eines Sumpfes geboren wurde,
Ist diese Methode, obwohl aus Anhaftung geboren, unbefleckt von den Fehlern der Anhaftung.
O erhabene Dakini, bitte bringe durch die Glückseligkeit Deines Lotos
Schnell Befreiung aus den Fesseln Samsaras.
AH LA LA, LA LA HO, AH I AH, AH RA LI HO
Möge die Versammlung der makellosen Dakinis
Mit liebevoller Zuneigung blicken und alle Taten vollbringen.

HUM All Ihr Tathagatas,
Helden, Yoginis,
Dakas und Dakinis,
Euch allen trage ich meine Bitte vor:
Genau wie die Essenz des Honigs in der Honigquelle
Von Bienenschwärmen aus allen Richtungen getrunken wird,

So bringe bitte durch Deinen weiten Lotos mit
sechs Merkmalen
Befriedigung mit dem Geschmack von großer Glückseligkeit.
AH LA LA, LA LA HO, AH I AH, AH RA LI HO
Möge die Versammlung der makellosen Dakinis
Mit liebevoller Zuneigung blicken und alle Taten vollbringen.

Die Darbringungen an die Geister segnen

OM KHANDAROHI HUM HUM PHAT
OM SÖBHAWA SHUDDHA SARWA DHARMA SÖBHAWA
SHUDDHO HAM
Alles wird Leerheit.

Aus dem Zustand der Leerheit entsteht aus AH eine weite und ausgedehnte Schädelschale. In ihr schmelzen die fünf Fleischarten, die fünf Nektare und die fünf erhabenen Weisheiten und es entsteht ein weiter Ozean des Nektars erhabener Weisheit.
OM AH HUM HA HO HRIH (3x)

Die eigentliche Darbringung an die Geister

PHÄM
UTSIKTRA BALINGTA BHAKYÄSI SÖHA

HO Diesen Ozean verbliebener Tsog Darbringung aus
nichtverunreinigtem Nektar,
Durch Konzentration, Mantra und Mudra gesegnet,
Bringe ich dar, um die Versammlung der schwurgebundenen
Wächter zu erfreuen.
OM AH HUM
Entzückt durch den Genuss dieser prachtvollen
Objekte des Begehrens,
EH MA HO
Bitte führt vollkommene Handlungen aus, um Praktizierenden
zu helfen.

Von Musik begleitet, bringe die verbliebene Tsog Darbringung hinaus.

Mögen ich und andere Praktizierende
Gute Gesundheit, langes Leben, Kraft,
Ehre, Ruhm, Glück
Und ausgiebige Vergnügen haben.
Bitte gewährt mir die Erlangungen
Der befriedenden, vermehrenden, kontrollierenden und zornvollen Handlungen.
Ihr, die Ihr durch Schwur gebunden seid, bitte beschützt mich
Und helft mir, alle Erlangungen zu vollenden.
Vernichtet vorzeitigen Tod und Krankheit,
Schaden durch Geister und Hindernisse.
Beseitigt schlechte Träume,
Böse Vorzeichen und schlechte Handlungen.

Möge es Glück in der Welt geben, mögen die Jahre gut sein,
Möge sich die Ernte verbessern und möge der Dharma erblühen.
Möge alles Gute und Glück geschehen.
Und mögen alle Wünsche erfüllt sein.

Möge ich durch die Kraft dieses reichlichen Gebens
Ein Buddha werden zum Wohle der Lebewesen,
Und möge ich durch meine Freigebigkeit
Alle befreien, die durch frühere Buddhas nicht befreit wurden.

Kolophon: Diese Sadhana, ein rituelles Gebet für spirituelle Erlangungen, wurde unter der mitfühlenden Leitung des Ehrwürdigen Geshe Kelsang Gyatso Rinpoche übersetzt.

Der Vers an den Ehrwürdigen Geshe Kelsang Gyatso Rinpoche in *Bitten an die Gurus der Überlieferungslinie* wurde vom glorreichen Dharma Beschützer Duldzin Dorje Shugden verfasst und auf Bitte der vertrauensvollen Schüler des Ehrwürdigen Geshe Kelsang in die Sadhana eingefügt. Der Vers an Dorje Shugden in *Den allgemeinen Dharma Beschützern den Torma darbringen* wurde vom Ehrwürdigen Geshe Kelsang Gyatso Rinpoche verfasst und auf Bitte seiner vertrauensvollen Schüler in die Sadhana aufgenommen.

Anhang VIII

Der glückselige Pfad

DIE ZUSAMMENGEFASSTE VAJRAYOGINI SELBSTERZEUGUNGSSADHANA

Verfasst vom

Ehrwürdigen Geshe Kelsang Gyatso Rinpoche

Guru Vajradharma

Der glückselige Pfad

DIE ZUSAMMENGEFASSTE VAJRAYOGINI SELBSTERZEUGUNGSSADHANA

Diejenigen, die sich als tägliche Praxis in der Vajrayogini Selbsterzeugung schulen möchten, aber nicht genügend Zeit haben oder nicht in der Lage sind, entweder die ausführliche oder mittlere Sadhana zu praktizieren, können ihre Absicht erfüllen, indem sie diese kurze Sadhana mit starkem Vertrauen üben. Wir sollten jedoch immer, wenn wir uns der Rezitation, Kontemplation und Meditation der Sadhana Der glückselige Pfad *widmen, vollkommen frei von Ablenkungen sein. Mit Ablenkungen können wir gar nichts erreichen.*

DIE EIGENTLICHE SADHANA

DIE VIER VORBEREITENDEN ÜBUNGEN

Visualisierung der Zufluchtsobjekte – das Tor, durch das wir unseren buddhistischen Glauben entwickeln und verstärken

Buddhistisches Vertrauen im Allgemeinen ist Vertrauen in Buddha, Dharma und Sangha. Und Vertrauen in Guru Vajradharma Heruka Vater und Mutter ist in dieser Praxis von Vajrayogini buddhistisches Vertrauen im Besonderen. Guru Vajradharma Heruka Vater und Mutter sind keine unterschiedlichen Personen, sie sind eine Person mit unterschiedlichen Aspekten. Wir praktizieren, indem wir der Kontemplation in der Sadhana folgen:

Im Raume vor mir erscheint mein Wurzelguru im Aspekt von Buddha Vajradharma, die Manifestation der Rede aller Buddhas, mit Heruka Vater und Mutter in seinem Herzen. Er ist umgeben von der Versammlung der Liniengurus; den Yidams – den erleuchteten Gottheiten; den Drei kostbaren Juwelen – Buddha, Dharma und Sangha, den reinen spirituell Praktizierenden; und den Dharma Beschützern.

Wir meditieren mit starkem Vertrauen über diese große Versammlung von erleuchteten heiligen Wesen. Visualisieren wir unseren Wurzelguru in dieser Weise, erhalten wir die besonderen Segnungen der Rede aller Buddhas. Dadurch können wir schnell die Verwirklichungen der Rede erlangen – die Verwirklichungen der Dharma Anleitungen von Sutra und Tantra. Nur durch Dharma Verwirklichungen können wir unsere samsarischen Probleme im Allgemeinen und unsere menschlichen Probleme im Besonderen beenden.

Schulung in Zufluchtnahme – das Tor, durch das wir in den Buddhismus eintreten

In dieser Praxis versprechen wir aus tiefstem Herzen, unser ganzes Leben lang zu der Versammlung der Gurus, Buddhas, Dharma und Sangha, den reinen spirituell Praktizierenden, Zuflucht zu nehmen, um uns selbst und alle Lebewesen dauerhaft von Leiden zu befreien. Dieses Versprechen ist das Zufluchtsgelübde. Es öffnet das Tor zur Befreiung, zum höchsten dauerhaften Frieden des Geistes, der Nirvana genannt wird. Wir praktizieren, indem wir der Kontemplation in der Sadhana folgen:

Von jetzt an bis wir die Essenz der Erleuchtung erlangen,
nehmen ich und alle fühlenden Wesen, so weit wie der Raum,
Zuflucht zu den Gurus, den erhabenen spirituellen Meistern,
Zuflucht zu den Buddhas, den vollerleuchteten Wesen,
Zuflucht zum Dharma, den kostbaren Lehren Buddhas,
Zuflucht zur Sangha, den reinen spirituell Praktizierenden.
(3x)

Als Verpflichtungen unseres Zufluchtsgelübdes sollten wir uns bemühen, Buddhas Segnungen zu empfangen, Dharma in die Praxis umzusetzen und Hilfe von Sangha zu erhalten, den reinen spirituell Praktizierenden. Reine spirituell Praktizierende führen uns auf den spirituellen Pfad, indem sie uns ein gutes Vorbild sind, dem wir folgen können. Deshalb sind sie Objekte der Zuflucht.

Das erhabene gute Herz, Bodhichitta, erzeugen – das Tor, durch das wir den Pfad zur großen Erleuchtung betreten

In dieser Praxis versprechen wir aus tiefstem Herzen, die Stufen von Vajrayoginis Pfad zu üben, um Erleuchtung zu erlangen, um jedem einzelnen Lebewesen Tag für Tag zu helfen. Damit meinen wir die Stufen der Pfade der Erzeugungsstufe und Vollendungsstufe von Vajrayogini. Dieses Versprechen ist unser

Ehrwürdige Vajrayogini

Bodhisattva Gelübde. Es öffnet das Tor zum schnellen Pfad zur großen Erleuchtung. Wir praktizieren, indem wir der Kontemplation in der Sadhana folgen:

Wenn ich den Zustand der vollkommenen Erleuchtung, Buddhaschaft, erlangt habe, werde ich alle fühlenden Wesen aus dem Ozean der Leiden Samsaras befreien und zur Glückseligkeit der vollen Erleuchtung führen. Deshalb werde ich die Stufen von Vajrayoginis Pfad praktizieren. (3x)

Als Verpflichtungen unseres Bodhisattva Gelübdes sollten wir uns bemühen, die sechs Vollkommenheiten zu praktizieren: Geben, moralische Disziplin, Geduld, Bemühen, Konzentration und Weisheit. Näheres dazu finden wir im Buch Moderner Buddhismus.

Segnungen empfangen – das Tor, durch das wir den erleuchteten Körper, Rede und Geist erlangen können, indem wir unsere gewöhnliche Erscheinung von Körper, Rede und Geist reinigen

In dieser Praxis sollten wir zuerst ein kurzes Mandala darbringen:

Den Boden mit Duftwasser besprengt und mit Blumen geschmückt,
Den großen Berg, vier Länder, Sonne und Mond,
Als Buddhaland betrachtet bringe ich sie dar,
Mögen sich alle Wesen an solch Reinen Ländern erfreuen.

IDAM GURU RATNA MANDALAKAM NIRYATAYAMI

Dann erbitten wir das Folgende dreimal:

Ich verbeuge mich und nehme Zuflucht zu den Gurus und Drei kostbaren Juwelen. Bitte segnet mein Geisteskontinuum. (3x)

Wir widmen uns nun der eigentlichen Praxis, indem wir der Kontemplation in der Sadhana folgen:

Aufgrund dieser Bitte schmilzt die große Versammlung der erleuchteten heiligen Wesen vor mir in die Form weißer, roter und dunkelblauer Lichtstrahlen. Die weißen Lichtstrahlen sind in ihrer Natur die Körper aller Buddhas. Die roten Lichtstrahlen sind in ihrer Natur die Rede aller Buddhas. Und die dunkelblauen Lichtstrahlen sind in ihrer Natur der Geist aller Buddhas. Sie alle lösen sich in mich auf und ich erhalte die besonderen Segnungen aller Buddhas. Meine gewöhnliche Erscheinung von Körper, Rede und Geist ist gereinigt und mein ständig verweilender Körper, Rede und Geist verwandeln sich in den erleuchteten Körper, Rede und Geist.

Wir meditieren einsgerichtet über diesen Glauben. Unsere Wahrnehmung unseres Körpers, unserer Rede und unseres Geistes, die wir normalerweise sehen, ist unsere gewöhnliche Erscheinung von Körper, Rede und Geist.

DIE EIGENTLICHE PRAXIS DER SELBSTERZEUGUNG

Den Tod in den Pfad zum Wahrheitskörper bringen, Buddhas sehr subtilem Körper

In dieser Praxis verwandeln wir unser klares Licht des Todes durch richtige Vorstellung in den spirituellen Pfad der Vereinigung von großer Glückseligkeit und Leerheit. Wir praktizieren, indem wir der Kontemplation in der Sadhana folgen:

Die ganze Welt und ihre Bewohner schmelzen zu Licht und lösen sich in meinen Körper auf. Auch mein Körper schmilzt zu Licht, wird allmählich kleiner und löst sich schließlich in Leerheit, die bloße Abwesenheit aller Phänomene, die ich normalerweise sehe, auf. Dies ähnelt der Art und Weise, in der sich alle Erscheinungen dieses Lebens im Tod auflösen. Ich erfahre das klare Licht des Todes, dessen Natur Glückseligkeit ist. Ich nehme nichts anderes wahr als Leerheit. Mein Geist, das klare Licht des Todes, wird die Vereinigung von großer Glückseligkeit und Leerheit.

Wir meditieren, vollkommen frei von Ablenkungen, über diesen Glauben. Am Schluss der Meditation denken wir:

Ich bin die Wahrheitskörper-Vajrayogini.

Ein manifester sehr subtiler Geist zum Zeitpunkt des Todes ist das klare Licht des Todes. Obwohl diese Kontemplation und Meditation Vorstellung ist, ist ihre Natur Weisheit, und sie hat eine unvorstellbare Bedeutung. Indem wir diese Kontemplation und Meditation aufrichtig und kontinuierlich üben, werden wir eine tiefe Vertrautheit damit erlangen, unser klares Licht des Todes durch Vorstellung in die Vereinigung von großer Glückseligkeit und Leerheit umzuwandeln. Später, wenn wir dann den Todesvorgang wirklich erleben, wird es uns möglich sein, unser klares Licht des Todes zu erkennen und es in die Vereinigung von großer Glückseligkeit und Leerheit umzuwandeln. Diese Verwandlung ist die Verwirklichung des endgültigen beispielklaren Lichts, das unmittelbar zur Erlangung des illusorischen Körpers, eines unsterblichen Körpers, führt. Von dem Moment an werden wir eine unsterbliche Person und werden unsere Welt als das Reine Land Keajra und uns selbst als Vajrayogini erleben. Somit haben wir unser endgültiges Ziel erreicht. Vajrayogini, die auf den Wahrheitskörper eines Buddha zugeschrieben wird, ist die Wahrheitskörper-Vajrayogini, die definitive Vajrayogini.

Den Zwischenzustand in den Pfad zum Freudenkörper bringen, Buddhas subtilem Formkörper

Der Zustand zwischen diesem Leben und der nächsten Wiedergeburt ist der Zwischenzustand. Die Wesen in diesem Zustand sind Wesen des Zwischenzustandes, auch Bardowesen genannt. In dieser Praxis verwandeln wir die Erfahrung eines Wesens des Zwischenzustandes in die Erfahrung der Freudenkörper-Vajrayogini. Vajrayogini, die auf den subtilen Formkörper eines Buddha zugeschrieben wird, ist die Freudenkörper-Vajrayogini. Wir praktizieren, indem wir der Kontemplation in der Sadhana folgen:

Ich halte die Erfahrung, dass mein Geist des klaren Lichts des Todes die Vereinigung von großer Glückseligkeit und Leerheit geworden ist. Aus der Leerheit des Wahrheitskörpers, des Dharmakaya, verwandle ich mich augenblicklich in die Freudenkörper-Vajrayogini, in Form einer Kugel aus rotfarbigem Licht, das die Natur von großer Glückseligkeit untrennbar von Leerheit ist. Dies ähnelt der Art und Weise, in der der Körper eines Wesens des Zwischenzustandes aus dem klaren Licht des Todes hervorgeht. Ich bin die Freudenkörper-Vajrayogini.

Wir verweilen so lange wie möglich einsgerichtet auf der Erfahrung von uns selbst als Freudenkörper-Vajrayogini.

Wiedergeburt in den Pfad zum Emanationskörper bringen, Buddhas grobem Formkörper

In dieser Praxis verwandeln wir unsere Erfahrung, eine Wiedergeburt als gewöhnliches Wesen in Samsara anzunehmen, in die Erfahrung, eine Wiedergeburt als Emanationskörper-Vajrayogini im Reinen Land Keajra anzunehmen. Vajrayogini, die auf Buddhas groben Formkörper zugeschrieben wird, ist die Emanationskörper-Vajrayogini. Wir praktizieren, indem wir der Kontemplation in der Sadhana folgen:

Im weiten Raum der Leerheit aller Phänomene, die Natur meiner gereinigten fehlerhaften Erscheinung aller Phänomene, die das Reine Land Keajra ist, erscheine ich als Vajrayogini, die Manifestation der Weisheit des klaren Lichts aller Buddhas. Ich habe einen rotfarbigen Körper aus Licht, mit einem Gesicht und zwei Händen, und ich nehme die Gestalt einer Sechzehnjährigen in der Blüte meiner Jugend an. Obwohl ich diese Erscheinung habe, ist sie nichts anderes als die Leerheit aller Phänomene. Ich bin die Emanationskörper-Vajrayogini.

Wir meditieren so lange wie möglich über diese Selbsterzeugung. Dabei halten wir die Erkenntnis, dass wir selbst, als Vajrayogini in unserem Reinen Land Keajra, und die Leerheit aller Phänomene eine Wesenheit sind, nicht zwei. Unsere Meditation über Selbsterzeugung hat die Kraft, unser Festhalten am Selbst zu verringern und zu beenden. In dieser Praxis sollten wir unsere Erfahrung der Schulung in göttlichem Stolz und klarer Erscheinung vertiefen, indem wir beständig über die Anleitungen zu diesen Schulungen, die im Buch Führer ins Dakiniland *gegeben werden, kontemplieren und meditieren.*

Es sollte uns bewusst sein, dass die vier vorbereitenden Übungen wie die vier Räder eines Fahrzeugs sind und die eigentliche Praxis der Selbsterzeugung wie das Fahrzeug selbst. Dies zeigt, dass sowohl die vorbereitenden Übungen als auch die eigentliche Praxis gleich wichtig sind, um unser endgültiges Ziel zu erreichen.

An dieser Stelle können wir uns in einer besonderen Tummo Meditation schulen. Eine klare und genaue Erläuterung, wie wir das tun, finden wir im Buch Führer ins Dakiniland.

Mantrarezitation

In meinem Herzen ist das Weisheitswesen Vajrayogini, die definitive Vajrayogini, die die Synthese des Körpers, der Rede und des Geistes aller Buddhas ist.

O meine Guru-Gottheit Vajrayogini,
Bitte gewähre mir und allen fühlenden Wesen
Die Erlangungen des erleuchteten Körpers, der Rede und des Geistes.
Bitte befriede unsere äußeren, inneren und geheimen Hindernisse.
Bitte errichte in uns die Grundlage für alle diese Erlangungen.

Mit dieser Bitte rezitieren wir das Drei-OM-Mantra mindestens so viele Male, wie wir es versprochen haben.

OM OM OM SARWA BUDDHA DAKINIYE VAJRA WARNANIYE VAJRA BEROTZANIYE HUM HUM HUM PHAT PHAT PHAT SÖHA.

Äußere Hindernisse sind Schäden, die wir sowohl von Menschen und Nichtmenschen als auch von unbelebten Dingen wie Feuer, Wasser und so weiter erfahren. Innere Hindernisse sind unsere Verblendungen wie Wut, Anhaftung und Unwissenheit. Und das geheime Hindernis ist unsere subtile fehlerhafte Erscheinung aller Phänomene. Unsere Wahrnehmung aller Phänomene, die wir normalerweise sehen, ist unsere subtile fehlerhafte Erscheinung aller Phänomene.

An dieser Stelle können wir, wenn wir wollen, eine Tsog Darbringung machen. Das rituelle Gebet für eine Tsog Darbringung befindet sich auf *S. 398.*

Widmung

Möge ich durch die Tugenden, die ich durch die Praxis dieser
Anleitungen angesammelt habe,
Die besondere Fürsorge der Ehrwürdigen Vajrayogini und ihrer
Dakini Emanationen erhalten.
Und indem mein sehr subtiler Körper, Rede und Geist ihre
kraftvollen Segnungen empfangen,
Möge ich schnell Erleuchtung erlangen, um alle Lebewesen zu
befreien.

Gebete für die Tugendhafte Tradition

Damit die Tradition Je Tsongkhapas,
Des Königs des Dharma, erblühe,
Mögen alle Hindernisse überwunden sein
Und mögen alle vorteilhaften Bedingungen im
Überfluss vorhanden sein.

Durch die zwei Ansammlungen von mir und anderen,
Die während der drei Zeiten zusammengetragen werden,
Möge die Lehre des Eroberers Losang Dragpa
Für immer erblühen.

Das neunzeilige *Migtsema* Gebet

Tsongkhapa, Kronjuwel der Gelehrten vom Lande des Schnees,
Du bist Buddha Shakyamuni und Vajradhara, Quelle aller Erlangungen,
Avalokiteshvara, Schatz des nichtbeobachtbaren Mitgefühls,
Manjushri, erhabene, makellose Weisheit,
Und Vajrapani, Zerstörer der Scharen von Maras.
O ehrwürdiger Guru Buddha, Vereinigung aller Drei Juwelen,
Mit Körper, Rede und Geist ersuche ich Dich mit Respekt:
Bitte gewähre Deine Segnungen, damit ich und andere zur Reife und Befreiung gelangen,
Und gewähre die allgemeinen und höchsten Erlangungen.

(3x)

Kolophon: Diese Sadhana, ein rituelles Gebet für spirituelle Erlangungen, wurde vom Ehrwürdigen Geshe Kelsang Gyatso Rinpoche 2012 aus traditionellen Quellen zusammengestellt und 2013 überarbeitet.

Anhang IX

Das Nada
(Bitte beachten, dass das Nada in der Größe einer kleinen Erbse visualisiert werden sollte)

Glossar

Absicht Ein geistiger Faktor, der die Funktion hat, seinen primären Geist zum Objekt hinzubewegen. Seine Funktion ist es, dass der Geist sich mit tugendhaften, nichttugendhaften und neutralen Objekten beschäftigt. Alle körperlichen und verbalen Handlungen werden durch den geistigen Faktor Absicht eingeleitet. Siehe *Wie wir den Geist verstehen.*

Achtsamkeit Ein geistiger Faktor, dessen Funktion es ist, das Objekt, das der primäre Geist verwirklicht, nicht zu vergessen. Siehe *Wie wir den Geist verstehen, Sinnvoll zu betrachten* und *Das klare Licht der Glückseligkeit.*

Akshobya Die Manifestation der Anhäufung des Bewusstseins aller Buddhas. Er hat einen blaufarbigen Körper.

Allgemeines Bild Das erscheinende Objekt eines begrifflichen Geistes. Ein allgemeines, oder geistiges, Bild eines Objekts gleicht einer Spiegelung dieses Objekts. Begriffliche Geistesarten verstehen ihr Objekt durch die Erscheinung eines allgemeinen Bildes dieses Objekts, nicht indem sie das Objekt direkt sehen. Siehe *Das neue Herz der Weisheit* und *Wie wir den Geist verstehen.*

Amitabha Die Manifestation der Anhäufung der Unterscheidung aller Buddhas. Er hat einen rotfarbigen Körper. Siehe *Acht Schritte zum Glück - Neuausgabe.*

Amoghasiddhi Die Manifestation der Anhäufung der zusammensetzenden Faktoren aller Buddhas. Er hat einen grünfarbigen Körper.

Anfangslose Zeit Der buddhistischen Weltsicht zufolge gibt es keinen Anfang des Geistes und somit keinen Anfang der Zeit. Deshalb haben alle Lebewesen zahllose frühere Wiedergeburten angenommen.

Angeborene Verblendungen Verblendungen, die nicht das Ergebnis intellektueller Vermutungen sind, sondern die ganz natürlich entstehen. Siehe *Wie wir den Geist verstehen*.

Anhaftung Ein verblendeter geistiger Faktor, der ein verunreinigtes Objekt beobachtet, es als Ursache von Glück ansieht und es haben will. Siehe *Freudvoller Weg* und *Wie wir den Geist verstehen*.

Anhäufung Im Allgemeinen sind alle funktionierenden Sachen Anhäufungen, weil sie eine Anhäufung ihrer Teile sind. Insbesondere hat eine Person des Begierde- oder Formbereichs fünf Anhäufungen: die Anhäufungen von Form, Gefühl, Unterscheidung, zusammensetzenden Faktoren und Bewusstsein. Einem Wesen des formlosen Bereichs fehlt die Anhäufung von Form, es hat aber die anderen vier. Die Formanhäufung einer Person ist ihr Körper. Die verbleibenden vier Anhäufungen sind Aspekte ihres Geistes. Siehe auch *Zusammensetzende Faktoren*. Siehe *Das neue Herz der Weisheit*.

Arya Tara/Tara Ein weiblicher Buddha, der eine Manifestation der endgültigen Weisheit aller Buddhas ist. «Arya» bedeutet «Höhere» und «Tara» bedeutet «Retterin». Da sie ein Weisheitsbuddha ist und die Manifestation des vollständig gereinigten Windelements aller Buddhas, kann uns Tara sehr schnell helfen.

Aryadeva Ein buddhistischer Gelehrter und Meditationsmeister des 3. Jh. n. Chr. aus Indien. Er war ein Schüler Nagarjunas.

Aufmerksamkeit Ein geistiger Faktor, der die Funktion hat, den Geist auf ein bestimmtes Merkmal eines Objekts zu richten. Siehe *Wie wir den Geist verstehen*.

Bardo Siehe *Zwischenzustand.*

Begierdebereich Der Bereich der Höllenwesen, hungrigen Geister, Tiere, Menschen, Halbgötter und Götter, die die fünf Objekte des Begehrens genießen.

Behinderungen zur Befreiung Behinderungen, die die Erlangung der Befreiung verhindern. Alle Verblendungen wie Unwissenheit, Anhaftung und Wut sind zusammen mit ihren Samen Behinderungen zur Befreiung. Sie werden auch «Verblendungsbehinderungen» genannt.

Behinderungen zur Erleuchtung Die Prägungen der Verblendungen, die eine gleichzeitige und direkte Verwirklichung aller Phänomene verhindern. Sie werden auch «Behinderungen zur Allwissenheit» genannt. Nur Buddhas haben diese Behinderungen überwunden.

Beispielklares Licht Ein Geist des klaren Lichts, der Leerheit durch ein allgemeines Bild verwirklicht. Siehe *Das klare Licht der Glückseligkeit* und *Tantrische Ebenen und Pfade.*

Bestätigendes negatives Phänomen Siehe *Negatives Phänomen.*

Bewusstsein Die sechs Bewusstseinsarten, oder primären Geistesarten, sind das Augenbewusstsein, das Ohrenbewusstsein, das Nasenbewusstsein, das Zungenbewusstsein, das Körperbewusstsein und das geistige Bewusstsein. Siehe *Wie wir den Geist verstehen.*

Bewusstseinsübertragung «Powa» auf Tibetisch. Eine Praxis zur Übertragung des Bewusstseins in ein Reines Land zum Zeitpunkt des Todes. Siehe *Sinnvoll leben, freudvoll sterben* und *Große Schatzkammer der Verdienste.*

Bloße Erscheinung Alle Phänomene sind bloße Erscheinung, weil sie vom Geist in Abhängigkeit einer geeigneten Grundlage der Zuschreibung, die dem Geist erscheint, zugeschrieben werden. Das Wort «bloß» schließt jede Möglichkeit inhärenter Existenz aus. Siehe *Ozean von Nektar.*

Bodh Gaya Der Ort, wo Buddha die Art und Weise zeigte, wie Erleuchtung erlangt wird, nahe der modernen Stadt Gaya im nordindischen Staat Bihar.

Brahma Ein weltlicher Gott, der im ersten Formbereich weilt. Siehe *Ozean von Nektar*.

Dakiniland Das Reine Land von Heruka und Vajrayogini. «Keajra» in Sanskrit und «Dagpa Khachö» auf Tibetisch. Siehe *Führer ins Dakiniland*.

Dakinis Weibliche tantrische Buddhas und diejenigen Frauen, die die Verwirklichung des sinnklaren Lichts erlangt haben. Dakas sind die männliche Entsprechung. Siehe *Führer ins Dakiniland*.

Damaru Eine kleine Handtrommel, die bei tantrischen Ritualen verwendet wird. Den Damaru zu spielen symbolisiert das Sammeln der äußeren Dakinis in unseren Körper und die Manifestation der inneren Dakini (den Geist des klaren Lichts) innerhalb unseres Geistes durch das Lodern des inneren Feuers. Es ist auch eine Darbringung von Musik an die Buddhas.

Darbringung Das, was die heiligen Wesen erfreut.

Dharma Beschützer Eine Emanation eines Buddha oder Bodhisattva. Seine Hauptaufgaben sind innere und äußere Hindernisse abzuwenden, die Dharma Praktizierende daran hindern, spirituelle Verwirklichungen zu erlangen, und alle notwendigen Bedingungen für ihre Praxis bereitzustellen. Auf Sanskrit auch «Dharmapala» genannt. Siehe *Herzjuwel*.

Dorje Shugden Ein Dharma Beschützer, der eine Emanation des Weisheitsbuddha Manjushri ist. Seine Hauptaufgaben sind innere und äußere Hindernisse abzuwenden, die Praktizierende daran hindern, spirituelle Verwirklichungen zu erlangen, und alle notwendigen Bedingungen für ihre spirituelle Entwicklung bereitzustellen. Siehe *Herzjuwel*.

Dromtönpa (1004–1064 n. Chr.) Atishas engster Schüler. Siehe *Freudvoller Weg*.

Elemente, vier Erde, Wasser, Feuer und Wind. Diese Elemente sind nicht das Gleiche wie die Erde eines Feldes, das Wasser eines Flusses und so weiter. Vielmehr sind die Elemente Erde, Wasser, Feuer und Wind im weitesten Sinne jeweils die Eigenschaften von Festigkeit, Flüssigkeit, Hitze und Bewegung.

Eroberer Buddha Buddhas werden «Eroberer» genannt, weil sie alle Behinderungen zur Erlangung der Befreiung und Erleuchtung oder Maras besiegt haben. Siehe auch *Mara*.

Falsches Gewahrsein Ein Erkenner, der in Bezug auf sein Objekt des Befassens, oder Erfassens, fehlerhaft ist. Siehe *Wie wir den Geist verstehen*.

Formanhäufung Beinhaltet alle Objekte der fünf Sinnesgewahrseinsarten – alle Farben und Formen (visuelle Form), Klänge, Gerüche, Geschmäcke und Tastobjekte. Die Formanhäufung einer Person ist sein oder ihr Körper.

Formbereich Die Umgebung der Götter, die Form haben, und den Göttern des Begierdebereichs überlegen sind. Er wird so genannt, weil die Götter, die ihn bewohnen, subtile Form haben. Siehe *Ozean von Nektar*.

Funktionierendes Ding Ein Phänomen, das innerhalb eines Moment erzeugt wird und zerfällt. Synonym mit unbeständigem Phänomen, Ding und Erzeugnis.

Gefühl Ein geistiger Faktor, der die Funktion hat, angenehme, unangenehme oder neutrale Objekte zu erfahren. Siehe *Wie wir den Geist verstehen*.

Geisteskontinuum Das Kontinuum des Geistes einer Person, oder Geistesstrom, das keinen Anfang und kein Ende hat.

Geistiger Faktor Ein Erkenner, der hauptsächlich ein bestimmtes Merkmal eines Objekts erfasst. Es gibt einundfünfzig spezifische geistige Faktoren. Jeder Moment von Geist besteht aus einem primären Geist und unterschiedlichen geistigen Faktoren. Siehe *Wie wir den Geist verstehen*.

Geistiges Bild Siehe *Allgemeines Bild*.

Gelübde Ein tugendhafter Entschluss, bestimmte Fehler aufzugeben, der in Verbindung mit einem traditionellen Ritual erzeugt wird. Die drei Gruppen von Gelübden sind die Pratimoksha Gelübde der individuellen Befreiung, die Bodhisattva Gelübde und die Gelübde des Geheimen Mantra oder die tantrischen Gelübde. Siehe *Das Bodhisattva Gelübde* und *Tantrische Ebenen und Pfade*.

Gelug Die von Je Tsongkhapa begründete Tradition. Der Name «Gelug» bedeutet «Tugendhafte Tradition». Ein Gelugpa ist ein Praktizierender, der dieser Tradition folgt. Manchmal bezieht man sich auf Gelugpas als «neue Kadampas». Siehe *Herzjuwel*.

Geshe Ein Titel, der vollendeten buddhistischen Gelehrten von den Kadampa Klöstern verliehen wird. Eine Abkürzung des tibetischen «ge wai she nyen», was wörtlich «tugendhafter Freund» bedeutet.

Geshe Chekhawa (1102-1176 n. Chr.) Ein großer Kadampa Bodhisattva, der den Text *Geistesschulung in sieben Punkten* verfasste, einen Kommentar zu Bodhisattva Langri Tangpas *Acht Verse der Geistesschulung*. Er verbreitete das Studium und die Praxis der Geistesschulung in ganz Tibet. Siehe *Allumfassendes Mitgefühl*.

Gewissenhaftigkeit Ein geistiger Faktor, der in Abhängigkeit von Bemühen Tugendhaftes schätzt und den Geist vor Verblendung und Nichttugend schützt. Siehe *Sinnvoll zu betrachten* und *Wie wir den Geist verstehen*.

Ghantapa Ein großer Mahasiddha aus Indien und ein Linienguru in den Höchsten Yoga Tantra Übungen von Heruka und Vajrayogini. Siehe *Führer ins Dakiniland*.

Götter Wesen des Götterbereichs, dem höchsten der sechs Bereiche Samsaras. Es gibt viele unterschiedliche Arten von Göttern. Einige sind Götter des Begierdebereichs, während andere Götter des Form- oder formlosen Bereichs sind. Siehe *Freudvoller Weg*.

Gottheit «Yidam» auf Tibetisch. Ein tantrisches erleuchtetes Wesen.

Grundlage der Zuschreibung Alle Phänomene werden auf ihre Teile zugeschrieben. Deshalb ist jeder einzelne Teil oder die gesamte Ansammlung der Teile jedes Phänomens seine Grundlage der Zuschreibung. Ein Phänomen wird in Abhängigkeit von der Grundlage der Zuschreibung, die diesem Geist erscheint, vom Geist zugeschrieben. Siehe *Das neue Herz der Weisheit* und *Ozean von Nektar*.

Gungtang Gungtang Könchog Tenpai Dronme (1762-1823 n. Chr.), ein Gelug Gelehrter und Meditierender, berühmt wegen seiner spirituellen Gedichte und philosophischen Schriften.

Guru Sanskrit für «spiritueller Meister».

Halbgott Ein Wesen des Halbgötterbereichs, dem zweithöchsten der sechs Bereiche Samsaras. Halbgötter sind den Göttern ähnlich, aber ihre Körper, Besitztümer und Umgebungen sind denen der Götter unterlegen. Siehe *Freudvoller Weg*.

Handlungsmudra Eine Gefährtin des Höchsten Yoga Tantra, die die Erzeugung großer Glückseligkeit unterstützt. Siehe *Das klare Licht der Glückseligkeit* und *Tantrische Ebenen und Pfade*.

Helden und Heldinnen Ein Held ist eine männliche tantrische Gottheit, die Methode verkörpert. Eine Heldin ist eine weibliche tantrische Gottheit, die Weisheit verkörpert. Siehe *Führer ins Dakiniland*.

Herr des Todes Obwohl der Mara, oder Dämon, des unkontrollierten Todes kein fühlendes Wesen ist, wird er als der Herr des Todes, oder «Yama», personifiziert. Der Herr des Todes wird auf dem Diagramm des Lebensrades gezeigt, wie er das Rad mit seinen Klauen und Zähnen umklammert. Siehe *Freudvoller Weg*.

Herzjuwel Der Guru Yoga von Je Tsongkhapa in Verbindung mit der zusammengefassten Sadhana seines Dharma Beschützers. Siehe *Herzjuwel*.

Hevajra Eine Hauptgottheit des Mutter Tantra. Siehe *Große Schatzkammer der Verdienste*.

Hinayana Sanskrit für «Kleineres Fahrzeug». Das Ziel des Hinayana ist, nur uns selbst von Leiden zu befreien, indem wir Verblendungen vollkommen aufgeben. Siehe *Freudvoller Weg*.

Hirtengleicher Bodhichitta Der Wunsch, alle Lebewesen so zur Buddhaschaft zu führen wie ein Hirte seine Schafe in Sicherheit bringt. So wie Hirten sich zuerst um alle Bedürfnisse ihrer Herde kümmern und zuletzt um ihre eigenen Bedürfnisse, so wollen einige Bodhisattvas zuerst alle Lebewesen zur Buddhaschaft führen und dann zuallerletzt Erleuchtung für sich selbst erlangen. Siehe *Freudvoller Weg*.

Höheres Wesen «Arya» in Sanskrit. Ein Wesen, das eine direkte Verwirklichung der Leerheit hat. Es gibt Hinayana Höhere und Mahayana Höhere.

Hungrige Geister Wesen des Bereichs der hungrigen Geister, des zweitniedrigsten der sechs Bereiche Samsaras. Manchmal auch «hungrige Gespenster» genannt. Siehe *Freudvoller Weg*.

Indra Ein weltlicher Gott. Siehe *Das neue Herz der Weisheit*.

Inneres Feuer «Tummo» auf Tibetisch. Eine innere Hitze, die sich in der Mitte des Nabelkanal-Rades befindet. Siehe *Das klare Licht der Glückseligkeit*.

Intellektuell gebildete Verblendungen Verblendungen, die als Folge entstehen, sich auf unrichtige Begründungen oder fehlerhafte Lehrsätze zu verlassen. Siehe *Wie wir den Geist verstehen*.

Je Phabongkhapa (1878-1941 n. Chr.) Ein großer Lama aus Tibet, der eine Emanation Herukas war. Phabongkhapa Rinpoche war der Halter vieler Überlieferungslinien von Sutra und Geheimem Mantra. Er war der Wurzelguru von Vajradhara Trijang Rinpoche.

Je Tsongkhapa (1357-1419 n. Chr.) Eine Emanation des Weisheitsbuddha Manjushri, dessen Erscheinen als Mönch und Halter der reinen Sicht und reinen Taten im Tibet des vierzehnten Jahrhunderts von Buddha vorhergesagt wurde. Er verbreitete einen sehr reinen Buddhadharma in ganz Tibet und zeigte, wie man die Übungen von Sutra und Tantra miteinander verbindet und reinen Dharma in degenerierten Zeiten praktiziert. Seine Tradition wurde später als «Gelug», oder «Ganden Tradition», bekannt. Siehe *Herzjuwel* und *Große Schatzkammer der Verdienste*.

Kapala Eine Schädelschale, die in tantrischer Meditation benutzt oder visualisiert wird und die die untrennbare Vereinigung von großer Glückseligkeit und Leerheit symbolisiert.

Kloster Nalanda Ein bedeutender Sitz buddhistischer Gelehrtheit und Praxis im alten Indien.

Kontakt Ein geistiger Faktor, der die Funktion hat, sein Objekt als angenehm, unangenehm oder neutral wahrzunehmen. Siehe *Wie wir den Geist verstehen*.

Konzentration Ein geistiger Faktor, der seinen primären Geist einsgerichtet auf dessen Objekt verweilen lässt. Siehe *Freudvoller Weg*, *Wie wir den Geist verstehen* und *Sinnvoll zu betrachten*.

Lebewesen Synonym mit fühlendem Wesen. Jedes Wesen, das einen von Verblendungen oder deren Prägungen verunreinigten Geist hat. Sowohl «fühlendes Wesen» als auch «Lebewesen» sind Begriffe, die benutzt werden, um Wesen, deren Geist von der einen oder anderen Behinderung verunreinigt ist, von Buddhas zu unterscheiden, deren Geist vollkommen frei von diesen Behinderungen ist.

Losang Dragpa «Sumati Kirti» in Sanskrit. Der Ordinationsname von Je Tsongkhapa. Siehe *Große Schatzkammer der Verdienste*.

Mahamudra Sanskritbegriff, der wörtlich «großes Siegel» bedeutet. Im Sutra bezieht es sich auf die tiefgründige Sicht der Leerheit. Da Leerheit die Natur aller Phänomene ist, wird sie ein «Siegel» genannt, und da uns eine direkte Verwirklichung der Leerheit befähigt, das große Ziel zu erreichen, die vollständige Befreiung von den Leiden Samsaras, wird sie auch «groß» genannt. Im Tantra oder Vajrayana ist das große Siegel die Vereinigung von spontaner großer Glückseligkeit und Leerheit. Siehe *Mahamudra Tantra*, *Große Schatzkammer der Verdienste* und *Das klare Licht der Glückseligkeit*.

Mahayana Sanskrit für «Großes Fahrzeug», den spirituellen Pfad zur großen Erleuchtung. Das Ziel des Mahayana ist, Buddhaschaft zum Wohl aller fühlenden Wesen zu erlangen, indem alle Verblendungen und deren Prägungen vollständig aufgegeben werden. Siehe *Freudvoller Weg* und *Sinnvoll zu betrachten.*

Maitreya Die Verkörperung der liebenden Güte aller Buddhas. Zu der Zeit Buddha Shakyamunis manifestierte er sich als ein Bodhisattvaschüler, um Buddhas Schülern zu zeigen, wie man ein vollkommener Mahayana Schüler ist. In der Zukunft wird er sich als der fünfte Gründer Buddha manifestieren.

Mala Eine Gebetskette, mit der wir die Rezitationen von Gebeten oder Mantras zählen, die normalerweise hundertacht Perlen hat. Siehe *Führer ins Dakiniland.*

Mandala Darbringung Eine Darbringung des ganzen Universums, das als Reines Land visualisiert wird, mit all seinen Bewohnern als reine Wesen. Siehe *Führer ins Dakiniland* und *Große Schatzkammer der Verdienste.*

Mara Sanskrit für «Dämon». Bezieht sich auf alles, was die Erlangung der Befreiung oder Erleuchtung behindert. Es gibt vier Hauptarten von Maras: den Mara der Verblendungen, den Mara der verunreinigten Anhäufungen, den Mara des unkontrollierten Todes und die Devaputra Maras. Von diesen sind nur die Letzteren eigentliche fühlende Wesen. Der hauptsächliche Devaputra Mara ist der zornvolle Ishvara, der höchste der Götter des Begierdebereichs, der im «Land des Kontrollierens der Emanationen» wohnt. Buddha wird «Eroberer» genannt, weil er oder sie alle vier Arten von Maras besiegt hat. Siehe *Das neue Herz der Weisheit.*

Marpa (1012-1096 n. Chr.) Marpa Lotsawa, oder Marpa der Übersetzer, war Laie und ein großer tantrischer Yogi sowie der spirituelle Meister von Milarepa. Siehe *Freudvoller Weg.*

Meditation Ein Geist, der sich auf ein tugendhaftes Objekt konzentriert, und eine geistige Handlung, die die Hauptursache für geistigen Frieden ist. Es gibt zwei Arten von Meditation: analytische Meditation und verweilende Meditation. Wenn wir unsere Vorstellungskraft, Achtsamkeit und die Kraft der Begründungen verwenden, um unser Meditationsobjekt zu finden, ist dies analytische Meditation. Wenn wir unser Objekt finden und es einsgerichtet halten, ist dies verweilende Meditation. Es gibt verschiedene Arten von Objekten. Einige, wie Unbeständigkeit oder Leerheit, sind Objekte, die vom Geist erfasst werden. Andere, wie Liebe, Mitgefühl und Entsagung, sind eigentliche Geisteszustände. Wir widmen uns der analytischen Meditation, bis das besondere Objekt, das wir suchen, unserem Geist klar erscheint oder bis der besondere Geisteszustand entsteht, den wir erzeugen möchten. Dieses Objekt oder dieser Geisteszustand ist unser Objekt für die verweilende Meditation. Siehe *Das neue Meditationshandbuch*.

Meditationspause Siehe *Nachfolgende Erlangung*.

Milarepa (1040-1123 n. Chr.) Ein großer buddhistischer Meditierender aus Tibet und Schüler von Marpa, der für seine schönen Lieder der Verwirklichung berühmt ist.

Nachfolgende Erlangung Die Zeit zwischen den Meditationssitzungen, auch als «Meditationspause» bekannt. Siehe *Freudvoller Weg*.

Nachfolgender gültiger Erkenner Ein vollkommen verlässlicher Erkenner, dessen Objekt in direkter Abhängigkeit von einer schlüssigen Begründung verwirklicht wird. Auch «anschließender Erkenner» genannt. Siehe *Wie wir den Geist verstehen*.

Nagarjuna Ein großer buddhistischer Gelehrter und Meditationsmeister aus Indien, der das Mahayana im ersten Jahrhundert n. Chr. wiederbelebte, indem er die Unterweisungen über die *Sutras der Vollkommenheit der Weisheit* ans Licht brachte. Siehe *Ozean von Nektar*.

Naropa (1016-1100 n. Chr.) Ein Mahasiddha aus Indien und Linienguru in der Höchsten Yoga Tantra Praxis von Vajrayogini. Siehe *Führer ins Dakiniland*.

Negatives Phänomen Ein Objekt, das dadurch verwirklicht wird, dass der Geist explizit ein verneintes Objekt beseitigt. Es gibt zwei Arten von negativen Phänomenen: bestätigende Negative und nichtbestätigende Negative. Ein bestätigendes Negativ ist ein negatives Phänomen, das durch einen Geist verwirklicht wird, der sein verneintes Objekt beseitigt, während er ein anderes Phänomen verwirklicht. Ein nichtbestätigendes Negativ ist ein negatives Phänomen, das durch einen Geist verwirklicht wird, der lediglich sein verneintes Objekt beseitigt, ohne ein anderes Phänomen zu verwirklichen. Siehe *Ozean von Nektar*.

Nichtbestätigendes negatives Phänomen Siehe *Negatives Phänomen*.

Objekt der Verneinung Ein Objekt, das explizit durch einen Geist verneint wird, der ein negatives Phänomen verwirklicht. In der Meditation über Leerheit, oder Fehlen inhärenter Existenz, bezieht es sich auf inhärente Existenz. Auch als «verneintes Objekt» bekannt.

Phabongkha Rinpoche Siehe *Je Phabongkhapa*.

Prägung(en) Es gibt zwei Arten von Prägungen: Prägungen von Handlungen und Prägungen von Verblendungen. Jede Handlung, die wir begehen, lässt eine Prägung im Geisteskontinuum zurück und diese Prägungen sind karmische Potenziale, um in Zukunft bestimmte Auswirkungen zu erleben. Die Prägungen, die von Verblendungen hinterlassen werden, bleiben auch bestehen, nachdem die Verblendungen selbst aufgegeben wurden, wie etwa Knoblauchgeruch in einem Gefäß zurückbleibt, nachdem der Knoblauch entfernt wurde. Die Prägungen der Verblendungen sind Behinderungen zur Allwissenheit und werden nur von Buddhas vollkommen aufgegeben.

Pratimoksha Gelübde «Pratimoksha» ist Sanskrit für «individuelle Befreiung». Daher ist ein Pratimoksha Gelübde ein Gelübde, das in erster Linie durch den Wunsch motiviert ist, persönliche Befreiung zu erlangen. Es gibt acht Arten von Pratimoksha Gelübden. Siehe *Das Bodhisattva Gelübde*.

Primärer Geist Ein Erkenner, der hauptsächlich die bloße Wesenheit eines Objekts erfasst. Synonym mit Bewusstsein. Es gibt sechs primäre Geistesarten: Augenbewusstsein, Ohrenbewusstsein, Nasenbewusstsein, Zungenbewusstsein, Körperbewusstsein und geistiges Bewusstsein. Jeder Moment des Geistes besteht aus einem primären Geist und verschiedenen geistigen Faktoren. Ein primärer Geist und seine begleitenden geistigen Faktoren sind dieselbe Wesenheit, haben aber unterschiedliche Funktionen. Siehe *Wie wir den Geist verstehen.*

Rad des Dharma Eine Sammlung von Buddhas Lehren. Der Dharma wird mit dem kostbaren Rad verglichen, einem der Besitztümer eines legendären Chakravatin Königs. Dieses Rad konnte den König über große Distanzen hinweg in sehr kurzer Zeit ans Ziel bringen und es hieß, dass wohin auch immer das kostbare Rad reiste, der König regierte. In ähnlicher Weise heißt es, dass Buddha das «Rad des Dharma drehte», als er den Pfad zur Erleuchtung enthüllte, weil verblendete Geisteszustände unter Kontrolle gebracht werden, wo auch immer diese Lehre gegenwärtig ist.

Ratnasambhava Die Manifestation der Anhäufung des Gefühls aller Buddhas. Er hat einen gelbfarbigen Körper.

Reines Land Eine reine Umgebung, in der es keine wahren Leiden gibt. Es gibt viele Reine Länder. Tushita ist zum Beispiel das Reine Land Buddha Maitreyas, Sukhavati das Reine Land Buddha Amitabhas und Dakiniland, oder Keajra, das Reine Land von Buddha Vajrayogini und Buddha Heruka. Siehe *Sinnvoll leben, freudvoll sterben.*

Ruhiges Verweilen Eine Konzentration, die die besondere Glückseligkeit der Geschmeidigkeit des Geistes und Körpers aufweist, die in Abhängigkeit von der Vollendung der neun Ebenen des geistigen Verweilens erlangt wird. Siehe *Freudvoller Weg* und *Sinnvoll zu betrachten.*

Sadhana Ein rituelles Gebet, das eine besondere Methode für das Erlangen spiritueller Verwirklichungen ist und das für gewöhnlich mit einer tantrischen Gottheit verbunden ist.

Saraha Einer der ersten Mahasiddhas und der Lehrer Nagarjunas. Siehe *Essenz des Vajrayana.*

Segnungen Die Umwandlung unseres Geistes von einem negativen in einen positiven Zustand, von einem unglücklichen in einen glücklichen Zustand oder von einem Zustand der Schwäche in einen Zustand der Stärke, durch die Inspiration von heiligen Wesen wie unserem spirituellen Meister, den Buddhas und Bodhisattvas.

Shantideva (687-763 n. Chr.) Ein großer buddhistischer Gelehrter und Meditationsmeister aus Indien. Er verfasste den *Leitfaden für die Lebensweise eines Bodhisattva*. Siehe *Sinnvoll zu betrachten* und *Leitfaden für die Lebensweise eines Bodhisattva*.

Sich veränderndes Leiden Für samsarische Wesen ist jede Erfahrung von Glück oder Freude, die aus samsarischen Vergnügen entsteht, sich veränderndes Leiden, weil alle diese Erfahrungen verunreinigt sind und die Natur von Leiden haben.

Sinnklares Licht Ein Geist des klaren Lichts, der Leerheit direkt verwirklicht, ohne ein allgemeines Bild. Synonym mit innerem Dakiniland und mit Mahamudra Tantra. Siehe *Das klare Licht der Glückseligkeit*.

Stupa Eine symbolische Darstellung von Buddhas Geist.

Sutra Die Lehren Buddhas, die von allen geübt werden können, ohne dass dafür eine Ermächtigung notwendig ist. Diese umfassen Buddhas Lehren der drei Drehungen des Dharma Rades.

Sutras der Vollkommenheit der Weisheit Die Sutras der zweiten Drehung des Dharma Rades, in denen Buddha seine letztendliche Sicht der endgültigen Natur aller Phänomene offenbarte, die Leerheit von inhärenter Existenz. Siehe *Das neue Herz der Weisheit* und *Ozean von Nektar*.

Torma Darbringung Eine besondere Speisedarbringung, die entsprechend den Ritualen des Sutra oder Tantra gemacht wird. Siehe *Essenz des Vajrayana* und *Führer ins Dakiniland*.

Tsog Darbringung Eine Darbringung, die von einer Versammlung von Helden und Heldinnen gemacht wird. Siehe *Essenz des Vajrayana* und *Führer ins Dakiniland*.

Überlieferungslinie Die Linie einer Anleitung, die von dem spirituellen Meister an den Schüler weitergegeben worden ist, wobei jeder spirituelle Meister der Linie eine persönliche Erfahrung der Anleitung erlangt hatte, ehe er sie weitergab.

Unterscheidung Ein geistiger Faktor, dessen Funktion es ist, das außergewöhnliche Zeichen eines Objekts zu erfassen. Siehe *Wie wir den Geist verstehen*.

Vaibhashika Die niedere der zwei Schulen der Hinayana Lehrsätze. Diese Schule akzeptiert keine Selbsterkenner und behauptet, dass äußere Objekte wahrhaft existieren. Siehe *Sinnvoll zu betrachten* und *Ozean von Nektar*.

Vairochana Die Manifestation der Anhäufung der Form aller Buddhas. Er hat einen weißfarbigen Körper.

Vajra und Glocke Ein Vajra ist ein Ritualobjekt, das einem Zepter gleicht und große Glückseligkeit symbolisiert, und eine Glocke ist eine rituelle Handglocke, die Leerheit symbolisiert. Siehe *Führer ins Dakiniland* und *Tantrische Ebenen und Pfade*.

Vajradhara Der Gründer des Vajrayana, oder Tantra. Er erscheint nur hoch verwirklichten Bodhisattvas direkt, denen er tantrische Unterweisungen gibt. Um anderen Lebewesen zu helfen, die weniger Verdienste haben, manifestierte er sich in der sichtbareren Form von Buddha Shakyamuni. Außerdem sagte er, dass er in degenerierten Zeiten in einer gewöhnlichen Form als ein spiritueller Meister erscheinen würde. Siehe *Große Schatzkammer der Verdienste*.

Vajradhara Trijang Rinpoche (1901-1981 n. Chr.) Ein besonderer tibetischer Lama des 20. Jahrhunderts, der eine Emanation von Buddha Shakyamuni, Heruka, Atisha, Amitabha und Je Tsongkhapa war. Auch bekannt als «Kyabje Trijang Dorjechang» und «Losang Yeshe».

Vajradharma Die Manifestation der Rede aller Buddhas. Er sieht genauso aus wie Eroberer Vajradhara, nur dass sein Körper rot ist. Wir können ihn auf drei Arten visualisieren: in seinem äußeren Aspekt als Held Vajradharma, in seinem inneren Aspekt als

Buddha Vajradharma oder in seinem geheimen Aspekt als Buddha Vajradharma mit Gefährtin. Siehe *Führer ins Dakiniland*.

Vajrasattva Buddha Vajrasattva ist die Anhäufung des Bewusstseins aller Buddhas, die im Aspekt einer weißfarbigen Gottheit erscheint, um insbesondere die Negativität von fühlenden Wesen zu reinigen. Er ist die gleiche Natur wie Buddha Vajradhara und unterscheidet sich nur im Aspekt. Die Praxis der Meditation und Rezitation des Vajrasattva ist eine sehr kraftvolle Methode, unseren unreinen Geist und unsere unreinen Handlungen zu reinigen. Siehe *Führer ins Dakiniland*.

Verblendung Ein geistiger Faktor, der aus unangemessener Aufmerksamkeit entsteht und die Funktion hat, den Geist unfriedlich und unkontrolliert zu machen. Es gibt drei Hauptverblendungen: Unwissenheit, begehrende Anhaftung und Wut. Aus diesen entstehen alle anderen Verblendungen wie Neid, Stolz und verblendeter Zweifel. Siehe auch *Angeborene Verblendungen* und *Intellektuell gebildete Verblendungen*. Siehe *Freudvoller Weg* und *Wie wir den Geist verstehen*.

Verdienste Das Glück, das durch tugendhafte Handlungen erschaffen wird. Sie sind die potenzielle Kraft, unsere guten Eigenschaften zu vermehren und Glück zu erzeugen.

Verdienstfeld Bezieht sich im Allgemeinen auf die Drei Juwelen. Genauso wie äußere Samen in einem Feld wachsen, so wachsen die inneren Samen, die durch tugendhafte Handlungen erzeugt werden, in Abhängigkeit vom Buddha Juwel, Dharma Juwel und Sangha Juwel. Auch als «Feld für die Ansammlung von Verdiensten» bekannt.

Verpflichtungen Versprechen und Vorsätze, die abgelegt werden, wenn man bestimmte spirituelle Übungen ausführt.

Versenkung der Beendigung Eine nichtverunreinigte Weisheit, die in Abhängigkeit von der eigentlichen Versenkung des Gipfels von Samsara einsgerichtet auf Leerheit konzentriert ist. Siehe *Ozean von Nektar*.

Vertrauen Ein von Natur aus tugendhafter Geist, der in erster Linie die Funktion hat, der Wahrnehmung von Fehlern im beobachteten Objekt entgegenzuwirken. Es gibt drei Arten von Vertrauen: glaubendes Vertrauen, bewunderndes Vertrauen und wünschendes Vertrauen. Siehe *Wie wir unser Leben verwandeln*, *Freudvoller Weg* und *Wie wir den Geist verstehen*.

Verunreinigte Anhäufung Jede der Anhäufungen von Form, Gefühl, Unterscheidung, zusammensetzenden Faktoren und Bewusstsein eines samsarischen Wesens. Siehe auch *Anhäufung*. Siehe *Das neue Herz der Weisheit*.

Verwirklichung Eine stabile und nichtfehlerhafte Erfahrung eines tugendhaften Objekts, die uns direkt vor Leiden schützt.

Vinaya Die moralische Disziplin der Pratimoksha und insbesondere die moralische Disziplin der ordinierten Sangha.

Wachsamkeit Ein geistiger Faktor, der eine Form von Weisheit ist, die die Aktivität unseres Körpers, unserer Rede und unseres Geistes untersucht und weiß, ob sich Fehler entwickeln oder nicht. Siehe *Wie wir den Geist verstehen* und *Sinnvoll zu betrachten*.

Wandernder Ein Wesen in Samsara, das von einer unkontrollierten Wiedergeburt zur nächsten wandert. Siehe auch *Lebewesen*.

Weisheit Ein tugendhafter, intelligenter Geist, der seinen primären Geist dessen Objekt gründlich verwirklichen lässt. Eine Weisheit ist ein spiritueller Pfad, der die Funktion hat, unseren Geist von Verblendungen oder ihren Prägungen zu befreien. Ein Beispiel für Weisheit ist die richtige Sicht der Leerheit. Siehe *Das neue Herz der Weisheit*, *Ozean von Nektar* und *Wie wir den Geist verstehen*.

Weisheitswesen Ein eigentlicher Buddha, insbesondere einer, der eingeladen wird, um sich mit einem visualisierten Verpflichtungswesen zu vereinen.

Yidam Siehe *Gottheit*.

Yoga Ein Begriff, der für verschiedene spirituelle Übungen verwendet wird, die das Aufrechterhalten einer besonderen Sicht zur Folge haben, wie zum Beispiel Guru Yoga und die Yogas des Essens, Schlafens, Aufwachens und Erfahrens von Nektar. «Yoga» bezieht sich auf «Vereinigung», wie zum Beispiel die Vereinigung von ruhigem Verweilen und höherem Sehen. Siehe *Führer ins Dakiniland.*

Yogi/Yogini Sanskritbegriffe, die sich gewöhnlich auf einen männlichen Meditierenden oder eine weibliche Meditierende beziehen, der oder die eine Vereinigung von ruhigem Verweilen und höherem Sehen erlangt hat.

Zugeschriebenes Objekt Ein Objekt, das in Abhängigkeit von seiner Grundlage der Zuschreibung zugeschrieben wird. Siehe *Das neue Herz der Weisheit* und *Ozean von Nektar.*

Zusammensetzende Faktoren Die Anhäufung von zusammensetzenden Faktoren umfasst alle geistigen Faktoren, außer Gefühl und Unterscheidung, sowie nichtassoziierte zusammengesetzte Phänomene. Siehe *Das neue Herz der Weisheit* und *Wie wir den Geist verstehen.*

Zuschreibung, bloße Laut der höchsten Schule buddhistischer Philosophie, der Madhyamika-Prasangika Schule, werden alle Phänomene in Abhängigkeit von ihrer Grundlage der Zuschreibung bloß durch Vorstellung zugeschrieben. Deshalb sind sie bloße Zuschreibung und existieren nicht aus sich selbst heraus. Siehe *Wie wir unser Leben verwandeln, Das neue Herz der Weisheit* und *Ozean von Nektar.*

Zwischenzustand «Bardo» in Tibetisch. Der Zustand zwischen Tod und Wiedergeburt. Er beginnt in dem Moment, in dem das Bewusstsein den Körper verlässt, und er endet in dem Moment, in dem der Geist in den Körper des nächsten Lebens eintritt. Siehe *Freudvoller Weg* und *Das klare Licht der Glückseligkeit.*

Bibliografie

Der Ehrwürdige Geshe Kelsang Gyatso Rinpoche ist ein hoch angesehener Meditationsmeister und Gelehrter der buddhistischen Mahayana Tradition, die von Je Tsongkhapa gegründet wurde. Seit er im Jahre 1977 in den Westen kam, hat der Ehrwürdige Geshe Kelsang unermüdlich dafür gearbeitet, den reinen Buddhadharma auf der ganzen Welt zu etablieren. Während dieser Zeit hat er ausführliche Unterweisungen über die wichtigsten Schriften des Mahayana gegeben. Diese Lehren geben eine umfassende Darstellung der essenziellen Übungen aus Sutra und Tantra des Mahayana Buddhismus.

Bücher

Die folgenden Bücher des Ehrwürdigen Geshe Kelsang Gyatso Rinpoche sind vom Tharpa Verlag gegenwärtig auf Deutsch veröffentlicht:

Acht Schritte zum Glück - Neuausgabe Der buddhistische Weg der liebevollen Güte. (3. überarb. Aufl. 2017)

Allumfassendes Mitgefühl Inspirierende Lösungen für schwierige Zeiten. (2. Aufl. 2006)

Das Bodhisattva Gelübde Ein praktischer Leitfaden, anderen zu helfen. (2015)

Das klare Licht der Glückseligkeit Ein tantrisches Meditationshandbuch. (2004)

Das neue Herz der Weisheit Tiefgründige Lehren aus Buddhas Herzen (eine Erklärung des *Herz Sutra*). (2. überarb. Aufl. 2013)

Das neue Meditationshandbuch Meditationen für ein glückliches und sinnvolles Leben. (2. Aufl. 2013)

Die mündlichen Anleitungen des Mahamudra (2016)

Einführung in den Buddhismus Eine Erklärung der buddhistischen Lebensweise. (5. Aufl. 2011)

Freudvoller Weg Der vollständige buddhistische Pfad zur Erleuchtung. (4. Aufl. 2017)

Führer ins Dakiniland Die Praxis des Höchsten Yoga Tantra von Buddha Vajrayogini. (2005)

Herzjuwel Die essenziellen Übungen des Kadampa Buddhismus. (1996)

Leitfaden für die Lebensweise eines Bodhisattva Wie man sich eines sinnvollen und selbstlosen Lebens erfreut (eine Übersetzung von Shantidevas lyrischem Meisterwerk). (2. Aufl. 2015)

Mahamudra Tantra Der erhabene Herzjuwel Nektar. (2006)

Moderner Buddhismus Der Weg des Mitgefühls und der Weisheit. (2011)

Sinnvoll leben, freudvoll sterben Die tiefgründige Übung der Bewusstseinsübertragung. (2014)

Sinnvoll zu betrachten Die Lebensweise eines Bodhisattva. (2000)

Tantrische Ebenen und Pfade Wie wir in den Vajrayanapfad eintreten, auf ihm fortschreiten und ihn vollenden. (2015)

Wie wir den Geist verstehen Die Natur und die Kraft des Geistes. (vollst. überarb. Aufl. 2013)

Wie wir unser Leben verwandeln Eine glückselige Reise. (3. vollst. überarbeitete Aufl. 2017)

Wie wir unsere menschlichen Probleme lösen Die Vier Edlen Wahrheiten. (3. Aufl. 2015)

Sadhanas und andere Broschüren

Der Ehrwürdige Geshe Kelsang Gyatso Rinpoche hat auch die Übersetzung einer Reihe wichtiger Sadhanas oder ritueller Gebete für spirituelle Erlangungen beaufsichtigt. In deutscher Sprache sind erschienen:

Avalokiteshvara Sadhana Gebete und Bitten an den Buddha des Mitgefühls.

Befreiendes Gebet Lobpreis an Buddha Shakyamuni.

Befreiung von Leid Gebete und Bitten an die einundzwanzig Taras.

Dakini Yoga Die mittlere Selbsterzeugungssadhana von Vajrayogini.

Darbringung an den spirituellen Meister (Lama Chöpa) Eine besondere Art, sich auf den spirituellen Meister zu verlassen.

Das Bekenntnis der moralischen Übertretungen eines Bodhisattva Die Reinigungspraxis des *Mahayana Sutra der drei höheren Anhäufungen.*

Der außergewöhnliche Yoga der Unvorstellbarkeit Die besondere Anleitung, wie man das Reine Land Keajra mit diesem menschlichen Körper erreicht.

Der glückselige Pfad Die zusammengefasste Selbsterzeugungssadhana von Vajrayogini.

Der Keajra Himmel Der essenzielle Kommentar zur Praxis *Der außergewöhnliche Yoga der Unvorstellbarkeit.*

Der Pfad des Mitgefühls für Verstorbene Powa Sadhana zum Nutzen der Verstorbenen.

Der Pfad ins Reine Land Powa Schulung – die Übertragung des Bewusstseins.

Der schnelle Pfad zur großen Glückseligkeit Ausführliche Selbsterzeugungssadhana von Vajrayogini.

Der Urtext: Acht Verse der Geistesschulung.

Der Yoga der erleuchteten Mutter Arya Tara Selbsterzeugungssadhana.

Der Yoga der Großen Mutter Prajnaparamita Selbsterzeugungssadhana.

Der Yoga der Weißen Tara, des Buddha des langen Lebens.

Der Yoga des tausendarmigen Avalokiteshvara Selbsterzeugungssadhana.

Der Yoga von Buddha Amitayus Eine besondere Methode, Lebenszeit, Weisheit und Verdienste zu vergrößern.

Der Yoga von Buddha Heruka Die kurze Selbsterzeugungssadhana des Heruka Körpermandalas & Zusammengefasster Yoga der sechs Sitzungen.

Der Yoga von Buddha Maitreya Selbsterzeugungssadhana.

Der Yoga von Buddha Vajrapani Selbsterzeugungssadhana.

Die Gelübde und Verpflichtungen des Kadampa Buddhismus.

Die Große Mutter Eine Methode, Behinderungen und Hindernisse durch die Rezitation des *Sutra der Essenz der Weisheit* (*Herz Sutra*) zu überwinden.

Die Hunderte von Gottheiten des Freudvollen Landes gemäß Höchstem Yoga Tantra Der Guru Yoga von Je Tsongkhapa als vorbereitende Übung für Mahamudra.

Die Kadampa Lebensweise Die essenzielle Praxis des Kadam Lamrim.

Die neue Essenz des Vajrayana Die Selbsterzeugungspraxis des Heruka Körpermandalas, eine Anleitung der mündlichen Ganden Überlieferungslinie.

Ein Handbuch zur täglichen Praxis der Bodhisattva Gelübde und der tantrischen Gelübde.

Ein reines Leben Die Praxis des Nehmens und Einhaltens der acht Mahayana Grundsätze.

Essenz des Glücks Gebete der sechs vorbereitenden Übungen für die Meditation über die Stufen des Pfades zur Erleuchtung.

Essenz des Vajrayana Die Selbsterzeugungssadhana des Heruka Körpermandalas nach dem System von Mahasiddha Ghantapa.

Fest der großen Glückseligkeit Selbsteinweihungssadhana von Vajrayogini.

Gebete für den Weltfrieden.

Gebete für die Meditation Kurze vorbereitende Gebete für die Meditation.

Große Befreiung der Mutter Vorbereitende Gebete für die Mahamudra Meditation in Verbindung mit der Vajrayogini Praxis.

Große Befreiung des Vaters Vorbereitende Gebete für die Mahamudra Meditation in Verbindung mit der Heruka Praxis.

Herzjuwel Der Guru Yoga von Je Tsongkhapa in Verbindung mit der zusammengefassten Sadhana seines Dharma Beschützers.

Klangvolle Trommel, siegreich in allen Richtungen Das ausführliche Erfüllungs- und Wiederherstellungsritual des Dharma Beschützers, des großen Königs Dorje Shugden, in Verbindung mit Mahakala, Kalarupa, Kalindewi und anderen Dharma Beschützern.

Meditation und Rezitation des Alleinigen Vajrasattva.

Medizinbuddha Gebet Eine Methode, anderen zu helfen.

Medizinbuddha Sadhana Eine Methode, die Erlangungen von Medizinbuddha zu erreichen.

Powa Zeremonie Bewusstseinsübertragung für Verstorbene.

Pratimoskha Zeremonie für Laien.

Schatzkammer der Weisheit Sadhana des Ehrwürdigen Manjushri.

Tiefempfundene Gebete Trauerfeier bei Feuerbestattungen und Beerdigungen.

Tropfen des essenziellen Nektars Eine besondere Fasten- und Reinigungspraxis in Verbindung mit dem elfgesichtigen Avalokiteshvara.

Wunscherfüllendes Juwel Der Guru Yoga von Je Tsongkhapa in Verbindung mit der Sadhana seines Dharma Beschützers.

Zeremonie der Mahayana Zuflucht und des Bodhisattva Gelübdes.

Wenn Sie etwas bestellen oder sich einen Katalog zuschicken lassen möchten, besuchen Sie bitte www.tharpa.com/de oder setzen Sie sich mit einer Tharpa Niederlassung in Verbindung. (Eine Liste finden Sie auf S. 450.)

NKT - IKBU

Studienprogramme des Kadampa Buddhismus

Der Kadampa Buddhismus ist eine Schule des Mahayana Buddhismus. Er wurde vom großen, indischen buddhistischen Meister Atisha (982-1054 n. Chr.) gegründet. Seine Anhänger heißen Kadampas: «Ka» bedeutet Wort und bezieht sich auf die Lehren Buddhas. «Dam» bezieht sich auf die besonderen Lamrim Unterweisungen Atishas, die als die Stufen des Pfades zur Erleuchtung bekannt sind. Kadampa Buddhisten integrieren das Wissen aller Lehren Buddhas in ihre Lamrim Praxis. Indem sie dieses Wissen in ihrem Alltag umsetzen, sind für sie alle Unterweisungen Buddhas praktische Methoden, um tägliches Handeln in den Pfad zur Erleuchtung umzuwandeln. Die großen Kadampa Lehrer sind nicht nur als große Gelehrte bekannt, sondern auch als spirituell Praktizierende von außerordentlicher Reinheit und Aufrichtigkeit.

Die Überlieferungslinie dieser Lehren, sowohl die mündliche Überlieferung als auch ihre Segnungen, wurde jeweils vom Lehrer an den Schüler weitergegeben. Sie verbreitete sich in weiten Teilen Asiens und gegenwärtig auch in vielen Ländern der westlichen Welt. Buddhas Lehren, «Dharma» genannt, werden mit einem Rad verglichen, das sich in Übereinstimmung mit den sich verändernden Bedingungen und den karmischen Neigungen der Menschen von einem Land zum anderen bewegt. Die äußere

Form der Präsentation des Buddhismus mag sich je nach Kultur und Gesellschaft ändern. Die Authentizität aber wird durch die Weiterführung der ungebrochenen Überlieferungslinie von verwirklichten Praktizierenden sichergestellt.

Der angesehene buddhistische Meister, der Ehrwürdige Geshe Kelsang Gyatso Rinpoche, brachte den Kadampa Buddhismus im Jahr 1977 erstmals in den Westen. Seit dieser Zeit hat er unermüdlich dafür gearbeitet, den Kadampa Buddhismus in der ganzen Welt zu verbreiten. Er gab ausführliche Unterweisungen, verfasste tiefgründige Texte zum Kadampa Buddhismus und gründete die Neue Kadampa Tradition – Internationale Union des Kadampa Buddhismus (NKT-IKBU), die bis jetzt weltweit über tausend Kadampa Zentren und Gruppen umfasst. Jedes Zentrum bietet Studienprogramme über buddhistische Psychologie, Philosophie und über die Anleitungen zur Meditation sowie Retreats für Praktizierende aller Stufen an. Hierbei wird betont, die Lehren Buddhas in den Alltag einzubeziehen, damit wir unsere Probleme lösen und immerwährenden Frieden und Glück in der Welt verbreiten können.

Der Kadampa Buddhismus der NKT-IKBU ist eine völlig unabhängige buddhistische Tradition und hat keinerlei politische Zugehörigkeit. Es ist ein Zusammenschluss von buddhistischen Zentren und Praktizierenden, die Inspiration und Führung von den Vorbildern und den Unterweisungen der alten Meister des Kadampa Buddhismus erhalten, so wie sie vom Ehrwürdigen Geshe Kelsang gelehrt werden.

Es gibt drei Gründe, warum wir die Lehre Buddhas studieren und praktizieren müssen: Wir wollen unsere Weisheit entwickeln, unser gutes Herz fördern und einen friedvollen Geisteszustand bewahren. Wenn wir nicht danach streben, unsere Weisheit zu entwickeln, wird uns die endgültige Wahrheit, die wahre Natur der Wirklichkeit, für immer verschlossen bleiben. Obwohl wir uns Glück wünschen, bringt uns unsere Unwissenheit dazu, nichttugendhaft zu handeln, was die Hauptursache all unserer Leiden ist. Wenn wir unser gutes Herz nicht fördern, zerstört unsere egoistische Motivation die Harmonie mit anderen und die guten Beziehungen zu ihnen. Wir finden keinen Frieden und haben keine Gelegenheit, reines Glück zu erlangen. Ohne inneren Frieden ist äußerer Frieden nicht möglich. Wenn wir keinen friedvollen Geisteszustand bewahren, sind wir selbst unter den besten Bedingungen nicht glücklich. Wenn andererseits unser Geist friedvoll ist, sind wir glücklich, auch wenn die äußeren Bedingungen unangenehm sind. Deshalb ist die Entwicklung dieser Eigenschaften von größter Wichtigkeit für unser tägliches Glück.

Der Ehrwürdige Geshe Kelsang oder «Geshe-la», wie er liebevoll von seinen Schülern genannt wird, hat drei besondere spirituelle Programme für das systematische Studium und die Praxis des Kadampa Buddhismus entwickelt. Diese Programme sind besonders gut für den modernen Lebensstil geeignet. Es sind das Allgemeine Programm (AP), das Grundlagenprogramm (GP) und das Lehrerausbildungsprogramm (LAP).

ALLGEMEINES PROGRAMM

Das Allgemeine Programm vermittelt eine grundlegende Einführung in buddhistische Sicht, Meditation und Praxis. Es ist besonders für Anfänger geeignet, umfasst aber auch fortgeschrittene Unterweisungen und Übungen aus Sutra und Tantra.

GRUNDLAGENPROGRAMM

Das Grundlagenprogramm bietet die Möglichkeit, unser Verständnis und unsere Erfahrung des Buddhismus durch das systematische Studium von sechs Texten zu vertiefen:

1. *Freudvoller Weg* – ein Kommentar zu Atishas Lamrim Unterweisungen, den Stufen des Pfades zur Erleuchtung.
2. *Allumfassendes Mitgefühl* – ein Kommentar zu Bodhisattva Chekhawas *Geistesschulung in sieben Punkten*.

3. *Acht Schritte zum Glück – Neuausgabe* – ein Kommentar zu Bodhisattva Langri Tangpas *Acht Verse der Geistesschulung*.
4. *Das neue Herz der Weisheit* – ein Kommentar zum *Herz Sutra*.
5. *Sinnvoll zu betrachten* – ein Kommentar zu Bodhisattva Shantidevas *Leitfaden für die Lebensweise eines Bodhisattva*.
6. *Wie wir den Geist verstehen* – eine ausführliche Erklärung des Geistes, die auf den Werken der buddhistischen Gelehrten Dharmakirti und Dignaga beruht.

Das Studium und die Praxis dieser Texte bringen uns vielfachen Nutzen:

(1) *Freudvoller Weg* – Wir erlangen die Fähigkeit, alle Lehren Buddhas, sowohl Sutra als auch Tantra, in die Praxis umzusetzen. Wir machen rasch Fortschritte und vollenden die Stufen des Pfades zum höchsten Glück der Erleuchtung. Von einem praktischen Standpunkt aus betrachtet, ist Lamrim der Hauptteil der Lehre Buddhas, ähnlich einem Stamm, und die anderen Unterweisungen gleichen Zweigen.

(2) und (3) *Allumfassendes Mitgefühl* und *Acht Schritte zum Glück – Neuausgabe* – Wir erlangen die Fähigkeit, alle Unterweisungen Buddhas in unser Leben zu integrieren und alle unsere Probleme zu lösen.

(4) *Das neue Herz der Weisheit* – Wir erlangen eine Verwirklichung der endgültigen Natur der Wirklichkeit. Durch diese Verwirklichung können wir die Unwissenheit des Festhaltens am Selbst, die Wurzel all unseres Leidens, beseitigen.

(5) *Sinnvoll zu betrachten* – Wir wandeln unser tägliches Handeln in die Lebensweise eines Bodhisattva um. Damit wird jeder Moment unseres Lebens von Bedeutung sein.

(6) *Wie wir den Geist verstehen* – Wir verstehen die Beziehung zwischen unserem Geist und äußeren Objekten. Wenn wir verstehen, dass die Objekte von unserem subjektiven Geist abhängen, können

wir die Art und Weise verändern, wie uns Objekte erscheinen, indem wir unseren Geist verändern. Allmählich erlangen wir die Fähigkeit, unseren Geist zu bändigen und auf diese Weise alle unsere Probleme zu lösen.

LEHRERAUSBILDUNGSPROGRAMM

Das Lehrerausbildungsprogramm ist für diejenigen bestimmt, die sich zu authentischen Dharmalehrern ausbilden lassen wollen. In Ergänzung zum Studium von vierzehn Texten aus Sutra und Tantra, zu denen auch die oben erwähnten sechs Texte gehören, werden an die Schülerinnen und Schüler gewisse Anforderungen bezüglich Verhalten und Lebensweise gestellt. Zudem müssen sie etliche Meditationsretreats abschließen.

Außerdem wird ein besonderes Lehrerausbildungsprogramm (STTP) am Manjushri KMC England angeboten, an dem man entweder direkt im Zentrum oder in Form eines Fernstudiums teilnehmen kann. Dieses besondere Meditations- und Studienprogramm besteht aus sechs Kursen, die über drei Jahre verteilt sind. Folgende Bücher des Ehrwürdigen Geshe Kelsang Gyatso Rinpoche werden studiert: *Wie wir den Geist verstehen*, *Moderner Buddhismus*, *Das neue Herz der Weisheit*, *Tantrische Ebenen und Pfade*, Shantidevas *Leitfaden für die Lebensweise eines Bodhisattva* mit dem Kommentar *Sinnvoll zu betrachten* sowie *Ozean von Nektar*.

Alle Zentren des Kadampa Buddhismus sind der Öffentlichkeit frei zugänglich. Jedes Jahr finden mehrere Festivals in vielen Ländern der Welt statt, einschließlich England, Deutschland und der Schweiz. Auf den zwei großen Festivals in England treffen sich Menschen aus der ganzen Welt, um besondere Unterweisungen und Ermächtigungen zu empfangen und um einen spirituellen Urlaub zu verbringen. Besuchen Sie ein Zentrum – Sie sind jederzeit willkommen!

Weitere Informationen über die Studienprogramme der NKT-IKBU oder Ihr nächstgelegenes Zentrum finden Sie unter www.kadampa.org oder schreiben Sie im deutschsprachigen Raum an:

Kadampa Meditationszentrum Deutschland
Chausseestraße 108, 10115 Berlin
Tel.: +49 (0) 30 430 55 666
E-Mail: mail@meditieren-lernen.de
www.meditieren-lernen.de

Kadampa Meditationszentrum Schweiz
Mirabellenstrasse 1, CH-8048 Zürich
Tel.: +41 (0) 44 461 33 88
E-Mail: info@nkt-kmc-switzerland.org
www.nkt-kmc-switzerland.org

Kadampa Meditationszentrum Österreich
Schottenfeldgasse 63/1/2, 1070 Wien
Tel: +43 (0) 1 911 1841
Email: zentrum@buddha.at
www.buddha.at

International:

NKT-IKBU Central Office
Conishead Priory, Ulverston,
Cumbria LA12 9QQ, England
Tel: +44 (0) 01229-588533
Fax: +44 (0) 01229-580080
E-Mail: info@kadampa.org
www.kadampa.org

Tharpa Niederlassungen weltweit

Bücher von Tharpa werden derzeit in Englisch (GB und USA), Chinesisch, Deutsch, Französisch, Italienisch, Japanisch, Portugiesisch und Spanisch herausgegeben. Sie können diese Bücher über jede der folgenden Tharpa Niederlassungen beziehen:

Deutschland
Tharpa Verlag Deutschland
Chausseestraße 108
10115 Berlin
DEUTSCHLAND
Tel.: +49 (0) 30 430 55 666
Web: www.tharpa.com/de
E-Mail: info.de@tharpa.com

Schweiz
Tharpa Verlag Schweiz
Mirabellenstrasse 1
CH-8048 Zürich
SCHWEIZ
Tel.: +41 44 401 02 20
Web: www.tharpa.com/ch
E-Mail: info.ch@tharpa.com

Asien
Tharpa Asia
1st Floor Causeway Tower,
16-22 Causeway Road,
Causeway Bay,
HONG KONG
Tel: +(852) 2507 2237
Web: www.tharpa.com/hk-en
E-mail: info.asia@tharpa.com

Australien
Tharpa Publications Australia
25 McCarthy Road
Monbulk Vic 3793
AUSTRALIEN
Tel.: +61 (3) 9752-0377
Web: www.tharpa.com/au
E-Mail: info.au@tharpa.com

Brasilien
Editora Tharpa Brasil
Rua Artur de Azevedo 1360
Pinheiros, 05404-003
SÃO PAULO
SP, BRASILIEN
Tel: +55 (11) 3476-2330
Web: www.tharpa.com.br
E-Mail: contato.br@tharpa.com

Frankreich
Éditions Tharpa
Château de Segrais
72220 Saint-Mars-d'Outillé
FRANKREICH
Tel./Fax: +33 (0)2 43 87 71 02
Web: www.tharpa.com/fr
E-Mail: info.fr@tharpa.com

Großbritannien
Tharpa Publications UK
Conishead Priory
Ulverston
Cumbria, LA12 9QQ
ENGLAND
Tel.: +44 (0)1229-588 599
Web: www.tharpa.com/uk
E-Mail: info.uk@tharpa.com

Japan
Tharpa Japan
KMC Tokyo
Web: www.kadampa.jp
E-mail: info@kadampa.jp

Kanada
Tharpa Publications Canada
631 Crawford St.
Toronto ON M6G 3K1
KANADA
Tel.: (+1) 416-762-8710
Kostenfrei: (+1) 866-523-2672
Fax: (+1) 416-762-2267
Web: www.tharpa.com/ca
E-Mail: info.ca@tharpa.com

Mexiko
Tharpa México
Enrique Rébsamen No 406
Col. Narvate Poniente
C.P. 03020, MÉXICO D.F.
MEXICO
Tel.: +01 (55) 56 39 61 86
Fax: +01 (55) 56 39 61 80
Web: www.tharpa.com/mx
E-Mail: tharpa@kadampa.org.mx.

Portugal
Publicações Tharpa Portugal
Rua Moinho do Gato, 5
Várzea de Sintra
2710-661 SINTRA
PORTUGAL
Tel: +351 219231064
Web: www.tharpa.pt
E-mail: info.pt@tharpa.com

Spanien
Editorial Tharpa España
Calle Manuela Malasaña No 26
local dcha, 28004 MADRID
SPANIEN
Tel.: +34 917 55 75 35
Web: www.tharpa.com/es
E-Mail: info.es@tharpa.com

Südafrika
26 Menston Rd., Dawncliffe,
Westville, 3629, KZN
SÜDAFRIKA
Tel: +27 (0)72 551 3429
Fax: +27 (0)86 513 3476
Web: www.tharpa.com/za
E-Mail: info.za@tharpa.com

USA
Tharpa Publications USA
47 Sweeney Road
Glen Spey NY 12737
USA
Tel.: +1 845-856-5102
Kostenfrei: +1 888-741-3475
Fax: +1 845-856-2110
Web: www.tharpa.com/us
E-Mail: info.us@tharpa.com

Stichwortverzeichnis

Der Buchstabe G *verweist auf einen Eintrag im Glossar.*

A

B

C

D

E

F

G

H

L

N

O

P

R

S

U

V

W

Y

Z

Leseempfehlungen

Hat Ihnen dieses Buch gut gefallen und möchten Sie mehr über buddhistisches Denken und buddhistische Praxis erfahren, dann finden Sie hier weitere Bücher des Ehrwürdigen Geshe Kelsang Gyatso Rinpoche, die Sie vielleicht lesen möchten. Sie sind alle beim Tharpa Verlag erhältlich.

EINFÜHRUNG IN DEN BUDDHISMUS
Eine Erklärung der buddhistischen Lebensweise

Ein idealer Leitfaden für alle, die an Buddhismus und Meditation interessiert sind. Dieses Buch erläutert die wichtigsten Grundsätze, auf denen die buddhistische Lebensweise beruht, wie Meditation und Karma. Es sind Hilfsmittel, um Eigenschaften wie inneren Frieden, Liebe und Geduld in uns zu entwickeln.

«Eine auf hervorragende Weise klare und prägnante Einführung in dieses weitläufige Thema. Höchst empfehlenswert.» *Yoga & Health Magazine*

WIE WIR UNSER LEBEN VERWANDELN
Eine glückselige Reise

Folgen wir den praktischen Ratschlägen in diesem Buch, dann können wir unseren Geist und unser Leben verwandeln, unser menschliches Potenzial ausschöpfen und immerwährenden Frieden und Glück finden.

«Wir alle erfreuen uns unbegrenzter Möglichkeiten, um Glück und Erfüllung zu finden. Dieses Buch kann uns helfen, sie zu erlangen … ein Werk von tiefer spiritueller Einsicht.» *The Napra Review*

DAS NEUE MEDITATIONSHANDBUCH
Ein praktischer Leitfaden zur buddhistischen Meditation

Mit diesem beliebten und praktischen Leitfaden gelingt es uns, den inneren Frieden und die Leichtigkeit des Geistes, die durch Meditation entstehen, zu entdecken. Der Autor erklärt Schritt für Schritt einundzwanzig Meditationen, die zu immer heilsameren Geisteszuständen führen und die den ganzen buddhistischen Pfad zur Erleuchtung bilden.

«Dieses Handbuch bietet eine knappe und inspirierende Übersicht, in welch vielfältiger Weise Buddhismus in Situationen und Geschehnissen des Alltags angewandt werden kann.» *Spirituality and Health*

WIE WIR UNSERE MENSCHLICHEN PROBLEME LÖSEN
Die Vier Edlen Wahrheiten

Dieses Buch zeigt, wie uns Buddhas beliebte Lehre über die Vier Edlen Wahrheiten helfen kann, grundlegende menschliche Probleme wie Unzufriedenheit und Wut zu lösen. Es erläutert in tiefgründiger Weise unsere menschlichen Erfahrungen und unser Potenzial, tiefen inneren Frieden zu erleben.

«Dieses Buch bringt geistigen Frieden in unsere aufgewühlten Zeiten.» *Publishing News*

«Geshe Kelsang Gyatso hat die besondere Gabe, Schwierigkeiten des Alltags anzusprechen.» *Booklist*

MAHAMUDRA TANTRA
Der erhabene Herzjuwel Nektar

Tantra ist sehr bekannt, aber nur wenige verstehen seine wirkliche Bedeutung. Dieses Buch erklärt, wie wir die erhabene Vereinigung von Glückseligkeit und Leerheit erlangen können, als Mahamudra bekannt, und die die eigentliche Essenz buddhistischer tantrischer Meditation ist.

«Dieses Buch stellt alles so klar dar, dass ich es sowohl als ausgezeichnete Einführung in die buddhistische Praxis empfehlen würde, als auch denjenigen, die danach streben, die Schulung zu vollenden.» *Amazon Reviewer, Madrid, Spanien*

Möchten Sie eines unserer Bücher bestellen oder einen Katalog anfordern? Besuchen Sie unsere Webseite auf www.tharpa.com/de oder setzen Sie sich mit der nächsten Tharpa Niederlassung (siehe S. 450) in Verbindung.

So finden Sie Ihr nächstgelegenes Kadampa Meditationszentrum

Sie können Ihr Verständnis dieses Buches und anderer Bücher, die vom Tharpa Verlag veröffentlicht werden, vertiefen und ihre Anwendung im Alltag besser verstehen, wenn Sie sich von qualifizierten Lehrern und Praktizierenden unterstützen und inspirieren lassen.

Der Tharpa Verlag ist Teil der großen spirituellen Gemeinschaft der Neuen Kadampa Tradition. Diese Tradition hat eine wachsende Anzahl von Zentren und Zweigzentren in über 40 Ländern auf der ganzen Welt. In jedem Zentrum werden besondere Studienprogramme für modernen Buddhismus und Meditation von qualifizierten Lehrer unterrichtet. Weitere Informationen finden Sie in *Studienprogramme des Kadampa Buddhismus* (S. 444).

Diese Programme beruhen auf dem Studium der Bücher des Ehrwürdigen Geshe Kelsang Gyatso Rinpoches und sind so gestaltet, dass sie in angenehmer Weise zu einer modernen Lebensweise passen.

Ihr örtliches Kadampa Zentrum finden Sie unter tharpa.com/zentren